Constituição, Sistemas Sociais e Hermenêutica

Programa de Pós-Graduação
em Direito da UNISINOS

MESTRADO E DOUTORADO
Anuário/2004

Centro de Ciências Jurídicas
Anuário do Programa de Pós-Graduação em Direito
UNIVERSIDADE DO VALE DO RIO DOS SINOS

Reitor: Pe. Aloysio Bohnen, S.J.
Vice-Reitor: Pe. Marcelo Fernandes Aquino, S.J.

Unidade Acadêmica de Pesquisa e Pós-Graduação
Ione Maria Ghislene Bentz

Coordenador do Programa de Pós-Graduação
Leonel Severo Rocha

Corpo Docente PPGDIREITO
Albano Marcos Bastos Pepe, Álvaro Filipe Oxley da Rocha
André Leonardo Copetti Santos, Darci Guimarães Ribeiro,
Ielbo Marcus Lobo de Souza, Fábio Roberto D'Avila,
José Carlos Moreira da Silva Filho, José Luis Bolzan de Morais,
Lenio Luiz Streck, Leonel Pires Ohlweiler, Leonel Severo Rocha,
Maria Cristina Cereser Pezzella, Ovídio Araújo Baptista da Silva,
Rodrigo Stumpf Gonzáles e Vicente de Paulo Barretto.

C758   Constituição, sistemas sociais e hermenêutica: programa de pós-graduação em Direito da UNISINOS: mestrado e doutorado / orgs. Leonel Severo Rocha, Lenio Luis Streck; José Luis Bolzan de Morais ... [et al.]. Porto Alegre: Livraria do Advogado Ed.; São Leopoldo: UNISINOS, 2005.
309p.; 16x23cm.
ISBN 85-7348-370-9

1. Direito. 2. Teoria do Direito. I. Rocha, Leonel Severo, org. II. Streck, Lenio Luis, org.

CDU 34

Índices para o catálogo sistemático:
Direito
Teoria do Direito

(Bibliotecária Responsável: Marta Roberto, CRB-10/652)

Constituição, Sistemas Sociais e Hermenêutica

Programa de Pós-Graduação
em Direito da UNISINOS

MESTRADO E DOUTORADO
Anuário/2004

Leonel Severo Rocha
Lenio Luiz Streck
Organizadores

Porto Alegre, 2005

© dos autores, 2005

Capa, projeto gráfico e diagramação de
Livraria do Advogado Editora

Revisão
Rosane Marques Borba

Direitos desta edição reservados por
Livraria do Advogado Editora Ltda.
Rua Riachuelo, 1338
90010-273 Porto Alegre RS
Fone/fax: 0800-51-7522
editora@livrariadoadvogado.com.br
www.doadvogado.com.br

Centro de Ciências Jurídicas
Programa de Pós-Graduação em Direito
Universidade do Vale do Rio dos Sinos
Av. Unisinos, 950
93022-000 São Leopoldo RS
Fone/fax (51) 590-8148
ppgd@unisinos.br
www.unisinos.br

Impresso no Brasil / Printed in Brazil

Sumário

Apresentação
Leonel Severo Rocha e Lenio Luiz Streck 7

I – ESTADO, CRIMINALIDADE E TECNOLOGIA.
Estudo comparativo sobre a utilização de novas tecnologias nas políticas públicas de combate à criminalidade no Rio Grande do Sul e na Puglia (Itália). Primeiro Relatório
José Luis Bolzan de Morais
Luciana Müller Gazzaneo
Thaís Feijó Pimentel
Vicente Flach Renner 9

II – DIREITO, DEMOCRACIA E NOVA INSTITUCIONALIDADE:
Uma análise da criação de Conselhos Municipais de Controle de Políticas Públicas
Rodrigo Stumpf González 33

III – A RESPONSABILIDADE INTERNACIONAL DO ESTADO BRASILEIRO POR ATO DO JUDICIÁRIO:
O alcance das obrigações convencionais de Direitos Humanos
Ielbo Marcus Lobo de Souza
Patrick Lucca Da Ros 49

IV – O PRINCÍPIO DA BOA-FÉ OBJETIVA NO DIREITO CONTRATUAL E O PROBLEMA DO HOMEM MÉDIO:
Da jurisprudência dos valores à hermenêutica filosófica
José Carlos Moreira da Silva Filho
Lara Oleques de Almeida
Daniela Origuella 67

V – DOS TRÊS MODOS DE PENSAR A TRIBUTAÇÃO OU REPENSAR O RACIOCÍNIO JURÍDICO-TRIBUTÁRIO
Paulo Caliendo 93

VI – A PERGUNTA PELA TÉCNICA E OS EIXOS DOGMÁTICOS DO DIREITO ADMINISTRATIVO:
Algumas repercussões da fenomenologia hermenêutica
Leonel Ohlweiler 133

VII – A RECEPÇÃO HABERMASIANA DA SOCIOLOGIA DO DIREITO DE MAX WEBER
Albano Marcos Bastos Pepe 141

VIII – A HERMENÊUTICA FILOSÓFICA E AS POSSIBILIDADES DE SUPERAÇÃO DO POSITIVISMO PELO (NEO)CONSTITUCIONALISMO
Lenio Luiz Streck 153

IX – CONTRIBUIÇÃO AO ESTUDO DAS SANÇÕES DESDE A PERSPECTIVA DO ESTADO DEMOCRÁTICO DE DIREITO
Darci Guimarães Ribeiro 187

X – VERDADE, UMA BUSCA SEM FIM
Maria Cristina Cereser Pezzella 201

XI – RACIONALIDADE CONSTITUCIONAL PENAL PÓS-88.
Uma análise da legislação penal face ao embate das tradições individualista e coletivista
André Copetti 217

XII – PERSPECTIVAS EPISTEMOLÓGICAS DO DIREITO NO SÉCULO XXI
Vicente de Paulo Barretto 245

XIII – VERDADE E SIGNIFICADO
Ovídio A. Baptista da Silva 265

XIV – NOTAS INTRODUTÓRIAS À CONCEPÇÃO SISTEMISTA DE CONTRATO
Leonel Severo Rocha
Jeferson Luiz Dellavalle Dutra 283

Apresentação

O Programa de Pós-Graduação *Stricto Sensu* em Direito da UNISINOS – Mestrado (1997) e Doutorado (1999) – tornou-se um centro de excelência na área de ensino e pesquisa da pós-graduação em Direito no Brasil, com excelente infra-estrutura, biblioteca e corpo docente constituído por renomados professores, reconhecidos nacional e internacionalmente. O Programa vem se notabilizando por realizar pesquisas de alto nível, que têm contribuído para a evolução da ciência do direito e uma efetiva inserção de sua produção intelectual na comunidade jurídica e na sociedade.

A partir deste número da publicação do Anuário, entramos em uma nova fase, que se inicia com a parceria realizada entre o Programa de Pós-Graduação em Direito da Unisinos e a Livraria do Advogado Editora, que passa a editar e publicar o Anuário.

Recomendado pela CAPES com conceito 5, o Programa privilegia as reflexões na área do Direito Público, sustentadas por duas linhas de pesquisa (*Hermenêutica, Constituição e Concretização de Direitos* e *Sociedade, Novos Direitos e Transnacionalização*) que abarcam, de um lado, as discussões acerca do Estado e a necessária resposta às demandas sociais, a partir da concretização dos direitos sociais-fundamentais, tendo como suporte a hermenêutica, e, de outro, a sociedade, a partir das análises que tratam das transformações ocorridas no direito, incrementadas pelas crises conceitual, estrutural, funcional e institucional (constitucional) que atravessam o Estado Contemporâneo, a partir do surgimento de novos direitos (terceira e quarta dimensões) e do influxo do fenômeno da globalização.

Dentro desse contexto, o Anuário do Programa de Pós-Graduação em Direito da UNISINOS torna-se um veículo de fundamental importância para dar visibilidade às pesquisas realizadas no seu âmbito. Com efeito, as transformações pelas quais passa o direito na contemporaneidade exigem novas posturas por parte dos juristas, a partir de sofisticadas reflexões e consistentes suportes teóricos.

O presente volume apresenta uma amostragem das diversas pesquisas que fazem parte do universo científico do Programa. Assim, representando os diversos eixos temáticos, temos os estudos de base hermenêutica no campo do direito civil, administrativo e constitucional, todas voltados à superação do paradigma positivista-normativista que conforma a dogmática jurídica em *terrae brasilis*; as abordagens de cariz epistemológico sobre a teoria do direito no século XXI, a discussão sobre a recepção do pensamento habermasiano na sociologia weberiana e a análise acerca da concepção sistemista (luhmaniana) do contrato; a problematização do papel do Estado na realização de políticas públicas para o combate à criminalidade e a questão dos direitos humanos, e, finalmente, as novas abordagens acerca do papel do processo no Estado Democrático de Direito.

Trata-se, em síntese, de uma amostragem daquilo que entendemos ser o objeto da pós-graduação *stricto sensu* no Brasil: a elaboração de um conjunto de reflexões que possam fornecer explicações acerca das grandes temáticas que preocupam os diversos setores da sociedade brasileira.

Professor Doutor Leonel Severo Rocha
Coordenador Executivo do
Programa de Pós-Graduação em Direito-UNISINOS.

Professor Doutor Lenio Luiz Streck
Coordenador Adjunto do
Programa de Pós-Graduação em Direito-UNISINOS.

— I —

Estado, Criminalidade e Tecnologia.
Estudo comparativo sobre a utilização de novas tecnologias nas políticas públicas de combate à criminalidade no Rio Grande do Sul e na Puglia (Itália). Primeiro Relatório

JOSÉ LUIS BOLZAN DE MORAIS[1]
LUCIANA MÜLLER GAZZANEO[2]
THAÍS FEIJÓ PIMENTEL[3]
VICENTE FLACH RENNER[4]

De onde a máfia tira o seu sustento? Muito simples, o processo começa com políticos, homens de negócio e gângsteres. Todos os demais são mantidos reféns dessa aliança profana – todos os demais somos nós.

Pavel Voshchanov

---

[1] Procurador do Estado do Rio Grande do Sul; Mestre e Doutor em Direito do Estado; Professor da UNISINOS/RS. Professor Associado do Doutorado em Sistemas Jurídico-Políticos Comparados da Universidade de Lecce – Itália. Autor de: (1)*Do Direito Social aos Interesses Transindividuais. O Estado e o Direito na Ordem Contemporânea*, (2)*A Idéia de Direito Social*,(3)*A Subjetividade do Tempo* e (4)*Mediação e Arbitragem. Alternativas à Jurisdição!*, (5)*As Crises do Estado e Da Constituição e a Transformação Espacial dos Direitos Humanos* (Col. Estado e Constituição) e, com Lenio Streck, (6)*Ciência Política e Teoria Geral do Estado* – em 4ª edição –, todos pela Livraria do Advogado, de Porto Alegre, além de outros trabalhos em livros e revistas especializadas. Pesquisador do CNPq e da FAPERGS. Membro do Comitê de Ciências Humanas da FAPERGS. Consultor *ad hoc* do CNPq, da CAPES e do MEC/SESU/INEP. Coordenador do Círculo Constitucional Euro-Americano (CCEUAM). Atual coordenador do Projeto de Pesquisa *ESTADO, CRIMINALIDADE E TECNOLOGIA. Estudo comparativo sobre a utilização de novas tecnologias nas políticas públicas de combate à criminalidade no Rio Grande do Sul e na Puglia (Itália).*
[2] Graduanda em Direito UNISINOS. Bolsista FAPERGS.
[3] Graduanda em Direito UNISINOS. Bolsista CNPq/UNIBIC.
[4] Graduando em Direito UNISINOS. Bolsista CNPq.

Resumo: O objeto deste trabalho é dar a conhecer os primeiros resultados derivados do Projeto de Pesquisa "Estado, Criminalidade e Tecnologia. Estudo comparativo sobre a utilização de novas tecnologias nas políticas públicas de combate à criminalidade no Rio Grande do Sul e na Puglia (Itália)", buscando organizar alguns referenciais básicos para a pesquisa, bem como ordenando algumas das questões que identificam seu objeto.

Abstract: This present paper intends to give the first results derived from the Project of Research "State, Crime and Technology. Comparative study on the use of new technologies in the public politics of combat to crime in the Rio Grande do Sul and the Puglia (Italy)", searching to organize some basic references for the research, as well as commanding some of the questions that identify its object.

Sumário: 1. Considerações preliminares; 2. Criminalidade organizada; 2.1. Em busca de um conceito; 2.2. Principais características da criminalidade organizada; 2.3. Precedentes históricos: da Máfia ao crime organizado; 2.4. Formas de manifestação da criminalidade organizada no Brasil; 3. Referências bibliográficas.

1. Considerações preliminares

O presente texto pretende relatar os trabalhos desenvolvidos junto ao Grupo de Pesquisa "Estado e Constituição", no âmbito do Projeto de Pesquisa sob o mesmo título deste ensaio/relatório, sob os auspícios da UNISINOS, do CNPq e da FAPERGS.

Assim, em primeiro lugar, pretendemos dar a conhecer o conteúdo e pressupostos da proposta de pesquisa para, após, passarmos a discutir alguns aspectos inaugurais da análise empreendida ao longo do ano de 2004.

Desde logo, deve-se anotar que a presente proposta se insere no marco de um trabalho conjunto realizado entre este Grupo de Pesquisa e o Doutorado em Sistemas Jurídico-Político Comparados da Universidade de Lecce (UNILE–Itália), respaldado por um acordo de cooperação interinstitucional entre a UNISINOS e a UNILE, tendo, ainda, o apoio da Procuradoria Antimáfia de Lecce (Puglia, Itália).

Tendo tais premissas presentes, podemos passar à explicitação de alguns itens presentes na proposta de pesquisa a fim de orientar a leitura deste primeiro relato de trabalho.

Assim, o projeto pretende investigar o fenômeno da criminalidade, dando ênfase àquela nominada como *novas economias delitivas* e às suas formas de combate, mediante a utilização de novas tecnologias, em especial apropriando as experiências levadas a efeito pelo poder público italiano no combate à macrocriminalidade e à criminalidade organizada, através do estudo comparativo das experiências realizadas em duas regiões, quais sejam: a região da Puglia, na Itália, e a do estado do Rio Grande do Sul, mesmo tendo presente as diferenças e as peculiaridades de ambas as realidades.

Tal estudo pretende, de outra parte, identificar, compreender e apresentar sugestões de instrumentos normativos de direitos interno e internacional capazes de dotar os diferentes ordenamentos nacionais de tais meios de combate à macrocriminalidade, garantindo a defesa do Estado Democrático de Direito, bem como dos limites postos à ação dos poderes públicos em face das garantias cidadãs. Da mesma forma pretende-se projetar a constituição de políticas públicas que instrumentalizem a ação dos Estados em face deste objeto.

Os problemas e as dificuldades de uma região interferem e se manifestam sobre o todo, gerando conflitos que muitas vezes se expressam em âmbito global, sendo que um destes problemas é o da macrocriminalidade, que, por ter este caráter, não respeita limites geográficos e institucionais e impondo, desta forma, limites para o próprio Direito e para as instituições políticas.

Objetiva-se, dessa forma, estudar quais são as possibilidades de aplicação de inovações tecnológicas no controle e repressão a este tipo de criminalidade, considerando-se, para tanto, a experiência histórica promovida pelo poder público italiano, em particular na região da Puglia, a fim de, por um lado, intercambiar experiências e, por outro, apropriar resultados e dificuldades sentidos. Com esta análise, poder-se-á contribuir para a formação de novas políticas públicas que possam se valer de mecanismos eficazes no combate à criminalidade, bem como a elaboração de estratégias legislativas que contribuam para a regulação de tais práticas, tendo presentes os limites postos pelas garantias constitucionais ("privacy").

A pesquisa está composta por duas partes: a primeira parte da pesquisa destinar-se-á ao entendimento de peculiaridades da sociedade global e a relação entre o global e o local, estudando-se a noção de macrocriminalidade e de criminalidade organizada, bem como o processo de evolução da utilização de novas tecnologias no combate à(s) mesma(s).

Esta análise utilizará como marcos teóricos as noções de: a) sociedade informacional desenvolvida por Manuel Castells; b) os estudos sobre a evolução da criminalidade nesta nova sociedade; c) os instrumentos de direito internacional penal e dos direitos nacionais italiano e brasileiro, com vistas a identificar os instrumentos normativos capazes de fazer frente a esse fenômeno, promovendo-se um estudo comparativo em termos teóricos e empíricos.

O estudo teórico do problema de pesquisa vem sendo realizado nas duas realidades diferenciadas, sendo que toda a pesquisa receberá duas coordenações: uma na UNISINOS e outra na UNILE (Itália).

A segunda etapa será dedicada a um estudo empírico com levantamento de dados em bancos oficiais e em entrevistas com autoridades públicas vinculadas à temática interrogada. Ainda, pretende-se fazer reuniões de trabalho, uma na Itália e outra no Brasil, envolvendo todos os pesquisadores.

O objeto de reflexão prende-se ao estudo comparativo acerca da utilização de novas tecnologias nas políticas públicas de combate à criminalidade organizada no Rio Grande do Sul e na Puglia (Itália).

Justifica-se esta análise em face das transformações sentidas pela sociedade contemporânea, caracterizadas por um profundo choque tecnológico e uma complexidade exacerbada e contingente, na qual observam-se transformações contínuas, rápidas, extremas. A tecnologia invade e transforma esta sociedade, ou, na afirmação de Manuel Castells, "a tecnologia é a sociedade", uma vez que não se pode vislumbrar uma sem a outra. Neste espectro, esta é uma sociedade que se comunica e interage como um único corpo organizado, o que não elimina as diferenças regionais, que por vezes até se acentuam.

Assim, fatos que acontecem em uma região vão gerar conseqüências para outra região, porque ambas fazem parte de um contexto maior. Neste contexto insere-se a criminalidade organizada que, mesmo sendo local, atua de forma global, utilizando-se das tecnologias de informação e comunicação desenvolvidas pela sociedade, aprimorando-as em sua face transnacional.

Criam-se redes de saber e abrem-se redes de poder. Manuel Castells bem expõe essa realidade, assinalando que "as atividades criminosas e organizações ao estilo da máfia de todo o mundo também se tornaram globais e informacionais, propiciando os meios para o encorajamento de hiperatividade mental e desejo proibido, juntamente com toda e qualquer forma de ilícito procurado por nossas sociedades, de armas sofisticadas à carne humana. Além disso, um novo sistema de comunicação que fala cada vez mais uma língua universal digital tanto está promovendo a integração global da produção e distribuição de palavras, sons e imagens de nossa cultura como os personalizando ao gosto das identidades e humores dos indivíduos. As redes interativas de computadores estão crescendo exponencialmente, criando novas formas e canais de comunicação, moldando a vida e, ao mesmo tempo, sendo moldadas por ela".[5]

A Convenção das Nações Unidas contra a Delinqüência Organizada Transnacional, em seu Anexo I, art. 3º, define como sendo crime de caráter internacional aquele que: "a) se comete em mais de um Estado; b) se comete dentro de um só Estado, porém uma parte substancial de sua preparação, planificação, direção ou controle se realiza em outro Estado; c) se comete dentro de um só Estado, porém, envolve a participação de um grupo crimi-

---

[5] Graduando em Direito UNISINOS. Bolsista CNPq.

noso organizado que realiza atividades criminosas em mais de um Estado; ou d) se comete em um só Estado, porém tem efeitos substanciais em outro Estado."

A criminalidade organizada que transcende o Estado Nacional individualmente considerado, como se percebe e lhe é próprio, vai além dos limites geográficos. Eis a problemática para o Estado e suas instituições, qual seja, alcançar esta rede criminosa, e para o Direito, constituir mecanismos regulatórios adequados a este novo contexto, bem como manter assegurados os limites postos pela tradição constitucional peculiar ao Estado Democrático de Direito. Assim, se por um lado é localmente que se criam as formas de combate a este tipo de delito, por outro se afigura fundamental que estas políticas de combate tenham a potencialidade de, embora locais, produzir resultados e constituir iniciativas que tenham horizontes e possibilidades de alcance globais, contando, para isto, com novos instrumentos legais que permitam a construção de mecanismos com força transnacional, seja de âmbito regional, seja de âmbito mundial.

Este contexto produz dois caminhos. De um lado, está-se frente à desconstrução dos instrumentos clássicos, em especial aqueles provenientes dos Estados Nacionais, dada a sua fragmentação. De outro, vemo-nos em face da imperiosidade da reconstrução da capacidade interventiva das instituições políticas modernas, em particular do próprio Estado Nacional, seja de forma tradicional, seja por meio de novos espaços de autoridade, particularmente aqueles de âmbito regional ou local, sobretudo com a utilização de novos instrumentos tecnológicos que permitam operar de forma que a questão geo-territorial não se constitua em um empecilho para o tratamento da macrocriminalidade.[6]

Assim, este quadro implica necessariamente repensar estratégias geopolíticas onde o Estado Nação, guardando sua importância, não se constitua em um espaço fechado, mas em um local marcado pela permeabilidade com o entorno, uma instituição que, ao mesmo tempo em que se mantém titular de um poder de autoridade, está aberta para um contexto de sociedade informacional.

De alguma forma estas circunstâncias partem da premissa de que a idéia de Estado-Nação deve ser repensada desde um quadro de co-implicação local-nacional-mundial. A utilização de novas tecnologias, para que tal se efetive, é imprescindível e constitui forma básica para que se criem novas estratégias de tratamento da macrocriminalidade, a fim de conhecer os caminhos percorridos pelas redes criminosas, bem como a sua forma de agir, além de dar às políticas criminais e às estratégias legislativas condições de contar

---

[6] Ver, sobre a questão das crises do Estado: BOLZAN DE MORAIS, José Luis. *Crises do Estado e da Constituição e a Transformação Espacial dos Direitos Humanos*. Col. Estado e Coinstituição – I. Porto Alegre: Livraria do Advogado, 2002.

com os mesmos meios muitas vezes utilizados pela macrocriminalidade, assim como lançar mão destas inovações para qualificar a sua forma de atuação.

Se o crime organizado utiliza-se das novas tecnologias para se promover e se expandir, pressupõe-se que também e principalmente as instituições competentes que o combaterão devem utilizar destes mesmos meios. Porém, o que se percebe é uma defasagem entre as práticas marginais e os mecanismos institucionais de controle e repressão dos mesmos.

As instituições parecem não estar adaptadas para utilizar-se destas novas tecnologias, bem como para saber dos limites que se impõe. O estudo comparativo e a pesquisa conjunta com professores e autoridades públicas da região da Puglia, na Itália, justifica-se quando entendemos que a observação de uma outra realidade que enfrenta problemas agudos com a macrocriminalidade – até porque este é um problema global – proporcionará um intercâmbio de conhecimento e informação, confluindo em uma estratégia bastante eficaz de combate ao crime organizado transnacional, permitindo que, desta forma, concretize-se o art. 28, Anexo I, da referida Convenção das Nações Unidas contra a Delinqüência Organizada Transnacional que prevê a "compilação, intercâmbio e análise de informação sobre a natureza da delinqüência organizada". Com isso poder-se-á contribuir para a montagem de estratégias locais de prevenção, controle e repressão à macrocriminalidade, além do caráter educativo que lhes são inerentes, bem como para promover, em um sentido macropolítico, a elaboração de vínculos regionais e mundiais de tratamento do problema.

Afinal, como se afirma no Relatório da Comissão Parlamentar Antimáfia da Itália, estamos diante de um "verdadeiro contrapoder do crime", o qual, por sua força e extensão gradativa e contínua, faz com que a sua vontade se imponha sobre os Estados, abalando instituições, a lei e a ordem, desestabilizando o equilíbrio econômico e financeiro e, o que consideramos mais grave, destruindo a vida democrática. Informar e sensibilizar a sociedade sobre a gravidade e as conseqüências da criminalidade organizada é um grande meio de incentivar a participação pública a prevenir e combater esta grave mazela social.

Assim, esta pesquisa pretende contribuir tanto para a construção de modelos estratégicos de tratamento da macrocriminalidade, político-normativos, bem como, através destes, para reforçar o viés educativo que o direito dispõe, como dito acima.

De forma pontual, nossos problemas e hipóteses de pesquisa podem ser resumidas da seguinte forma: 1) A macrocriminalidade apropriou-se de estratégias disponibilizadas pelos avanços tecnológicos; 2) O Estado não tem conseguido construir estratégias político-normativas que appropriem meios tecnológicos que permitam a prevenção e repressão à macrocriminalidade; 3) O Estado poderia e deveria lançar mão de mecanismos tecnológicos que lhe viabilizassem estratégias eficazes de combate à criminalidade sem, contudo, escapar aos limites impostos pelo Estado Democrático de Direito e 4) A experiência italiana no combate à criminalidade pode contribuir para a montagem de estratégias preventivas e repressivas de combate à criminalidade

Quanto ao estado científico do problema, pode-se dizer que alguns dos temas presentes neste projeto de pesquisa vêm sendo tratados no âmbito do direito penal e da criminologia, em particular, sendo que, de regra observa-se algumas aproximações que dizem com a questão da macrocriminalidade, das novas economias delitivas e, sob o aspecto dogmático, o problema da atribuição retributiva, ou seja, o apenamento, além de refletir-se na discussão acerca de novos âmbitos político-jurídicos diante do processo de desterritorialização das práticas institucionais contemporâneas.

No campo legislativo tem se observado o crescimento do trato supranacional do problema, em especial através de Acordos Internacionais e Convenções que vislumbram a possibilidade e necessidade de enfrentar em escala regional e mundial o crescimento e complexidade dos problemas enfrentados.

O objetivo principal da pesquisa, portanto, é, por meio de estudo comparativo, analisar a aplicação de novas tecnologias no combate à criminalidade organizada, a fim de contribuir para a melhoria das políticas públicas destinadas a enfrentar esta problemática.

Em razão da novidade temática, pode-se vislumbrar como avanços a possibilidade de tratamento efetivo da mesma, com o reconhecimento de suas potencialidades e limites, bem como a formação de quadros competentes para atuação científica e técnica na área em apreço.

2. Criminalidade organizada

O pensamento de Pavel Voshchanov, em epígrafe, representa muito do sentimento social, ou seja, "todos os demais". Assim, a população mundial se encontra cada vez mais ameaçada pela criminalidade, questionando-se constantemente sobre as possíveis causas dos crimes e as melhores maneiras de combatê-los.

Os mais respeitados estudos criminológicos[7] apontam dois entendimentos para esta questão. O primeiro, de caráter etiológico, defende que o crime é um acontecimento da vida de um homem, desse modo, deve-se buscar no agente do crime, em sua trajetória pessoal e nas características de sua personalidade, as explicações para o fato de alguém delinqüir. Já o

---
[7] Neste sentido, consultar: FERNANDES, Newton; FERNANDES, Valter. *Criminologia Integrada*. São Paulo: Revista dos Tribunais, 2002.

segundo entendimento, enfoca a reação social, defendendo que o crime é, antes de qualquer coisa, um ente abstrato resultante de opções legislativas, pensando que o mais importante é entender como o Estado seleciona os "clientes" do seu sistema prisional.

Todavia, precisamos considerar vários aspectos. Primeiramente é necessário ter em conta que as espécies de crime se estendem muito além daquele conjunto de condutas que, por consenso, são consideradas socialmente danosas, devido à fúria legiferante de nosso legislador. Em segundo, a criminalidade não pode ser vista como uma patologia social, uma vez que não há sociedade sem condutas desviantes. Émile Durkheim[8] afirma que o delito não ocorre somente na maioria das sociedades de uma outra espécie, mas sim em todas as sociedades constituídas pelo ser humano.

Assim, a criminalidade organizada não se trata de um fenômeno de origem etiológica, mas sim que é resultado da nova ordem social com que hoje nos deparamos. A flexibilidade de conexão das atividades criminosas por meio de redes internacionais, possibilitadas pela revolução tecnológica, constitui uma característica essencial na nova economia global, bem como da dinâmica sociopolítica da Era da Informação.[9]

Pretendemos aqui questionar esta realidade, pois conhecer a rede do crime organizado é o primeiro passo para entendermos as razões sociais e políticas que levam ao seu desenvolvimento e, talvez, lutar contra ele.

Certo é que não podemos continuar vinculando o crime à pobreza como se fazia antigamente – Aristóteles, *v. g.*, dizia que é difícil ao homem pobre ser bom. Neste sentido, Juary C. Silva escreve que: "Fosse essa formulação válida, o desenvolvimento econômico implicaria no decréscimo da criminalidade, quando o que se verifica com o progresso econômico é justamente o contrário".[10]

2.1. Em busca de um conceito

Não há, reconhecidamente, um conceito unívoco entre os estudiosos do tema acerca do que realmente seja a criminalidade organizada. Tal dificuldade é justificada pela possibilidade que esta concepção tem de englobar diferentes e múltiplas formas delituosas, que variam de acordo com as características econômicas, sociais e políticas de cada território onde se desenvolvem. Assim, podemos encontrar descrições díspares e até contraditórias sobre o tema, tamanha a complexidade desta temática.

Entretanto, não há dúvidas quanto à necessidade de estudar-se o fenômeno da criminalidade organizada, como também não existem dúvidas de

---

[8] DURKHEIM, Émile. *Las reglas del método sociológico*. Barcelona: Morata, 1978, p. 83.
[9] Neste sentido aponta Manuel Castells em sua já citada obra.
[10] SILVA, Juary C. *A Macrocriminalidade*. São Paulo: Revista dos Tribunais, 1980, p. 9.

que este estudo deve respeitar os princípios vigentes no Estado Democrático de Direito. Neste sentido:

> É evidente que o "crime organizado" está a demandar um estudo sério e aprofundado e que o Direito Penal deve, nesse caso, posicionar-se de maneira nítida, preenchendo sem recorrer a argumentos emocionais ou políticos, o conteúdo do conceito. Mas daí a aceitar, pura e simplesmente, pelo prazer de atender aos reclames de determinados segmentos sociais, uma definição vesga e coxa da criminalidade organizada e a referendar meios investigatórios e de prova que lesionam as garantias processuais de conotação constitucional, há uma distancia muito grande que ninguém, de visão democrática, estará disposto a trilhar.[11]

No ordenamento jurídico brasileiro, embora a Lei 9.034, de 1995, disponha sobre "a utilização dos meios operacionais para prevenção e repressão de ações praticadas por organizações criminosas", inexiste qualquer conceituação legal que determine o que seja o termo "crime organizado".[12] Este diploma legal equiparava, no seu art. 1º,[13] a atividade criminosa organizada àquela do art. 288 do Código Penal Brasileiro, qual seja, quadrilha ou bando. Não consideramos esta equiparação oportuna, porque não existe identidade entre a figura da quadrilha ou bando e a atividade criminosa organizada, salvo pela pluralidade de agentes, o que é muito pouco para se atribuir um conceito.

A Lei nº 10.217, de 2001, alterou o teor do referido artigo, que passou a vigorar com a seguinte redação:

> Art. 1º – Esta Lei define e regula meios de prova e procedimentos investigatórios que versem sobre ilícitos decorrentes de ações praticadas por quadrilha ou bando ou organizações ou associações criminosas de qualquer tipo.

Desse modo, a referida interpretação do art. 1º da Lei 9.034 perdeu sua sustentação normativa, pois a lei passou a diferenciar com clareza e referir-se a três termos distintos: quadrilha, bando e organizações criminosas.

Contudo, verificamos que a expressão "organização criminosa", hoje, no ordenamento jurídico brasileiro, continua a ser uma enunciação abstrata em busca de um conteúdo normativo, que atenda ao princípio da legalidade.

Limitar o que seja a criminalidade organizada é importante para tornarmos a compreensão desta manifestação mais clara.

Autores como Raúl Zaffaroni, defendem a impossibilidade de se ter um conceito que possa abranger todo o conjunto de atividades ilícitas que

---

[11] PINTO, Luciana Ferreira; BICUDO, Tatiana. A lei contra o Crime Organizado exige debate mais sério, para toda sociedade. *Boletim IBCCrim*, [S.1], nº 12, p. 1, jan. 1994.

[12] Neste sentido aponta Luiz Flávio Gomes em seu artigo Crime organizado: o que se entende por isso depois da Lei 10.217, de 11.04.2001? Disponível em:http://www.mundojuridico.adv.br/html/artigos/documentos/texto017.htm. Acesso em 01.10.2004.

[13] "Art. 1º: Esta lei define e regula meios de prova e procedimentos investigatórios que versarem sobre crime resultante de ações de quadrilha ou bando".

podem aproveitar a indisciplina do mercado e que, no geral, aparecem mescladas ou confundidas de forma indissolúvel com atividades lícitas.[14] Contudo, ele considera que criminalidade organizada é o "conjunto de atividades ilícitas que operam no mercado, disciplinando-o quando as atividades legais ou o Estado não o fazem".[15] Desta maneira esta espécie de criminalidade seria resultado de uma situação de desorganização do mercado que permite a coexistência de uma atividade lícita com outra ilícita.

Já outros autores, como, Winfried Hassemer, apontam a necessidade de uma delimitação conceitual, acreditando que este seja o meio de se atingirem maiores níveis de eficiência às medidas de segurança e à legislação que se destinam ao enfrentamento do crime organizado. Hassemer diferencia a criminalidade de massa e a criminalidade organizada, apontando como principais características desta os seguintes pontos: a) a criminalidade organizada é um movimento mutável porque está sujeita às necessidades do mercado; b) engloba um número de crimes que não atingem vítimas específicas, podendo atingir a coletividade ou o Estado, sendo capaz de causar danos invisíveis; c) utiliza métodos como a intimidação e a ameaça àqueles que se encontram em seu trajeto; e d) possui uma base territorial com ramificações.

O autor, mesmo com esta caracterização supramencionada, acrescenta que um conceito de criminalidade organizada apenas encontra utilidade se for possível extrair um novo elemento que permita diferenciá-la de outras formas de criminalidade. Neste sentido sugere a fixação de um núcleo conciso que permita a identificação de fatos de criminalidade organizada. Este núcleo, conforme o autor, seria o potencial de abalar as estruturas do Estado por meio da corrupção.

> Este criterio está constituido por la posibilidad de que esta criminalidad recurra a las instituciones que han sido encargadas de su combate. Se trata no sólo del ministerio público y de la policía, sino también de aquellos órganos del Estado encargados del control y de los gremios de decisión. El propio de la criminalidad organizada consiste en la paralización del brazo que ha de combatirla, con la corruptibilidad del aparato estatal es cuando realmente entraría en funcionamiento una nueva forma de criminalidad.[16]

A expressão criminalidade organizada seria utilizada "somente quando o braço com o qual pretendemos combater toda e qualquer forma de criminalidade seja tolhido ou paralisado: quando Legislativo, Executivo ou Judiciário se tornem extorquíveis ou venais".[17]

---

[14] ZAFFARONI, Eugenio Raúl. Crime organizado: uma categorização frustrada. *Discursos Sediciosos – Crime, Direito e Sociedade*. Rio de Janeiro: Relume-Dumará, 1996, p. 49.

[15] Ibidem, op. cit., p. 50.

[16] HASSEMER, Winfried. *Três temas de Direito Penal*. Porto Alegre: Fundação Escola Superior do Ministério Público, 1993.

[17] HASSEMER, Winfried. Perspectivas de uma moderna política criminal. In: *Revista Brasileira de Ciências* Criminais, nº 8, São Paulo: Revista dos Tribunais, 1994.

Em outras palavras, este critério está constituído pela possibilidade de que a criminalidade recorra justamente às instituições que são encarregadas de seu combate. Aqui se inclui não apenas o Ministério Público e a Polícia, mas também todos os órgãos de controle e tomada de decisão. Em última análise, o crime organizado só estaria caracterizado quando constatada a "paralisação do braço" que deveria combatê-lo pela corrupção do aparato estatal.

Tem-se, ainda, procurado apontar as características desta nova forma delituosa, destacando-se as seguintes: a) transnacionalidade; b) o alto grau de organização, que possibilita o aproveitamento das debilidades do sistema penal; c) a capacidade de expansão, por meio de diversas condutas delituosas, que ocasionam ou não vítimas difusas; d) uso de alta tecnologia; e) conexões com outras organizações criminosas e com setores da vida social, econômica e política onde se desenvolvem; f) poder de corrupção, nem sempre perceptível; e g) capacidade de paralisação e fragilização dos poderes do Estado.

Assim, estamos diante de uma organização criminosa quando ela tem capacidade de difusão de suas atividades, através do uso da tecnologia, mantendo vínculos com outras organizações – transnacionalidade – e com setores da vida social, econômica e política onde atua, e que, com o poder de corrupção das associações, que nem sempre pode ser percebido, paralisa a atuação estatal.

Raúl Cervini[18] salienta os seguintes elementos caracterizadores da criminalidade organizada: a) sistema econômico clandestino, cujo produto bruto, em determinadas atividades, supera o PIB de muitos países; b) necessidade da construção de uma rede de suborno, corrupção e violência, que atinge toda sociedade, bem como o Estado, principalmente aqueles órgãos que atuam no controle e na repressão da criminalidade organizada; c) criação de "territórios livres", em função do seu poder econômico, como a selva colombiana e a periferia carioca, onde o que está em jogo é a própria essência do Estado, sua soberania, sua territorialidade; d) seus integrantes, normalmente, gozam de impunidade, não sendo alcançados pelo sistema penal, por se valerem de conhecimento técnico de profissionais especializados, aliado com uso dos mais modernos meios tecnológicos.

Da exposição de Cervini percebe-se que o crime organizado se caracteriza como um sistema financeiro ilegítimo que tem capacidade de movimentar quantias significativas de dinheiro, necessitando, para isto, construir uma rede de suborno, corrupção e violência que paralisa a sociedade e todo o aparato estatal, especialmente aquele destinado ao seu combate. O autor também destaca que as organizações criminosas colocam em

---

[18] CERVINI, Raúl; GOMES, Luiz Flávio. *Crime Organizado*: enfoques criminológico, jurídico (Lei 9.034/95) e político-criminal. São Paulo: Revista dos Tribunais, 1995.

xeque a própria soberania do Estado, na medida que criam "territórios livres" em razão do seu poder. Diante de todo este poder, destaca, ainda, que os seus integrantes, por utilizarem-se do mais alto conhecimento técnico de especialistas das mais diversas áreas, associado ao uso da alta tecnologia, não são atingidos pelo sistema penal vigente, ficando impunes.

Já Luiz Flávio Gomes[19] destaca os seguintes aspectos: a) acumulação de riqueza obtida de forma ilícita; b) hierarquia estrutural; c) estrutura e planejamento empresarial; d) utilização de sofisticados meios tecnológicos; e) recrutamento de pessoas e divisão funcional das atividades; f) conexão estrutural ou funcional com o Poder Público ou com seus agentes. Aqui se verifica a participação direta dos agentes do Poder Público na organização, como também atitudes de favorecimento de membros destes grupos; g) ampla oferta de prestações sociais, no âmbito da saúde pública, segurança, transporte, alimentação, emprego, dentre outros; h) divisão territorial das atividades ilícitas; i) amplo poder de intimidação com vistas a garantir a impunidade; j) capacidade de fraude, de maneira a lesar o patrimônio público ou coletivo; l) conexões locais, regionais ou internacionais com outras organizações criminosas.

Infere-se das observações de Gomes que as associações criminosas estão organizadas em uma estrutura empresarial, onde há hierarquia, planejamento, utilização de modernos meios de tecnologia, contratação de pessoas e divisão de funções, destinadas à acumulação de riquezas obtidas de forma ilegal. Para obter estas riquezas utilizam-se de: divisão de território de forma ilícita; intimidação para assegurar a impunidade; fraude ao patrimônio público ou coletivo; e ligação com outras organizações criminosas. O autor salienta a participação de agentes estatais como integrantes destas organizações ou beneficiadores de pessoas integrantes do grupo. As organizações criminosas, para ele, também podem ser vistas como prestadoras de serviços públicos, tais como: saúde, segurança, alimentação, emprego, etc.

O conceito adotado pelo Departamento Federal do Crime alemão (BKA) determina que estamos diante de uma organização criminosa quando:

> Any group of people who have consciously and deliberately decided to co-operate in illegal activities over a certain period of time, apportioning tasks among themselves and often using modern infrastructure systems, with the principal aim of amassing substantial profits as quickly as possible.[20]

---

[19] GOMES, Luiz Flávio; CERVINI, Raúl. *Crime Organizado*: enfoques criminológico, jurídico (Lei 9.034/95) e político-criminal. São Paulo: Revista dos Tribunais, 1995.
[20] Consultado em: http://www.un.org/documents/ecosoc/res/1996/eres1996-27.htm. Tradução livre: "Qualquer grupo de pessoas que, conscientemente e deliberadamente, cooperarem em atividades ilegais, durante um certo período de tempo, valendo-se, para isto, da divisão interna de tarefas e do uso de modernos sistemas, tendo como principal objetivo auferir lucros substanciais da maneira mais rápida possível".

Esta definição destaca a criminalidade organizada como reunião de pessoas que cooperam para a concretização de atividades criminosas durante um determinado lapso temporal. Dentro da organização há divisão de tarefa e um conjunto de elementos cujo primordial intuito é obter consideráveis vantagens econômicas em um curto espaço de tempo. Esta descrição pode ser enriquecida pela Resolução n° 1996/27 das Nações Unidas, que determina que o crime organizado se caracteriza por:

> [...] group organizations to commit crime, has hierarchical links or personal relationships that permit leaders to control the group, uses violence, intimidation and corruption to earn profit or control territories or markets, launders illicit proceeds both to further criminal activity and to infiltrate the legitimate economy, has the potential to expand into new activities and beyond national borders and cooperates with other organized transnational criminal groups.[21]

Assim, àquelas características podemos acrescentar, ainda, a existência de uma hierarquia dentro da organização; o uso da violência, da intimidação e da corrupção para obtenção de lucros e para controle de territórios; a transformação das vantagens obtidas de forma ilícita em lícitas, através da introdução no mercado legal; a capacidade de expansão para novas atividades, que transcendem territórios nacionais; e a atuação conjunta com outras associações criminosas de caráter transnacional.

Como observamos, inexiste uma definição precisa de criminalidade organizada. A doutrina, contudo, é uniforme quanto aos principais elementos caracterizadores que se atribuem à espécie ora analisada. Como bem sintetiza Graziela Braz, utiliza-se a expressão referindo-se:

> [...] àquela modalidade de organização criminosa que, atuando de forma empresarial e transnacional na exploração de uma atividade ilícita, impulsionada por uma demanda de mercado, utiliza, para tanto, os modernos meios tecnológicos colocados à nossa disposição, as práticas mercantis usuais e, principalmente, a conivência dos órgãos responsáveis pela sua repressão, os quais restam imobilizados por força da corrupção.[22]

O conceito de crime organizado varia conforme a visão daquele que o estuda, contudo, quanto aos seus aspectos principais e suas características determinantes pode-se dizer que aos autores apontam para um sentido semelhante.

---

[21] Consultado em: http://www.un.org/documents/ecosoc/res/1996/eres1996-27.htm. Tradução livre: "grupos organizados para a prática de crimes, que estabelecem ligações hierárquicas ou relações pessoais que permitem líderes controlar o grupo, usando violência, intimidação e corrupção para obter lucro ou controlar territórios ou mercados. Buscam regulamentar os procedimentos ilícitos provenientes das atividades criminosas e se infiltrar na economia legal. Têm o potencial de se expandirem em atividades novas, inclusive além das fronteiras nacionais e cooperar com outros grupos criminais transnacionais".

[22] BRAZ, Graziela Palhares Torreão. *Crime Organizado x Direitos Fundamentais*. Brasília: Brasília Jurídica, 1999, p. 35-36.

No nosso entendimento, a criminalidade de tipo organizada é um movimento mutável e, por isso, de difícil combate, onde há reunião de pessoas com intuito de obter lucro, através da fragilização do poder estatal e provocando danos "invisíveis" à sociedade. Em virtude dessa mutabilidade é capaz de utilizar-se da desorganização do mercado para acumular capital ilicitamente adquirido e transformá-lo em lícito. Tem estrutura empresarial, inclusive com hierarquia funcional, podendo ser comparada a uma empresa multinacional, já que tem caráter transnacional, ramificando-se por diversos territórios e mantendo conexões com outras organizações criminosas; aqui, ainda, observa-se a sua capacidade de expansão, que também é propiciada pela utilização dos mais modernos meios de tecnologia. Quando necessário, a associação criminosa utiliza-se da intimidação e da violência, para garantir sua atuação e a impunidade de seus membros. A impunidade também é garantida pelo conhecimento técnico de profissionais especializados, que apontam as debilidades do sistema estatal onde se pode atuar de forma ilegal livremente. Ademais, estas organizações também prestam assistência social que seria devida pelo Estado, que não o faz, o que desperta em parte da população – excluída – uma simpatia pelo movimento. Por último, referimos a capacidade de imobilização do poder estatal, que deveria combater o crime organizado, por meio da corrupção dos seus agentes. Assim, podemos dizer que a criminalidade organizada pode vir a comprometer a soberania de um Estado, posto que atua como poder paralelo, criando territórios onde age livremente.

Tendo como fundamento todo o exposto e cientes da alta complexidade que envolve a busca de uma definição para o fenômeno da criminalidade organizada, em face de seu dinamismo e sua alta capacidade de mutação, entendemos que demarcamos um sentido *lato* da expressão "criminalidade organizada", diante da impossibilidade de conceituarmos o fenômeno de uma maneira restrita, já que ele assim não se manifesta na sociedade contemporânea. Achamos, então, que nosso objetivo de fornecer uma noção do que seja este evento foi cumprida, para fins de entendimento quando a ele nos referirmos no decorrer deste trabalho.

2.2. Principais características da criminalidade organizada

Se conceituar o que seja a criminalidade organizada é uma tarefa difícil e que não encontra unanimidade entre os autores, apontar suas principais características pode contribuir para atingir este desiderato.

A modalidade criminosa de tipo organizada possui algumas características que merecem destaque, sendo que estes aspectos lhe proporcionam grande mobilidade,[23] alto poder de ação e intimidação,[24] bem como resultados de grande vulto financeiro.[25] De maneira bastante breve procuraremos abordar os aspectos mais relevantes que determinam a ação de um grupo criminoso organizado.

O primeiro aspecto a ser ressaltado é a participação de agentes estatais, visto que é imperioso ao crime organizado infiltrar-se nas entranhas do Estado, reunindo agentes estatais encarregados do efetivo combate à criminalidade, seja este nos campos penal, tributário, previdenciário ou qualquer outro.

O alto poder de corrupção do crime organizado faz com que pessoas do Estado participem da atividade ilícita, paralisando o aparato estatal no combate ao crime. Além disto, a participação de agentes estatais cria uma falsa sensação de segurança, vez que continuam a "agir" em detrimento de outros casos, mas com relação àquele específico, daquela organização a qual pertence o agente, a ação estatal permanece completamente inerte, permitindo que aquela organização perpetue seus lucros e se fortaleça ainda mais.

Muitos destes agentes que se corrompem mediante o poder do crime organizado podem ser considerados excluídos. Explicamos: os policiais, por exemplo, que lidam diretamente com a função de dar segurança à sociedade, combatendo a criminalidade de forma ostensiva, não vêem reconhecida sua importância, a começar pela baixa remuneração que recebem – que não lhes garante uma boa condição de vida. Ao trabalharem para as organizações criminosas, eles têm a possibilidade de complementar a sua renda e ter acesso a bens que apenas com os seus salários não teriam. Não podemos esquecer, contudo, que juízes e delegados, *e.g.*, também colaboram com o crime organizado. Exemplo recente disto é a "Operação Anaconda",[26] realizada pela Polícia Federal, onde se descobriu uma quadrilha

---

[23] A mobilidade é caracterizada pelo conjunto de fatores (tecnologia, informação, etc.) que permitem às organizações criminosas atuarem simultaneamente em vários locais do globo, transferindo, principalmente, valores e informações, em alta velocidade, o que impossibilita o seu rastreamento.

[24] As organizações, quando necessário, utilizam-se da intimidação para garantir que a sua atividade se mantenha à sombra do Estado. Ao mesmo tempo, por utilizar-se da alta tecnologia e de conhecimento técnico específico, tem alta capacidade de agir nas mais diversas estruturas da sociedade.

[25] O objetivo primordial das organizações criminosas é a obtenção de dinheiro de forma ilícita, que depois, através de empresas de fachada – diga-se, revestidas de licitude – transforma este dinheiro em lícito, fazendo com que ele passe a circular no mercado legalmente.

[26] O Ministério Público Federal e a Polícia Federal começaram a investigar em fevereiro de 2002 um suposto esquema de venda de sentenças judiciais e corrupção em São Paulo. A descoberta da existência do grupo começou com uma denúncia anônima em Maceió (AL), segundo a qual um delegado aposentado da Polícia Federal articulava a libertação de criminosos. Em 13 de outubro de 2003, com base em escutas telefônicas autorizadas pela Justiça, o Ministério Público Federal apresentou quatro denúncias ao Tribunal Regional Federal da 3ª Região contra juízes federais, delegados, advogados, empresários e policiais supostamente envolvidos no esquema. Em seguida, a Justiça determinou a prisão preventiva de nove deles. Fonte: GASPAR, Malu. O Bote da Sucuri. *Veja*, São Paulo, n. 45, ano 36, p. 40-51, 12 nov. 2003.

formada por profissionais que, em tese, deveriam cerrar fileiras no combate ao crime.

O segundo ponto a ser destacado é o fato de que esta manifestação delituosa tem um caráter difuso, caracterizando-se pela ausência de vítimas individuais, ou seja, as vítimas são pessoas indeterminadas e indetermináveis, ligadas entre si por circunstâncias de fato.[27]

Esse aspecto é extremamente relevante em razão de que, em não havendo vítimas diretas, os prejuízos não são visíveis imediatamente e nem em médio prazo. Destarte, quando se descobre a ocorrência criminosa, o dano é imenso e quase sempre irreparável, até porque ao Poder Público somente resta a busca do valor apropriado pela organização, tarefa esta muito lenta e de difícil resultado. Evidente é que o crime organizado tem atuado em áreas nas quais o controle estatal é deficiente, como, por exemplo, no sistema de Previdência Social, onde já foram detectadas várias fraudes (ações que contaram com a participação de agentes estatais), com relevantes prejuízos à coletividade (vítimas difusas) e com índice mínimo de recuperação do produto desviado.

A pouca visibilidade dos danos é outra característica que merece destaque. Aqui não se faz necessário ressaltar o prejuízo financeiro causado, mas é conveniente destacar que embora os danos sejam de alto vulto, não são visíveis rapidamente, não sendo percebidos por um considerável período e, conseqüentemente, aumentando a dimensão do problema.

Isto permite a alta operacionalidade e cobertura necessárias para maquiar a atividade criminosa e, quando é descoberta, o prejuízo já se faz colossal e a reparação quase sempre inviável.

O alto grau de operacionalidade é resultado de participarem destas organizações pessoas com extrema qualificação técnica nas diversas áreas onde se faz necessária a sua atuação, as quais recebem excelente remuneração e quase nunca possuem informações acerca do restante da organização, como forma de evitar que haja vazamento de informações.

Além do serviço de profissionais altamente qualificados e, ainda, estando devidamente munidos de equipamentos de última geração, estas organizações possuem alta mobilidade, o que lhes permite atuarem em vários locais ao mesmo tempo, transferindo valores e informações com alta velocidade, o que torna muito difícil seu rastreamento.

Outro aspecto a ser ressaltado é a mutação constante do *modus operandi* das associações criminosas, o que significa dizer que a criminalidade organizada trabalha lançando mão de empresas de fachada, de pessoas que

---

[27] Sobre a noção de interesse difuso, ver: BOLZAN DE MORAIS, José Luis. *Do Direito Social aos Interesses Transindividuais. O Estado e o Direito na Ordem Contemporânea*. Porto Alegre: Livraria do Advogado, 1996.

servem como "testas-de-ferro". Dentro de determinados períodos toda a estrutura administrativa é alterada, com a finalidade de obstaculizar as investigações do Estado, que visam descobrir a organização e sua estrutura.

A criminalidade organizada é um fenômeno da atual organização social. Vemos, contudo, o movimento da máfia, surgido em época distante, que aparentemente serviu como inspiração para criação das organizações criminosas atuais. Assim, no próximo item pretendemos relatar um pouco do histórico da máfia, relacionando-a, ao final, com o crime organizado.

2.3. Precedentes históricos: da máfia ao crime organizado

A Máfia, como exemplo de criminalidade organizada, embora um evento contemporâneo, tem origens bem mais antigas.

Salvatore Lupo relata que:

Máfia é palavra que desde a metade do século XIX até hoje retorna continuamente na polêmica política ou jornalística cotidiana, nos inquéritos judiciais, na publicidade, na ficção, nos estudos de antropólogos, sociólogos, juristas, economistas e historiadores.

[...]

Segundo a acepção hoje predominante, *máfia* corresponde à criminalidade regional siciliana, *camorra* à criminalidade regional napolitana. [...] Podemos depois acrescentar uma máfia chinesa, turca, colombiana, russa, e assim por diante. Porém, estamos só no início da confusão de linguagens, visto que o termo assume acepções bem mais amplas, distantes até do campo da criminalidade organizada.[28]

Esta confusão é natural. Até hoje se discute a origem da palavra "máfia". O conceito de mafioso foi usado pela primeira vez em 1860 na peça *I Mafiosi della Vicaria*.

Muito embora os termos se confundam, máfia e criminalidade organizada são coisas distintas. A máfia surgiu no século XVIII na região de Palermo, logo tendo se disseminado por toda a Sicília.

A raiz da máfia, então, teve origem na Sicília feudal, quando os nobres começaram a delegar poderes sobre suas terras a administradores chamados de *gabelotti*. Em pouco tempo eles se tornaram os donos da região e observaram a necessidade de intermediários para intimidar os camponeses a trabalhar muito por pouco. Com a abolição do feudalismo em 1812, os novos proprietários perderam a proteção do Estado, e os intermediários passaram a agir ainda mais. Nascia a Máfia. Como terceirizavam os assassinatos, ganharam a imagem de homens de honra e paladinos da justiça num mundo sem a centralização e o monopólio do poder. Mas a mão negra (por causa

---

[28] LUPO, SALVATORE. *História da Máfia:* das origens aos nossos dias. São Paulo: UNESP, 2002, p. 12-13.

dos desenhos com que encerravam suas ameaças) era um Robin Hood ganancioso com altos custos em troca de proteção.²⁹

Já naquela época os relatos policiais apontavam a Máfia como "[...] uma rede de quadrilhas de extorsão politicamente protegidas [...] como grupos criminosos que aterrorrizam a comunidade local, vivendo de extorsões e outros ganhos ilegais, e controlam o acesso aos empregos e mercados comunais".³⁰

Com o surgimento da Máfia, agregaram-se novos elementos que passaram a caracterizar as associações de criminosos, já que a origem desta sociedade secreta consistia,

> [...] em parecer como uma família, vinculada não pelo sangue, mas pela nacionalidade siciliana. Através de um compromisso solene, todos votavam nunca revelar os segredos da Máfia, mesmo sob dor ou morte. A disciplina que manteve a Máfia unida através dos séculos foi a *omertá*, que significa 'honradez' ou, usualmente, 'silêncio'. Este foi o código da Máfia então e o é agora.³¹

Muitos apontavam que a Máfia teria seus dias contados, que aos primeiros sinais de progresso o movimento entraria em derrocada, desaparecendo "quando nas regiões do desolado interior siciliano fosse ouvido o apito da locomotiva, não imaginando que depois do apito da locomotiva se falaria ainda no boom do jato e no bip do computador",³² o que trouxe à Máfia a possibilidade de se expandir, ganhar novos territórios e atuar em novos ramos, além de seu histórico atrelamento às elites políticas e econômicas.

De sua origem italiana, a partir da década de 90, estas Máfias se defrontaram com a internacionalização das atividades de suas organizações criminosas. Neste sentido, Tognolli e Arbex comentam que:

> As máfias italianas buscam nos anos 90 outras frentes de investimento, jamais imaginadas pelos ficcionistas, tamanha a diversidade e ousadia: estão no Brasil, no Japão, na Rússia, na Colômbia, na Tchetchênia e até na China, oferecendo esquemas de lavagem de dinheiro em troca de cocaína, heroína e armas. A máfia italiana vem crescendo seguindo métodos de empreendedorismo das grandes corporações multinacionais, e é a base da logística de todo capital amealhado pelas dez maiores máfias do Planeta.³³

---

²⁹ Por este fato é que encontramos controvérsias acerca da vertente mafiosa comprometida com as mudanças políticas e sociais.

³⁰ FENTRESS, James; WICKHAM, Chris apud MAIA, Rodolfo Tigre. *O Estado desorganizado contra o Crime Organizado – anotações à Lei Federal 9.034/95 (Organizações Criminosas)*. Rio de Janeiro: Lúmen Juris, 1999, p. 7.

³¹ NASH, Jay Robert apud MAIA, Rodolfo Tigre. *O Estado desorganizado contra o Crime Organizado – anotações à Lei Federal 9.034/95 (Organizações Criminosas)*. Rio de Janeiro: Lúmen Juris, 1999, p. 5.

³² LUPO, *História da Máfia*, op. cit., p. 24.

³³ ARBEX JR., José; TOGNOLLI, Cláudio Júlio. *O Século do Crime*. São Paulo: Bom Tempo, 1996, p. 44-45. As Máfias tradicionais italianas são a Cosa Nostra Siciliana, a Camorra, a Ndranghetta e a Sacra Corona Unita. Elas têm mantido contatos entre si, incorporando novas metodologias de ação e organização.

É provável, assim, que as raízes históricas do crime organizado se encontrem na Máfia, sendo que seus códigos de honra, acima citados, regem as organizações criminosas atuais disseminadas por todo o globo.

2.4. Formas de manifestação da criminalidade organizada no Brasil

Acreditamos, em consonância com o posicionamento de Luiz Flávio Gomes,[34] que o Brasil ainda não pode ser considerado como matriz de alguma organização criminosa em nível internacional, o que não quer dizer, gize-se, que o crime organizado não se manifesta em nosso País.[35]

O país é atualmente considerado como local de refúgio para aqueles que ocupam os mais altos postos de poder dentro das organizações, porquanto contamos com precária estrutura de investigação em nível internacional, bem como interno. Desta maneira, os criminosos vêm para cá trazendo parte de sua estrutura criminosa e começam a operar daqui, em um primeiro instante e, após, passam a operar dentro do Brasil.

A facilidade de abertura de empresas e a falta de controle das transações financeiras fazem do Brasil um território livre para a lavagem de dinheiro proveniente do crime, além de ser o maior fornecedor e produtor de matérias químicas utilizadas pelos laboratórios na produção de entorpecentes e de ter um histórico de corrupção institucional.[36]

O país, outrossim, se transformou em ponto estratégico de trânsito para o tráfico de entorpecentes produzidos pelos países vizinhos – em especial Bolívia e Colômbia –, pois contamos com boa infra-estrutura aeroportuária, com grandes redes fluviais e rodoviárias e, também, significativo comércio com o exterior, o que torna exeqüível a criação de empresas exportadoras de fachada para transportar os entorpecentes até o seu destino final.

Assim, embora o Brasil não seja celeiro de nenhuma organização criminosa de nível internacional, embora organizações nacionais guardem relações com associações criminosas de outros países – isto ocorre apenas

---

[34] GOMES, *Crime Organizado*, op. cit., p. 205.
[35] "Em março de 1996 o Departamento dos EUA divulga, em caráter reservado, seu relatório anual sobre narcóticos [...] que aponta as principais diretrizes do combate mundial ao crime organizado. O documento começa taxativo: 'O Brasil emergiu em 1995 como a mais significativa rota de trânsito para carregamentos aéreos de folhas de coca colhidas no Peru e destinadas para laboratórios na Colômbia. O governo começou a demonstrar estar ciente da vulnerabilidade do Brasil para os traficantes colombianos, que estão usando o país como maior rota de trânsito, centro potencial de processamento de cocaína e núcleo de lavagem de dinheiro". ARBEX; TOGNOLLI, op. cit., p. 68.
[36] Em 1993, o Relatório Anual de Controle Internacional de Narcóticos, divulgado pelo então presidente norte-americano Bill Clinton, apontava, pela primeira vez, o Brasil como maior canal de distribuição mundial da cocaína produzida pelos cartéis de Cali e Medellín. O país também aparecia como segundo lugar na lista dos países possuidores de dinheiro gerado pelo narcotráfico.

como meio facilitador de transações. Ou seja, as organizações criminosas brasileiras atuam no cenário internacional por meio de "troca de favores", e não porque sua estrutura esteja infiltrada em outros países.[37]

3. Referências bibliográficas

AMIRANTE, Carlo. *Uniões Supranacionais e Reorganização Constitucional do Estado*. São Leopoldo: UNISINOS, 2003.

AMORIM, Carlos. *Comando Vermelho:* A História Secreta do Crime Organizado. Rio de Janeiro: Record, 1994.

ARBEX Jr., José e TOGNOLLI, Cláudio Julio. *O Século do Crime*. São Paulo : Bom Tempo Editorial, 1996.

ARENDT, Hannah. *Lições sobre a Filosofia Política de Kant*. Trad. André Duarte. Rio de Janeiro: Relume Dumará, 1993.

ARNAUD, André-Jean; DULCE, María José Fariñas. *Introdução à Análise Sociológica dos Sistemas Jurídicos*. Rio de Janeiro: RENOVAR, 2000.

ASSIS, Simone. *Traçando Caminhos numa Sociedade Violenta*. Rio de Janeiro/Brasília: FIOCRUZ-CLAVES/UNESCO, 1997.

ATIENZA, Manuel. *Introducción al Derecho*. Barcelona: Barcanova, 1985.

AVRITZER, Leonardo. Modelos de Sociedade Civil: uma análise da especificidade do caso brasileiro. In: AVRITZER, Leonardo (org.). *Sociedade Civil e Democratização*. Belo Horizonte: Del Rey, 1994.

BARALDI, Cláudio, CORSI, Giancarlo, ESPOSITO, Elena. *Luhmann In Glossario*: I concetti fundamentali della teoria dei sistemi sociali. Milano: Franco Angeli, 1997.

BARCELLONA, Pietro. *Postmodernidad y cOmunidad. El regreso de la vinculación social*, Madrid: Trotta, 1992.

——; COTURRI, Giuseppe. *El Estado y los Juristas*. Barcelona: Confrontación, 1976.

BARCELLOS, Caco. *Abusado*: O dono do Morro Santa Marta. Rio de Janeiro: Record, 2003.

BAUMAN, Zygmunt. *Globalização:* as conseqüências humanas. Rio de Janeiro: Jorge Zahar, 1999.

BECK, Ulrich. *La Sociedad del Riesgo*. Barcelona: Paidóis, 1998.

BERGALLI, Roberto. *Globalizacion y control de la ciudad*: fordismo y disciplina – postfordismo y control punitivo. In Estudos e Debates/Fundação Alto Taquari de Ensino Superior – Ano 1, n° 1. Lajeado: FATES, 1994.

BERNSTEIN, Peter L. *Desafio aos Deuses*: A Fascinante História do Risco. 4ª ed. Rio de Janeiro: Campus, 1997.

BIDET, Jacques. *Théorie de la Modernité Suivi de Marx et le Marché*. Paris: PUF, 1990.

BOBBIO, Norberto. *El Problema del Positivismo Jurídico*. Buenos Aires: Eudeba, 1965.

BOISIER, Sérgio. *Desenvolvimento Regional e Urbano*: diferenciais de produtividade e salários industriais. Rio de Janeiro: IPEA, 1973.

BOLZAN DE MORAIS, Jose Luis. *Do Direito Social aos Interesses Transindividuais. O Estado e o Direito na Ordem Contemporânea*. Porto Alegre: Livraria do Advogado. 1996.

---

[37] Ocorre o contrário, contudo, em relação à criminalidade organizada de outros países, como a da Itália, por exemplo, que tem no Brasil ramificações de suas organizações e se aproveitam de debilidades de nosso sistema para introduzirem ainda mais suas atividades.

——. A Crise e a Recuperação da Legitimação da Jurisdição Constitucional. In: LEAL, Rogério Gesta; REIS, Jorge Renato. *Direitos Sociais e Políticas Públicas*: desafios contemporâneos. Santa Cruz do Sul: EDUNISC, 2004. Tomo 4. p. 1.056.

——. *A Idéia de Direito Social – o pluralismo jurídico de Georges Gurvitch*. Porto Alegre: Livraria do Advogado, 1997.

——. *As Crises do Estado e da Constituição e a Transformação Espacial dos Direitos Humanos*. In: Col. Estado e Constituição. n. 1. Porto Alegre: Livraria do Advogado. 2002.

BOURDIEU, Pierre, PASSERON, Jean-Claude. *La reproducción. Elementos para una teoría del sistema de enseñanza*. Barcelona: Laia, 1977.

BRAZ, Graziela Palhares Torreão. *Crime Organizado x Direitos Fundamentais*. Brasília: Brasília Jurídica, 1999.

BRUNO, Giordano, VICO, Giambattista. *Sobre o Infinito, o Universo e aos Mundos – Princípios de uma nova Ciência Nova*. São Paulo: Nova Cultural, 1988. Coleção Os Pensadores.

CALVO GARCÍA, Manuel. *Los Fundamentos del Método Jurídico: una revisión crítica*. Madrid: Tecnos, 1994.

CAMPILONGO, Celso Fernandes. *Direito e Democracia*. São Paulo: Max Limonad, 1997.

CAMPOS, André, POCHMAN, Márcio, AMORIN, Ricardo, SILVA, Ronnie (orgs.). *Atlas da Exclusão social no Brasil*: dinâmica e manifestação territorial. São Paulo: Cortez, 2003. Volume 2. P. 35

CARBONNIER, Jeano. *Flexible droit*. Paris: Librairie Générale de Droit et de Jurisprudence, 1971.

CASTELLS, Manuel. A Era da Informação: Economia, Sociedade e Cultura – *A Sociedade em Rede*. 5. ed. Vol. I. São Paulo: Terra e Paz, 2001.

COMTE, Auguste. *Dizionario delle idee. A cura di Stefania Mariani*. Roma: Editori Riuniti, 1999.

COSTA, Pietro. *Il Progetto Giuridico. Ricerche Sulla Giurisprudenza del Liberalismo Classico*. Milano: Giuffrè, 1974.

CUNHA, Edite da Penha, CUNHA, Eleonora Schettini M. Políticas Públicas Sociais. In: CARVALHO, Alysson et. al. *Políticas Públicas*. Belo Horizonte: UFMG, 2003.

CZEMPIEL, Ernst-Otto. Governança e Democratização. In: ROSENAU, James; CZEMPIEL, Ernst-Otto. *Governança sem Governo:* ordem e transformação na política mundial. Brasília, UNB, 2000.

DAHRENDORF, Ralf. *Ley y ordeno*. Madrid: Civitas, 1994.

DALLABRIDA, Valdir Roque. *O desenvolvimento regional*: a necessidade de novos paradigmas. Ijuí: UNIJUI, 2000.

DE GIORGI, Raffaele. *Scienza del diritto e legittimazione*. Bari: De Donato, 1979.

——. *Direito, democracia e riscos*. Porto Alegre: FABRIS, 1998.

——; LUHMANN, Niklas. *Teoria della Società*. Milano: Franco Angeli, 1996.

DI PIETRO, Maria Sílvia Zanella. *Direito Administrativo*. São Paulo: Atlas, 2000.

DIAS, Jorge de Figueiredo; ANDRADE, Manuel da Costa. *Criminologia*: o homem delinqüente e a sociedade criminógena. Coimbra: Coimbra Ltda., 1992.

DUMONT, Louis. *Homo Aequalis. Genesi e trionfo dell'ideologia economica*. Milano: Adelphi, 1984.

DURKHEIM, Émile. *Las Reglas del Método Sociológico*. Barcelona: Morata, 1978.

FARIA, José Eduardo. Democracia e governabilidade: os direitos humanos à luz da globalização econômica. In: FARIA, José Eduardo (org.). *Direito e Globalização Econômica*: implicações e perspectivas. São Paulo: Malheiros, 1996.

FARIA, Vilmar Evangelista. Brasil: compatibilidade entre a estabilização e o resgate da dívida social. In: BARROS, Ricardo Paes de, et. al. *Cadernos Adenauer 1:* Pobreza e Política Social. São Paulo: Fundação Konrad Adenauer, 2000.

FERNADES, Newton; FERNANDES, Walter. *Criminologia Integrada*. São Paulo: Revista dos Tribunais, 2002.

FERREIRA, Aurélio Buarque de Holanda. *Novo Aurélio século XXI:* o dicionário da língua portuguesa. 3. ed. Rio de Janeiro: Nova Fronteira, 1999.

GALANTER, Marc. The modernization of law. In: *Modernization*. New York: Basic Books, 1966.

GALLIANO, Graziella. *Dal Mondo Immaginato All'Immagine del Mondo*. Trieste: Edizioni La Mongolfiera, 1993.

GASPAR, Malu. O Bote da Sucuri. *Veja*, São Paulo, n. 45, ano 36, p. 40-51, 12 nov. 2003.

GIDDENS, Anthony. *As Conseqüências da Modernidade*. São Paulo: UNESP, 1991.

——. *Central Problems in Social Theory*. London: Macmilan, 1979.

GOMES, Luiz Flávio; CERVINI, Raúl. *Crime Organizado*: enfoques criminológico, jurídico (Lei 9.034/95) e político-criminal. São Paulo: Revista dos Tribunais, 1995.

GUERRA FILHO, Willys S. *Autopoise do Direito na Sociedade Pós-Moderna*. Porto Alegre: Livraria do Advogado, 1997.

HABERMAS, Jürgen. O Estado-Nação frente aos Desafios da Globalização. *Novos Estudos Cebrap*. São Paulo, n° 43 pp. 70-87, nov. 1995.

HASSEMER, Winfried. *Três Temas de Direito Penal*. Porto Alegre: Fundação Escola Superior do Ministério Público, 1993.

HERKENHOFF, João Baptista. *Como Aplicar o Direito*. Rio de Janeiro: Forense, 1979.

HOBBES, Thomas. *Leviatã ou Matéria, Forma e Poder de um Estado Eclesiástico e Civil*. São Paulo: Abril, 1974.

HOLANDA, Sérgio Buarque de. *Raízes do Brasil*. São Paulo: Companhia das Letras, 2004.

HUME, David (a cura di Mario Dal Pra e Emanuele Ronchetti). *Saggi e Trattati morali letterari politici e economici*. Torino: Unione Tipografica – Editirce Torinese, 1974.

HUMPHREY, R. A., LYNCH, J. *The origins of the Latin American Revolution*. New York: Western European and Latin American Legal Systems, 1978.

IANNI, Otávio. Globalização e Diversidade. In: FERREIRA, Leila da Costa. VIOLA, Eduardo (orgs.). *Incertezas de Sustentabilidade na Globalização*. Campinas, Editora da Unicamp, 1996. p. 93-102

JEAMMAUD, Antonine. *La crítica jurídica en Francia*. Puebla: Universidad Autónoma de Puebla, 1987.

KANT, Immanuel (a cura di Nicolao Merker). *La metafisica dei costumi*. Bari: Laterza, 1991.

KARAM, Maria Lúcia. Sistema Penal no Século XXI. In POLETTI, Ronaldo Rebello de Britto (org.). *Notícia do Direito Brasileiro*. Brasília: UnB, 2002. p. 295-310.

KARST-K., R. L. ROSENN, J. *Law and Development in Latin America*. Los Angeles: [s. Ed.] 1966.

KELSEN, Hans. *Essenza e valore della democrazia, in La democrazia*. Bologna: Il Mulino, 1984a.

LAFER, Celso. *Paradoxos e Possibilidades*: estudo sobre a ordem mundial e sobre a política exterior do Brasil num sistema internacional em transformação. Rio de Janeiro: Nova Fronteira, 1982.

LOPES NETO, Alfredo. *Lições das políticas de desenvolvimento regional do Brasil*. Fortaleza: ABC, 2002.

LOPEZ, Luiz Roberto. *História do Brasil Contemporâneo*. Porto Alegre: Mercado Aberto, 1991.

LUHMANN, Niklas. El concepto de riesgo. In BERIAIN, Josetxo (org.). *Las consecuencias Perversas de la Modernidad*. Barcelona: Anthropos, 1996.

──. *La ilustración sociológica*. Buenos Aires: Sur, 1973.

LUPO, Salvatore. *História da Máfia*: das origens aos nossos dias. São Paulo: UNESP, 2002.

MAIA, Rodolfo Tigre. *O Estado desorganizado contra o Crime Organizado:* anotações à Lei Federal 9.034/95 (Organizações Criminosas). Rio de Janeiro: Lumen Juris, 1999.

MAIEROVITCH, Wálter Fanganiello. Crime Organizado Transnacional. *In Seminário Internacional sobre Lavagem de Dinheiro:* Anais. Vol. 17. Brasília : Conselho da Justiça Federal, 2000.

MARCOU, G. RANGEON, F. THIÉBAULT, J. L. "Le gouvernement des villes et les relations contractuelles entre collectivités publiques". In: GODARD, F. (ED). *Le gouvernement des villes*. Paris: Descartes, 1997.

MARX, Karl. *Manoscritti economico-filosofici del 1844*. Torino: Giulio Einaudi, 1968.

MASI, Domenico de. *O futuro do trabalho*: fadiga e ócio na sociedade pós-industrial. Brasília: UnB, 1999.

MELLO, Leonel Itaussu; COSTA, Luís César Amad. *História Moderna e Contemporânea*. São Paulo: Scipione, 1994.

MINAYO, Maria Cecília (org.). *Pesquisa Social. Teoria, Método e Criatividade*. Petrópolis: Vozes, 1994.

MONTESQUIEU (a cura de Marco Armandi). *Dizionario delle idee*. Roma: Ed. Riuniti, 1998.

MOSCONI, Giuseppe. *La norma il senso il controllo*. Milano: Franco Angeli, 1986.

O'DONNEL, Guillermo. *Democracia Delegativa?* São Paulo: Novos Estudos/CEBRAP, 1991.

OLIVEIRA, Maria Coleta; PINTO, Luzia Guedes. Exclusão Social e Demografia: elemento para uma agenda. In: OLIVEIRA, Maria Coleta (org.). *Demografia da Exclusão Social*. Campinas: UNICAMP, 2001

OST, François. *O Tempo do Direito*. Lisboa: Instituto Piaget, 1999.

PANFICHI, Aldo; CHIRINOS, Paula Valéria Muñoz. Sociedade Civil e Governabilidade Democrática nos Andes e no Cone Sul: Uma Visão Panorâmica na Entrada do Século XXI. In DAGNINO, Evelina (org.). *Sociedade Civil e Espaços Públicos no Brasil*. São Paulo: Paz e Terra, 2002.

PELLEGRINI, Angiolo; COSTA JR., Paulo José da. *Criminalidade Organizada*. São Paulo: Jurídica Brasileira, 1999.

PHANOR, J. Eder. *A Comparative Survey of Anglo-American and Latin American Law*. New York: New York University, 1960.

PINTO, Luciana Ferreira; BICUDO, Tatiana. A lei contra o Crime Organizado exige debate mais sério, para toda sociedade. *Boletim IBCCrim*, [S.1], n° 12, p. 1, jan. 1994.

POCHMANN, Marcio; AMORIM, Ricardo, (orgs.). *Atlas da Exclusão Social no Brasil*. São Paulo: Cortez, 2002

POULANTZAS, Nikos. *Estado, Poder y Socialismo*. México: Siglo XXI, 1978.

PRADO JÚNIOR, Caio. *Formação do Brasil Contemporâneo*. São Paulo: Brasiliense, 1995.

QUESNAY, François (a cura di Renato Zangheri). *Scritti economici*. Bologna: Arnaldo Forni, 1966.

RAMOS, Duílio. *História da Civilização Brasileira*. São Paulo: Saraiva, 1964.

RAWLS, John. *Teoría de la Justicia*. Madrid: FCE, 1979.

RELATÓRIO do Desenvolvimento Humano 2003. Disponível em: http://www.onuportugal.pt/body_d_humano_2002.html Acesso em: 06 jun. 2004.

RESTA, Caterina. *La misura della differenza*. Milano: Angelo Guerini, 1988.

RESTA, Eligio. *La Certezza e la Speranza*: saggio su Diritto e Violenza. Bari: Laterza, 1996.

──. *Poteri e Diritti*. Torino: G. Giappichelli, 1996a.

RODRIGUES, Hugo Thamir. O Município (ente federado) e sua Função Social. In: LEAL, Rogério Gesta; REIS, Jorge Renato. *Direitos Sociais e Políticas Públicas*: desafios contemporâneos. Santa Cruz do Sul: EDUNISC, 2004. Tomo 4.

ROSENAU, James. Governança, Ordem e Transformação na Política Mundial. In: ROSENAU, James; CZEMPIEL, Ernst-Otto. *Governança sem Governo*: ordem e transformação na política mundial. Brasília, UNB, 2000.

ROSSO, G. G. *Tradizione e Misura Umana del Diritto*. Milano, 1976.

ROUSSEAU, Jean-Jacques. *Il Contratto Sociale*. Trad. Maria Garin. Bari: Laterza, 1997.

SABIDO, Fernando Rafael Castañeda. *A Tensão entre Ideologia e Ciência na Sociologia*. Santa Cruz do Sul: EDUNISC, 2004.

SANTOS, Milton. *Por uma outra Globalização*: do pensamento único à consciência universal. Rio de Janeiro: Record, 2004.

SCHMITT, Carl. *Le Categorie del Politico*. Bologna: Il Mulino, 1972.

SILVA, Ademir. A política social e a política econômica. *Revista Serviço Social e Sociedade*, São Paulo, n. 53, p. 189-191, 1997.

SILVA, Juary. *A Macrocriminalidade*. São Paulo: Revista dos Tribunais, 1980.

SMITH, Adam. *Indagine Sulla Natura e le Cause Della Ricchezza Delle Nazioni*. Milano: Istituto Editoriale Internazionale, 1973.

SOUZA SANTOS, Boaventura de. *Notas Sobre a Historia Social de Pasárgada, em Sociologia e Direito*. São Paulo: Pioneira, 1980.

SULBRANDT, José. A avaliação de programas sociais: uma perspectiva crítica dos modelos usuais. In: KLINKSBERG, B. (org.). *Pobreza*: uma questão inadiável. Brasília: ENA, 1994.

TARELLO, Giovanni. *Storia Della Cultura Giuridica Moderna*. Bologna: Il Mulino, 1976.

TRINDADE, Antônio Augusto Cançado (ed.). *A proteção dos Direitos Humanos nos Planos Nacional e Internacional: Perspectivas Brasileiras*. Seminário de Brasília de 1991. Instituto Interamericano de Direitos Humanos e Friedrich Naumann – Stiftung, San José da Costa Rica/Brasília, Brasil, 1992.

TROTSKIJ, Lev Davidovic. *Storia Della Rivoluzione Russa*. La Rivoluzione di febbraio. Roma: Newton Compton, 1994a.

VIAL, Sandra Regina Martini; CAON, Liane Martins; MINETO, Daniela de Oliveira. Sociedade Contemporânea: o paradoxo da inclusão/exclusão social no contexto da globalização. In: LEAL, Rogério Gesta; REIS, Jorge Renato. *Direitos Sociais e Políticas Públicas*: desafios contemporâneos. Santa Cruz do Sul: EDUNISC, 2004. Tomo 4.

VIANA, Hélio. *História do Brasil*. Rio de Janiero: [s.Ed.] 1975.

VICO, Giambattista (a cura de Fausto Nicolini). *Il Diritto Universale – Sinapsi e De Uno – Parte prima*. Bari: Gius. Laterza & Figli, 1968a.

VIDAL DE LA BLANCHE, P. *La Répertition des Hommes sur le Globe*. ivi, XXVI, 1917.

VIZENTINI, Paulo Fagundes. *História do Século XX*. Porto Alegre: Novo Século, 1998.

WEFFORT, Francisco. *Qual Democracia?* São Paulo: Companhia das Letras, 1992.

WOLKMER, Antônio Carlos. *Pluralismo Jurídico – Fundamentos de uma Nova Cultura no Direito*. São Paulo: Editora Alfa Omega, 1994.

ZAFFARONI, Eugenio Raúl. Crime Organizado: uma categorização frustrada. *Discursos Sediciosos – Crime, Direito e Sociedade*. Rio de Janeiro: Relume-Dumará: 1996. p. 45-67.

— II —

Direito, Democracia e nova Institucionalidade:
Uma análise da criação de Conselhos Municipais de Controle de Políticas Públicas

RODRIGO STUMPF GONZÁLEZ[1]

Resumo: No Brasil tenta-se freqüentemente alterar a realidade através da criação de novas leis. Buscou-se uma democratização da gestão do Estado através da criação de conselhos de controle de políticas públicas em diversas áreas. Este artigo analisa o processo de criação de conselhos municipais da saúde, da assistência social e da criança e do adolescente e seu distanciamento em relação aos objetivos inicialmente propostos na Constituição Federal e nas leis orgânicas federais, com base nos dados do Sistema Nacional de Indicadores Urbanos, do Ministério das Cidades. Ao fim indica-se que fatores podem ser responsáveis pelas distorções e como poderia ser feita a intervenção para sua mudança.

Abstract: It's very common in Brazil try to changing the reality by creation of new laws. The democratization of State administration through creation of public policy control councils in different areas it's one case. This article focuses the process of creation of local councils of health, social assistence and child and adolescent and how distant of the objectives proposed by the Federal Constituion and the Federal Organic Laws they are, based in data provided by the National System of Urban Indicators, from Cities Ministry. At the end are indicated the factors responsible by the distortions and how could habe be na intervention upon them.

Sumário: 1. Introdução; 2. Criando a democracia participativa; 3. A situação dos conselhos; 4. A lei e a realidade: longe da validade empírica; Referências Bibliográficas.

1. Introdução

O campo do direito foi freqüentemente acusado de vetusto, de albergar o conservadorismo e impedir o avanço de novas práticas da sociedade. Por outro lado, também é bastante comum em nosso país que se busque fazer

---

[1] Doutor em Ciência Política pela UFRGS.
Professor do Programa de Pós Graduação em Direito da Unisinos. stumpf@netu.unisinos.br

as reformas como uma imposição legal que moldará a sociedade conforme novos princípios.

Leis no país são criadas, diariamente, de cima para baixo. Conforme indica Nestor Duarte (apud Faoro, 1976), é comum serem criadas leis longe da realidade. Mesmo leis benéficas à população em geral são propostas por elites sociais distantes do cotidiano.

Esta situação pode levar que a validade formal das leis não seja acompanhada de uma validade empírica (Weber, 1984 ; Fariñas Dulce, 1991). O problema é que no momento de colocá-las em prática a realidade acaba impedindo ou distorcendo sua aplicação.

Este artigo analisará esta dualidade no caso brasileiro, para verificar o impacto da proposição de democratização do controle do poder público através de conselhos, aprofundando-se particularmente nos conselhos dos direitos da criança e do adolescente

2. Criando a democracia participativa

A Constituição de 1988 dispôs sobre a criação de inúmeros instrumentos de participação popular (González e Diniz, 2002), apontando para o ideal de uma democracia participativa (González, 2000) e para a descentralização e municipalização das principais políticas sociais.

Um dos aspectos que é necessário destacar é a falta de tradição brasileira de autonomia municipal. Apenas na Constituição de 1988 o Município passa a ter um *status* de parte da Federação, com autonomia organizativa, através da criação de suas leis orgânicas. A tradição centralista do Estado Brasileiro, conforme relembra Raymundo Faoro (1976), é um dos elementos históricos herdados de Portugal.

Reforça este entendimento José Murilo de Carvalho (1999), falando sobre o desenvolvimento da cidadania, ao observar que enquanto na América Latina existiam nações a procura de um Estado, no Brasil havia um Estado a procura de uma Nação.

A partir dos anos 80, houve uma expectativa de superação de uma fraqueza histórica da sociedade brasileira diante do Estado. Os inúmeros movimentos sociais e outras formas de mobilização política ocorridas durante a transição democrática pareciam fazer surgir um novo país, conforme pode ser verificado em diversos trabalhos na obra de Covre (1986).

Nos anos 90, em um certo momento, houve uma avaliação de mudança daquele momento, que pode ser encontrada em Danigno (1994). Esta mudança, em alguns casos vista como uma perda de força, também foi analisada de forma positiva, pela institucionalização dos movimentos em organizações não-governamentais, como aponta Ruth Cardoso (1994),

Se houve uma evolução na organização social e na institucionalização de espaços democráticos na última década e meia, também é verdade que esta experiência não se deu de maneira homogênea. Conforme O'Donnell (1993), a democracia pode-se dar de forma não-uniforme. E este fenômeno pode ser verificado também na implantação de novas instituições propostas na esteira da regulamentação da Constituição Federal de 1988.

Entre os anos de 1985 e 1988 houve uma ampla mobilização de diversos segmentos da sociedade envolvidos com atendimento a crianças e adolescentes, seja entre agentes de organizações governamentais, seja no âmbito da sociedade, como o surgimento do Fórum Nacional de Defesa dos Direitos da Criança e do Adolescente (Fórum DCA). A articulação conjunta acabou levando a iniciativas comuns durante a Constituinte (Costa e Mendez, 1994)

Entre outros dispositivos, a mobilização de diferentes segmentos da sociedade levou à inclusão dos dispositivos do Art. 227 da Constituição Federal, que serviu de base para a inclusão do Brasil entre os países que adota a doutrina da proteção integral, fundada nos documentos das Nações unidas na área da infância e direitos humanos, como princípio.

Além da mobilização específica na área da infância, outros resultados foram obtidos no sentido de propor a democratização do controle do Estado. Um destes dispositivos é o Art. 204, II, que serviu de base para a posterior inclusão, tanto no ECA como na Lei Orgânica da Assistência Social (LOAS), da previsão de criação de conselhos nas três esferas administrativas.

Entretanto, talvez tenha sido criada uma expectativa demasiada sobre a possibilidade de impacto de uma legislação criada sem um suficiente embasamento social, como já alertava Lopes (1988).

Não se quer dizer com isto que são aceitáveis críticas feitas em determinados momentos pelos detratores do ECA, que o chamavam de "Lei de Primeiro Mundo", para justificar sua inadequação e necessidade de substituição, para dar conta da realidade tupiniquim.

Embora não seja incorreto ousar na tentativa de criar mudanças a partir de um novo paradigma legal, é ingênuo não levar em conta as resistências a sua implantação. Portanto, a distância entre lei e realidade não deve ser um motivo para destruir a lei, mas um elemento de análise na avaliação de sua efetividade.

Em muitos casos instituições fora da legalidade, como o jogo do bicho, entre outros jogos de azar, foram mantidas por décadas em funcionamento, apesar da repressão do Estado. Por outro lado, instituições criadas e reguladas por lei muitas vezes tornam-se exclusivamente descrições teóricas que nunca saem do papel.

Embora a previsão legal da necessidade de criação de conselhos nas três esferas administrativas, tanto na Lei Orgânica da Saúde, como na Lei Orgânica da Assistência Social e no Estatuto da Criança e do Adolescente, as trajetórias destas três áreas acabaram se distanciando.

O uso de conselhos, com a participação da sociedade, como controladores de serviços públicos, no Brasil, tem uma relação direta com o debate da Reforma Sanitária e da experiência da área da Saúde (Jacobi, 1989; González, 2000).

O modelo discutido na saúde serviu de base também para outras áreas. Desta forma, no princípio dos anos 90, o ECA, a Lei Orgânica da Saúde e, posteriormente, a LOAS, propuseram formatos semelhantes de conselhos nas três esferas administrativas, com poderes deliberativos das políticas em suas áreas, com o controle de fundos destinados a gerenciar recursos. O ECA dispõe:

Art. 88 – São diretrizes da política de atendimento:
I – municipalização do atendimento;
II criação de conselhos municipais, estaduais e nacional dos direitos da criança e do adolescente, órgãos deliberativos e controladores das ações em todos os níveis, assegurada a participação popular paritária por meio de organizações representativas, segundo leis federal, estaduais e municipais;
III – criação e manutenção de programas específicos, observada a descentralização político administrativa;
IV – manutenção de fundos nacional, estaduais e municipais vinculados aos respectivos conselhos dos direitos da criança e do adolescente;
V – ...
VI – ...

Na área da infância, o processo começou antes das outras duas, com a aprovação do ECA em julho de 1990, entrando em vigor em outubro de 1990. Com o apoio da Fundação Centro para a Infância e Adolescência (CBIA), órgão sucessor da FUNABEM, houve um estímulo inicial para a criação de conselhos de direitos da criança e tutelares, inclusive com recursos financeiros. Com a extinção deste órgão em 1994, no Governo Fernando Henrique, este estímulo desapareceu, e as funções da Fundação foram distribuídas entre o Ministério da Justiça e o Ministério da Previdência e Assistência Social. (González, 2000).

Por outro lado, na área da saúde, a regulamentação do repasse de recursos através de Normas Operacionais Básicas (NOB), que incluíam entre os requisitos a criação de conselhos municipais da saúde, levou ao surgimento de conselhos em quase a totalidade dos municípios brasileiros. Esta mesma estratégia foi posteriormente adotada também na área da assistência social, com a criação de uma NOB em sentido semelhante.

A existência do comando da lei federal deveria ser, racionalmente, o suficiente para levar os municípios a criar os conselhos, dotando-os de caráter deliberativo e poder de administração dos respectivos fundos. Mas como será demonstrado pelos dados analisados a seguir, este nem sempre é o caso.

3. A situação dos conselhos

Passado mais de década, foram criados e implantados os conselhos nacionais de cada uma das áreas, ainda que com diferentes resultados de funcionamento, conforme discutido em González (2000). Igualmente, foram implantados conselhos nos 26 Estados e no Distrito Federal.

A situação dos municípios, onde é mais difícil o controle central, no entanto, é variada. Com base nos dados do Sistema Nacional de Indicadores Urbanos (SNIU), do Ministério das Cidades (2004), é analisada a seguir a situação da criação de conselhos municipais no país, partindo de uma comparação nas áreas da saúde, assistência social e infância e juventude, para aprofundar nas características desta última.

Tabela 1
Existência de Conselhos Municipais de Saúde, Assistência Social e Criança e Adolescente

	Saúde		Assistência		Criança	
	N	%	N	%	N	%
Sim	5426	98,5	5037	91,5	3949	71,7
Não	75	1,4	459	8,3	1542	28,0
S/info	6	0,1	11	0,2	16	0,3
Total	5507	100,0	5507	100,0	5507	100,0

Fonte: SNIU, 2004

Conforme a tabela 1, pode ser visto que existem conselhos de saúde em 98,5% dos municípios do Brasil, percentual que se reduz a 91,5% na área da assistência e 71,7% na área da criança e do adolescente.

A disparidade pode ser atribuída à diferença de incentivos externos para criação dos Conselhos. As Normas Operacionais Básicas das áreas da saúde e da assistência social exigem, conforme já dito, como um dos requisitos para a transferência de recursos para a gestão do município, a existência de conselho.

O hábito brasileiro de atender aos requisitos legais apenas no papel começa a ser detectado quando verificamos os dados da tabela 2, a seguir:

Tabela 2
Situação dos Conselhos Municipais de Saúde, Assistência Social e
Criança e Adolescente – Brasil

Situação	Saúde		Assistência		Criança	
	N	%	N	%	N	%
Instalado	5045	93.1	4343	86.3	3162	80.1
Apenas regulamentado	373	6.9	687	13.7	784	19.9
Total	5418	100,0	5030	100,0	3946	100,0

Fonte: SNIU, 2004.[2]

Como se verifica na tabela 2, entre os conselhos criados, os percentuais variam de 93,1% na saúde, 86,3% na assistência social e 80,1% na infância. Ou seja, parte dos conselhos apresentados como criados ainda não saiu do papel.

Mas há ainda outro elemento a ser levado em conta. Mesmo criado e instalado, em muitos casos os municípios não seguiram as diretrizes legais previstas nas leis federais para a organização dos conselhos. Se o comando de criação do conselho é seguido, por outro lado mantém-se a resistência à transmissão de poderes, ainda que apenas no dispositivo legal. Esta é a situação verificada na tabela 3:

Tabela 3
Caráter dos Conselhos Municipais de Saúde, Assistência Social e
Criança e Adolescente – Brasil

	Saúde		Assistência		Criança	
	N	%	N	%	N	%
Deliberativo	4434	82.1	3886	77.7	3046	77.6
Consultivo	968	17.9	1116	22.3	878	22.4
Total	5402	100,0	5002	100,0	3924	100,0

Fonte: SNIU, 2004

Segundo as respectivas leis federais, os conselhos deveriam ter caráter deliberativo. No entanto, verifica-se que este é o caso apenas de 82,1% dos conselhos de saúde e 77% dos conselhos da assistência e da criança.

O distanciamento entre a previsão da lei orgânica e das leis locais é aprofundando conforme aumenta a exigência de partilha de poder. Isto pode ser constatado ao se analisarem os dados sobre a gestão dos fundos municipais[3] pelos conselhos, na tabela 4.

---

[2] A diferença entre o número de conselhos criados apontados na tabela 1 e os totais de conselhos nas tabelas seguintes é devido à existência de casos sem informação.

Tabela 4
Conselhos Municipais de Saúde, Assistência Social e Criança e
Adolescente Administram Fundos – Brasil

	Saúde		Assistência		Criança	
	N	%	N	%	N	%
Sim	2706	50.0	2074	41.4	1344	34.2
Não	2702	50.0	2938	58.6	2581	65.8
Total	5408	100,0	5012	100,0	3925	100,0

Fonte: SNIU, 2004

Neste caso, a indicação é de que apenas 50% dos conselhos de saúde administram fundos, com 41,4% dos de assistência e 34,2% dos conselhos de direitos da criança e do adolescente. Portanto, metade dos conselhos de saúde e dois terços dos conselhos da criança existentes não podem exercer uma de suas atribuições precípuas. Se for tomado o total de municípios do país, para este último, apenas um quarto dos municípios dá poderes de administrar fundos da infância aos conselhos.

O percentual baixa conforme se analisa o poder maior do conselho. Se foram criados conselhos de saúde em 98,5 % dos municípios, apenas 49,1% administram fundos. Na área da infância a queda é mais acentuada, como pode ser verificado no gráfico 1, havendo uma diferença entre 3949 conselhos criados, para apenas 1344 em que o conselho administra fundos. A perspectiva de criar uma democracia deliberativa exigiria um gráfico completamente horizontal. Quanto mais inclinada a linha, maior a distância entre a realidade e a utopia.

Gráfico 1
Situação dos Conselhos da Criança e do Adolescente

[3] Fundos aqui se referem aos fundos especiais, tipo de estrutura com autonomia de gestão orçamentária prevista na lei 4320/64, e não à mera gestão de recursos financeiros.

Direito, Democracia e nova Institucionalidade

Há uma relação entre o padrão de comportamento dos municípios. Municípios que não dão poder de administração de fundos na área da saúde tendem a fazer o mesmo na área da assistência. Em 73,5% (2158 casos) dos casos em que o conselho da saúde não administra o fundo, o da assistência também não. Em 86,1% (1786 casos) dos casos em que administra, o da assistência também o faz. Em 81,2% (1091 casos) dos municípios em que o conselho da criança e do adolescente administra, o da saúde também tem este poder.

Estes dados indicam que não se trata, portanto, do baixo poder de pressão de um segmento específico da sociedade, envolvido com a política social de uma área determinada (saúde, infância, assistência), mas um comportamento padrão da administração municipal que afasta o cidadão da tomada de decisões.

Para tentar verificar que fatores podem influenciar este tipo de comportamento foram feitos testes com algumas variáveis disponíveis. As informações sobre os conselhos foram cruzadas com os dados de Índice de Desenvolvimento Humano (IDH)[4] do município, com o tempo de existência do município, tamanho da população e partido do prefeito eleito em 2000.

Conforme os dados analisados, parece haver uma relação entre maior IDH e situação dos conselhos. Por exemplo, entre os municípios de maior IDH, aumenta o percentual de conselhos que administra fundos e é menor o percentual de falta de informação.

O ano de criação do município parece ter uma interferência sobre a criação e caráter dos conselhos da criança, embora não tenha o mesmo efeitos sobre os da saúde e assistência.

Os municípios mais novos são os que têm percentual menor de conselhos criados e também de conselhos com caráter deliberativo e que administram fundos.

Aparentemente, o tempo de existência do município é um fator de organização da sociedade para interferir na criação dos conselhos. Dos municípios criados depois de 1997, apenas 10,2% tinham conselhos administrando fundos e 39,8% possuía conselhos, contra 34,9% e 88,8% de municípios surgidos até 1989.

O tamanho do município influi na existência dos conselhos e em seu caráter. Municípios de menos de 10 mil habitantes são responsáveis pelo maior percentual de inexistência de conselhos.

Por outro lado, na correlação com os partidos políticos que venceram a eleição e administram o Município a partir de 2000, ainda que partidos

---

[4] O IDH é um índice criado por organismos da ONU para permitir a comparação da situação entre países com base em dados objetivos. Leva em conta fatores como escolaridade, expectativa de vida e renda.

mais à esquerda, como PT, PSB ou PV tenham percentual maior com conselhos instalados, se separados por tamanho do município, os percentuais de municípios sem conselhos também aumenta, indicando que a orientação ideológica não é garantia de funcionamento dos conselhos, como poderia se supor inicialmente.

Outras análise é da distribuição entre as grandes regiões do país dos conselhos criados, como é apresentado na tabela 5.

Tabela 5
Existência de Conselhos Municipais dos Direitos da Criança e do Adolescente por Grandes Regiões

	Norte		Nordeste		Sudeste		Sul		Centro-Oeste		Total	
	N	%	N	%	N	%	N	%	N	%	N	%
S info	7	1,6	2	0,1	7	0,4	-	-	-	-	16	0,3
Sim	261	58,1	1087	60,8	1210	72,6	1005	86,7	386	86,5	3949	71,7
Não	181	40,3	698	39,1	449	27,0	154	13,3	60	13,5	1542	28,0
Total	449	100,0	1878	100,0	1666	100,0	1159	100,0	446	100,0	5507	100,0

Fonte SNIU, 2004.

Desagregando os dados de criação de conselhos municipais dos direitos da criança e do adolescente por grandes regiões do país, nota-se uma disparidade entre dois extremos: de um lado as regiões norte e nordeste, com um percentual de conselhos existentes em torno de 60% dos municípios. Nas regiões sul e centro-oeste o percentual de cerca de 86%. A região sudeste fica em uma posição intermediária.

As regiões norte e nordeste são sabidamente as mais pobres do país. Analisando os dados por Estado da federação, verificam-se os extremos dos maiores e menores percentuais de conselhos criados, conforme pode ser visto na tabela a seguir:

Tabela 6
Existência de Conselhos dos Direitos da Criança e do Adolescente segundo alguns Estados

	TO		RN		SP		RS		SC		PR	
	N	%	N	%	N	%	N	%	N	%	N	%
S info	5	3,6	-	-	2	0,3	-	-	-	-	-	-
Sim	53	38,1	71	42,8	582	90,2	327	70,0	288	98,3	390	97,7
Não	81	58,3	95	57,2	61	9,5	140	30,0	5	1,7	9	2,3
Total	139	100,0	166	100,0	645	100,0	467	100,0	293	100,0	399	100,0

Fonte SNIU, 2004.

Os extremos são, de um lado, o Estado do Tocantins, que tem apenas 38,1% de municípios com Conselhos, e Santa Catarina, com 98,3% de municípios com conselhos criados, seguido de perto pelo Paraná, com 97,7%. Muito próximo de Tocantins está o Rio Grande do Norte, com 42,4% de municípios com Conselhos. São Paulo, um dos estados mais populosos do país, tem 90,2% dos municípios contando com conselhos da criança e do adolescente. O Rio Grande do Sul fica em uma posição apenas intermediária, com 70%.

Se nos casos de Tocantins, Rio Grande do Norte, Piauí e Maranhão, estados com menor percentual de conselhos, a explicação pode ser encontrada na sociedade fragilizada pela miséria, o mesmo critério não é adequado para explicar a distância que separa o Rio Grande do Sul de outros estados. Além dos demais estados do Sul, os Estados do Centro-Oeste e do Sudeste, com exceção de Minas Gerais, contam com percentuais superiores aos do Rio Grande do Sul, todos acima de 90%, com exceção de Goiás, em torno de 80%.

É analisado a seguir o caso do Rio Grande do Sul.[5] Em relação aos conselhos de saúde, o Estado segue de perto o percentual nacional, com 98,7% dos municípios contando com conselho. O percentual nas outras áreas é pouco menor que o nacional.

Seria de se esperar que o Estado, devido a suas condições de desenvolvimento diferenciadas em relação a outras parte do país tivesse um situação melhor, porém isto não se confirma, ficando o Rio Grande do Sul dentro do padrão nacional.

Tabela 7
Existência de Conselhos Municipais de Saúde, Assistência Social e Criança e Adolescente – Rio Grande do Sul

	Saúde		Assistência		Criança	
	N	%	N	%	N	%
Sim	461	98,7	416	89,1	327	70,0
Não	6	1,3	51	10,9	140	30,0
Total	467	100,0	467	100,0	467	100,0

Fonte: SNIU, 2004

Os dados são um pouco mais animadores quando verificamos a informação sobre instalação. Os percentuais de conselhos instalados são relativamente maiores no Estado que o percentual geral do país, como podemos comparar da tabela 2 com a tabela 6. Dos 140 municípios que ainda não criaram conselhos da criança, 134 (95,7%) são de municípios com até 10 mil habitantes.

[5] Os dados disponíveis no SNIU são para o total de 467 municípios. Hoje o Estado conta com 496, com a criação de novos municípios em 2000.

Verificando o ano de criação dos municípios que não dispõem de conselho, 85% (119 municípios) foram criados após 1989, sendo que o percentual de ausência de conselhos aumenta quanto mais novos são os municípios: não há conselhos em 40,4 % dos municípios criados entre 1989 e 1992; faltam em 56,3% dos municípios criados entre 1992 e 1996 e em 75% dos municípios criados entre 1997 e 2000.

Tabela 8
Situação dos Conselhos Municipais de Saúde, Assistência Social e Criança e Adolescente – Rio Grande do Sul

Situação	Saúde		Assistência		Criança	
	N	%	N	%	N	%
Instalado	444	96.3	375	90.1	289	88.4
Apenas regulamentado	17	3.7	41	9.9	38	11.6
Total	461	100,0	416	100,0	327	100,0

Fonte: SNIU, 2004

O percentual de instalação é relativamente maior no Rio Grande do Sul comparado com o dado nacional, chegando a quase 8% de diferença na área da infância, indicando que o problema maior no estado está no momento da criação, não em sua instalação.

Já quanto a dotar o conselho de poderes de deliberação das políticas sociais, de acordo com o dispositivo federal, os dados gaúchos são semelhantes aos nacionais com variações de 2 a 3 pontos percentuais, como mostra a tabela 9.

Tabela 9
Caráter dos Conselhos Municipais de Saúde, Assistência Social e Criança e Adolescente – Rio Grande do Sul

	Saúde		Assistência		Criança	
	N	%	N	%	N	%
Deliberativo	393	85.2	334	80.3	266	81.3
Consultivo	68	14.8	82	19.7	61	18.7
Total	461	100,0	416	100,0	327	100,0

Fonte: SNIU, 2004

Se compararmos os dados do Rio Grande do Sul com outros Estados da Federação com percentuais maiores de conselhos com poder deliberativo, no Paraná estes são 83,3% e em Santa Catarina, 86,8% dos conselhos. O Estado com maior percentual de conselhos da criança deliberativos é o Mato Grosso do Sul, com 89,0%.

Também no caso do poder de administração de fundos, os conselhos do RS têm um percentual praticamente igual ao nacional, com variações de 2 a 3 pontos, como pode ser visto na tabela 10.

Tabela 10
Conselhos Municipais de Saúde, Assistência Social e Criança e Adolescente Administram Fundos – Rio Grande do Sul

	Saúde		Assistência		Criança	
	N	%	N	%	N	%
Sim	238	51.6	182.0	43.8	122	37.3
Não	223	48.4	234.0	56.3	205	62.7
Total	461	100,0	416.0	100,0	327	100,0

Fonte: SNIU, 2004

Se a análise for específica da área da infância, comparando o Rio Grande do Sul com outros estados, verifica-se que o maior percentual de municípios administrando fundos da criança encontra-se em Santa Catarina, com 55,2%. Paraná, Rio de Janeiro e Mato Grosso do Sul têm percentual em torno de 46%,[6] enquanto no Rio Grande do Sul este fica em apenas 37,3%.

Algumas pequenas diferenças positivas de nosso estado, no entanto, não merecem ser comemoradas. Por um lado, podem ser devidas à não-inclusão dos novos municípios criados mais recentemente e, por outro lado, apenas colocam o estado dentro do mesmo patamar do resto do país, não o qualificando como em situação diferenciada.

Hipóteses levantadas em González (1997) sobre o funcionamento do conselho de Porto Alegre ficam distantes das situações reais em outras parte do país, A questão não chega ao ponto de discutir-se se realmente há democracia interna ou manipulação nas decisões do conselho. A própria natureza do conselhos é negada em seu processo de criação.

4. A lei e a realidade: longe da validade empírica

A diferente situação da implantação de conselhos em todo o país demonstra que a estrutura legal, baseada em uma racionalidade formal, consegue obter uma validade formal que nem de longe é acompanhada por uma validade empírica, nos termos de Weber (1984).

Ainda que não haja uma contestação direta da legalidade ou legitimidade das normas por parte dos destinatários (prefeitos ou legislativos municipais), estes a ignoram em geral deliberadamente.

---

[6] MS = 46,5%, RJ = 46,5%, PR = 46,1%

Conforme Fariñas Dulce (1991), pode na verdade ocorrer um conflito entre duas ordens com validade formal conflitantes. No caso dos municípios brasileiros, pode-se levantar a hipótese que o Poder Executivo Municipal opta por atender a uma legitimação de caráter tradicional, atendendo também a seus interesses políticos e a uma tradição patrimonialista, contra uma legitimidade moderna, racional, que é imposta desde o exterior pela lei federal.

A negação de validade à lei federal pode ocorrer, no entanto, de duas formas diferentes:

a) negação total, ignorando-se a lei ou seus dispositivos, com a não-criação dos conselhos, ou criação fora dos parâmetros propostos, sem poderes deliberativos ou competência para administrar os fundos municipais e

b) conciliação aparente, quando o conselho é criado e formalmente lhe são atribuídos poderes deliberativos e competência para administrar os fundos municipais, mas estes, na prática, não são exercidos por entraves de outra natureza.

A inércia que impede o cumprimento da lei, indicada pela situação de negação total, poderia ser vencida de diversas formas, das quais se destacam o uso de sanções administrativas, a ameaça de sanções judiciais, mudanças na administração pública e a mobilização da sociedade.

Incentivar sanções administrativas. Foi o caso usado nos conselhos de saúde e assistência social. A exigência da criação de conselhos para se efetuarem repasses de verbas tem embutida a sanção da suspensão do fluxo de recursos financeiros no caso de descumprimento.

Este tipo de pressão, à distância, no entanto, não inclui um controle mais direto do funcionamento do conselho ou da garantia de seu poder de deliberação.

Ameaça de sanções judiciais. A possibilidade de abertura de inquéritos civis ou ações civis públicas pelo Ministério Público seria outra forma de pressão ao Poder Executivo municipal, que poderia receber uma sanção judicial pelo descumprimento. Esta situação seria particularmente útil na área da infância.

Este instrumento não garante o funcionamento posterior, além de ser limitado pela resistência dos tribunais em determinar providências ao Poder Executivo, sob o argumento que a separação de Poderes impediria a decisão do Judiciário.

Mudança na administração pública. A realização de eleições periódicas e a limitação de reeleições leva, cedo ou tarde, à mudança do ocupante do Poder Executivo, além de eventualmente à substituição do partido ou bloco partidário no poder. Esta substituição pode levar ao governo um novo

Prefeito que seja mais sensível à necessidade de criação e funcionamento dos conselhos.

Porém, para fazer com que candidatos assumam responsabilidades e as cumpram posteriormente, normalmente é necessário um mínimo de mobilização da sociedade, com veremos a seguir, que é justamente um dos elementos que comumente faltam em municípios que ainda não criaram conselhos.

Mobilização da sociedade. A criação e o funcionamento dos conselhos, de forma ideal, deveria partir da intervenção dos cidadãos mobilizados, através de movimentos sociais e organizações não-governamentais.

Esta talvez seja uma situação residual na atualidade, uma vez que nos locais em que havia uma efetiva capacidade de organização e pressão da sociedade, os conselhos tenderam a ser criados nos primeiros anos de vigência das leis federais.

A atuação isolada de cada um dos fatores citados pode ser capaz de induzir à criação dos conselhos. No entanto, o seu real funcionamento exige uma combinação de todos.

É fundamental que se eleja uma administração comprometida com o cumprimento da legislação. Não se trata necessariamente de nenhuma revolução social, mas a pura e simples disposição de cumprir uma legislação aprovada há mais de 10 anos.

O estímulo e a pressão das administrações estadual e federal, juntamente com a atuação do Ministério Público, podem ser aliados valiosos aos representantes da sociedade local, fortalecendo e tornando mais efetiva a sua atuação.

A situação de conciliação aparente, quando o município cria o conselho nos termos da lei, mas não permite seu funcionamento adequado, pode levar à ocorrência de dois tipos de situação, descritas em González (1997):

a) o Poder Executivo simplesmente desconhece a existência do conselho e desconsidera suas decisões;

b) o Poder Executivo controla o conselho, utilizando-o como instrumento de legitimação de suas próprias decisões.

Um conselho em funcionamento adequado, nos termos propostos pela Constituição Federal de 1988 e respectivas regulamentações federais, na busca de uma democracia participativa, exigiria a conjugação de três tipos de condições:

a) condições institucionais. O conselho deve ser criado por uma lei que inclua as disposições que lhe garantam poderes e autonomia. Além disso, é necessário que disponha de infra-estrutura, com espaço físico e suporte administrativo;

b) condições sociais. A composição deve contar com representantes da sociedade democraticamente eleitos e capazes por sociedade organizada e mobilizada;

c) condições políticas. O poder público deve reconhecer o papel do conselho, nomeando representantes que possam tomar decisões, aceitando a partilha de poder e as decisões do conselho.

O ideal seria que as três condições ocorressem ao mesmo tempo. Não sendo o caso, a existência concomitante de duas das três poderia ser capaz de prover a terceira.

Caso existam condições sociais e institucionais, é possível pressionar o Poder Executivo a respeitar o conselho, provendo as condições políticas. Caso estejam dadas as condições sociais e políticas, sociedade e poder público podem resolver os entraves legais e administrativos, alterando, se necessário, a legislação ou provendo materialmente o conselho. Já se existirem condições políticas e institucionais, o poder público pode tentar mobilizar a sociedade para ocupar o espaço que lhe cabe.

Cada uma destas condições é dinâmica, sendo constantemente alterada e sofrendo influência direta das formas de rompimento da inércia institucional, apresentadas anteriormente.

Esta combinação de elementos, associada ao funcionamento efetivo de novas instituições como os conselhos pode diminuir o peso dos elementos tradicionais, como o patrimonialismo (Faoro, 1976) na política local brasileira.

O problema não está só nas instituições jurídicas. A sociedade no Brasil, particularmente nos pequenos municípios, é pouco organizada. Falta tradição de organização e participação. Por isso novas instituições democráticas nem sempre funcionam, pois são criadas geralmente de cima para baixo.

Neste contexto, o conceito de capital social, conforme desenvolvido por Putnam (1996), analisando o caso da Itália, pode, além de ter grande capacidade explicativa do caso brasileiro, ser um meio de intervenção.

Por um lado, pode-se explicar que se encontre um percentual maior de conselhos criados e em funcionamento com plenas competências em municípios mais antigos e de maior população como sinal da existência de capital social, baseado em uma maior capacidade de organização da sociedade em grandes centros urbanos.

No entanto, não é de se descartar que a legislação possa ter também um papel indutor da transformação, conforme já discutido por Faria (1988). A criação de conselhos, ainda que por determinação externa e pressão de outras esferas administrativas ou do Ministério Público, pode fomentar um novo processo de participação e o surgimento de organizações sociais onde anteriormente inexistiam.

Referências Bibliográficas

BRASIL, Ministério das Cidades. *Sistema Nacional de Indicadores Urbanos*. Banco de dados *on line*. 2004.
CARDOSO, Ruth Correa Leite. *A trajetória dos movimentos sociais*. In: DANIGNO, Evelina.(Org.) Anos 90 – Política e Sociedade no Brasil. São Paulo: Brasiliense, 1994, p. 81 a 90.
CARVALHO, José Murilo de. *Dimensiones de la ciudadania en el Brasil del siglo XIX*. In: SÁBATO, Hilda (Coord.) Ciudadania política y formación de las naciones – perspectivas históricas de América Latina. México: Fondo de Cultura, 1999. 321 a 344
COSTA, Antonio Carlos Gomes da e MENDEZ, Emílio Garcia. *Das necessidades aos direitos*. São Paulo: Malheiros, 1994.
COVRE, Maria de Lourdes M. (Org.) *A cidadania que não temos*. São Paulo: Brasiliense, 1986.
DANIGNO, Evelina.(Org.) *Anos 90 – Política e Sociedade no Brasil*. São Paulo: Brasiliense, 1994.
FAORO, Raymundo. *Os donos do poder*. Porto Alegre: Ed. Globo, 1976.
FARIA, José Eduardo. *Eficácia jurídica e violência simbólica* – o direito como instrumento de transformação social. São Paulo: Edusp, 1988.
FARIÑAS DULCE, Maria José. *La sociologia del derecho de Max Weber*. Madrid: Civitas, 1991.
GONZÁLEZ, Rodrigo Stumpf. *Democracia e Conselhos de Controle de Políticas Públicas – uma análise comparativa*. Porto Alegre: Programa de Pós-Graduação em Ciência Política UFRGS, 2000. Tese de Doutorado.
———. *Avaliação da Implantação do Estatuto da Criança e do Adolescente em Porto Alegre*. In: GONZÁLEZ, Rodrigo Stumpf e VIOLA, Solon Eduardo Annes. Educação e Direitos: experiências e desafios na defesa de crianças e adolescentes. Canoas/PortoAlegre: Celes/MNMMR 1997 p. 69 a 95.
———; DINIZ, Fernando Montardo. Instrumentos legais para a prática da cidadania no Brasil: voto, plebiscito, referendo e iniciativa popular. São Leopoldo. *Estudos Jurídicos* volume 35 n. 94. Maio a agosto, 2002 p. 51 a 72.
JACOBI, Pedro. *Movimentos sociais e políticas públicas*. São Paulo: Cortez, 1989. 166 p.
LOPES. José Reinaldo de Lima. *Mudança social e mudança legal – os limites do Congresso Constituinte de 87*. In :FARIA, José Eduardo (Org.) A crise do direito numa sociedade em mudança. Brasília: Ed. UnB, 1988, p. 109 a 121.
O'DONNELL, Guillermo. Sobre o Estado, a democratização e alguns problemas conceituais. *Novos Estudos CEBRAP*, São Paulo, n. 36, julho 1993.
PUTNAM, Robert. D. Comunidade e Democracia. A experiência da Itália Moderna. Rio de Janeiro: FGV. 1996 260 p.
WEBER, Max. *Economia y Sociedad*. México: Fondo de Cultura, 1984.

— III —

A Responsabilidade Internacional do Estado Brasileiro por Ato do Judiciário:
O alcance das obrigações convencionais de Direitos Humanos

IELBO MARCUS LOBO DE SOUZA[1]
PATRICK LUCCA DA ROS[2]

Resumo: Este artigo trata da questão da responsabilidade internacional do Brasil em decorrência de atos praticados pelo Judiciário, especialmente decisões tomadas pelo Supremo Tribunal Federal que negam vigência às obrigações convencionais de direitos humanos.

Abstract: This article deals with the issue of the international responsibility of Brazil due to acts from the Judiciary, in particular decisions taken by the Brazilian Supreme Court which violate conventional obligations of human rights.

Sumário: 1. Introdução; 2. A Responsabilidade Internacional dos Estados por violação de obrigações convencionais de Direitos Humanos; 3. Reexaminando a jurisprudência do Supremo Tribunal Federal; 4. Conclusão; Referências bibliográficas.

1. Introdução

Em 29 de março de 2000, o Supremo Tribunal Federal julgou o Recurso Ordinário em *Habeas Corpus* n° 79.785-7, no qual se discutiu a questão do duplo grau de jurisdição no direito brasileiro à luz da Constituição e da Convenção Americana de Direitos Humanos de 1969.

O Tribunal entendeu que o duplo grau de jurisdição deve comportar, além da possibilidade de reexame da decisão pela instância recursal, o fato de que o recurso seja endereçado a órgão diverso do que proferiu a decisão,

---

[1] Ielbo Marcus Lobo de Souza é PhD em Direito, Professor do Programa de Pós-Graduação em Direito da UNISINOS – Universidade do Vale do Rio dos Sinos, membro da International Law Association.
[2] Patrick Lucca Da Ros é Bacharel em Direito, Mestrando do Programa de Pós-Graduação em Direito da UNISINOS.

além de superior a ele. Em vista disso, reputou-se ser impossível alçar-se o duplo grau de jurisdição a princípio/garantia constitucional, visto que a Constituição prevê múltiplas hipóteses de prolação de julgamento em instância única.

Confrontado tal tópico com a garantia ao duplo grau de jurisdição prevista na Convenção Americana de Direitos Humanos (art. 8º, 2, *h*), a maioria dos Ministros considerou que a situação não se alterou com a incorporação no direito nacional de aludido instrumento internacional, reputando que a Constituição prevalece sobre quaisquer convenções internacionais, incluídas as de proteção dos direitos humanos, afastando-se, pois, com isso, a aplicabilidade das cláusulas convencionais antinômicas.

Com efeito, na ementa da aludida decisão ficou expressamente consignado que

> quando a questão – no estágio ainda primitivo de centralização e efetividade da ordem jurídica internacional – é de ser resolvida sob a perspectiva do juiz nacional – que, órgão do Estado, deriva da Constituição sua própria autoridade jurisdicional – não pode ele buscar, senão nessa Constituição mesma, o critério da solução de eventuais antinomias entre normas internas e normas internacionais; o que é bastante a firmar a supremacia sobre as últimas da Constituição, ainda quando esta eventualmente atribua aos tratados a prevalência no conflito: mesmo nessa hipótese, a primazia derivará da Constituição e não de uma apriorística força intrínseca da convenção internacional.

Assim, entenderam os julgadores que, a preponderar o entendimento contrário, far-se-ia necessário conferir à norma convencional força ab-rogante da Constituição, "quando não dinamitadoras do seu sistema, o que não é de admitir". O veredicto foi obtido por voto da maioria dos magistrados, restando vencidos os Ministros Marco Aurélio e Carlos Velloso.

O Brasil é parte da Convenção Americana sobre Direitos Humanos (ou Pacto de São José da Costa Rica), tendo aderido à citada Convenção em 1992, e subseqüentemente manifestado aceitação da competência da Corte Interamericana de Direitos Humanos em todos os casos relativos à interpretação e aplicação da Convenção. A posição do Supremo Tribunal Federal, que nega vigência a disposições da Convenção Americana, segue dogmaticamente uma linha jurisprudencial firmada desde o Recurso Extraordinário nº 80.004 (1977), sem levar em consideração a natureza especial dos tratados de direitos humanos de acordo com o direito internacional e a própria Constituição. Poderia essa jurisprudência, em particular o caso mencionado acima, ensejar a responsabilidade internacional do Estado brasileiro por ato do Judiciário?

Para responder a essa pergunta, o presente artigo examina a jurisprudência internacional sobre a matéria, incluindo uma recente decisão da Corte Interamericana de Direitos Humanos, proferida no caso "A Última

Tentação de Cristo" (Olmedo Bustos e outros vs. Chile). Essa jurisprudência internacional, em particular a da Corte Interamericana, suscita uma série de questões sobre o relacionamento entre o direito internacional dos direitos humanos e o direito interno dos Estados, o alcance das obrigações convencionais de cunho executivo, legislativo e judiciário, e as conseqüências do não-cumprimento das normas internacionais de proteção dos direitos humanos. Esses aspectos merecem ser examinados, pois trazem importantes subsídios para a discussão da questão em relação ao Brasil.

2. A responsabilidade internacional dos Estados por violação de obrigações convencionais de Direitos Humanos

As normas de direito internacional que regem a questão da responsabilidade internacional dos Estados por violação de normas convencionais são de natureza costumeira, e estão sendo objeto de estudo por parte da Comissão de Direito Internacional da ONU com vistas à sua codificação e desenvolvimento progressivo.

O atual Projeto da Comissão de Direito Internacional sobre Responsabilidade Internacional dos Estados por Atos Internacionalmente Ilícitos, embora ainda não tenha sido incorporado num tratado internacional, tem sido referenciado na jurisprudência internacional e na doutrina como uma boa evidência do direito internacional costumeiro vigente sobre a matéria.[3]

O princípio fundamental que norteia a matéria é o de que toda violação do direito internacional – ou, por outras palavras, todo ato internacionalmente ilícito – gera a responsabilidade internacional do Estado que a cometeu. Esse princípio é reconhecido na jurisprudência internacional desde a pretérita Corte Permanente de Justiça Internacional, e vem sendo reiterado pela Corte Internacional de Justiça e por diversos tribunais arbitrais.[4] Por exemplo, no incidente no Canal de Corfu (1949), em águas territoriais albanesas, onde navios de guerra britânicos foram atingidos por minas marítimas, a Corte Internacional de Justiça entendeu que a Albânia era

---

[3] Na Sentença arbitral proferida no caso *Rainbow Warrior*, o tribunal arbitral, ao aplicar o Direito Costumeiro relativo à Responsabilidade dos Estados, recorreu expressamente aos artigos do Projeto da Comissão de Direito Internacional. Veja PINTO, Roger. L'affaire du Rainbow Warrior, 4 *Journal du Droit International* 1990, p. 878-883.

[4] Os Comentários da Comissão de Direito Internacional sobre o Projeto da Responsabilidade Internacional fazem menção aos seguintes casos: Phosphates in Morocco, Preliminary Objections, 1938, PCIJ, Series A/B, n. 74, p. 10; S. S. Wimbledon, 1923, PCIJ, Series A, n.1, p.15; Factory at Chorzów, Jurisdiction, 1923, PCIJ, Series A, n.9, p. 21; Factory at Chorzów, Merits, 1928, PCIJ, Series A, n. 17, p. 29; Military and Paramilitary in and against Nicaragua (Nicaragua v. United States), Merits, ICJ Reports 1986, p. 14, 142, 149; Armstrong Cork Company case, United Nations Reports of International Arbitral Awards, vol. XIV, p. 159. Cf. International Law Commission. *Commentaries to the Draft Articles on Responsibility of States for Internationally Wrongful Acts adopted by the International Law Commission at its fifty-third session.* Official Records of the General Assembly, Fifty-Sixth Session, Supplement n. 10 (A/56/10), chp. IV. E. 2, p. 63-65.

internacionalmente responsável pelas explosões, pois sua omissão em notificar os navios estrangeiros do perigo violara uma obrigação imposta por princípios já consolidados de direito internacional, citando expressamente considerações elementares de humanidade; o princípio da liberdade de comunicação marítima; e o dever de cada Estado de não permitir que o seu território seja usado para a prática de atos contrários aos direitos de outros Estados.[5]

Esse princípio transparece também no mais recente Parecer Consultivo da Corte Internacional de Justiça, concernente às conseqüências jurídicas da construção de um muro no território palestino ocupado (2004), no qual se concluiu que tal muro, e o regime jurídico a ele associado, constituíam "violações, por parte de Israel, de várias de suas obrigações sob o direito internacional humanitário e os instrumentos de direitos humanos aplicáveis", e que, portanto "a responsabilidade daquele Estado está caracterizada de acordo com o direito internacional".[6]

Ponto assente na jurisprudência internacional, portanto, é a responsabilidade internacional do Estado por ato que infringe obrigações internacionais em vigor para ele enquanto tal violação perdurar. O que mereceu discussão posterior, no entanto, foi a questão de se um ato ilícito praticado por um órgão pertencente a outro ramo do Estado que não ao Poder Executivo poderia, por si só, gerar essa responsabilidade, visto que compete ao Poder Executivo do Estado a condução das relações exteriores e a manifestação da sua vontade no plano internacional.

Partindo do princípio geral de que todo ato ilícito gera a responsabilidade internacional do Estado, a Comissão, em seus comentários aos artigos do Projeto da Responsabilidade Internacional dos Estados, deixou claro que, para fins da responsabilidade internacional, cada Estado é considerado como uma unidade, embora tenha uma estrutura interna complexa, composta de poderes e órgãos derivados que são regulados pelo seu sistema jurídico interno.[7] O Estado pode estar subdividido, de acordo com o seu direito interno, em várias estruturas, comportando diferentes sujeitos com personalidade jurídica própria. Porém, como bem ressaltou a Comissão, no plano da responsabilidade internacional, a conduta é atribuível ao Estado enquanto sujeito de direito internacional, e não de direito interno. Como conseqüência, o Estado não pode se furtar da sua responsabilidade internacional invocando a sua subdivisão interna. Concluiu a Comissão: "o Estado, como

---

[5] Corfu Channel, Merits, ICJ Reports 1949, p. 4, 22-23.
[6] Cf. Legal consequences of the construction of a wall in the occupied palestinian territory, *ICJ Reports 2004*, parágrafos 137, 147.
[7] Veja, *inter alia*, International Law Commission. *Commentaries, op.cit.*, p.14; KELSEN, Hans. *Principles of International Law*. New York: Rinehart & Co., 1952, p. 117-118; VERDROSS, A. Règles générales du droit international de la paix, 30 *Recueil des Cours de l'Académie de Droit International* 1929-V, p. 335-336.

sujeito de direito internacional, será responsável pela conduta de todos os seus órgãos, instrumentalidades e agentes que formam parte de sua organização e atuam nessa capacidade, não importando se eles têm uma personalidade jurídica distinta de acordo com o direito interno".[8]

Nesse sentido, o artigo 4º do Projeto da Comissão enuncia claramente a regra:

> A conduta de qualquer órgão do Estado deverá ser considerada como um ato desse Estado sob o direito internacional, não importando se o órgão exerce funções legislativas, executivas, judiciais ou qualquer outra, qualquer que seja a sua posição na organização do Estado, e qualquer que seja seu caráter enquanto órgão do Governo central ou de uma unidade territorial do Estado.[9]

Ainda segundo a Comissão, a referência a um órgão do Estado deve ser compreendida no sentido mais amplo possível. Os órgãos ou agentes do Estado têm sido definidos como aqueles que o Estado considera como tais de acordo com o seu próprio ordenamento jurídico interno. Os atos e a conduta desses órgãos ou agentes são capazes de produzir conseqüências jurídicas no plano internacional.[10] Por conseguinte, um ato de um órgão ou agente do Poder Judiciário poderia, por sua ilicitude internacional, gerar a responsabilidade internacional do Estado. Há, atualmente, relevante jurisprudência internacional sobre o assunto.

Um caso de especial interesse, examinado pela Corte Internacional de Justiça em 1999, foi o de um jurista malasiano nomeado Relator Especial da Comissão de Direitos Humanos em 1994, o Sr. Dato Param Cumaraswamy, que, em razão de uma entrevista concedida e publicada na revista *International Commercial Litigation*, foi objeto de várias ações judiciais perante os tribunais da Malásia, pelas quais se buscavam indenizações no valor total de 112 milhões de dólares. Chamada a se pronunciar em Parecer Consultivo,[11] a Corte entendeu que a Convenção sobre Privilégios e Imunidades das Nações Unidas era aplicável ao caso do Sr. Cumaraswamy, e que ele fazia jus à "imunidade de processo de todo tipo pelas palavras ditas durante uma entrevista tal qual publicadas num artigo de Novembro de 1995 no *International Commercial Litigation*".

Na sua Opinião Consultiva, a Corte afirmou que os tribunais da Malásia deveriam ter decidido a questão da imunidade *in limine litis*, e que não poderiam ter imposto qualquer custo ou taxa processual ao Sr. Cumaraswamy. A Corte também asseverou que o Governo da Malásia tinha a obrigação de informar os tribunais nacionais sobre o reconhecimento oficial da imunida-

---

[8] International Law Commission. *Commentaries, op .cit.,* p. 23.

[9] *Ibid.,* p. 84.

[10] *Ibid.,* p. 84-85.

[11] Difference Relating to Immunity from Legal Process of a Special Rapporteur of the Commission on Human Rights, *I.C.J. Reports* 1999.

de do Sr. Cumaraswamy dado pelo Secretário-Geral da ONU, para que as obrigações internacionais da Malásia fossem cumpridas, e que a imunidade do Sr. Cumaraswamy fosse respeitada.[12] O que merece relevo, para os fins deste artigo, é que a Corte, ao concluir pela ilicitude da conduta dos tribunais nacionais da Malásia, invoca o princípio geral da responsabilidade do Estado pela ação de qualquer dos seus órgãos: "Como indicado acima, a conduta de um órgão de um Estado – mesmo um órgão independente do Poder Executivo – deve ser considerada como um ato daquele Estado. Por conseqüência, a Malásia não agiu de acordo com suas obrigações sob o direito internacional".[13]

Um segundo caso examinado recentemente pela Corte Internacional de Justiça, e que diz respeito à responsabilização internacional de um Estado por ato praticado por um órgão judicial nacional, envolveu o Congo e a Bélgica. A questão se instaurou quando um juiz do tribunal belga de primeira instância expediu, em abril de 2000, um mandado internacional de prisão *in absentia* contra o Sr. Abdulaye Yerodia Ndombasi, mandado esse que circulou internacionalmente por meio da Interpol. Fundamentava-se o mandado em imputação, na condição de autor ou co-autor, de crimes que constituíam graves violações das Convenções de Genebra de 1949 e dos Protocolos Adicionais respectivos, e de crimes contra a humanidade. O Sr Ndombasi era, por ocasião da expedição do mandado, Ministro das Relações Exteriores do Congo.

A Corte concluiu que a emissão do mandado de prisão, e sua circulação internacional, constituíram violações de uma obrigação jurídica da Bélgica em relação ao Congo, na medida em que deixaram de respeitar a imunidade de jurisdição penal e a inviolabilidade gozada pelo então Ministro das Relações Exteriores do Congo sob o direito internacional.[14] "Esses atos", observou a Corte, "ensejaram a responsabilidade internacional da Bélgica".[15] Como o mandado de prisão foi reputado como ilegal, a Corte determinou também que a Bélgica o cancelasse, "por meios de sua própria escolha", e que informasse as autoridades para as quais ele tivesse sido circulado.

Os casos examinados acima cuidaram de violações de obrigações convencionais que não estavam previstas em tratados de direitos humanos. No que tange às normas convencionais de direitos humanos, os órgãos interna-

---

[12] *Ibid*, parágrafo 67.

[13] Difference Relating to Immunity from Legal Process of a Special Rapporteur of the Commission on Human Rights, *I.C.J. Reports* 1999, parágrafo 63. A Corte também fez referência ao art. 6º do Projeto de Artigos sobre Responsabilidade dos Estados adotado provisoriamente pela Comissão de Direito Internacional, para justificar esta afirmação (parágrafo 62).

[14] A Corte menciona, em particular, as obrigações impostas pela Convenção de Viena sobre Relações Diplomáticas (1961).

[15] Arrest Warrant of 11April 2000 (Democratic Republic of the Congo v. Belgium), *I.C.J. Reports* 2002, p. 28-29.

cionais de supervisão, inclusive os órgãos jurisdicionais de base convencional, têm também afirmado a responsabilidade internacional dos Estados por atos do Judiciário. No plano do sistema interamericano de proteção e promoção de direitos humanos, vale ser examinada uma decisão recente da Corte Interamericana de Direitos Humanos, prolatada no caso "A Última Tentação de Cristo" (Olmedo Bustos e outros vs. Chile).[16]

Em 1999, a Comissão Interamericana de Direitos Humanos formalizou uma demanda contra o Estado do Chile perante a Corte Interamericana de Direitos Humanos. Em tal ação, originada de uma denúncia recebida pela Comissão em 1997, alegava-se se o Chile violara, ao vedar a exibição nos cinemas nacionais do filme "A Última Tentação de Cristo" – proibição confirmada como legítima pela Corte Suprema do Chile –, os artigos 13 (liberdade de pensamento e de expressão) e 12 (liberdade de consciência e religião), ambos da Convenção Americana de Direitos Humanos.

O Chile era Estado parte na Convenção desde 1990, e havia reconhecido a competência contenciosa da Corte. Antes, todavia, de levada a questão até a Corte, promoveu-se o procedimento ante a Comissão, previsto na Convenção Americana, ao final do qual recomendou-se que fosse sustado o ato chileno de censura à exibição cinematográfica do filme e que o país adequasse a sua legislação interna às diretrizes convencionais que determinam a liberdade de expressão e que protegem as prerrogativas correlatas. Assinalado um prazo de dois meses para o cumprimento dessas determinações, o mesmo escoou à míngua de uma medida efetiva por parte do Chile, o que redundou na propositura da demanda perante a Corte.

Ao final da instrução, a Corte reputou demonstrado, em síntese: (1) que a Constituição Chilena prevê um sistema de censura para a exibição e publicidade cinematográficas e que sua legislação faculta ao Conselho de Qualificação Cinematográfica orientar a exibição e qualificar os filmes; (2) que a censura ao filme "A Última Tentação de Cristo", após vários trâmites administrativos e judiciários, foi confirmada pela Corte Suprema chilena; e (3) que foi proposta uma reforma constitucional tendente a abolir o sistema de censura, que, todavia, até a data da sentença da Corte (fevereiro de 2001), não havia sido concluída.[17]

No mérito, o acórdão reconheceu ser o direito à liberdade de pensamento e de expressão a prerrogativa de não só expressar seu próprio pensamento como também a de buscar, receber e difundir informações e idéias de toda índole, em uma dimensão tanto individual quanto social. Segundo a Corte, ambas as dimensões possuem importância paritária, de sorte que

---

[16] Corte I.D.H., *Caso La Última Tentación de Cristo* (Olmedo Bustos e outros vs. Chile), Sentencia de 5 de febrero de 2001. Serie C, p. 84-96.
[17] *Ibid.*, parágrafo 60.

devem ser tuteladas simultaneamente para que se possa dar efetividade total ao direito de liberdade de pensamento e de expressão na forma como previsto no art. 13 da Convenção. Atentou para o fato de que a norma internacional prevê uma possibilidade de censura, mas essa cinge-se à hipótese de proteção à infância e adolescência, não incidindo sobre o caso relatado na demanda. Assim, "estima este Tribunal que a proibição da exibição do filme 'A Última Tentação de Cristo' constituiu, portanto, uma censura prévia imposta em violação ao art. 13 da Convenção", ao que a Corte imputou responsabilização internacional ao Chile.[18]

No tocante ao artigo 12 da Convenção (liberdade de consciência e de religião), a Corte entendeu que aludido dispositivo permite que as pessoas conservem, troquem, professem e divulguem suas religiões ou crenças. Entrementes, reputou que, na demanda contra o Chile, nada indicava ter ocorrido inobservância à determinação da disposição convencional: "Com efeito, a Corte entende que a proibição de exibição do filme 'A Última Tentação de Cristo' não privou ou menoscabou a nenhum pessoa seu direito de conservar, mudar, professar ou divulgar, com absoluta liberdade, sua religião ou suas crenças".[19]

Ademais, em relação às obrigações de respeito aos direitos da Convenção e de adequação do ordenamento interno às disposições do tratado, previstas nos arts. 1(1) e 2 da Convenção, a Corte observou que dessas disposições exsurge um dever estatal de adotar medidas para suprimir as normas que não se coadunassem aos ditames delineados na seara internacional; além disso, o julgado também asseverou que, no direito das gentes, existiria uma norma consuetudinária que determinaria a adoção, em âmbito interno, das medidas necessárias à implementação das obrigações assumidas internacionalmente, medidas essas que, ademais, haveriam de ser úteis (princípio do *effet utile*). Com isso, a mantença da sistemática de censura cinematográfica, no sentir dos julgadores, importava uma violação às regras que fixam a imprescindível adequação do direito chileno ao que preconiza a Convenção Americana de Direitos Humanos, mesmo que na época do acórdão já houvesse projeto de modificação constitucional tramitando no Parlamento do Chile.

Nesse prisma, considerou a Corte que o Chile deveria modificar suas disposições constitucionais de forma a que elas entrassem em consonância ao que estabelecido na Convenção, suprimindo o procedimento de censura prévia e permitindo a distribuição cinematográfica do filme "A Última Tentação de Cristo", assegurando, também, o pleno gozo do direito de liberdade de pensamento e de expressão consagrados pela Convenção.[20]

---

[18] *Ibid.*, parágrafos 63-73.
[19] *Ibid.*, parágrafos 76-80.
[20] *Ibid.*, parágrafos 83-90.

Uma alegação importante, aduzida pelo governo chileno nesse caso, era de que haveria a necessidade do endosso do Executivo ao ato praticado pelo Judiciário para que ficasse verificado o ilícito internacional, e, portanto, a responsabilidade internacional do Estado chileno. Para demonstrar a desarmonia interna entre o Executivo e o Judiciário, o Governo chileno alegou que o Presidente teria enviado ao Congresso Nacional uma proposta de reforma constitucional. Essa tese, contudo, como se demonstrou anteriormente, não encontra guarida no direito internacional.

A Corte Interamericana reservou um parágrafo para refutar a alegação do Chile e estabelecer o princípio geral da responsabilidade internacional dos Estados, nos termos já afirmados pela Corte Internacional de Justiça:

> Esta Corte entende que a responsabilidade internacional do Estado pode ser gerada por atos ou omissões de qualquer poder ou órgão dele, independentemente de sua hierarquia, que violem a Convenção Americana. Ou seja, todo ato ou omissão, imputável ao Estado, em violação das normas de Direito Internacional dos Direitos Humanos, compromete a responsabilidade internacional do Estado. No presente caso essa foi gerada em virtude de que o artigo 19, número 12, da Constituição estabelece a censura prévia na produção cinematográfica e, portanto, determina os atos dos Poderes Executivo, Legislativo e Judiciário.[21]

Respondendo à tese esposada pelo Chile de que o ato judicial taxado de contrário ao direito internacional deveria ser respaldado pelos demais poderes estatais para configurar a responsabilidade, o Juiz Cançado Trindade, em seu voto, inferiu que a responsabilidade estatal na esfera internacional decorreria de qualquer ato ou omissão de qualquer dos poderes ou agentes dos Estados: "Efetivamente, a questão da distribuição de competências e o princípio básico da separação dos poderes são da maior relevância no âmbito do direito constitucional, mas no direito internacional não passam de fatos que não incidem na configuração da responsabilidade internacional do Estado".[22]

A responsabilização internacional do Estado pode surgir a partir do momento em que o Judiciário deixa de aplicar uma obrigação convencional assumida pelo Estado, e também quando a prestação jurisdicional não atende às garantias judiciais mínimas estipuladas nos tratados de direitos humanos. No âmbito da Convenção Americana, por exemplo, as garantias judiciais estão previstas nos arts. 1.1, 8 e 25. No art. 25, a Convenção estabelece que toda pessoa tem direito a um recurso simples, rápido e efetivo que a ampare contra os atos que violem seus direitos fundamentais; o art. 8 dispõe que as vítimas das violações devem contar com amplas possibilidades de serem ouvidas e de atuarem nos processos respectivos, perante um tribunal ou juiz competente, independente e imparcial; e, finalmente, o

---
[21] Ibid., parágrafo 72. Tradução livre.
[22] Ibid., Voto Concorrente, parágrafo 14.

art. 1.1 impõe a obrigação do Estado de respeitar os direitos reconhecidos na Convenção e garantir o seu pleno exercício.

A obrigação imposta pela Convenção Americana aos Estados-partes de proverem proteção e garantias judiciais mínimas se justifica pelo fato de se permitir sempre ao Estado, em primeiro lugar, a possibilidade de remediar qualquer violação de direitos humanos cometida por seus agentes contra os indivíduos. Só depois de recorrerem aos recursos de direito interno é que as vítimas poderão se dirigir aos órgãos internacionais de supervisão. Isto é mesmo uma condição de admissibilidade de petição indivicual, por força da conhecida regra do prévio esgotamento dos recursos internos. Esta regra, por outro lado, impõe o dever correspondente do Estado de prover recursos de direito interno *eficazes*. No dizer de Cançado Trindade, "a ênfase passa a recair na tendência de aprimoramento dos instrumentos e mecanismos nacionais de proteção judicial", e ela "atribui maior responsabilidade aos tribunais internos (judiciais e administrativos)", a ponto de que atualmente "nenhum Estado pode invocar dificuldades ou deficiências de direito interno como desculpa para evadir suas obrigações internacionais".[23]

Há muitos casos julgados pela Corte Interamericana que envolveram a responsabilidade internacional do Estado por desrespeito às garantias judiciais mínimas. Cite-se, por exemplo, o caso Villagrán Morales y Outros (1999).[24] Neste, discutia-se a responsabilidade internacional da Guatemala em casos de seqüestro, tortura e assassinato de um número de meninos de rua (*niños de la calle*). A Comissão, ao submeter o caso ao exame da Corte, alegou, *inter alia*, violação dos arts. 1.1, 8 e 25 da Convenção, citando falhas no procedimento judicial interno e invocando o dever do Estado de responder às violações dos direitos dos menores com medidas de investigação destinadas a sancionar e punir os responsáveis, garantindo o acesso das vítimas à proteção e reparação judicial.

A Guatemala alegou que a Comissão excedera o marco da Convenção Americana ao submeter o caso à Corte, porque existia uma decisão da Corte Suprema, e o Estado, "em virtude de suas obrigações de acatar as decisões judiciais, não tem a faculdade legal de dirimir discussão alguma sobre o mérito da questão porque isto constituiria uma interferência de um poder do Estado no outro". Em resposta, a Corte começou por reafirmar o princípio de direito da responsabilidade internacional do Estado de que "todo Estado é internacionalmente responsável por todo e qualquer ato ou omissão de qualquer dos seus poderes ou órgãos em violação dos direitos inter-

---

[23] TRINDADE, Antonio Augusto Cançado. *Tratado de Direito Internacional dos Direitos Humanos*. Porto Alegre: Safe, 1997, Vol. I, p. 425-426.

[24] Corte I.D.H., *Caso Villagrán Morales y Outros (Caso de los "Niños de la Calle")*, Sentencia de 19 de noviembre de 1999. Serie C, n. 63, p. 84-96.

nacionalmente consagrados". Ressaltou também que os arts. 2 e 8 da Convenção "definem, com respeito aos atos e omissões dos órgãos judiciais internos, os alcances do mencionado princípio da geração de responsabilidade pelos atos de todos os órgãos dos Estados". Finalmente, concluiu que a Guatemala não podia se isentar da responsabilidade relacionada com os atos e omissões de suas autoridades judiciais, já que tal atitude seria contrária ao disposto no art. 1.1 em conexão com os arts. 25 e 8 da Convenção".[25]

A Corte Interamericana examinou, então, a integralidade dos procedimentos judiciais internos e concluiu pela violação dos citados artigos da Convenção, vez que deixaram de observar os padrões atinentes ao dever de investigar, ao direito de ser ouvido e a um recurso efetivo previstos naquelas disposições.

Nos casos decididos pela Corte Internacional de Justiça e pela Corte Interamericana, não se trouxe à discussão a conformidade da conduta dos órgãos judiciais nacionais com o seu ordenamento jurídico interno. Esta questão, na realidade, não afeta a verificação da responsabilidade internacional do Estado. Para o direito internacional, o que importa é se a conduta (consistente em ação ou omissão) viola uma obrigação internacional em vigor para o Estado. Se inexiste tal violação, a responsabilidade internacional do Estado não estará configurada, mesmo que a conduta de seu órgão ou agente desrespeite disposições de seu direito interno. Nesse sentido, dispõe o art. 3º do Projeto sobre Responsabilidade Internacional dos Estados, formulado pela Comissão de Direito Internacional: "A caracterização de um ato de um Estado como internacionalmente ilícito é regulada pelo direito internacional. Tal caracterização não é afetada pela caracterização do mesmo ato como legal pelo direito interno".[26]

Na elaboração desse princípio, a Comissão de Direito Internacional firmou-se em farta jurisprudência internacional que o reconhece.[27] Vale mencionar também que esse princípio foi esposado pela Convenção de Viena sobre Direito dos Tratados (1969), cujo artigo 27 reza que "uma parte não pode invocar as disposições de seu direito interno para justificar o descumprimento de um tratado".

Portanto, não há que examinar a adequação da decisão do tribunal nacional, nos casos citados, à ordem constitucional interna. O fato de esses tribunais terem deixando de observar as obrigações assumidas pelos res-

---

[25] *Ibid.*, p. 89.
[26] International Law Commission. *Commentaries, op.cit.*, p. 74.
[27] Cf., *inter alia*, Treatment of Polish Nationals and Other Persons of Polish Origin or Speech in the Danzig Territory, PCIJ, 1932, Series A/B, n. 44, p. 4; Nottebohm, Preliminary Objections, *ICJ Reports 1953*, p. 111.

pectivos Estados nos tratados internacionais de que são partes é, por si só, suficiente para gerar a responsabilidade internacional dos Estados.

Há, porém, uma importante ressalva a ser feita. O direito internacional dos direitos humanos é um ramo do direito internacional que possui peculiaridades notórias. Por exemplo, a Convenção de Viena sobre Direito dos Tratados (1969) prevê, em seu art. 60, que para os casos de violação substancial de um tratado, por uma das partes, a outra parte fica autorizada a invocar a violação como causa de extinção ou suspensão de sua execução no todo ou em parte. Essa faculdade, contudo, segundo o mesmo artigo, não se aplica às disposições sobre a proteção da pessoa humana contidas em tratados de caráter humanitário, especialmente às disposições que proíbem qualquer forma de represálias contra pessoas protegidas pelos referidos tratados. A razão para tal exceção se encontra na natureza especial dos tratados de direitos humanos, e nos valores superiores que eles protegem.

Dentro dessa perspectiva, o direito internacional dos direitos humanos abarca um princípio geral que procura compatibilizar o direito interno e o direito internacional de uma forma que interessa ao presente estudo: o princípio de que se deve aplicar a norma mais favorável ao indivíduo, seja de caráter interno ou internacional. O princípio está previsto, no plano interamericano, no art. 29, *b*, da Convenção Americana, segundo o qual se proíbe a interpretação de qualquer de suas disposições no sentido de "limitar o gozo e exercício de qualquer direito ou liberdade que possam ser reconhecidos de acordo com as leis de qualquer dos Estados Partes ou de acordo com outra Convenção em que seja parte um dos referidos Estados".

O princípio da primazia da norma mais favorável retira as bases daquele debate tradicional sobre a relação – muitas vezes tida como antagônica – entre o direito internacional e o direito interno, expresso nas correntes teóricas do monismo e dualismo, ao menos no que diz respeito às normas do direito internacional dos direitos humanos, pois os dois ordenamentos jurídicos, em razão do princípio, interagem e se complementam para a consecução do fim comum, que é a proteção dos direitos da pessoa humana.

O princípio, assim, deveria servir para diminuir os conflitos aparentes entre normas nacionais e internacionais, contribuindo para se consolidar uma maior coordenação entre tais instrumentos e, por fim, para comprovar que a tendência e o propósito de coexistência de distintos diplomas normativos de tutela dos mesmos direitos são no sentido de ampliar e fortalecer a proteção: "O que importa em última análise é o grau de eficácia da proteção, e por conseguinte há de impor-se a norma que no caso concreto melhor proteja, seja ela de direito internacional ou de direito interno".[28]

---

[28] TRINDADE, *op. cit.*, p. 436.

Por força da incidência desse princípio, seria causa excludente da ilicitude internacional a não-observância de uma obrigação convencional de direitos humanos por força da prevalência outorgada a uma norma de direito interno que seja mais favorável ao indivíduo. Tal, contudo, não ocorreu em qualquer dos casos examinados acima.

Embora em todos os casos até aqui referidos a ilicitude da ação estatal tenha origem em ato do Poder Judiciário, não se pode excluir a participação dos Poderes Executivo e Legislativo. A mera existência de uma disposição de direito interno, seja de nível constitucional ou legislativo, em desacordo com obrigações convencionais de direitos humanos, já ensejaria a responsabilidade internacional do Estado. O sistema internacional de proteção dos direitos humanos procura alcançar diretamente os sistemas jurídicos nacionais para aplicar as suas normas, mas, para assegurar que suas normas serão cumpridas, impõe uma obrigação geral aos Estados de adequarem seu direito interno aos compromissos que eles assumiram internacionalmente.[29] Os tratados de direitos humanos comumente incluem disposição nesse sentido.

Segundo o art. 2º da Convenção Americana, por exemplo, todo Estado-parte tem o dever geral de adequar sua legislação interna às disposições da Convenção:[30]

> Se o exercício dos direitos e liberdades mencionados no artigo 1 ainda não estiver garantido por disposições legislativas ou de outra natureza, os Estados Partes comprometem-se a adotar, de acordo com as suas normas constitucionais e com as disposições desta Convenção, as medidas legislativas ou de outra natureza que forem necessárias para tornar efetivos tais direitos e liberdades.

Essa obrigação deve ser cumprida por iniciativa do Poder Executivo ou do órgão ou ramo de poder que possui tal competência de acordo com a Constituição. Quando um Tribunal nacional deixa de observar uma obrigação convencional de direitos humanos para dar prioridade a uma disposição de direito interno antagônica (seja de nível constitucional ou infraconstitucional) que de fato está em vigor, automaticamente pode-se inferir que o Estado não cumpriu com a sua obrigação adicional de adequar sua legislação interna.

---

[29] Há, portanto, uma ação direta e indireta do sistema internacional de proteção sobre os sistemas jurídicos nacionais. Veja STEINER, Henry e Philip Alston. *International Human Rights in Context*. Oxford: Oxford Univ. Press, 2000, p. 999-1000.

[30] O dever de adequação legislativa é tido por Trindade como um instrumento de promoção dos direitos humanos no nível interno ainda não explorado em todo o seu potencial. TRINDADE, Cançado. Reporting in the Inter-American System of Human Rights Protection. In: Alston, Philip e James Crawford (eds). *The Future of UN Human Rights Treaty Monitoring*. Cambridge: Cambridge Univ. Press, 2000, p. 333-338.

3. Reexaminando a jurisprudência do Supremo Tribunal Federal

No caso do Recurso Ordinário em *Habeas Corpus* n° 79.785-7, decidido pelo Supremo Tribunal Federal, este acabou por priorizar uma norma constitucional que concede *proteção menor* aos indivíduos. O acórdão do Supremo reflete uma visão ainda formalista e dualista da relação entre direito interno e direito internacional, que, se por um lado ainda é objeto de discussões, por outro é, a estas alturas, suficientemente refutada por parcela considerável dos estudiosos do direito internacional – sobretudo do ramo dedicado à proteção internacional dos direitos humanos.

Em verdade, a Constituição brasileira de 1988 conferiu especial atenção aos tratados de direitos humanos de que o Brasil fosse parte, assegurando, nos §§ 1º e 2º de seu art. 5º, além da aplicabilidade imediata das disposições definidoras de direitos e garantias fundamentais, também a abertura do texto constitucional a outros direitos e garantias nele não expressos, mas advindos da pactuação internacional. Dessa forma, assevera Trindade,

> se, para os tratados internacionais em geral, se tem exigido a intermediação do Poder Legislativo de ato com força de lei de modo a outorgar a suas disposições vigência ou obrigatoriedade no plano do ordenamento jurídico interno, distintamente no caso dos tratados de proteção internacional dos direitos humanos em que o Brasil é Parte os direitos fundamentais nele garantidos passam, consoante os artigos 5(2) e 5(1) da Constituição Brasileira de 1988, a integrar o elenco dos direitos constitucionalmente consagrados e direta e imediatamente exigíveis no plano do ordenamento jurídico interno.[31]

Dessa maneira, a Constituição Federal de 1988 trouxe como inovação de inarredável importância a incorporação, entre aqueles direitos constitucionalmente protegidos, também daqueles previstos nos tratados de direito internacional dos direitos humanos de que o Brasil seja signatário, o que, *ultima ratio*, consiste em atribuir-lhes a natureza de norma constitucional. Essa conclusão é resultado de uma interpretação sistemática e que leva em consideração os objetivos que devem pautar a leitura constitucional, mormente em face da força expansiva dos valores da dignidade humana e dos direitos fundamentais como parâmetros axiológicos a orientar o constitucionalismo.[32]

A tendência constitucional contemporânea dá-se no sentido de dispensar tratamento especial aos tratados de direitos humanos como decorrência de uma escala de valores na qual o ser humano ocupa lugar central e de uma

---

[31] TRINDADE, *Tratado...*, op. cit., p. 408.
[32] PIOVESAN, Flávia. A Constituição Brasileira de 1988 e os Tratados Internacionais de Proteção dos Direitos Humanos. In.: BOUCAULT, Carlos Eduardo de Abreu, ARAÚJO, Nádia de (orgs). *Os direitos humanos e o direito internacional*. Rio de Janeiro: Renovar, 1999, p. 115 – 138.

coincidência de objetivos que se instaura entre direito interno e direito internacional, não sendo dado aos Estados, nesse contexto, deixar de cumprir suas obrigações convencionais a pretexto de padecer de certas dificuldades de ordem constitucional ou interna – e com mais razão ainda se o descumprimento advém da interpretação desconforme construída por seus tribunais a respeito das disposições pactuadas.[33]

O Brasil, além da mencionada disposição de sua Corte Suprema, também situa-se em oposição à tendência constitucional internacionalmente verificada quando, através da Emenda Constitucional nº 45/2004, inclui, no §3º no art. 5º de sua Constituição, a necessidade de aprovação dos tratados internacionais de direitos humanos, em cada Casa do Congresso Nacional, em dois turnos, por três quintos dos votos dos respectivos membros, para que eles assumam hierarquia de emenda constitucional. Disposição que é aparentemente benéfica, na realidade serve muito mais para conformar a criticada posição do Supremo Tribunal Federal, exigindo que as normas de direito internacional dos direitos humanos passem por processo legislativo que, a toda evidência, na redação anterior do art. 5º, inexistia, do que, propriamente, para proteger, com maior afinco, as prerrogativas dos seres humanos.

Essas posições, portanto, denotam uma clara contrariedade às obrigações assumidas pelo Brasil perante os demais Estados, bem como uma postura na qual não se assegura primazia às regras mais favoráveis às vítimas, quer oriunda de instrumentos nacionais, quer de instrumentos internacionais. Deveria, destarte, prevalecer a norma mais favorável ao indivíduo, titular da proteção, visto que "no plano de proteção dos direitos humanos interagem o Direito Internacional e o Direito interno, movidos pelas mesmas necessidades de proteção, prevalecendo as normas que melhor protejam o ser humano, tendo em vista que a primazia é da pessoa humana".[34]

Em estudo recente sobre a jurisprudência dos tribunais alemães em matéria de direitos humanos previstos em tratados internacionais e no direito costumeiro, chegou-se à conclusão de que os tribunais raramente aplicavam essas normas internacionais, fazendo referência, ao invés, às normas internas. Algumas razões de ordem prática para essa situação foram levantadas e podem ser sumarizadas na deficiência da educação jurídica dos advogados e juízes e na dificuldade de tradução e acesso a instrumentos internacionais. Mais importante ainda foi a consideração de que os tribunais alemães reconhecem um paralelismo grande entre as normas internacionais e internas, e, tendo em vista a facilidade de se guiar pela jurisprudência nacional e sua doutrina, fazia-se a opção por referenciar as normas internas. Finalmente, menciona-se a compreensão dos juristas alemães de que o sis-

---
[33] TRINDADE, *Tratado, op. cit.*, p. 409 – 410.
[34] PIOVESAN, *op. cit.*, p. 135 – 136.

tema legal alemão oferece um alto padrão de proteção de direitos individuais, e a aplicação das normas internacionais não levaria a resultado melhor.[35] Recentemente, o Comitê sobre a Prática e o Direito dos Direitos Humanos, da *International Law Association*, divulgou os resultados de um estudo preliminar sobre o impacto ou a influência do trabalho dos órgãos convencionais de direitos humanos sobre os tribunais nacionais, realizado em alguns países de língua inglesa. Constatou-se que as referências dos tribunais nacionais às decisões e recomendações dos órgãos de supervisão ainda são muito limitadas, embora estejam em crescimento, e que uma maior difusão dos trabalhos desses órgãos entre os juízes e advogados seria uma solução recomendável.[36]

A mentalidade dos juízes alemães não estará sujeita à censura se os juízes, ao aplicarem o direito interno, estão de fato concedendo primazia à norma mais favorável ao indivíduo. O que se pode dizer, ao comparar essa mentalidade com o que parece transparecer da jurisprudência do Supremo Tribunal Federal examinada, é uma diferença de fundamentação, pois o Supremo prioriza as normas de direito interno com base apenas no critério da hierarquia que ele entende existir, em salvaguarda da soberania nacional. Não se cuida, pois, de uma atitude que preconiza, nos termos do princípio da primazia do interesse da vítima, efetivamente os anseios do tutelado pelas normas de direito internacional dos direitos humanos, mas sim os "interesses soberanos do Estado" – independentemente, ao que tudo indica, da situação levada a juízo.[37]

Herança de um nacionalismo edificado em tempos de consolidação estatal, uma postura em tais termos revela muito mais um problema de cultura jurídica, *i.e.*, de um perfilhar ferrenho de certas diretrizes a que tradicionalmente se agarraram os magistrados pátrios. É com escoras no pensamento dualista que se torna necessária uma "incorporação" das normas internacionais ao direito interno (na verdade uma espécie de "nacionalização" da norma internacional), como se uma obrigação internacionalmente assumida não devesse vincular o Estado aceitante por si só – entendimento que,

---

[35] SIMMA, Bruno *et al*. The Role of German Courts in the Enforcement of Internacional Human Rights. *In*: B. Conforti e F. Francioni (eds). *Enforcing international human rights in domestic courts*. The Hague: Martinus Nijhoff, 1997, p. 107.

[36] International Law Association. *Report of the Seventieth Conference*, New Delhi, 2002, p. 507-545.

[37] A posição brasileira não é solitária na região latino-americana. Ao fazer um diagnóstico da realidade dos direitos humanos na América Latina, Ruiz de Santiago conclui que, a despeito do desenvolvimento das democracias, e do aumento do número de convenções de direitos humanos firmadas e ratificadas pelos países, persiste a dificuldade de aplicação efetiva no plano interno das obrigações assumidas e o amplo desconhecimento das suas disposições por parte do grande público e das próprias autoridades governamentais. Ver Ruiz de Santiago, Jaime. Diagnóstico de la Realidad de los Derechos Humanos en América Latina, tendencias y desafios. *In*: TRINDADE, A. A. Cançado e J. Ruiz de Santiago (eds). *La Nueva Dimensión de las necesidades de protección del ser humano en el inicio del siglo XXI*. San José: ACNUR, 2001, p. 110-111.

na prática, acaba por anular em grande parte as pretensões de existência autônoma de um direito internacional, mas que é, concomitantemente, altamente pernicioso à credibilidade de um Estado frente aos outros Estados. É, principalmente, extremamente prejudicial aos próprios tutelados por aludida normativa internacional, porquanto são os seres humanos quem efetivamente sofrem as conseqüências de uma atuação assentada em um imaginário já ultrapassado que despreza a unicidade do ordenamento jurídico e que desvirtua o enfoque da salvaguarda estatal em questões atinentes a direitos humanos,[38] pois o que se busca proteger, no mais das vezes, é a idéia de soberania estatal (cada vez mais débil em um mundo globalizado), em detrimento das pessoas que recorrem ao Judiciário em busca de direitos.

4. Conclusão

Ao se agarrar às disposições constitucionais, em menosprezo às obrigações convencionais do Brasil perante os demais Estados e os nacionais do Brasil, o Supremo Tribunal Federal tem como foco *a norma em si*, olvidando-se de que o direito internacional dos direitos humanos existe para proteger os indivíduos, e não para travar disputas de hierarquia com as normas constitucionais. Desconsidera-se o caráter especial dos tratados de direitos humanos e sua missão mais elevada.

Não há coerência na conduta de um país que assume obrigações internacionais, depois de um longo processo que envolve os Poderes Executivo e Legislativo, incluindo um exame da conformidade constitucional pelo Congresso, e, no âmbito interno, nega vigência a essas mesmas obrigações por decisão de seus tribunais. Uma postura nesses termos obviamente tem como repercussão a responsabilização internacional desse Estado, como visto, em virtude do descumprimento das obrigações convencionais assumidas, levado a cabo por órgãos que também fazem parte de sua estrutura interna – os tribunais.

Há um crescente sentimento de repúdio a soluções judiciais que afrontam a consciência jurídica universal. Um dos mais notáveis desenvolvimentos do pós-guerra foi a exclusão, do domínio reservado do Estado, da matéria referente ao tratamento que o Estado dá aos seus nacionais em detrimento dos novos padrões internacionais de direitos humanos. Os órgãos internacionais de supervisão dos direitos humanos, estabelecidos pelos respectivos tratados, aliados a atores não-governamentais e setores da sociedade civil transnacional, estão criando uma extensa rede de sustentação política e jurídica para a promoção dos direitos humanos dentro dos

---

[38] GALINO, George Rodrigo Bandeira. *Conflito entre tratados internacionais de direitos humanos e Constituição:* uma análise do caso brasileiro. Dissertação de Mestrado: Programa de Mestrado em Direito em Direito e Estado-UnB, 2001, p. 234 ss.

Estados e a mudança de mentalidade das autoridades governamentais. Espera-se que a cultura jurídica nacional se transforme para abraçar uma nova visão do direito internacional dos direitos humanos.

Referências bibliográficas

ARREST Warrant of 11April 2000 (Democratic Republic of the Congo v. Belgium), *I.C.J. Reports* 2002.

CORFU CHANNEL, Merits, *I.C.J. Reports* 1949.

CORTE Interamericana de Direitos Humanos. Caso *La Última Tentación de Cristo* (Olmedo Bustos e outros vs. Chile), Sentencia de 5 de febrero de 2001. Serie C.

CORTE Interamericana de Direitos Humanos. Caso *Villagrán Morales y Outros (Caso de los "Niños de la Calle")*, Sentencia de 19 de noviembre de 1999. Serie C, n.63.

DIFFERENCE Relating to Immunity from Legal Process of a Special Rapporteur of the Commission on Human Rights, *I.C.J. Reports* 1999.

GALINO, George Rodrigo Bandeira. *Conflito entre tratados internacionais de direitos humanos e Constituição:* uma análise do caso brasileiro. Dissertação de Mestrado: Programa de Mestrado em Direito em Direito e Estado-UnB, 2001.

INTERNATIONAL Law Association. *Report of the Seventieth Conference*, New Delhi, 2002.

INTERNATIONAL Law Commission. *Commentaries to the Draft Articles on Responsibility of States for Internationally Wrongful Acts adopted by the International Law Commission at its fifty-third session*. Official Records of the General Assembly, Fifty-Sixth Session, Supplement n. 10 (A/56/10), chp.IV.E.2, p.63-65.

KELSEN, Hans. *Principles of International Law*. New York: Rinehart & Co., 1952.

LEGAL consequences of the construction of a wall in the occupied palestinian territory, *I.C.J. Reports* 2004.

PINTO, Roger. L'affaire du Rainbow Warrior, 4 *Journal du Droit International* 1990, 878-883.

PIOVESAN, Flávia. A Constituição Brasileira de 1988 e os Tratados Internacionais de Proteção dos Direitos Humanos. In.: BOUCAULT, Carlos Eduardo de Abreu, ARAÚJO, Nádia de (orgs). *Os direitos humanos e o direito internacional*. Rio de Janeiro: Renovar, 1999, p. 115 – 138.

SIMMA, Bruno *et al*. The Role of German Courts in the Enforcement of Internacional Human Rights. *In*: B. Conforti e F. Francioni (eds). *Enforcing international human rights in domestic courts*. The Hague: Martinus Nijhoff, 1997.

STEINER, Henry; ALSTO, Philip. *International Human Rights in Context*. Oxford: Oxford Univ. Press, 2000.

TREATMENT of Polish Nationals and Other Persons of Polish Origin or Speech in the Danzig Territory, *PCIJ, 1932, Series A/B*, n.44, p.4; Nottebohm, Preliminary Objections, *I.C.J. Reports* 1953.

TRINDADE, Antonio Augusto Cançado. Reporting in the Inter-American System of Human Rights Protection. In: Alston, Philip e James Crawford (eds). *The Future of UN Human Rights Treaty Monitoring*. Cambridge: Cambridge Univ. Press, 2000.

——. *Tratado de Direito Internacional dos Direitos Humanos*. Porto Alegre: Safe, 1997, Vol. I.

——; J. Ruiz de Santiago (eds). *La Nueva Dimensión de las necesidades de protección del ser humano en el inicio del siglo XXI*. San José: ACNUR, 2001.

VERDROSS, A. Règles générales du droit international de la paix, 30 *Recueil des Cours de l'Académie de Droit International* 1929-V.

― IV ―

O Princípio da Boa-Fé Objetiva no Direito Contratual e o problema do homem médio:[1]
Da jurisprudência dos valores à hermenêutica filosófica

JOSÉ CARLOS MOREIRA DA SILVA FILHO[2]
LARA OLEQUES DE ALMEIDA[3]
DANIELA ORIGUELLA[4]

Resumo: Ao abordar a interpretação/aplicação do princípio da boa-fé objetiva no direito contratual, o presente artigo tenciona evidenciar a inadequação do parâmetro do *homem médio* para guiar esta tarefa, já que o entende como tributário do objetivismo metafísico presente na *jurisprudência dos valores*. Entende-se mais adequado, com fulcro na fenomenologia hermenêutica, o parâmetro da *pré-compreensão jurídica complexa* quanto ao que seja agir de boa-fé, procurando-se explicá-lo e desenvolvê-lo. As conclusões e apontamentos realizados foram embasados em pesquisa realizada sobre a jurisprudência do Tribunal de Justiça do Rio Grande do Sul e do Superior Tribunal de Justiça.

Abstract: By approaching the interpretation/application of the objective good faith principle in contract law, this article aims at pointing that the "common man" standard is inadequate to guide this task, since it is understood as heir to the metaphysical objectivism present in the school of jurisprudence of values. Based on hermeneutic phenomenology, the "complex law pre-comprehension" standard is considered more

---

[1] Este artigo é resultado parcial do projeto de pesquisa "Relações contratuais: em busca de um novo modelo jurídico a partir da ética da alteridade e da hermenêutica filosófica", coordenado pelo Prof. Dr. José Carlos Moreira da Silva Filho e financiado pela UNISINOS. As co-autoras deste artigo encontram-se vinculadas a este mesmo projeto, sob a orientação do referido professor. Importa destacar, igualmente, no tocante à concessão de bolsas de iniciação científica, o auxílio oferecido pela Fundação de Amparo à Pesquisa do Estado do Rio Grande do Sul (FAPERGS), pelo Conselho Nacional de Desenvolvimento Científico e Tecnológico (CNPq) e pela Universidade do Vale do Rio dos Sinos (UNISINOS). Esclareça-se, por fim, que se trata de versão reduzida do artigo em virtude da padronização editorial desta coletânea.

[2] Doutor em Direito das Relações Sociais pela UFPR; Mestre em Teoria e Filosofia do Direito pela UFSC; Professor do Programa de Pós-graduação em Direito (Mestrado), da Especialização em Direito Privado e da Graduação em Direito da UNISINOS.

[3] Bacharel em Letras pela UFRGS; Especialista em Aprendizagem de Línguas Estrangeiras pela UNISINOS; Graduanda em Direito pela UNISINOS; Bolsista de Iniciação Científica da FAPERGS.

[4] Graduanda em Direito pela UNISINOS; Bolsista do Programa de Iniciação Científica da UNISINOS (UNIBIC); ex-bolsista do Programa Institucional de Bolsas de Iniciação Científica do CNPq/UNISINOS - PIBIC.

adequate as to what it is to act in good faith, which will be explained and developed. Conclusions and suggestions presented in this work were based on research into decisions reached by the Court of Justice of Rio Grande do Sul and Brazil's Superior Court of Justice.

Sumário: 1. Introdução; 2. A interpretação da norma jurídica a partir da fenomenologia hermenêutica: a superação dos enfoques voluntaristas, axiológicos e semânticos; 3. O Princípio da Boa-fé Objetiva no contexto brasileiro: Origens e características; 4. O parâmetro do homem médio e sua inadequação para o processo de interpretação / aplicação do Princípio da Boa-fé Objetiva; 5. Resultados da pesquisa jurisprudencial; 6. Considerações finais.

1. Introdução

A aplicação do princípio da boa-fé objetiva no direito obrigacional traz inúmeros desafios aos cientistas e operadores do Direito. Tais desafios colocam-se muito além de meros ajustes técnicos necessários para a tarefa, envolvendo um profundo repensar do próprio fenômeno jurídico e do papel de seus atores institucionais, o que é percebido, inclusive, em vários outros quadrantes, como bem ilustra a aplicação da função social (propriedade e contratos) e dos princípios constitucionais em geral.

Nos marcos deste artigo, tal reflexão indicará o viés da Hermenêutica Jurídica a partir dos influxos da Hermenêutica Filosófica. Espera-se que este caminho, quando associado ao tema da aplicação do princípio da boa-fé objetiva, possa cumprir dois propósitos: fornecer parâmetros racionais para uma aplicação motivada e não-arbitrária do princípio e evitar a objetivação metafísica e conceitualista que, de modo ainda prevalecente, apresenta-se como fundamento de uma concretização axiológica das normas jurídicas.

Esses dois objetivos revelam-se imbricados, já que a apresentação de parâmetros racionais para a aplicação do princípio, tal qual aqui se propõe, dá-se necessariamente a partir de um fundamento que assume visceralmente sua matriz fenomenológica, não aceitando, assim, encerrar-se em conceitualismos abstratos. Tais considerações são especificamente desenvolvidas a partir de uma pesquisa realizada no Tribunal de Justiça do Rio Grande do Sul e no Superior Tribunal de Justiça, na qual se verificou, quando da aplicação do princípio da boa-fé objetiva às relações obrigacionais, tanto a ausência de parâmetros de racionalidade quanto a sua pálida presença na versão conceitualista do "homem médio".[5]

A avaliação desse resultado implica, de um lado, a dificuldade dos operadores jurídicos pátrios de lidar com uma dimensão normativa com maior grau de vagueza e, de outro, a inadequação da metodologia jurídica axiológico-objetiva para tal finalidade,[6] a qual, por sua vez, pode ser clara-

---

[5] Os resultados desta pesquisa serão referidos no item 5 deste artigo.

[6] Esta dificuldade explica-se, ainda, por outros aspectos igualmente importantes, como o pouco tempo

mente percebida mediante um enfoque fenomenológico-hermenêutico, que acaba por denunciar os limites da assim conhecida *jurisprudência dos valores*.

2. A interpretação da norma jurídica a partir da fenomenologia hermenêutica: a superação dos enfoques voluntaristas, axiológicos e semânticos

Para ilustrar alguns sinais da inadequação acima aludida, importa fazer uso de uma classificação recentemente trabalhada pelo jurista espanhol Juan Antonio García Amado, professor da Universidade de Lyon, em palestra proferida durante visita ao Programa de Pós-Graduação em Direito da UNISINOS.[7] Dizia García Amado existirem basicamente três maneiras de se enfocar a norma jurídica quanto à sua interpretação, mediante três teorias distintas: a *voluntarista* ou *intencionalista*, a *axiológica* e a *semântica*.

A *teoria voluntarista* delimita o sentido da norma com base na reconstrução da "vontade de quem manda", seja ele um ditador ou o próprio legislador. Tal enfoque mostrou-se patente tanto nas interpretações originalistas da Constituição norte-americana quanto na Escola da Exegese francesa, as quais visavam à reconstrução do sentido normativo imaginado pelo legislador original. A vertente voluntarista-psicologista, especialmente quando associada à figura mítica do legislador, atingiu notória repercussão e predomínio, todavia, durante o século XX, experimentou a derrocada em favor das teorias axiológicas. As razões para tanto são inúmeras, indo desde as cada vez mais aceleradas transformações sociais a tornarem as leis precocemente envelhecidas até as dificuldades de reconstrução da vontade de um sujeito abstrato e representativo como é o legislador. Ademais, a ausência de explícitas referências valorativas trazida pelo positivismo jurídico (que se harmonizou tranqüilamente às teses voluntaristas) cobrou um alto preço durante as guerras mundiais.

Foi por essas e outras razões, enfim, que prevaleceram as *teorias axiológicas* (às quais se filia a *jurisprudência dos valores*), segundo as quais o que se encontra por trás das palavras escritas na norma não é a intenção do legislador, mas sim valores. Esses valores, por sua vez, são tidos como

que os juízes possuem, diante da massificação da prestação jurisdicional, para fundamentar minimamente suas decisões. Tal problema conhece inúmeras propostas para sua resolução, as quais vão desde reformas estruturais no Poder Judiciário (haja vista a aprovação recente da Reforma do Poder Judiciário brasileiro) até a busca de uma substituição da cultura dos conflitos interindividuais pela dos coletivos. Sabe-se das acaloradas discussões e polêmicas que esses temas suscitam; porém, nos restritos limites deste artigo, não será possível o aprofundamento dos mesmos.

[7] O professor García Amado, nos dias 22 e 23 de novembro de 2004, a convite do programa de pós-graduação em Direito da UNISINOS, proferiu a palestra intitulada "Método e Argumentação da Aplicação do Direito", a qual foi direcionada aos professores e alunos do programa de pós-graduação em Direito da UNISINOS, tendo sido estendida, igualmente, aos alunos e professores da graduação.

realidades subjacentes ao sistema normativo, compondo um sistema externo ao sistema propriamente jurídico (daí a imagem recorrente do Direito como um "sistema relativamente aberto"); seriam como a imensa base de um *iceberg*, que não pode ser vista no nível do mar, mas que sustenta a ponta que aparece na letra da norma positivada.[8] Essa "base", a seu turno, poderia ser objetivamente conhecida, desde que fossem desenvolvidos os corretos procedimentos para tanto. A idéia de um método jurídico para desentranhar esse sentido subjacente também preside o enfoque voluntarista e remonta à conhecida sistematização de Savigny (método gramatical, lógico, sistemático e histórico), com a diferença de que no viés axiológico ganha visível destaque e preponderância o elemento teleológico, mais enfatizado por Jhering.

O terceiro enfoque proposto por García Amado, o das *teorias semânticas*, nada vê por baixo da ponta do *iceberg*. Não há nada além da lei positivada. O sentido atribuído à norma seria, pois, um resultado de jogos lingüísticos que se dão entre margens de determinação e indeterminação. O critério ao qual se deve reportar para explicitar o melhor sentido da norma é o próprio exercício da argumentação. O que faz uma sentença ou interpretação boa não é o seu conteúdo ou decisão ou, ainda, a sua correspondência aos valores ou à intenção legislativa, mas sim os argumentos que a sustentam. Os métodos de interpretação, desta feita, não seriam propriamente "métodos", mas sim argumentos, que devem ser explorados ao máximo[9] para que possam trazer resultados interpretativos aceitáveis.

Analisando a classificação proposta por García Amado, pode-se observar, de um lado, sua utilidade didática e, de outro, sua insuficiência no trato da questão, especialmente a partir de um ângulo fenomenológico-hermenêutico (que as teorias da argumentação projetadas para o Direito revelam-se incapazes de considerar). Antes, porém, de ressaltar essa insuficiência, cabe uma breve análise dos dois primeiros enfoques propostos pelo jurista espanhol, para que, após, seja possível tratar do terceiro e de um quarto que aqui se irá propor.

A abordagem voluntarista da interpretação das normas jurídicas pode ser tida como a projeção da hermenêutica psicologista para o Direito, a qual encontra sólida base no pensamento de Friedrich Schleiermacher. Segundo esse autor, a interpretação de qualquer texto deve ser guiada pelo paradigma da *genialidade*, isto é, a adequada compreensão de um texto deve corresponder às idéias e intenções do autor, prevalecendo o esforço de reprodução do seu *gênio* criativo sobre a própria coisa da qual ele fala. No Direito, o grande espaço encontrado pelo parâmetro da genialidade encontra explica-

---

[8] Destacou o professor García Amado ser essa a concepção hoje prevalecente no Direito europeu, ilustrada na célebre distinção entre Lei e Direito feita pelo art. 20 da Constituição alemã.

[9] Afirma García Amado que "todo argumento deve ser argumentado".

ção não só na forte influência da hermenêutica psicologista, mas também na notoriedade assumida pelo conceito iluminista de legislador racional e, de resto, na acentuada importância atribuída à vontade individual (tanto no campo da filosofia moral como da filosofia política). As intenções e vontades do legislador, tido como representante da vontade popular, tornam-se, assim, o objetivo precípuo da interpretação jurídica.

Contudo, não bastava identificar a meta interpretativa. Era também necessário desenvolver um método racional (sinônimo de certo e seguro nesse contexto) capaz de levar o intérprete à exatidão do pensamento do legislador (a *mens legislatoris*). Ora, do mesmo modo Schleiermacher preocupou-se em construir um método que pudesse levar o intérprete a "conhecer o autor melhor do que ele mesmo".[10] O desenvolvimento desse método, como se sabe, culminou na importante figura do *círculo hermenêutico*.[11] No plano jurídico, o principal responsável pela construção de um método de interpretação foi Savigny. Na primeira fase de seu pensamento, o jurista alemão associava a meta interpretativa da norma jurídica positiva à vontade do legislador (sobre o qual virá a mudar de opinião), o que o levou a elaborar os bem conhecidos métodos gramatical, lógico, sistemático e histórico. Tais métodos, porém, não evidenciavam a dinâmica circular explicitada em Schleiermacher, mas sim o esquema dedutivo e vertical da subsunção.[12] O decisivo aqui, de todo modo, é perceber que, neste primeiro enfoque quanto

---

[10] SCHLEIERMACHER, Friedrich Daniel Ernst. *Hermenêutica*: arte e técnica da interpretação. Petrópolis: Vozes, 1999.

[11] A expressão foi cunhada por Friedrich Ast, adquirindo, contudo, notoriedade e desenvolvimento no trabalho de Schleiermacher. Sucintamente, dizia o teólogo alemão que, na interpretação dos textos, há dois aspectos fundamentais a serem considerados: o *gramatical* (a língua) e o *psicológico* (o autor). Ambos não se dão separadamente, mas, ao analisá-los dessa forma, percebe-se que a maneira adequada de serem explorados envolve uma dinâmica circular entre o geral e o particular. Assim, tanto para decidir qual dos sentidos possíveis será o empregado para uma palavra, como para decidir o sentido daquele texto na vida do autor, é necessário partir-se de algum critério inicial quanto ao todo (o sentido da frase, parágrafo, capítulo ou texto integral de um lado e, de outro, a totalidade da vida do autor) da mensagem a ser buscada no texto. Ocorre aqui uma antecipação de sentido, assumida provisoriamente como uma adivinhação (já que ainda não se realizou propriamente a leitura do texto), daí porque Schleiermacher o chama de *método divinatório*. O contato com as palavras do texto, bem como com aquele momento da vida do autor, apresenta-se como pólo particular dessa dinâmica interpretativa (designado de *método comparativo*). Nesse processo, a pressuposição inicial será ou confirmada, ou descartada, ou enriquecida, havendo constantes movimentos de idas e vindas entre o geral e o particular, até que se chegue ao sentido final para o texto. Na verdade, essa dinâmica obedece à forma de uma espiral (daí alguns utilizarem a expressão *espiral hermenêutica*), ou seja, de um círculo em movimento. Assim, o intérprete tanto estará mais próximo do verdadeiro sentido do texto quanto mais qualificada for sua pré-compreensão (tanto sobre a língua como sobre a vida do autor). Como se verá logo mais, o círculo hermenêutico será um conceito importante para a hermenêutica filosófica de Heidegger e Gadamer, porém não será assumido em um plano metódico, mas sim ontológico.

[12] O silogismo jurídico traz, sem dúvida, a relação dos pólos geral (norma) e particular (fato), mas não dá destaque à interação dos mesmos, levando a crer que, na medida em que já se tem previamente o conhecimento do exato sentido do texto normativo (geral), a ser desentranhado pelos métodos de maneira independente do fato concreto a ser avaliado, torna-se um mero trabalho de dedução associá-lo, em seu preceito, a uma manifestação concreta do fato típico nele previsto.

à interpretação da norma jurídica, a compreensão almejada é associada a um sentido que já existe previamente ao ato interpretativo, associado à vontade do legislador e passível de extração segura por uma série de procedimentos metódicos.

A principal discordância que o segundo enfoque, chamado por García Amado de *axiológico*, irá apresentar em relação ao primeiro reside na configuração da meta interpretativa. A par das dificuldades em se reproduzir com precisão o que alguém pensou quando escreveu algo, é preciso ter presente que o legislador, nas democracias modernas, dificilmente é uma pessoa só. Além disso, os legisladores atuam enquanto representantes da vontade popular. Por fim, com as aceleradas transformações sociais ocasionadas pelo desenvolvimento da sociedade industrial na segunda metade do século XIX, o que poderia ser a vontade do legislador passou a ser um parâmetro não mais adequado para permitir às normas já existentes tratarem dos novos casos, cada vez mais numerosos. Abre-se, pois, o espaço para que a meta interpretativa identifique-se com algo ao mesmo tempo mais duradouro e mais maleável do que a figura do sujeito legislador. Esse "algo" surgiu inicialmente com o nome de "interesse" (suscitando a escola conhecida como *jurisprudência dos interesses*, que abrigou nomes ilustres como Jhering e Heck), passando, em seguida, a consistir nos "valores" (dando azo à já mencionada *jurisprudência dos valores* ou *da valoração*).[13] O raciocínio passa a ser o seguinte: o legislador age de maneira decisiva ao selecionar os fatos dos quais a norma irá tratar e os valores que o ordenamento jurídico irá proteger. Porém, esses valores não são totalmente capturados pela enunciação normativa, sendo apenas indicados; eles fazem parte da realidade social objetiva e, assim como esta sofre transformações ao longo das diferentes épocas históricas, aqueles também o sofrem, trazendo com suas mutações a necessidade de reconfiguração dos fatos jurídicos e dos preceitos estabelecidos para os mesmos.

Assim como o enfoque voluntarista encontrava eco na hermenêutica da genialidade de Schleiermacher, o enfoque axiológico encontrará amparo na hermenêutica historicista de Dilthey. Para este já não se tratava mais de buscar a vontade do autor de um texto, mas sim de reviver o momento histórico no qual o texto foi produzido. O conhecimento da história deve passar por uma experiência interna do conhecedor. Para Dilthey, as ciências do espírito (as que procuram conhecer as obras do espírito humano) não

---

[13] No trato doutrinário desse tema ficou célebre a identificação do segundo enfoque (aqui chamado de *teorias axiológicas*) como *teorias objetivas ou objetivistas*, as quais implicavam, ainda, a noção de uma *vontade da lei* a contrapor-se à *vontade do legislador*. Por essa razão, tanto o primeiro (aqui chamado de *teorias voluntaristas*) quanto o segundo enfoque, muitas vezes, são chamados pela doutrina de *teorias voluntaristas*. Diante da classificação de García Amado, aqui utilizada, optou-se por não usar esse termo para designar ambos os enfoques, já que o mesmo, na classificação do jurista espanhol, destina-se especificamente ao primeiro viés exposto.

devem tentar compreender a vida com categorias exteriores a ela, mas sim dela derivadas, o que envolve um processo de compreensão no qual o intérprete não só vislumbra o sentido, mas o *vivencia*. Os valores, assim, devem ser internalizados para que possam ser compreendidos, todavia são vistos como realidades objetivas e preexistentes, não como algo que seja transformado pelo processo de apropriação do intérprete, que, no fim das contas, acaba por visar propriamente à descrição dessa realidade externa. De maneira semelhante a Schleiermacher (de quem, aliás, Dilthey foi biógrafo), trata-se da elaboração de um método que propicie ao intérprete a adequada *compreensão* da história. Há aqui a pressuposição de um sentido absoluto da história fazendo o papel do todo à luz do qual as experiências históricas particulares ganham sentido.

O enfoque axiológico da interpretação da norma jurídica apregoa, pois, a existência de valores objetivos associados às normas positivas, que devem ser buscados mediante uma inserção do intérprete nessa mesma realidade, o que proporcionará uma adequada *compreensão* da norma.[14] Nesse sentido, mais vale a reconstituição da finalidade da norma do que seguir a literalidade do seu dispositivo, daí a grande prevalência do elemento teleológico. Do mesmo modo, o elemento sistemático é continuamente evocado para vincular diretamente as normas mais pragmáticas aos princípios e valores que embasam o sistema normativo (entrando por essa porta a cada vez mais intensa referência à Constituição). O enfoque axiológico, assim, apresenta importantes avanços em relação ao voluntarista, pois reconhece, por um lado, a insuficiência de uma interpretação meramente psicologista da norma jurídica e, por outro, a necessidade de interpretar a norma sob um ponto de vista interno, o que já denota uma maior participação do intérprete, apressando-se em não confundir texto com norma. Todavia, esse processo de internalização, aos moldes da compreensão diltheyniana, não se diferencia da abordagem metódica do enfoque voluntarista, pois continua a lidar com a pressuposição de um sentido prévio e de um método apto a desentranhá-lo. A diferença está em que, agora, deixa de ser tido como uma operação

---

[14] A propósito, Lamego aponta na jurisprudência dos valores a aplicação do método "científico-espiritual", de base diltheyniana: "A jurisprudência de valoração supõe que ao 'cosmos do Direito' (...) pertencem 'valores morais' e princípios como a 'boa-fé', a 'confiança', a 'igualdade', o 'respeito da dignidade humana', que constituem os verdadeiros elementos ordenadores do Direito e que o fundamento último de toda a atividade de concretização deve ser 'a consciência daquelas valorações nas quais se funda o nosso ordenamento jurídico' (...). (...) As valorações em causa são 'identificáveis', pelo menos em termos 'hermenêuticos' ou com base num ponto de vista 'cognitivo-interno'. O procedimento de identificação dos valores, das bases de valoração próprias do sistema jurídico ou de um seu setor parcelar, caracteriza o método 'científico-espiritual'. Segundo este método, o intérprete não deve proceder somente à exegese, à determinação do conteúdo semântico, de cada norma, mas 'penetrar' os elementos pré-positivos de ordenação e 'reconstruir' o sistema na sua 'coerência' valorativa. Claro que deste modo o intérprete se desprende freqüentemente do conteúdo preceptivo de cada norma em particular, propiciando uma reformulação do sistema." (LAMEGO, José. *Hermenêutica e jurisprudência*: análise de uma "recepção". Lisboa: Fragmentos, 1990. p. 82).

lógica e conceitualista e passa a incorporar o modelo da *compreensão* e da *vivência* assinalado por Dilthey.

Afirmar que por trás do enunciado normativo está presente um sentido objetivo, seja ele associado à vontade do legislador ou à *ratio legis* (o fundamento axiológico que sustenta o comando normativo), e que tal sentido pode ser encontrado pelo intérprete com a aplicação da metodologia adequada equivale, em termos heideggerianos, a *entificar o ser*, isto é, a cair na tentação racionalista de enunciar a essência dos entes (o ente *norma jurídica*), ignorando, assim, a *diferença ontológica*.

Uma das principais idéias que Heidegger traz em sua impressionante obra filosófica é a de que o sentido que se atribui às coisas não é simplesmente uma qualidade que as coisas (ou entes) possuam em si mesmas. O contato do homem com as coisas que o cercam (incluindo ele mesmo) é mediado desde sempre por uma *pré-compreensão*. Na medida em que o homem nasce e inicia o desenvolvimento de uma autoconsciência e de uma razão, ele já possui, desde o início, um conjunto de sentidos que lhe são transmitidos. Esses sentidos serão a base inicial sobre a qual a sua consciência irá se formar, sendo que toda nova experiência terá que se confrontar com essa arquitetura semântica, contribuindo para transformá-la (o círculo hermenêutico ontológico), mas sempre atuando a partir dela (afinal, para que se possa ver algo é preciso estar situado em algum lugar).

Tudo isso quer dizer que o sentido autêntico é o fruto de um adequado confronto das coisas que aparecem ao homem com a sua pré-compreensão. A essência dos entes se revela, assim, sempre a partir de uma estrutura de significado provisória e em constante mutação. Daí por que o homem nunca pode esgotar a enunciação do ser dos entes com os quais se defronta. É exatamente disso que a *diferença ontológica* trata: da diferença entre o ser e os entes.[15] Manter-se alerta a essa diferença é dar a chance para que as

---

[15] Ernildo Stein facilita o entendimento desse aspecto ao sistematizar três níveis na delimitação da questão do ser em Heidegger. Os dois primeiros níveis estão, desde a metafísica aristotélica, assegurados na ontologia: o ente (nível *ôntico*) e o ser do ente (nível *ontológico*). Em sua análise da tradição metafísica ocidental, Heidegger identifica a permanência nesses dois níveis como a responsável pela ocultação do ser. Isso ocorre porque ambos são pensados em termos de objetos a serem captados no modo enunciativo pelo sujeito. É no momento em que Heidegger introduz um ente privilegiado, o *dasein*, que o terceiro nível poderá surgir e situar apropriadamente a questão do ser. Esse nível pode ser descrito como *pré-ontológico* e nele se percebe que o acesso do homem aos dois primeiros níveis só é possível porque o homem já parte de uma compreensão do ser para compreender os entes e a si mesmo e, de outro lado, é pelo fato de compreender a si mesmo que compreende o ser. Com isso, fica visível a dimensão da diferença ontológica e o caminho do círculo hermenêutico. "Assim, o *Dasein*, pela compreensão, inaugura uma circularidade. Mas ela não é simples circularidade (no conhecimento, na lógica), mas uma circularidade que se dá pela compreensão. É, portanto, uma circularidade hermenêutica. O ser não funda o ente, nem qualquer ente funda o ser. A recíproca relação entre ser e ente somente se dá porque há *Dasein* – isto é, porque há compreensão. (...) A idéia de ser de Heidegger, na medida em que é vinculada com a compreensão do ser, caminho para pensar o ente, se revela como uma dimensão operatória: compreendendo-me no mundo e na relação com os entes compreendo o ser. Naturalmente essa compreensão do ser não é temática e deve ser explicitada. É precisamente essa

coisas possam sempre aparecer da maneira mais adequada e autêntica, pois se leva em conta a situação na qual o homem está inserido. É sempre a partir dela que o sentido se dá. Pensar que o sentido autêntico é uma enunciação produzida em situação diversa e doravante apenas reproduzida é ignorar completamente o modo de ser do homem, que, afinal, como assinalou Heidegger, ocorre a partir de uma autocompreensão que medeia a compreensão dos demais entes (e entender o homem dessa forma é chamá-lo de *dasein*).

Acreditar que exista um sentido objetivo para os valores e princípios que sustentam a norma jurídica – ou um sentido objetivo para o *homem médio* – é ignorar, ademais, como já havia sustentado Gadamer, que a efetiva interpretação da norma jurídica é, ao mesmo tempo, uma aplicação e que, ao invés de reproduzir sentidos prontos, o intérprete os atualiza, fazendo o texto dialogar com o horizonte do qual parte. Em razão disso é que uma adequada fundamentação do ato interpretativo deve se dar na direção de uma explicitação desse horizonte, não se tratando, pois, de buscar o que está adiante (a vontade do legislador ou a *ratio* legis), mas sim de explicitar o que já está presente (a *pré-compreensão* ou os *preconceitos*).

A dimensão pré-compreensiva não passou despercebida a inúmeros juristas, muitos dos quais inseridos nas teorias axiológicas. No entanto, a pré-compreensão jurídica assume aí um teor mais próximo à metódica antecipação de sentido de Schleiermacher ou Dilthey, ou seja, consiste em uma visão provisória do todo ou geral (ordenamento jurídico e realidade objetiva) que irá interagir com o particular (norma e caso concreto) e levará o intérprete ao sentido objetivo da norma jurídica. Nesse processo, quanto mais o jurista conhecer o ordenamento jurídico e os valores que o sustentam (imersos na realidade social) mais eficiente será a sua pré-compreensão. Imagina-se que a dinâmica circular instaurada a partir dessa pré-compreensão conduzirá o intérprete a uma saída do círculo, quando então terá se deparado com o sentido objetivo a ser considerado como a essência da norma e, portanto, sentido a ser reproduzido em outros casos de sua aplicação.

Contudo, como afirmou Heidegger, "o decisivo não é sair do círculo, mas entrar nele de modo correto".[16] Isso significa duas coisas importantes. A primeira é que a dinâmica circular não envolve simplesmente um método

---

explicitação que é a meta buscada pela analítica existencial ou ontologia fundamental, cujos teoremas se expressam no círculo hermenêutico e na diferença ontológica. O ser heideggeriano torna-se o elemento através do qual se dá acesso aos entes, ele é sua condição de possibilidade. Isso é a diferença ontológica. Como esta condição só opera através da compreensão pelo *Dasein*, pelo ser humano que se compreende, a fundamentação (condição de possibilidade) sempre se dá pelo círculo hermenêutico. A relação com o ser e com o modo de ser do *Dasein* não é uma relação com um objeto ou através de um sujeito, mas é uma relação que possibilita algo, o acesso aos entes." (STEIN, Ernildo. *Diferença e metafísica*: ensaios sobre a desconstrução. Porto Alegre: EDIPUCRS, 2000. p. 104-105).

[16] HEIDEGGER, Martin. *El ser y el tiempo*. 2.ed. México: Fondo de Cultura Económica, 1997.

a ser conscientemente empregado pelo intérprete, explicitando, bem além disso, uma característica ontológica do homem: a sua inerente historicidade e temporalidade a imprimir sua marca em toda relação de conhecimento travada. O círculo, pois, existe sempre, não é uma situação precário-transitória. A reprodução de um pretenso sentido objetivo, ainda que inicialmente encontrado pelo círculo hermenêutico em sua versão metódica, não passa de uma informação paralisada, que se distancia cada vez mais de um adequado contato com o ente. Em segundo lugar, o "adequado" ou o "entrar no círculo de modo correto" significa assumir a existência do nível pré-ontológico – espaço no qual os sentidos já foram desde sempre instaurados –, isto é, assumir o fato de que se parte de uma pré-compreensão inerente e procurar esclarecê-la ao máximo (é a "suspensão dos pré-conceitos" da qual trata Gadamer), para que assim o ente possa se revelar em seu sentido mais autêntico, exatamente como algo novo que se configura a partir do olhar que sobre ele recai.

Tais considerações autorizam a tratar de uma *pré-compreensão jurídica complexa*.[17] O adjetivo "complexa" deve-se, aqui, aos inúmeros aspectos que cercam o processo de interpretação e aplicação das normas jurídicas. Em primeiro plano, tem-se o *âmbito da norma,*[18] referente à dimensão relacional para a qual se volta o comando normativo. Por exemplo, no caso das relações contratuais, o contexto das relações de consumo, dos contratos de adesão, da prestação de serviços públicos realizada por empresas privadas, dos contratos eletrônicos, os cada vez mais numerosos contratos internacionais, entre outros. Esse âmbito revela uma recusa em tomar a previsão fática como uma hipótese abstrata, situando-a sempre a partir dos efetivos contornos que ela assume no momento em que se dá a interpretação normativa. É preciso, portanto, que o intérprete explicite a compreensão que possui dos aspectos relacionais para os quais a norma aponta, fruto das mais variadas experiências e informações, procurando confrontá-la com a coisa mesma da qual a norma trata, o que lhe aparece imediatamente sob as vestes do caso concreto.

Além disso, compõe a *pré-compreensão jurídica complexa* uma certa compreensão da grande massa de conceitos, categorias e construções doutrinárias dos juristas destinadas a tratar dos aspectos normativos que emergem no caso que se trata de avaliar juridicamente. Importa, assim, explicitar quais as teses e interpretações doutrinárias que são assumidas para a análise do caso, mantendo-as em tensão diante dos elementos trazidos pelo próprio

---

[17] A partir de um estudo realizado sobre o tema da "pré-compreensão jurídica" e do modo como é abordada por alguns autores no Direito, essa noção encontra-se formulada em: SILVA FILHO, José Carlos Moreira da. *Hermenêutica filosófica e direito*: o exemplo privilegiado da boa-fé objetiva no direito contratual. Rio de Janeiro: Lúmen Júris, 2003. p. 148-150, 376-381.
[18] Conceito desenvolvido por Friedrich Müller. Ver: MÜLLER, Friedrich. *Métodos de trabalho do direito constitucional*. 2.ed. São Paulo: Max Limonad, 2000. p. 57.

caso. Insere-se, igualmente, na composição dessa pré-compreensão a ser explicitada e confrontada com a situação concreta, a experiência jurisprudencial e advocatícia por intermédio de seus inúmeros casos e conclusões (muitos deles vivenciados pelo próprio intérprete), os quais interagem fortemente com a própria dinâmica doutrinária e são conhecidos ou podem vir a ser a partir da provocação emanada da situação interpretativa. Outro ponto importante diz respeito ao conhecimento da compreensão jurídica que os atores relacionais possuem quanto às normas em questão, afinal, o Direito é um fenômeno social, não uma prerrogativa exclusiva dos profissionais do Direito, sendo de grande importância, para avaliação das conseqüências jurídicas, uma clara atenção sobre como é a norma compreendida pelos seus destinatários, não somente pelos juízes, advogados, promotores e doutrinadores.

Conclui-se, pois, que uma maneira de se obter uma dinâmica racional e, ao mesmo tempo, não eliminadora da diferença ontológica na interpretação da norma jurídica, é acentuar o foco não sobre o que se vai compreender após a aplicação de certos métodos, mas sim sobre o resgate do que já foi compreendido, proporcionando, com a elucidação dos pressupostos, uma adequada e autêntica aparição do sentido normativo e da avaliação jurídica do caso concreto, o que vai alimentar outros processos interpretativos que se refiram às mesmas normas consideradas, em um processo interminável de mutação dos pressupostos e de construção de sentidos.

Feitas essas importantes considerações acerca dos limites dos enfoques voluntários e axiológicos, e já tendo adiantado uma proposta à luz da fenomenologia hermenêutica, cabe, ainda, enunciar o terceiro enfoque proposto por García Amado: as *teorias semânticas*. Estas, apesar de renunciarem ao sentido objetivo de valores que estejam sustentando a norma (acreditando, como visto, que "não há nada sob o *iceberg*"), não consideram, igualmente, a dimensão pré-compreensiva ou pré-ontológica acima aludida, mantendo o foco apenas sobre os argumentos a serem desenvolvidos e "argumentados". Nessa linha, o sentido considerado adequado para a norma será aquele que resultar mais consentâneo ao processo lógico-argumentativo. Este, a seu turno, ocorreria de modo independente em relação ao nível pré-ontológico, ou seja, procurando operar como se o ponto de partida fosse simplesmente a consideração das regras argumentativas. Portanto, é um pensamento que se aproxima mais de uma mirada analítica e instrumental da linguagem, que a vê como a expressão de um raciocínio lógico-demonstrativo e não como o meio pressuposto para qualquer significado.[19] Tal perspectiva não leva na devida conta que "por baixo da retó-

---

[19] A esse respeito, em obra muito elucidativa e bem costurada, Júlio Cabrera mostra como, a partir de uma perspectiva hermenêutica, pode-se identificar os limites de uma abordagem analítica da linguagem. Enquanto esta se preocupa com o funcionamento das estruturas lingüísticas formais em suas mais

rica, da argumentação, enfim, da(s) teoria(s) da argumentação jurídica, há sempre algo que a sustenta, como a historicidade do Direito e do compreender, a partir da autocompreensão do intérprete, que nunca se coloca de forma objetificada".[20]

Isso, porém, não quer significar que se deve desconsiderar o nível argumentativo, lógico e retórico, nem que os elementos de interpretação da norma jurídica (como o gramatical, o lógico, o sistemático, o histórico e o teleológico) sejam sem valia para o que aqui se defende como adequado processo de interpretação da norma jurídica. Os argumentos devem aqui ser vistos como possíveis caminhos pelos quais a pré-compreensão, que já se encontra em operação desde o início, pode ser esclarecida e colocada em confronto com a situação interpretativa, desde que se tenha tomado as devidas precauções contra as tentações auto-suficientes do discurso metódico. Os argumentos e suas regras não carregam consigo o fundamento sobre o qual a atividade interpretativa efetivamente se dá, eis por que não devem servir de véu para encobrir o nível anterior e fundante[21] (normalmente des-

---

variadas funções e articulações, o que pode propiciar um total controle da linguagem por quem a utiliza, aquela se interessa pelo significado em si que é trazido pela linguagem. Assim, "não estão as hermenêuticas apenas interessadas na linguagem como totalmente controlada pelo falante, ou seja, como falada e escrita pelo homem como sujeito da linguagem, mas também na linguagem que fala por meio dos homens sem seu consentimento, ou – no dizer heideggeriano – na linguagem que nos fala, e não apenas naquela que falamos. (...) Essa independência da linguagem a respeito do seu usuário talvez seja, se minha tese é correta, totalmente inintelígivel para um filosofar analítico. As filosofias analíticas da linguagem podem perfeitamente analisar todos os setores da linguagem que falamos, mas não têm categorias para entender 'a linguagem que nos fala', ou a 'linguagem que nós somos', nem mesmo para tornar inteligível esse tipo de afirmação." (CABRERA, Júlio. *Margens das filosofias da linguagem*: conflitos e aproximações entre analíticas, hermenêuticas, fenomenologias e metacríticas da linguagem. Brasília: UnB, 2003. p. 35).

[20] STRECK, Lenio Luiz. *Jurisdição constitucional e hermenêutica*: uma nova crítica do direito. 2.ed. Rio de Janeiro: Forense, 2004, p. 252.

[21] Recorrendo a Hilary Putnam, Ernildo Stein trata de dois níveis de racionalidade. A racionalidade II diz respeito ao discurso próprio das ciências, enquanto a racionalidade I é a base sobre a qual a II se desenvolve. Ela é "um *a priori* que a racionalidade discursiva sempre pressupõe, mas não necessariamente explícita" (STEIN, Ernildo. *Exercícios de fenomenologia*: limites de um paradigma. Ijuí: Unijuí, 2004. p. 158). Esse nível I, que está aquém da lógica formal, equivaleria à dimensão *transcendental*, mas, como Stein logo se apressa em dizer, não um transcendental que se amarra à subjetividade (aos moldes kantianos), mas sim um *transcendental não-clássico*, que indica um *standard* de racionalidade a partir da filosofia heideggeriana: a questão do ser ligada à compreensão do ser pelo *dasein*. Não se trata, assim, de considerar o nível I de racionalidade como um novo fundamento para o conhecimento. Mais apropriado seria designá-lo como um *fundamento sem fundo*. Esse ponto é bem explicado por Stein: "A novidade que constitui o '*standard* de racionalidade' da fenomenologia hermenêutica é que com ela se supera toda a questão extrínseca de fundamentação de um discurso e também qualquer veleidade de autofundamentação de qualquer discurso científico. Em todos eles dá-se uma pré-compreensão com que sempre operamos quando lidamos com os discursos do conhecimento especializado das ciências. Essa dimensão hermenêutica, porém, não permite uma fundamentação última, o estabelecimento definitivo de um sistema, pois a pré-compreensão participa apenas, como modo de ser do ser-aí, da condição humana de ser-no-mundo. Isso quer dizer que quando aí falamos em fundamento, falamos num fundamento sem fundo. Nada há exterior que dê legitimidade a essa dimensão transcendental e compreensiva pela qual a fenomenologia hermenêutica estabelece a racionalidade estruturante, processual e organizadora de qualquer discurso." (STEIN, *op. cit.*, p. 167) Assumir este *fundamento sem fundo* para o Direito "significa descobrir, no Direito, um discurso que subjaz, como dimensão

cartado pelos enfoques argumentativos), já que este constitui sinal de uma verdadeira transcendência:[22] a que parte da historicidade e temporalidade humanas. Já é tempo de se reconhecer isso. Durante muito tempo o pensamento jurídico procurou em vão essa autonomia metódica, não logrando encontrar uma abordagem satisfatória. Afirma-se aqui que o problema não é a errada escolha do método, mas a crença em que a solução seja encontrar um método, o qual traga em si o seu próprio fundamento. O fundamento estruturante, em verdade, nunca se coloca totalmente à disposição, como se fosse um ente, pois possui ele a natureza do ser (diferença ontológica). Antes que se possa explicitar um método como parâmetro de um processo hermenêutico, a compreensão já ocorreu. Assim, os procedimentos lógicos que são trazidos pela(s) teoria(s) da argumentação jurídica devem auxiliar no esclarecimento das condições de interpretação em uma dada situação interpretativa, como, para dar um exemplo, na delimitação da conduta específica de uma parte contratante como de boa-fé ou não. Tais condições não podem ser impostas por um método lógico, pois elas se antecipam a qualquer tentativa de empregá-lo conscientemente, logo o importante é que seja fornecido um instrumental discursivo que possa "explicitar as condições pelas quais ocorre o processo de *applicatio* jurídica *stricto sensu*",[23] lembrando que tal processo sempre envolve norma, intérprete e caso concreto.

Conclui-se que, embora o terceiro enfoque proposto por García Amado para a interpretação das normas jurídicas mereça os aplausos pela renúncia a uma instância objetivo-axiológica que legitime o resultado final do processo, merece, igualmente, a observação crítica de que, ao não explicitar o nível pré-compreensivo, acaba substituindo a objetividade dos valores pela objetividade das regras lógico-argumentativas.

---

hermenêutica profunda, ao processo lógico-discursivo do sistema jurídico. Em geral, verificaremos que o Direito carrega consigo uma espécie de *standard* de racionalidade ingênuo. Isso quer dizer que a dogmática jurídica tende a reproduzir, pelo positivismo, uma forma objetivadora, incapaz de produzir a diferença entre a racionalidade I e a racionalidade II, ou entre a racionalidade de caráter entificador quando busca a validação do discurso jurídico." (STEIN, *op. cit.*, p. 161).

[22] O *transcendental* significa a superação do nível empírico mediante um mergulho na própria estrutura cognitiva do homem, que possibilita toda experiência. Esse mergulho, porém, não deve levar a uma objetivação da experiência, mas sim à aceitação do modo de ser histórico e temporal do homem. "A fenomenologia hermenêutica aceita a impossibilidade de afirmações apodícticas no mundo da experiência e interpreta o ir para além dos limites da experiência como um explicitar o aquém da dimensão hermenêutica. Se percebermos as coisas assim, compreenderemos que o fundamento no Direito, ainda que represente procedimentos expostos em forma lógica discursiva, deve ser entendido como um modo de ser. (...) Todo o trabalho do Direito, uma vez que fomos atingidos pela fenomenologia hermenêutica, passa a ser realizado sob os cuidados de uma dupla interpretação. E quando fazemos Filosofia do Direito estamos basicamente chamando a atenção para a dimensão hermenêutica. Como ela nunca se dá separada do discurso apofântico, explicitador do Direito, todo o exercício deste como hermenêutica jurídica opera com a hermenêutica como pré-compreensão." (STEIN, *op.cit.*, p. 170). Ainda sobre a consideração do *transcendental*, v. CABRERA, *op. cit.*, 37.

[23] STRECK, *op. cit.*, p. 260.

Após a apresentação e breve desenvolvimento da classificação oferecida por García Amado, procurar-se-á, na seqüência deste artigo, evidenciar de que modo o parâmetro comumente aceito para a aplicação do princípio da boa-fé objetiva nas relações obrigacionais, o do *homem médio*, é refém do enfoque axiológico da interpretação das normas jurídicas, esclarecendo-se de que maneira é compreendido pela doutrina jurídica predominante. Antes disso, porém, com o fito de melhor esclarecer o princípio, cabe realizar-se uma síntese explanatória acerca de sua origem e sentido, para, ao final, ilustrar o modo como vem sendo aplicado pela jurisprudência (conforme inicialmente referido, com foco na pesquisa realizada sobre os julgados do TJRS e do STJ). Enfatize-se que, nos marcos destes breves apontamentos, defende-se uma mirada fenomenológico-hermenêutica para a aplicação do princípio da boa-fé objetiva nas relações obrigacionais, fazendo-se uso, especialmente, do que se chamou acima de *pré-compreensão jurídica complexa*.

3. O Princípio da Boa-fé Objetiva no contexto brasileiro: origens e características

A boa-fé objetiva, embora encontre alguma expressão desde os romanos,[24] só veio a adquirir os seus efetivos contornos, tais quais hoje são esboçados, a partir da codificação civil alemã. Tanto o Código Civil alemão (BGB) quanto o francês, porém, apresentavam sistemas cerrados de conceitos definidos *a priori*, de modo preciso, definitivo e concatenado. Enquanto em um, os nexos do direito eram definidos segundo a arbitrariedade do legislador, em outro, esses nexos eram encontrados nos fatos históricos.[25] Tanto um como outro, de qualquer modo, refletiram sobremaneira no Código Civil brasileiro, que estruturalmente adotou o modo alemão, dividindo-se em Parte Geral e Parte Especial.

No Brasil, ao final do século XIX, iniciou-se, com Teixeira de Freitas, o movimento codificatório, inaugurado pela Consolidação das Leis Civis por ele concebida (e que antecedeu em quatro décadas o BGB), em que foi projetada uma estrutura hierarquizada de conceitos, dotados de variados graus de generalidade, organizada em Parte Especial, formada pela repartição dos direitos pessoais e reais, e Parte Geral, anterior àquela, que lhe prestou de introdução. Nesse trabalho, ele faz transparecer sua intenção de unificar o Direito Civil e de ordenar as normas existentes segundo critérios

---

[24] Uma análise mais apurada das origens da boa-fé objetiva, realizada com base nas obras de Judith Martins-Costa e António Menezes Cordeiro integra uma versão maior deste artigo, a ser publicada.
[25] De certo modo, essa contraposição pode remeter à diferença, tratada na primeira parte do artigo, entre o enfoque voluntarista e o axiológico quanto à interpretação da norma jurídica.

estabelecidos "à vista das conexões imanentes dos institutos, à vida da 'unidade superior' que preside a 'sustância viva' do direito".[26]

Destaque-se que essa será a precípua contribuição de Teixeira de Freitas ao Código Civil de 1916, elaborado por Clóvis Beviláqua em 1899, qual seja, a adoção da idéia de sistema como unidade interna. De robusta inspiração oitocentista, ainda que aprovado em pleno século XX, esse Código Civil manifestou aquela conhecida pretensão de completude e precisão. O direito, a essa época, estava reduzido, como nunca, a um sistema de feição cerrada, cujas normas provinham apenas do Estado. Assim, firmou-se, no contexto brasileiro, a noção de que a interpretação das normas estaria encerrada no texto e que, ao intérprete, bastaria utilizar-se da dedução lógico-subsuntiva para obter o seu unívoco significado, *a priori* existente, transmitido pela vontade do legislador ou pela vontade da própria lei, o que constitui na instalação do tecnicismo jurídico.

No Código Civil de 1916, em razão de sua aspiração de plenitude (inclusive no rol de matérias tratadas), de segurança e de exatidão, as cláusulas gerais como a da boa-fé não encontraram abrigo, ficando esta restrita tão-somente às frugais hipóteses de ignorância escusável, relativamente ao Direito de Família, e à proteção da posse, a exemplo dos artigos 221 e 490.[27] A verdade é que a boa-fé tem sido adotada recentemente e, só com o Código de Defesa do Consumidor, de 1990, e o novo Código Civil, de 2002, em alguma medida, aplicada.

A boa-fé, pois, foi vista, inicialmente, em termos subjetivos, prestando-se à proteção conferida pelo ordenamento jurídico à confiança provocada entre as partes contratantes, principalmente àquela que crê lídimas as pretensões da outra.[28] Em termos objetivos, contudo, a boa-fé consiste no

---

[26] MARTINS-COSTA, Judith. *A Boa-fé no Direito Privado*: sistema e tópica no processo obrigacional. São Paulo: Revista dos Tribunais, 2000. p. 253. Neste ponto, a autora quer ressaltar a influência de Savigny e, na continuidade, aduz que o "método – termo tantas vezes utilizado na Introdução à Consolidação – está, pois, permeado pela noção de sistema interno, o sistema escalonadamente construído, com uma forma de rigor científico jamais alcançada pelos codificadores franceses, e que, entre os alemães, levaria ainda dezenas de anos para se corporificar no BGB".

[27] Prelecionava o artigo 221: "Embora anulável, ou mesmo nulo, se contraído de boa-fé por ambos os cônjuges, o casamento, em relação a estes como aos filhos, produz todos os efeitos civis até o dia da sentença anulatória". Parágrafo único: "Se um dos cônjuges estava de boa-fé, ao celebrar o casamento, os seus efeitos civis só a esse e aos filhos aproveitarão". O artigo 490, ao seu passo, dispunha: "É de boa-fé, se o possuidor ignora o vício, ou o obstáculo que lhe impede a aquisição da coisa, ou do direito possuído". Parágrafo único: "O possuidor com justo título tem por si a presunção da boa-fé, salvo prova em contrário, ou quando a lei expressamente não admite esta presunção".

[28] A preferência, entre vontade interna e vontade declarada, recairá sobre esta última, a ser conjugada com a aparência de vontade (Teoria da Confiança). Ambos os contratantes deverão responsabilizar-se pela confiança depositada reciprocamente. Instituem-se, para isso, conceitos e princípios mais práticos, receptivos ao caso concreto, que assumirão significação diante da situação particular – é a hipótese do princípio da boa-fé objetiva, novo paradigma para as relações obrigacionais de uma sociedade complexa como a contemporânea. Ressalte-se que, segundo a Teoria da Confiança, em princípio, a declaração seria válida, ainda que houvesse divergência ou mesmo ausência da vontade interna, com vistas a proteger a confiança suscitada – a exceção ocorreria para o caso de se conhecer a verdadeira vontade do declarante.

acatamento de certos deveres pelos quais as partes deverão guiar a sua conduta. A elas caberá agir conforme o avençado e, além disso, de acordo com deveres outros, positivos e negativos, que zelem pelo honrado cumprimento do dever principal.

O princípio da boa-fé objetiva enseja, dessa forma, significativos limites à autonomia privada, uma vez que, para mais da vontade declarada, a delimitar o dever principal, as partes estarão vinculadas a deveres objetivos, independentes de qualquer manifestação de ânimo ou consenso. Seu papel é compatível, assim, com a nova visão da relação obrigacional, agora reputada como um processo dinâmico (e não um vínculo estático), que redunda na obrigação de prestar e na obrigação de conduta, a ser adotada antes, durante e depois do estabelecimento do vínculo obrigacional. Não se protegerá com exclusividade o momento da criação do contrato, como outrora.

Ademais, desempenha o papel de baliza ao exercício das posições jurídicas, em prol de um certo equilíbrio entre as partes contratantes e a prestação acertada,[29] o que se faz especialmente necessário em vista da progressiva despersonalização dos contratos, em que a uma das partes, a mais fraca, cabe a simples aceitação de termos contratuais prefixados, como nos denominados contratos de adesão, em uma sociedade francamente de consumo. Se para a parte mais débil a autonomia da vontade era mera ficção, para a mais forte, consistia, em prerrogativa arbitrária, o que merece forte oposição pelo princípio da boa-fé objetiva.

Para que aquele equilíbrio se imponha, guiando-se pela nova percepção de contrato, mais social, têm-se como relevantes os efeitos da avença e a condição socioeconômica de cada uma das partes. O âmbito de auto-regulação dos contratantes é, então, restringido por normas imperativas impostas pelo Estado, como, por exemplo, as do Código de Defesa do Consumidor, como também pela atuação que se espera construtiva dos juízes. O contrato continuará sendo um ato de autonomia da vontade, a ser realizado, contudo, segundo as condições permitidas pelo ordenamento jurídico, porquanto somente a lei lhe dotará de eficácia jurídica.

É mister destacar que foi o Código de Defesa do Consumidor, anterior ao novel Código Civil, que primeiro positivou a boa-fé objetiva como linha interpretativa.[30] Conferiu ao intérprete amplas possibilidades de valoração dos elementos que compõem o caso e reconheceu, de forma concludente, a

---

[29] Silva Filho ressalta a adequada divisão concebida por Menezes Cordeiro, que vislumbra a boa-fé objetiva como regra de conduta, limite ao exercício de posições jurídicas e parâmetro apto a avaliar a alteração das circunstâncias. E grifa: "(...) esse último aspecto pode ser inserido na função de limite ao exercício de posições jurídicas, pois impede, diante da modificação superveniente das circunstâncias que cercam a execução do negócio, o exercício do direito da contraparte em ver o contrato firmado cumprido nos seus termos originais". (SILVA FILHO, *op. cit.*, p. 302-303).

[30] Artigos 4, III, e 51, IV.

existência dos deveres denominados laterais,[31] inerentes à conduta dos contratantes, tais como os deveres de proteção, de informação, de cooperação e de cuidado. São deveres laterais aqueles que defluem do comportamento dos contratantes e do complexo de circunstâncias que os envolvem. Dizem respeito a fatos que não visam, de maneira imediata, à consecução da prestação convencionada e cuja existência se explica em razão da complexidade da relação obrigacional, não adstrita, tão-só, aos deveres de prestação direcionados ao devedor. Por isso, a violação a um dever lateral pode motivar a resolução do contrato, por descumprimento contratual (é a chamada *violação positiva do contrato*).

Como exemplos de deveres laterais, acessórios ou anexos à conduta dos contratantes, tem-se o dever de proteger a integridade do patrimônio e da pessoa da contraparte, bem como a de seus próximos, evitando o cometimento de danos de qualquer espécie entre si; o dever de informar e de esclarecer sobre conjunturas que se relacionem ao vínculo obrigacional e sobre os efeitos do cumprimento do contrato; e de cooperação e de lealdade, adequando a sua conduta ao objetivo do contrato e às expectativas objetivas dele decorrentes. E, saliente-se, os deveres laterais, porque dotados de caráter objetivo, são providos de *ambivalência subjetiva*,[32] ou seja, competem tanto ao credor como ao devedor, indistintamente.

Recentemente positivada no Código Civil sob a forma de cláusula geral[33] (e, como tal, ao menos em tese, mais apta a lidar com as reveses concretas), a boa-fé objetiva figura soberana como preceito de conduta amplo e flexível, socialmente indicado e arranjado sobre padrões de correção, probidade e lhaneza, próprios do *bonus pater familias* ou do dito homem médio – entendido pela doutrina dominante como parâmetro comum e aceitável de atuação adotado pela média da sociedade. Frise-se, no entanto, que tal entendimento é passível de uma leitura crítica, como a que se está traçando no presente artigo, e que se aprofundará a seguir.

4. O parâmetro do homem médio e sua inadequação para o processo de interpretação / aplicação do Princípio da Boa-fé Objetiva

Ao analisar-se o discurso doutrinário e jurisprudencial sobre a aplicação do princípio da boa-fé objetiva, percebe-se a projeção do parâmetro objetivo do *homem médio*. Passando os olhos sobre grande parte da doutrina

---

[31] Assim chamados não por serem menos importantes que o dever de cumprir a prestação principal, mas porque surgem a partir dele, sem com ele, todavia, se confundirem.
[32] SILVA FILHO, *op. cit.*, p. 313.
[33] O artigo 422 do novo Código Civil preceitua: "Os contratantes são obrigados a guardar, assim na conclusão do contrato, como em sua execução, os princípios da probidade e da boa-fé". Para o conceito de cláusula geral e sua contextualização histórica, v. MARTINS-COSTA, *op. cit.*, p. 273-296.

jurídica brasileira (vertida em manuais e dicionários) quando trata de definir e desenvolver o que seria o homem médio,[34] verifica-se que tais definições apontam todas para uma mesma direção: a de identificar o chamado homem médio com um homem abstrato, cujo comportamento deve servir de modelo para todos os membros da sociedade.

Assim, do cotejo entre as várias definições, pode-se estabelecer uma relação de sinonímia entre algumas expressões levantadas.[35] Para aclarar o que se quer dizer, tome-se como exemplo três definições contidas em um dos dicionários jurídicos analisados. Ao conceituar a expressão *bonus pater familias*, Maria Helena Diniz identifica tal figura prototípica ao comportamento que uma pessoa média deve ter em suas relações sociais: "o '*bonus pater familias*' é o protótipo de cidadão médio, prudente, normal, atento, dotado de ordinária inteligência, hábil, empenhado e dedicado (...) paradigma de homem abstratamente diligente que cumpre seus deveres legais ou convencionais sem que se considerem sua cultura, aptidão, instrução".[36]

Da leitura de tal definição, infere-se que o homem médio seria aquela pessoa prudente, diligente, honesta, cumpridora de seus deveres de cidadão e que, atuando dessa forma, preencheria a expectativa social de um padrão de comportamento considerado normal, a exemplo do *bonus pater familias* romano. Ainda, a autora apresenta outros dois verbetes, quais sejam, "homem reto" definido como "homem honesto"[37] e "*homo medius*" definido como o "homem cujo comportamento é o normal na média dos membros da sociedade".[38] Ainda que o dicionário não faça remissões de um verbete para o outro, entre essas três noções existe uma similitude conceitual, nitidamente verificável de uma simples leitura comparativa a partir da definição de *bonus pater familias* realizada pela autora: os adjetivos *reto, honesto, normal* e *médio* podem ser inferidos da definição em questão.

No entanto, questiona-se se o homem reto seria o mesmo homem médio. Em outras palavras, o comportamento médio das pessoas na sociedade brasileira apontaria para um comportamento dotado de retidão, lealdade e

---

[34] Exemplificativamente, eis algumas das obras que integraram esta análise: *Manuais*: PEREIRA, Caio Mário da Silva. *Instituições de Direito Civil*. 19. ed. Rio de Janeiro: Forense, 2000; RODRIGUES, Sílvio. *Direito Civil*. 28. ed. São Paulo: Saraiva, 2000; GOMES, Orlando. *Contratos*. 20. ed. Rio de Janeiro: Forense, 2000. *Dicionários*: DINIZ, Maria Helena. *Dicionário jurídico*. São Paulo: Saraiva, 1998, 4 v.; SIDOU, J. M. Othon. *Dicionário jurídico*. 4. ed. Rio de Janeiro: Forense Universitária, 1996; MAGALHÃES, Humberto Piragibe, MALTA, Christóvão Piragibe Tostes. *Dicionário jurídico*. 8. ed. Rio de Janeiro: Destaque, 1997. *Sobre Direito das Obrigações*: COUTO E SILVA, Clóvis Veríssimo do. *Obrigação como processo*. São Paulo: Bushatsky, 1976; AGUIAR JÚNIOR, Ruy Rosado. *Extinção dos contratos por incumprimento do devedor*. Rio de Janeiro: Aíde, 1991; ALMEIDA COSTA, Mário Júlio de. *Direito das Obrigações*. 8. ed. Coimbra: Almedina, 2000.

[35] Tais termos e expressões serviram, inclusive, de critérios de busca para a pesquisa jurisprudencial que se realizou e cujos principais resultados se apresentam na seção seguinte deste artigo.

[36] DINIZ, Maria Helena. *Dicionário jurídico*. São Paulo: Saraiva, 1998. p. 432, v. I.

[37] DINIZ, *op. cit.*, p. 732, v. II.

[38] DINIZ, *op. cit.*, p. 735, v. II.

probidade? Observa-se aqui que a definição de um termo semanticamente vago por outro, igualmente vago, não se mostra útil para desenhar as limitações conceituais do padrão de comportamento aplicado às interpretações jurídicas, ou seja, um termo não esclarece o que o outro quer significar, caindo numa circularidade conceitual, vez que abstratamente considerados.

Neste ponto, é mister referir que a vagueza semântica é traço característico da linguagem em geral, podendo ser encontrada em termos ou expressões jurídicas em maior ou menor medida, conforme lembra Martins-Costa.[39] Os termos vagos *homem médio* ou *homem reto*, por exemplo, remetem a conceitos jurídicos indeterminados cujo contexto de operacionalização deve ser especificado, muito embora tal não seja suficiente para reduzir a vagueza semântica dos mesmos, já que necessitam de concretização quando da aplicação do direito. Enfatiza a autora que a vagueza não constitui um defeito lingüístico e não indica, pois, obscuridade;[40] ao contrário, a abertura semântica é característica das cláusulas gerais, técnica legislativa que propicia a abertura do sistema fechado ao remeter o juiz a "critérios aplicativos determináveis ou em outros espaços do sistema ou através de variáveis tipologias sociais, dos usos e costumes. Não se trata (...) de apelo à discricionariedade: as cláusulas gerais não contêm delegação de discricionariedade, pois remetem para valorações objetivamente válidas na ambiência social".[41]

Destarte, quer-se frisar o tratamento oferecido ao conceito indeterminado "homem médio" (e seus sinônimos) quando integrado à noção de boa-fé objetiva como cláusula geral, servindo-lhe de parâmetro na aferição da conduta contratual das partes. O recurso a um parâmetro objetivo de comportamento, ao modo de um *standard* jurídico, é tratado largamente em reconhecida literatura acerca do princípio da boa-fé[42] e, sendo constituído por um termo vago, estará aberto às mudanças de valorações sociais e semânticas, devendo o aplicador do direito averiguar quais concepções éticas em vigor, de modo a determiná-lo *in concreto*.

---

[39] MARTINS-COSTA, *op. cit.*, p. 306-315.
[40] MARTINS-COSTA, *op. cit.*, p. 311.
[41] MARTINS-COSTA, *op. cit.*, p. 299 (baseado em ENGISCH, Karl. *Introdução ao pensamento jurídico*. 3. ed. Lisboa: Fundação Calouste Gulbenkian, 1988. p. 192).
[42] Define Cláudia Lima Marques: "Inicialmente é necessário afirmar que a boa-fé objetiva é um *standard*, um parâmetro objetivo, geral, que não está a depender da má-fé subjetiva do fornecedor A ou B, mas de um patamar geral de atuação, do homem médio, do bom pai de família que agiria de maneira normal e razoável naquela situação analisada." (MARQUES, Cláudia Lima. *Contratos no Código de Defesa do Consumidor*: o novo regime das relações contratuais. 3. ed. São Paulo: Revista dos Tribunais, 1999, p.106). Nesse sentido, ao diferenciar a boa-fé subjetiva da objetiva, postula MARTINS-COSTA: "Já por 'boa-fé objetiva' se quer significar (...) modelo de conduta social, arquétipo ou *'standard'* jurídico, segundo o qual 'cada pessoa deve ajustar a própria conduta a esse arquétipo, obrando como obraria um homem reto: com honestidade, lealdade, probidade'" (MARTINS-COSTA, *op. cit.*, p. 411).

Importante recordar que a idéia de concreção na práxis jurídica remonta à segunda metade do século XX, quando da passagem de uma *jurisprudência dos interesses* a uma *jurisprudência dos valores*, o que ocorreu, sobremaneira, na doutrina e no labor dos tribunais alemães, gerando, paulatinamente, uma desvalorização da abstração positivista presente em correntes jurídicas anteriores em prol de uma focalização nas circunstâncias objetivas dos casos concretos, conforme refere Karl Larenz,[43] importante expoente da escola da *jurisprudência dos valores*. É nesse contexto histórico que surge a idéia de que o direito pode ser preenchido com a realidade fora da lei, ou seja, de que a letra da lei se refere à realidade social, dela não podendo desvincular-se, sendo esta realidade concebida objetivamente.

A despeito de tal entendimento, a noção de objetividade social apreensível, na qual estão fincadas as raízes do tratamento oferecido pela doutrina às cláusulas gerais, não resiste aos pressupostos hermenêuticos que se projetam sobre a ciência do Direito hodiernamente, conforme já delineado nas seções iniciais deste artigo.

Nesse sentido, a adoção de um parâmetro abstrato na aplicação da boa-fé objetiva (e o termo "objetiva" deve ser interpretado à luz dos pressupostos das teorias que lhe deram origem), baseado no modelo idealizado de conduta do *bonus pater familias*, como já se abordou, confere ao operador do direito, especialmente ao juiz, o que Paulo Nalin chamou *aplicação subjetiva da boa-fé objetiva*.[44] Essa denominação parece bastante interessante na medida em que a boa-fé, que pretende ser aplicada objetivamente, é concretizada pelo intérprete por meio de um parâmetro subjetivo e abstrato. Reclama o autor a concretização do parâmetro do homem médio com bases mais acordes com a realidade social brasileira, advertindo que não se pode simplesmente transpor de forma automática o padrão do homem mediano no tráfico jurídico desenvolvido pela jurisprudência alemã.[45]

Desenvolve o autor uma crítica contumaz acerca da aplicação subjetiva da boa-fé objetiva, apontando a inadequação da escolha de um *standard* abstrato e de origem européia, o que se mostra artificial diante da realidade brasileira ou latino-americana, cabendo ao juiz, com base na sua subjetividade, desenhar o perfil de um homem médio a partir do modelo-paradigmá-

---

[43] LARENZ, Karl. *Metodología de la ciencia del derecho*. Barcelona: Ariel, 1994. p. 141-151.

[44] NALIN, Paulo. *Do contrato – conceito pós-moderno*: em busca de sua formulação na perspectiva civil-constitucional. Curitiba: Juruá, 2001. p. 130.

[45] Nesse sentido, esclarece Menezes Cordeiro que a noção de padrões jurídicos como o do homem médio foi inserido no pensamento jurídico por meio da literatura anglo-saxônica, sendo que na Alemanha recebeu especial atenção. Assinala o autor que "na comunicação do padrão jurídico não existe uma situação de independência face ao intérprete-aplicador: o pré-entendimento gadameriano assume, aqui, um relevo particular, uma vez que, na formação do padrão jurídico, a operar, à míngua de elementos codificados e codificáveis, aquando da decisão, jogam, com força especial, as pré-representações da actuação normal, no campo considerado." (MENEZES CORDEIRO, António Manuel da Rocha e. *Da boa fé no direito civil*. Coimbra: Almedina, 1997, p. 1187-1188)

tico indicado pelo *standard*. A propósito, afirma Silva Filho[46] que, de um modo geral, o "homem médio" europeu é muito diferente do latino-americano. Em boa parte dos casos, o padrão de conduta aferido concretamente encontra o avaliado e o avaliador na mesma faixa econômica e social, muito diferente do que ocorre no contexto periférico latino-americano. Logo, pressupondo-se que seja possível encontrar este padrão (o que, em termos objetivos, afirma-se aqui incisivamente que não o seja), certamente seria necessário, por parte dos juristas responsáveis pela sua construção doutrinária e jurisprudencial, que imergissem, verdadeiramente, no contexto da média da população e dos segmentos nos quais ela se distribui. Há a necessidade de se lidar com o impressionante déficit educacional e econômico que flagela o perfil do brasileiro, assim como de desenvolver uma cultura jurídica no sentido de renovar os vetustos paradigmas predominantes, em especial, com relação aos magistrados, vez que a eles é destinada a operacionalização mais direta das cláusulas gerais.

Ademais, é importante ressaltar que qualquer parâmetro que se adote para a interpretação de normas jurídicas deve ser construído historicamente, tendo em vista as peculiaridades do caso e das pessoas concretas nele envolvidas; não ao revés, estabelecendo-se aprioristicamente um padrão de conduta geral e abstrato a todos os casos que se apresentem, sob pena de que as cláusulas gerais não cumpram a sua função oxigenadora do sistema codificado, conforme alerta Nalin ao reforçar a necessidade de preparar os juízes para adequadamente lidarem com as cláusulas gerais, especificamente, neste caso, com a boa-fé objetiva. Na falta de uma atualizada orientação, essa nova técnica legislativa poderá ser ignorada pelos tribunais brasileiros, uma vez permanecendo aferrados a concepções dogmáticas juspositivistas e mantendo o indesejável hiato entre direito civil e direito constitucional.[47]

Importante referir que a aplicação irrefletida de um parâmetro genérico e abstrato – o do homem médio – faz parte de um conjunto de crenças e princípios que se impõem como um conjunto de verdades dogmáticas e que sustenta a ação dos juristas, ao que Warat denominou *senso comum teórico dos* juristas.[48] Assim, conforme se averiguou na pesquisa jurispru-

---

[46] SILVA FILHO, *op. cit.*, p. 371.

[47] Assevera o autor: "A falta de uma melhor orientação pode colocar por terra todo o potencial renovador, trazido pelo princípio enfocado, que nas mãos de um juiz arraigado na cultura positivista ainda reinante no Brasil nada significará, perpetuando o positivismo dogmático e a aplicação não constitucionalizada do Direito Civil". (...) "A eleição de um *standard* de conduta, de indiscutível origem germânica, modelo eleito pela doutrina brasileira para se abordar a boa-fé objetiva, necessita passar por emergencial adaptação aos trópicos e ao subdesenvolvimento sul-americano, sob pena de esta fabulosa construção dos tempos atuais cair no descaso perante os tribunais pátrios". (NALIN, *op. cit.*, p. 131-132).

[48] WARAT, Luis Alberto. *Introdução geral ao direito I – Interpretação da lei*: temas para uma reformulação. Porto Alegre: Sergio Antonio Fabris, 1994, p. 13-15. Sobre o pensamento dogmático que povoa o imaginário e o discurso dos juristas, determinando a sua prática sob a forma de um *habitus*, ver também o capítulo V, item 5.7, de STRECK, *op. cit.*, p. 246.

dencial, as reiteradas decisões repetem os conceitos vagos criados pela doutrina, não contextualizando minimamente o seu uso e formando um circuito de aplicações subjetivas e cristalizadas, vez que nenhum questionamento à inadequação de tal parâmetro foi verificada nem na doutrina mais tradicional no âmbito do direito contratual, nem nos acórdãos analisados.[49]

Por fim, é mister repisar que a noção de homem médio só se revestiria de importância, para o ângulo aqui assumido, se construída a partir do homem concreto que se considera no caso, bem como a norma somente terá sentido a partir da realidade social para a qual se volta. Afastar as características do homem específico que integra o caso concreto, sua situação cultural, temporal e histórica, em nome de uma standardização prévia e objetiva, seguramente desviarão a boa-fé objetiva de sua função criativa e renovadora dentro do ordenamento jurídico brasileiro.

5. Resultados da pesquisa jurisprudencial[50]

A pesquisa jurisprudencial contemplou a análise de um total de 275 acórdãos, dentre os quais 238 do Tribunal de Justiça do Rio Grande do Sul (TJRS), no período compreendido entre os anos 2002 e 2003, e 37 do Superior Tribunal de Justiça (STJ), no período entre 1990 e 2003.[51] Utilizaram-se, para tanto, quatro critérios de busca a partir dos *sites* eletrônicos de ambos os tribunais, critérios esses determinados, em grande medida, pela pesquisa doutrinária previamente realizada: buscou-se pelos termos *boa-fé objetiva*, *homem médio*, *homem comum* e *homo medius*. Estes três últimos termos, aliás, apresentados em uma relação de sinonímia tanto pelos dicionários jurídicos quanto pelos manuais consultados, conforme já referido alhures.

---

[49] Em contrapartida, verificou-se que, no âmbito do Direito Penal, há forte crítica à inadequação do uso do parâmetro abstrato para a interpretação das normas penais, o que se pôde verificar no estudo jurisprudencial. Já no âmbito do direito contratual, não se averiguou, de um modo geral, semelhante entendimento, nem nos manuais de direito, nem nos acórdãos, conforme acabou-se de aludir.

[50] Dada a limitação do espaço reservado à publicação deste artigo, não foi possível a transcrição de trechos elucidativos das decisões pesquisadas, estando as mesmas inseridas em versão integral a ser oportunamente publicada.

[51] Ressalte-se que abundam os acórdãos no TJRS que utilizam como fundamentação o princípio da boa-fé objetiva, fato que levou a delimitar a busca, em termos temporais, em um ano (janeiro de 2002 a dezembro de 2003). Já com relação ao STJ, pode-se afirmar que o período compreendio entre os anos de 1990 e 2003 foi exclusivamente determinado pelos resultados da busca em si, ou seja, são pouquíssimos os acórdãos que apresentam as expressões *boa-fé objetiva*, *homem médio*, *homem comum* ou *homo medius* no corpo de seus textos, tendo sido a totalidade deles considerada nesta pesquisa (total de 20 em um período de 13 anos). Ademais, é importante frisar que todos os acórdãos que trataram do princípio da boa-fé objetiva em suas fundamentações não consideraram nenhum parâmetro para medir a sua violação, nem mesmo o do homem médio. Em outras palavras, o princípio é utilizado sem parâmetro algum. Embora não de forma absoluta, esse aspecto também foi observado no TJRS, cuja maioria dos acórdãos vale-se do princípio da boa-fé objetiva desacoplado de qualquer parâmetro de aferição da conduta das partes. E aqui já se adianta uma das principais conclusões da presente pesquisa: o uso irracional do princípio da boa-fé objetiva nos tribunais investigados, já que ausente qualquer tipo de parâmetro que justifique ou embase o seu uso.

Após a seleção dos acórdãos, passou-se à análise qualitativa dos mesmos. Primeiramente, averiguou-se em que tipo de relação jurídica aplicava-se o princípio da boa-fé objetiva e/ou o parâmetro do homem médio.[52] Por um lado, foram selecionados os acórdãos que tratavam de relações obrigacionais e, por outro, de relações jurídicas de outra natureza, como, por exemplo, acórdãos cujo objeto principal eram relações jurídicas de direito processual ou, ainda, de direito penal. A próxima etapa consistiu na análise mais aprofundada dos acórdãos que tratavam tão-somente das relações jurídicas de natureza obrigacional, o que resultou na separação de outros dois grandes grupos: relações obrigacionais contratuais – objeto desta pesquisa e sobre cujos acórdãos efetivamente se trabalhou, um total de 223 – e relações obrigacionais não-contratuais, ou seja, que ensejavam responsabilidade civil.[53] Reforce-se, neste ponto, que o princípio da boa-fé objetiva, bem como o parâmetro do homem médio, possuem larga difusão nos diferentes âmbitos do direito, servindo como fundamento a diversas situações jurídicas, dentro ou fora da seara do direito contratual, no qual, porém, atua de forma mais expressiva.

Quando da análise específica dos acórdãos referentes às relações obrigacionais contratuais, percebeu-se que a aplicação do princípio da boa-fé objetiva manifestava-se de três formas diferentes: ora encontrava-se ancorada no parâmetro do homem médio, ora apresentava-se sem menção a qualquer parâmetro que justificasse sua aplicação e, ainda, uma terceira situação foi identificada, na qual a aplicação do princípio se justificava por meio de uma referência implícita ao parâmetro do homem médio, deduzido das palavras do acórdão. Assim, separaram-se três grupos nos quais a aplicação do princípio da boa-fé objetiva se manifestou: 1) com o parâmetro do homem médio explícito; 2) com o parâmetro do homem médio implícito; 3) sem a utilização de qualquer parâmetro.

No primeiro grupo, contrariando as hipóteses iniciais (ou seja, a de que a aplicação do princípio incorporava o parâmetro do homem médio), encontraram-se tão-somente 19 acórdãos (de um total de 223) nos quais o princípio da boa-fé objetiva apareceu justificado pelo parâmetro objetivo do homem médio, ou seja, a minoria de acórdãos valeu-se do parâmetro

---

[52] Importante esclarecer que, para fins de organização, num primeiro momento, separaram-se os acórdãos em dois grandes grupos, a partir dos critérios de busca: um grupo formado pelos acórdãos resultantes da busca pela expressão *boa-fé objetiva* e o outro formado pelos acórdãos resultantes da busca pelos demais termos, a saber, *homem médio*, *homem comum* e *homo medius*. Num segundo momento, realizou-se um cruzamento entre esses dois grupos.

[53] Foram encontrados um total de 17 acórdãos (do total de acórdãos analisados, em ambos os Tribunais) que se valeram do princípio da boa-fé objetiva e/ou do parâmetro do homem médio nas questões envolvendo responsabilidade civil. Nesse conjunto de acórdãos, identificou-se a presença do princípio e do parâmetro tanto em casos de responsabilidade civil envolvendo uma relação contratual, quanto outras que envolviam situações pré-contratuais (culpa *in contrahendo*) ou mesmo extracontratuais (acidente de trânsito, por exemplo).

para justificar a aplicação do princípio. Nestes, aliás, encontram-se referências a estudos jurídicos mais atualizados sobre o tema da boa-fé no direito civil brasileiro, inclusive desenvolvendo uma definição de homem médio mais completa, tudo numa tentativa de apresentar os fundamentos por meio dos quais a aplicação do princípio deveria se justificar. No entanto, verificou-se que o entendimento do que venha a ser a boa-fé objetiva, bem como do que envolve a aplicação de um parâmetro objetivo (neste caso, o do homem médio), ainda se dá de forma confusa, ou seja, não há um entendimento claro do que é agir de acordo com os ditames da boa-fé objetiva, nem tampouco do que significa, no caso concreto, agir conforme agiria um homem médio.

Foi possível perceber, antes de mais nada, uma confusão entre os conceitos de boa-fé objetiva e boa-fé subjetiva (esta muito mais familiar ao direito em geral, não só no Brasil), observando-se, igualmente, em alguns casos, o atrelamento da noção de homem médio ao comportamento do *bonus pater familias*, ou seja, uma referência ainda mais abstrata e distante do caso concreto que a própria noção de homem médio: a primeira, associada ao homem romano, ideal, probo e honesto; a segunda, ao homem comum, com suas falhas e defeitos, sendo a média dos homens reais da sociedade. Ainda que ambas as noções se mostrem inadequadas para aferir o comportamento contratual das partes, a primeira se afasta ainda mais do que o princípio da boa-fé objetiva evoca por meio do padrão do homem médio, com a ressalva de que ambas as noções encontram-se fortemente amparadas pela doutrina predominante no mundo jurídico.

Quanto ao segundo grupo aludido supra, composto pelos acórdãos que apresentaram a aplicação do princípio da boa-fé objetiva com menção implícita ao parâmetro do homem médio, é preciso explicar que tal categoria foi concebida a partir da associação direta que se pôde estabelecer entre as palavras do texto do acórdão e as definições que já haviam sido levantadas no estudo inicial (manuais, dicionários jurídicos, etc.), ou seja, estas coincidiram com aquelas. Assim, o texto propiciou a inferência do parâmetro a partir do que conceitualmente os dicionários e manuais definem como sendo o homem médio sem, contudo, utilizar verbalmente o termo.

Por fim, a grande maioria dos acórdãos analisados apresentou o princípio da boa-fé objetiva sem a utilização de qualquer parâmetro para justificar o seu uso. Chama a atenção aqui o elevado número de acórdãos que se valeu do princípio sem nenhuma forma de parâmetro para justificar a sua aplicação naquele caso concreto (147 de um total de 223, ou seja, mais de 50% do total de acórdãos analisados). No caso dos supramencionados acórdãos, ocorreu de o princípio ter sido apenas citado (em meio a outros argumentos desenvolvidos na decisão), sem qualquer tipo de fundamentação jurídica e, como já foi dito, sem qualquer parâmetro, contentando-se o julgador em referir algo como "violação do princípio da boa-fé objetiva", nada mais. Grande parte dos acórdãos apresentou essa sorte de explicação abreviada.

6. Considerações finais

As principais conclusões a que se chega na pesquisa jurisprudencial desenvolvida derivam, antes de mais nada, da análise conjunta dos três grupos supramencionados, a qual indica que a aplicação do princípio da boa-fé objetiva tem carecido de racionalidade, pois, em sua grande maioria, os acórdãos sequer mencionam um parâmetro que fundamente a sua aplicação. Quando existe algum parâmetro, este é o do homem médio (na sua forma explícita ou implícita): parâmetro abstrato e inadequado para aferir a violação do princípio da boa-fé objetiva, uma vez que é aplicado de forma irrefletida e padronizada, não atendendo, por conseguinte, às peculiaridades do caso concreto e divorciando-se, destarte, de uma mirada fenomenológico-hermenêutica do Direito, aqui defendida e apontada.

Sugere-se, desta feita, que, ao invés de se direcionar esforços rumo à construção do que se entende ser o homem médio nas relações obrigacionais, e assim obter parâmetros para a aplicação do princípio da boa-fé objetiva nesta esfera, haja esforços no sentido de que, em toda avaliação jurídica de tais situações, seja evidenciada e desenvolvida a *pré-compreensão jurídica complexa* quanto ao que seja agir de boa-fé, evitando os *standards* objetificantes (tais como o do homem médio) e valorizando o caso concreto. Acredita-se que a exposição constante desta dimensão prévia não só propiciará uma verdadeira interpretação, como também garantirá a construção de parâmetros racionais e compartilhados pela comunidade jurídica, sem que isso represente a renúncia à compreensão do Direito como um fenômeno inerente ao mundo da vida, dimensão na qual a morte e o nascimento dos entes não se deixa anular pela imobilização metafísica.

— V —
Dos três modos de pensar a tributação ou repensar o raciocínio jurídico-tributário

PAULO CALIENDO[1]

Resumo: O presente trabalho pretende debater os três modos de pensar o pensamento jurídico: o pensamento conceitual; normativo e sistemático. Ressalta-se, especialmente, a importância do conceito de justiça fiscal para a compreensão do discurso jurídico-tributário.

Abstract: This article aims analises three diffferent approachs on juridical thought: conceptual, normative and sistematic.We indicate specially importance of fiscal justice for.

Sumário: Introdução. 1. Pressupostos metodológicos; 1.1. Da passagem da compreensão de conceitos à compreensão da coerência do discurso jurídico; 1.2. Da passagem da compreensão do fato gerador à compreensão da regra-matriz de incidência tributária; 1.3. Da teoria do sistema jurídico; 1.2.1. Da compreensão do fato gerador; 1.2.2. Da compreensão da norma tributária; 1.2.3. Da compreensão da regra matriz de incidência tributária; 1.2.4. Novas tendências; 1.2.5. Para uma teoria do sistema jurídico tributário; 1.2.6. Da noção de sistema jurídico; 1.2.7. Da idéia de Constituição para o Direito Tributário; 2. Da teoria da imposição; 2.1. Dos fundamentos do poder de tributar; 2.1.1. Da noção de esfera pública; 2.1.2. Dos fundamentos do poder de tributar; 2.1.3. Da justiça fiscal como justificação ao poder de tributar. Conclusões.

Introdução

O presente trabalho encontra os seus fundamentos na necessária justificação da tributação em um Estado Democrático de Direito. A existência de fundamentos legítimos, justificáveis e aceitáveis para as normas tributárias é postulado basilar na relação entre cidadão, Estado e sociedade. Sem

---

[1] *Paulo A. Caliendo V. da Silveira* é graduado em Direito pela UFRGS, Mestre em Direito dos Negócios e da Integração também pela Faculdade de Direito da UFRGS. É Doutor em Direito Tributário junto à PUC/SP, tendo como tema de Tese de Doutorado o estudo dos "Estabelecimentos Permanentes em Direito Internacional Tributário". Professor do Mestrado da PUC/RS e da Unisinos, na Disciplina de Direito Tributário, e de diversos cursos de Pós-Graduação no país. Realizou Estágio de Doutoramento junto ao Prof. Moris Lehner, da Universidade de Munique (*Ludwig-Maximilians Univesität*) no Instituto de Pesquisas em Direito Europeu e Internacional Tributário (*Forschunsstelle für Europäisches und Internationales Steuerrecht*). É autor de diversos artigos e do livro "Defesa da concorrência no Mercosul", LTr, 1998.

esses fundamentos, tornam-se questionáveis as razões do dever de pagar tributos. Afinal, por que devemos pagar tributos? De onde deriva o dever fundamental de pagar impostos? Quais os fundamentos do poder de tributar e das suas limitações? A ausência de respostas a estes questionamentos somente podem expor a fratura entre a legitimidade de um sistema tributário e a sua "legalidade". O problema central tratado no presente artigo será, portanto, da impossibilidade de estudo do direito tributário sem referência ao problema da justiça fiscal. Como decorrência desse problema, encontraremos as seguintes questões a serem trabalhadas: i) deve a questão da justiça fiscal ocupar um lugar central no estudo do Direito Tributário? e ii) qual a sua natureza, alcance e sentido?

Com o intuito de nos aproximarmos do tratamento dessas questões, o presente trabalho tem por objetivo analisar as seguintes hipóteses: i) da necessária passagem dos estudos sobre teoria da imposição (competência tributária e limitações e ao poder de tributar) para a teoria da justiça fiscal (dever fundamental de pagar tributos e direito fundamental de auto-organizar negócios privados); ii) da passagem dos estudos sobre conceitos e normas jurídico-tributárias para o estudo do discurso jurídico-tributário; iii) da passagem dos estudos sobre a validade da norma tributária para os estudos sobre a coerência, consistência e conformidade do discurso jurídico-tributário e iv) da justiça fiscal como unidade de suporte do discurso jurídico-tributário (exigência de coerência material no discurso jurídico-tributário).

1. Pressupostos metodológicos

O presente artigo apresenta alguns pressupostos metodológicos que fundamentam a sua análise. Estes indicam o instrumental teórico utilizado na resolução do problema central: da importância dos estudos sobre a justiça fiscal para a teoria do direito tributário.

1.1. Da passagem da compreensão de conceitos à compreensão da coerência do discurso jurídico

Pode-se afirmar de modo bastante simplificado que o desenvolvimento do pensamento jurídico engloba uma sucessão de momentos na tentativa de compreensão do fenômeno jurídico. De modo tipológico, pode-se afirmar que estes períodos dividem-se em relação ao tema principal tratado e a sua principal contribuição para o pensamento jurídico; assim, podemos afirmar existirem os seguintes momentos de compreensão: pensamento *i) conceitual*; *ii) normativo* e *iii) sistemático*.[2]

---

[2] Alerta-se ao fato de que a tentativa de classificação e sistematização é sempre uma busca de redução de complexidades, ou seja, uma tentativa redutora de complexidades. Seu resultado simplificado ao mesmo tempo que permite a criação de mapas conceituais e compreensões, peca pela simplificação e

O primeiro momento tenta estabelecer, como elemento central na compreensão do fenômeno jurídico, a noção de *conceito jurídico* e de suas espécies principais. Este momento tem como principais representantes os juristas da Pandectística. Para esses autores, os conceitos jurídicos são unidades fundamentais para a correção do direito, isto é, para uma correta aplicação lógica, conduzindo necessariamente a uma decisão também correta (justa). Havia uma convicção decorrente do idealismo formal de que a *correção formal* (lógica) implica necessariamente a sua *correção material* (ética).[3]

Um momento revolucionário no pensamento jurídico encontra se na tese renomada de Hans Kelsen, sobre o direito como sendo um sistema de normas jurídicas. Para Kelsen o caráter de jurídico de uma norma decorre de sua pertinência ao sistema de normas jurídicas.[4] Assim, a validade é característica de uma norma pertencer ou não ao sistema jurídico. O sistema recebe assim o seu fechamento. Trata-se de um critério de identificação interno.[5] Todas as normas cuja validade possam ser deduzidas de uma mesma norma fundamental formam um sistema.

Dessa forma, para Kelsen, o direito possui somente elementos de *coerência formal*, no sentido em que não existem elementos materiais próprios à norma jurídica, esta pode ser preenchida com os mais diversos valores sem comprometer a sua existência como fenômeno jurídico. A correção formal (validade de uma norma) não implica a sua correção material, visto que devemos suspender o juízo sobre este tema. O problema da justiça é um tema pré-jurídico.

O *pensamento sistemático* envolve movimentos distintos e difusos. Sua principal característica está principalmente na crítica aos momentos anteriores e na busca de um novo paradigma, que em determinados autores

---

por induzir a alguns resultados insatisfatórios. Sua ação em muito lembra o famoso mito do leito de Procusto. Conscientes desse fato, adotamos um modo de *descrição tipificante*, ou seja, pela adoção de tipos ideais no pensamento jurídico (conceptual, normativo e sistemático) que possibilitam enxergar as linhas gerais de um mapa conceitual, mas não são justas, talvez, na demarcação precisa de autores e idéias.

[3] Cf. Wiecker, Franz. História do Direito Privado Moderno. Lisboa, Calouste Gulbenkian, 1980(?), p. 494. Segundo o autor: "o ponto de partida deste método é a convicção, baseada no ideal científico do idealismo formal, de que a justeza lógica, do ponto de vista conceitual e sistemático de uma frase, fundamenta também a sua correção material".

[4] Uma das grandes novidades apresentadas pelas obras de Kelsen está neste direcionamento a uma "teoria do ordenamento jurídico", ao entender o direito como um sistema de normas. Nesse sentido, entende Norberto Bobbio que: "Confróntese la teoría de Kelsen con una de las obras más importantes de la teoría general del Derecho que la precedió: Subjektives Recht und juristische Norm (Derecho subjetivo y norma jurídica, 1878) de Augusto Thon. *Lo que falta totalmente en la obra de Thon*, al lado de muchos sutiles análises de algunas partes del sistema jurídico, *es la idea del ordenamiento jurídico como sistema*", (grifos nossos), ver *in* Bobbio, (1980, p. 251).

[5] Iremos utilizar aqui a terminologia desenvolvida por Joseph Raz. Para o autor, o critério de identidade responde a seguinte questão: "que leis formam um dado sistema?" ("*which laws form a given system?*"), Raz, Joseph. The concept of legal system. Oxford: Claredon, 1978, p. 1.

se encontra na busca por uma análise mais completa do fenômeno jurídico. Nesse momento para o Direito procurar-se superar o *conceito* (expressão da relação *essência-representação*) e *norma* (expressão pura de forma) pela idéia de *discurso jurídico*, como unidade básica de compreensão do fenômeno do jurídico. Supera-se a idéia de encadeamento conceptual ou de pirâmide normativa pela noção de *argumentação jurídica*, como contexto de realização do discurso jurídico. Será no âmbito de argumentação jurídica, e não no encadeamento de conceitos ou normas que iremos encontrar os critérios de correção e crítica das proposições jurídicas.

São exemplos de temáticas próprias às preocupações desse modelo: estudos sobre os *princípios* e *regras* (Dworkin e Hart); da *argumentação* (Perelman, MacCormick, Toulmin e Alexy); e, da *coerência* do discurso jurídico (Dworkin, Raz, Jaap Hage e Pecznik).

As insuficiências do pensamento normativista, especialmente em Kelsen, exigiram a adoção de soluções inovadoras. Duas ordens de respostas serão encontradas, especialmente, na afirmação dos princípios (Ronald Dworkin) e regras (H. L. Hart). Para Dworkin, os casos difíceis (*hard cases*) demonstram a impropriedade do modelo positivista, visto que no modelo normativista de Kelsen, quando da impossibilidade da simples subsunção normativa, estaria o julgador livre para preencher a norma discricionariamente com os seus valores.

Para Dworkin, a decisão judicial deve estar lastreada em conteúdo moral encontrável no ordenamento. Assim, o julgador não se encontra totalmente livre na atividade interpretativa, dado que, sendo uma autoridade pública, é responsável politicamente por seus julgamentos.[6] Dessa forma, para Dworkin o critério de correção formal é insuficiente e, tampouco, conduz automaticamente à correção material, sendo necessária a sua verificação no caso concreto.

Herbert Hart, por sua vez, irá indicar a presença de um enfoque pragmático do fenômeno jurídico, ao analisar especialmente o papel do julgador e dos usos institucionais da linguagem jurídica. As normas serão analisadas em seus aspectos internos (guia de conduta) e externo (práticas).[7] Desse modo, o reconhecimento do jurídico ocorre a partir da integração de regras primárias e secundárias, sendo que estas últimas estabelecem critérios para identificação, modificação e criação de normas. Para Hart, a correção formal assume contornos institucionais, correlativa a uma determinada prática. No

---

[6] Cf. Dworkin, Ronald. Laws Empire. Osford: Claredon, 1988. Coutinho, Kalyani Rubens Muniz. A proposta de Ronald Dworkin na interpretação judicial dos *hard cases*. http://www.avocato.com.br/doutrina/ed0006.2003.lcn0001.htm. Acessado em 26.03.2004.

[7] Cf. Hart, Herbert. The concept of law. Oxford: Oxford University, 1994. Bastos, Aurélio Wander. O Conceito de Direito e as Teorias Jurídicas da Modernidade. Disponível em http://www.estacio.br/graduacao/direito/revista/revista1/artigo2.htm. Acessado em 26.03.2004.

interior dessa prática será possível encontrar um critério de correção material (mínimo ético).

As *teorias da argumentação* irão apresentar o problema de modo instigantemente novo. São representantes de giro argumentativo: Perelman, MacCormick, Toulmin e Alexy. Esses autores possuem em comum a passagem da análise centrada no fenômeno normativo para a verificação do problema da argumentação jurídica. As insuficiências da análise normativa decorrem de sua incapacidade em entender o discurso jurídico. A partir desses estudos, pode-se verificar que a correção na aplicação do direito deve ser analisada com o auxílio dos conceitos de consistência e coerência.

Dado o horizonte estabelecido de pesquisa sobre o discurso jurídico e de suas formas de integração formal e material, foram aprofundados os estudos sobre a coerência do discurso jurídico. São autores relevantes sobre o assunto Ronald Dworkin, Joseph Raz, Jaap Hage e Pecznik. Estes tentam estabelecer natureza, sentido e alcance da coerência no discurso jurídico.

Será partindo dessas premissas que iremos entender que a atualidade do estudo do direito tributário está na verificação dos critérios de coerência e consistência do discurso jurídico; contudo, iremos tratar inicialmente dos principais momentos do pensamento em direito tributário.

1.2. Da passagem da compreensão do fato gerador à compreensão da regra-matriz de incidência tributária

Os estudos sobre Direito Tributário seguiram de modo geral os desenvolvimentos da teoria do direito, passando em geral pelos seguintes momentos: i) compreensão do fato gerador; ii) da norma jurídica e iii) da regra-matriz de incidência tributária.

1.2.1. Da compreensão do fato gerador

As primeiras tentativas de entendimento da especificidade do fenômeno jurídico-tributário estão nas tentativas de *Gaston Jèze*[8] e *A.D. Giannini*.

A principal contribuição de Giannini está em procurar encontrar a especificidade dos conceitos tributários (espécies de tributos) conforme a natureza dos fatos a que se relacionam. Surge então a distinção entre tributos vinculados e tributos não-vinculados a uma atuação do Estado.[9] Tal posição foi um importante elemento na afirmação da distinção entre o direito tributário e o direito financeiro. Os principais seguidores dessa idéia

---

[8] A propagação da noção de *fato gerador*, como elemento nuclear aos estudos de Direito tributário, tem sua gênese no estudo de Gaston Jèze publicado no Brasil em 1945.

[9] Cf. Giannini, A. D. *Istituzioni di Diritto Tributario*. 8ª ed., Milano: Giuffrè, 1960, p. 35 e ss.

foram Dino Jarach, Rubens Gomes de Sousa, Aliomar Baleeiro, Amílcar Falcão e Ruy Barbosa Nogueira.[10]

1.2.2. Da compreensão da norma tributária

Os estudos sobre direito tributário no Brasil receberam uma contribuição significativa com *Alfredo Augusto Becker* que, em 1963, passa a estudar o tributo como uma espécie de norma jurídica, utilizando os pressupostos teóricos de Hans Kelsen e Pontes de Miranda, como bem observou Heleno Tôrres.

Igualmente a classificação dos tributos passa a ser estudada sob novos instrumentos teóricos, dependendo da caracterização do critério material da hipótese de incidência e da base de cálculo, com preponderância desta sobre aquele.[11] Os tributos seriam classificados em impostos e taxas. Os impostos possuirão como hipótese de incidência um fato lícito, a ser confirmado pelo estudo e análise de sua base de cálculo. Por outro lado, as taxas representarão um serviço público, com uma base de cálculo correspondente à remuneração pelo custo do serviço prestado.

Um passo significativo foi realizado por *Geraldo Ataliba*, que estabeleceu elementos fundamentais na compreensão do fenômeno tributário, expressos na sua obra "Hipótese de Incidência Tributária".[12]

1.2.3. Da compreensão da regra matriz de incidência tributária

Um avanço significativo ocorre com os estudos de Paulo de Barros Carvalho, ao escrever em 1973 a "Teoria da Norma Tributária".[13] O autor irá incorporar ao modelo teórico de Kelsen, Becker e Ataliba as contribuições da contemporânea teoria semiótica e da jovem lingüística. A "Regra Matriz de Incidência Tributária" surge, nessa medida, como um sofisticado instrumento de análise do fenômeno de incidência da norma tributária em seus três aspectos: sintático, semântico e pragmático.

Especial papel é atribuído à interpretação jurídica, que possui uma função constitutiva do direito. Do texto o intérprete irá verificar os enunciados prescritivos que, organizados em proposições com sentido completo, irão constituir normas jurídico-tributárias. Os critérios de correção formal e material estarão integrados nesse modelo teórico, especialmente em face da atuação dos princípios como valor e limite objetivo.

---

[10] Sobre esse assunto e sobre a importante evolução do Direito Tributário, vejam-se, os estudos de Heleno Tôrres, sobre Direito Tributário e Direito Privado. Ver *in* Tôrres, Heleno. *Direito Tributário e Direito Privado*. São Paulo: RT, 2003.

[11] Cf. Becker, Alfredo Augusto. *Teoria geral do direito tributário*. 3ª ed., São Paulo: Lejus, 1999, p. 365-80.

[12] Cf. Ataliba, Geraldo. *Hipótese de incidência tributária*, 6ª ed., São Paulo: Malheiros, 2001.

[13] Cf. Carvalho, Paulo de Barros. *Teoria da norma tributária*. 3ª ed., São Paulo: Max Limonad, 1998.

1.2.4. Novas tendências

Os estudos em Direito Tributário apresentaram diversas contribuições na última década, em especial, nas considerações sobre as relações entre os Direitos Fundamentais e tributação; estudos sobre os fundamentos do Direito Constitucional; sobre Direito Tributário e Análise Econômica do Direito, entre outros.

1.2.5. Para uma teoria do sistema jurídico tributário

A análise do Direito Tributário centrou seus estudos no último período especialmente na teoria da norma tributária e, em sua versão mais sofisticada, na análise da regra-matriz de incidência tributária. Tais estudos, contudo, apesar de não afastarem a compreensão completa do sistema jurídico tributário, visto que não discorreram sobre a noção de discurso e argumentação jurídica, exigem renovados estudos sobre o discurso tributário.

Esse giro teórico impõe, assim, a passagem dos estudos da teoria da norma para a teoria da argumentação, bem como uma passagem da teoria da validade e eficácia para a teoria da coerência, consistência e conformidade.[14]

Igualmente os estudos em Direito Tributário, altamente focados na teoria da imposição (competência tributária e limitações e ao poder de tributar) deveriam focar particularmente os fundamentos para a teoria da justiça fiscal (do equilíbrio entre dever fundamental de pagar tributos e direito fundamental de auto-organizar negócios). Não basta afirmar e analisar o poder de tributar, mas verificar os seus fundamentos; bem como não é suficiente analisar os tributos em espécie sem encontrar a justificação geral para os tributos sobre renda, consumo, propriedade, entre outros.

1.2.6. Da noção de sistema jurídico

A *noção de sistema jurídico* tributário apresenta, dessa forma, uma evolução, sendo compreendida com i) sistema de conceitos; ii) sistema de normas tributárias e, posteriormente, iii) sistema constitucional tributário.

---

[14] Encontramos já na obra de Paulo de Barros Carvalho as indicações de que o estudo da norma não pode se esgotar em si mesmo e que os estudos sobre a argumentação jurídica a coerência e os valores sistêmicos, tais como a justiça fiscal, tornam-se fundamentais para se entender o fenômeno do jurídico. Dessa forma, pode-se claramente verificar que existe uma possibilidade real de uma visão analítica dos fundamentos materiais da interpretação (aplicação), destituída de traços metafísicos. Segundo o autor: "[A]o mencionar ser esse o apogeu da missão hermenêutica, penso em não haver incorrido em qualquer excesso, pois é nesse clímax, momento de maior gradação do processo gerativo, que aparece a norma jurídica em sua pujança significativa, como microsistema, penetrada, *harmonicamente, pela conjunção dos mais prestigiados valores que o ordenamento consagra*. Enquanto tal, representa o cruzamento, a força resultante de um sistema em que o plano dos significantes se integra ao plano de conteúdo, numa síntese que dá a autêntica profundidade do texto examinado. A regra jurídica assim representada terá o condão de exprimir, na sua singeleza estrutural, a orientação jurídica da conduta, precisamente do modo como determinada pela totalidade sistêmica (...)"; ver *in* Carvalho, (1998, p. 73).

Essa passagem de um momento para o outro não significa que existam momentos estanques, pelo contrário eles se entrecruzam e um período contém já os germes do anterior, contudo, o paradigma que rege cada momento é fortemente demarcado.

Inicialmente o direito tributário é concebido como um *sistema de conceitos*, tais como: fato gerador, tributo, obrigação tributária, crédito, entre outros. A ordenação e unidade desse sistema se encontra fundada na unidade básica que é a noção de "conceito jurídico". São estes que atribuem sentido e alcance da interpretação tributária.

Posteriormente, a idéia de sistema jurídico está vinculada à noção de *norma jurídico tributária*, como sendo elemento estruturante do sistema jurídico. É do encadeamento de normas que podemos verificar os elementos fundamentais de pertinência de comandos do soberano. O direito será entendido como um sistema hierarquizado de normas jurídicas, inclusive tributárias. As normas tributárias, como qualquer outra norma do sistema, possui a mesma estrutura básica, a mesma "gramática", podendo ser definida como sendo homogênea sintaticamente, mas heterogênea semanticamente, visto que o preenchimento diverso de sentido que irá diferenciar entre uma norma de direito privado e outra de direito tributário.

O entendimento do sistema tributário como sendo um *sistema constitucional* significa entender o direito tributário composto por normas (princípios e regras) no interior de um discurso que fundamentalmente é constitucional. É no interior do debate constitucional que uma cadeia de argumentos a favor e contra determinados valores e regras irá forjar o discurso jurídico-tributário. Note-se que diferentemente da matemática, no âmbito do discurso jurídico, a integração das partes produz um resultado superior a sua mera soma.

Encontraremos no *discurso jurídico* o encadear de argumentos fundados em princípios e regras, em valores e questões de fato, mas o direito tributário será mais amplo do que apenas um sistema de normas. Essa mudança qualitativa de natureza ocorre no sentido de que o elemento central do sistema jurídico estará no discurso argumentativo sobre o tema constitucional. Este é o fio condutor (*Rotlinee*) que irá costurar todos os elementos do discurso jurídico, garantindo coerência, consistência e conformidade. As normas estarão participando como instrumentos argumentativos, mas não serão o tema principal. A interpretação da constituição e a própria interpretação constitucional serão os elementos de ordenação e unidade do sistema.

1.2.7. Da idéia de constituição para o Direito Tributário

A idéia de constituição difere bastante em cada fase também. No *pensamento conceitual*, o sistema de conceitos de direito tributário é diverso daquele tratado pela Constituição. A Constituição trata das estruturas de poder, enquanto o direito tributário trata de um ramo específico do quotidiano do poder. O Direito Tributário aqui é entendido como subordinado ao direito administrativo, civil e até mesmo financeiro.

A idéia de constituição no *pensamento normativista* irá compreender o direito tributário como subsistema do direito constitucional. O direito tributário complementa o direito constitucional, dentro do encadeamento normativo, através de uma relação entre norma superior (constituição) e norma inferior (código tributário). Essa compreensão foi fundamental para consagrar os princípios e regras constitucionais como fonte de validade e eficácia para o Direito Tributário.

O desafio posto está em entender a Constituição não apenas como conceito original ou norma superior, mas como um sistema integrado, de tal forma que o próprio direito tributário não possa ser entendido sem sua referência a princípios que perpassam a todo sistema tributário. A constituição não seria, assim, mera fonte formal ou elemento de estruturação e unidade, mas como constituinte da estrutura semântica[15] das normas tributárias. O tema constitucional, ao perpassar todo o discurso jurídico-tributário, garantido-lhe coerência, consistência e conformidade, determina tanto a estrutura sintática necessária (regra-matriz de incidência tributária), quanto a estrutura semântica suficiente (argumento).

2. Da teoria da imposição

O poder de tributar alimenta a impressão de ser um dado inquestionável na literatura tributária,[16] com ares de autojustificação. Salvo algumas considerações na doutrina, não se verificam grandes questionamentos sobre a legitimidade de tal poder. De igual modo, os fundamentos às limitações ao poder de tributar emergem como sendo, talvez, uma mera reação aos excessos do poder sem limites. O objetivo da presente parte é questionar essas duas visões corriqueiras.

---

[15] É necessário realizar uma distinção fundamental de duas classes de conceitos lógico-normativos: *estrutura sintática* e *estrutura semântica*. O conceito de estrutura sintática é amplamente aceito e trabalhado pela doutrina jurídica. O entendimento de que as normas jurídicas são compostas por uma peculiar estrutura sintática é fato pacífico, bem como a composição dessa forma de estrutura normativa. Por outro lado, também está assentado o postulado de que as normas jurídicas apresentam uma *homogeneidade* sintática e uma *heterogeneidade* semântica, ou seja, as normas jurídicas apresentam a mesma composição sintática, independentemente de seu objeto. Sejam essas normas de direito penal, civil ou tributário, todas as normas jurídicas apresentarão uma hipótese e uma conseqüência ligadas por uma implicação normativa. Contudo, a diferença entre uma classe de normas e de outra encontrar-se-á no seu conteúdo semântico. O que seria a *estrutura semântica*? O que comporia esse conceito? Em nosso entender, a estrutura semântica dos conceitos significa *indicar a conotação e a denotação de determinada entidade*, ou seja, indicar a lei de formação e o campo das aplicações pretendidas pelo conceito.

[16] Como exceções podemos encontrar os estudos de Klaus Tipke, James Buchanan, Geoffrey Brennan e Thomas Nagel. Klaus Tipke no âmbito do direito; James Buchanan, Geoffrey Brennan na economia e Thomas Nagel na filosofia.

2.1. Dos fundamentos do poder de tributar

Ordinariamente, o poder de tributar pode ser ligado tão-somente à noção de "entrega". Poder de tributar significa, nessa acepção, tão-somente "entregar dinheiro ao Estado"[17] ou, dito de outra forma, o poder do Estado em retirar da esfera privada qualquer manifestação de riqueza ou rendimento, sob qualquer ou nenhum argumento.

O poder de tributar significa, nesse aspecto, tão-somente o poder de coerção do Estado. Nossa perspectiva não compartilha exatamente dos mesmos pressupostos, visto que para nós o Estado precisa de uma justificação e, tampouco, se fundamenta somente em coerção, sendo esta apenas a exteriorização mais visível de seu poder. Se o Estado é reconhecido em situações-limite pelo uso da coerção, não é este o seu modo de existência, dado que inexiste um guarda ao lado de cada indivíduo para o cumprimento de cada norma. Igualmente importante é o fenômeno da persuasão.

2.1.1. Da noção de esfera pública

a) Das compreensões do poder de tributar. No *pensamento conceitual*, o poder de tributar é entendido como sendo fruto do *poder soberano*. Nesse entendimento, o tributo é uma forma compulsória de transferência de riqueza privada para o Estado.[18] A justificativa para a tributação decorre da natureza própria do poder do Estado e do exercício do *jus imperii*. Há, nessa teoria, uma clara distinção entre Estado e indivíduo. Em contraposição ao poder do Estado, torna-se necessário impor-se limitação ao poder. Tal entendimento geralmente parte de uma concepção moral desse exercício ou em favor do poder absoluto (ordem e legalidade como moralidade objetiva) ou do indivíduo (o Estado como mal ante o bom indivíduo). Essa clara divisão de interesses entre Estado e indivíduo decorre de noções históricas, morais, filosóficas ou valorativas. Defensores de um ou de outro ponto de vista realçaram os elementos fundamentais de seus argumentos, explicitando uma clara distinção entre indivíduo e Estado.

Pelo critério lógico-histórico travaram os partidários de um ou de outro ponto de vista que inicialmente surgiu o indivíduo e posteriormente o Estado através de um contrato social ou o contrário, de que, inicialmente surge a comunidade e, posteriormente, aparece a noção de indivíduo destacado da ordem social. Independente da filiação inicial, o certo é que não há como se negar a existência do indivíduo como realidade independente da

---

[17] Cf. Ataliba, Geraldo. *Hipótese de Incidência Tributária*. São Paulo: Malheiros, 2003. Becker, Alfredo Augusto. Teoria Geral do Direito Tributário. São Paulo: LEJUS, 2002.

[18] Cf. Morselli *"limposta è uma cessione obbligatoria della ricchezza che trova fondamento e gisutificazione nellesistenza del servizio pubblico generale e indivisible ..."*. Morselli, Emanuele. Compendio di Scienza delle Finanze. Padova: CEDAM, 1947, p. 27.

ordem social, bem como da necessidade de cooperação social por parte dos sujeitos individuais.

Tentam, por outro lado, os partidários de um ou de outra noção apresentar a nobreza moral de um ou outro ponto de vista metodológico. Os partidários do individualismo metodológico tratam de afirmar que liberdade, igualdade e solidariedade decorrem de uma ação humana individual e autônoma, que ao escolher a decisão a ser tomada fundamenta o privilégio à ação sem obstáculos ou interferências. De outra parte, o coletivismo metodológico parte do pressuposto de que a natureza humana contém o mal, ou seja, a possibilidade potencial de realização de danos ao próximo e, portanto, o indivíduo abdica parte de sua liberdade em prol de segurança e direitos civis.

Nesse momento, o grande debate a ser travado é entre o alcance do exercício do *jus impositionis* e o estabelecimento das limitações ao poder de tributar. Trata-se de um esforço no estabelecimento de limites ao poder do Estado, tais como direitos civis básicos que buscam barrar a ação estatal abusiva.

No *pensamento normativista,* por outro lado, o poder de tributar é o exercício da *competência tributária.* Para essa corrente, o poder de tributar é o exercício de uma competência normativa amparada em procedimentos e regras previstos no ordenamento jurídico. Somente será legítima e justificável a norma jurídica criada em conformidade com o sistema jurídico. Os questionamentos acerca da justiça do poder de tributar ou das limitações ao poder de tributar se caracterizam como sendo irrelevantes para o Direito, sendo mero capítulo da moral ou da política.

O grande debate estabelecido no Direito não é sobre os conflitos entre indivíduo e Estado, mas os dilemas decorrentes da consistência do sistema jurídico, sobre a validade e eficácia das normas e sobre o seu mau entendimento. O esforço do jurista e, inclusive, do tributarista é encontrar a correta compreensão do fenômeno de incidência tributária e verificar o mau uso da linguagem jurídica.

A noção de indivíduo será substituída por sujeito de direito (contribuinte e fisco), e a noção de Estado estará substituída por ordenamento ou sistema tributário. As origens históricas desse modelo pouco interessam. O relevante estará na definição da origem lógica dele, se em uma norma fundamental ou de reconhecimento ou uma rede de normas. Será a origem lógica que irá determinar os mecanismos sintáticos (gramaticais) de correta compreensão do discurso jurídico.

Não existirão questionamentos morais ou éticos sobre a natureza do direito e das normas, visto que inexiste objetividade em tais considerações. O sistema jurídico poderá adotar quaisquer fundamentos éticos ou morais, faltando qualquer critério de mensuração (incomensurabilidade) sobre o valor ético de uma ou outra concepção. A problemática ética (axiológica) é substituída pela jurídica "pura" (deôntica).

No *pensamento sistemático*, o poder de tributar é a concretização de um *valor*, da contribuição à manutenção da esfera pública de liberdade e igualdade. A idéia desenvolvida em inúmeros debates jurídicos no século XX está na verificação de possibilidade sobre a legitimidade do discurso jurídico sobre a justiça. Três idéias irão transparecer de modo imediato: *i)* a justiça como critério de validade do sistema jurídico e das normas particulares (direito porque justo); *ii)* o direito como critério de identificação da justiça (justo porque legal) e *iii)* o direito como instrumento de realização da justiça (direito para justiça).

No terceiro caso, o direito não tem seu fundamento de validade na justiça, seja em termos de sistema ou de normas particulares. Tanto as normas, como a própria ordem podem ser injustas e isso não irá retirar o seu caráter jurídico.

De outro lado, haverá uma exclusão do tema da justiça da agenda do Direito. A justiça não será um tema externo ao jurídico, pertencente à ética ou política, mas um tema jurídico. O fundamento da exclusão do problema da justiça encontra-se na sua relatividade conceitual. Dado que não podemos afirmar o que é a justiça ou justo e dado que o direito possui uma unidade básica identificável (norma), então a justiça deve ser um tema pré-jurídico.

Não há como negar o caráter relativo do sentido da justiça, mas também não há como negar que existe um mínimo de significação atribuída a esta e é sobre essa característica inicial de um mínimo de sentido *intransitivo*, ou seja, que não pode assumir qualquer significação que podemos afirmar que o relativismo conceitual não implica um *nihilismo* conceitual.

A tarefa dos juristas não é encontrar fundamento de validade no Direito, nem encontrar neste uma identificação objetiva com a justiça, mas encontrar no sistema jurídico um meio de realização desta, através da agregação de sentidos (históricos, controversos e diversos) ao mínimo de sentido que a "justiça" exige.

Dado que o problema da justiça faz parte da preocupação do jurista e que este é um dos elementos que devem compor as proposições jurídicas, a questão irá se dirigir para o conceito mínimo de justiça, sua função na ordem e unidade do sistema jurídico e no discurso jurídico.

O pensamento sistemático irá produzir uma superação do dilema entre indivíduo e coletividade e procurar uma nova síntese na cooperação à manutenção da esfera pública de liberdade e igualdade.

b) Do poder de tributar como derivação da idéia de constituição. O poder de tributar está fundamentalmente ligado à idéia de constituição. A constituição deve ser entendida como sendo o conjunto de normas (princípios e regras) que estabelecem a estrutura jurídico-política de uma sociedade organizada.

A tributação é parte importante da sociedade humana, de tal modo que podemos afirmar que onde existe comunidade existe alguma forma de "tributação" (*"ubi cives, ubi tributum"*). O *tributo* será considerado toda a forma de contribuição privada destinada à manutenção da "esfera pública". A esfera pública será considerada toda a forma de organização institucional que possui objetivos gerais em oposição a objetivos meramente particulares.

Assim, desde o início da sociedade humana surge uma tendência à *divisão de funções sociais* no seio da comunidade; desse modo surgem os caçadores, agricultores, sacerdotes, guerreiros e outras funções sociais. A divisão de atribuições sociais implica que certos integrantes da comunidade estarão ocupados com tarefas gerais, tais como rituais (comando) ou a guerra (controle).

A esfera pública tem se desenvolvido através dos séculos, mas a sua natureza bifronte de *persuasão e controle* tem permanecido. Para manter essa estrutura institucional, impõe-se a outra parcela social a missão de transferir a riqueza necessária à manutenção do aparato estatal.

Podemos, assim, definir a história da tributação como a história que leva o indivíduo *da servidão à cidadania*. Essa história somente pode ser vista como uma luta contra o poder e a manutenção de uma esfera privada autônoma e digna.

O Direito Tributário possui a Constituição como premissa maior na formatação do discurso jurídico; contudo, tal situação não decorre da situação particular de cada sistema, tal como se a situação topológica de uma norma determinasse *ab initio* se a matéria é constitucional ou não. Tal erro indicaria a inexistência de princípios constitucionais implícitos. O Direito Tributário nacional deve ser analisado a partir da ótica constitucional, e não apenas pelo fato de que a Constituição brasileira consagra grande espaço a normas tributárias. Essa é uma peculiaridade de nosso modelo normativo, moderno e arrojado, mas não refuta o fato de que a Constituição é o lar por excelência do problema da cidadania, e a cidadania é a questão fundamental da tributação.

Não há na tributação uma mera relação de poder ou uma relação contratual entre Estado e cidadão, mas essencialmente uma relação jurídica sobre como se dá o pacto fundamental na constituição de uma esfera cívica (*cives*) de liberdade e igualdade entre público e privado.

2.1.2. Dos fundamentos do poder de tributar

O Direito Tributário encontra diversas formas de justificação, conforme a referência teórica a que esteja referenciada. O Direito Tributário pode ser entendido como: *i)* expressão do poder (pensamento conceitual); *ii)* do sistema jurídico (pensamento normativo) ou do *iii)* sistema de direito (pensamento sistemático), fundado em uma ética material.[19]

A noção de que o Direito Tributário está fundamentado em uma noção de soberania ou de poder encontra-se, especialmente, na doutrina da Dinâmica Tributária,[20] estabelecida pela Escola de Roma e por Gian Antonio Micheli e seus colaboradores, tais como Augusto Fantozzi, Franco Gallo e Andréa Fedelle. Conforme Heleno Tôrres, "é a *teoria do procedimento impositivo*, segundo o qual o Direito Tributário seria essencialmente dinâmico, não podendo construir-se apenas sobre um conceito estático como o de relação jurídica; antes, deve seguir afirmando-se sobre um conceito dinâmico, como o de atividade tributária, no qual *função e poder* são manifestações típicas e necessárias. O fenômeno tributário consistiria, então, numa transferência coativa de recursos, de particulares aos entes públicos...".[21]

Essa teoria questiona os fundamentos do Direito Tributário, tais como: *i)* relação tributária; *ii)* obrigação tributária e *iii)* tributo. Para esta teoria a *relação tributária* nada mais é do que um feixe de relações instrumentais vinculadas ao *poder de imposição* conferido pelo ordenamento à Administração e, por outro lado, *dever geral de submissão* ou *de concorrer para o sustento público* pelo contribuinte. Inexiste uma verdadeira relação jurídica, mas deveres específicos e particulares dirigidos ao exercício do poder de tributar.

A *obrigação tributária* possui um sentido essencialmente particular nessa concepção. Não há uma verdadeira relação jurídica entre administrado e administração, mas uma relação de poder, não podendo se falar, por-

---

[19] Conforme bem lembra Heleno Tôrres: "Na atualidade, seu modelo mais radical encontra-se na doutrina que afirma não serem, as normas tributárias, normas jurídicas, em sentido material, vendo-as como ordem do poder soberano que assume a forma de lei, nos termos das competências constitucionais inerentes às funções administrativas e orçamentárias. A obrigação tributária não seria uma relação jurídica, mas sim uma relação de poder, negando a igualdade jurídica das partes. E a versão mais recente desta concepção administrativista, é a doutrina da chamada dinâmica tributária, construída pela Escola de Roma, capitaneada por Gian Antonio Micheli e seguida por seus colaboradores mais diletos, como Augusto Fantozzi, Franco Gallo, Andrea Fedele, Pérez de Ayala e Eusebio González. De orientação procedimentalista, entende esta Escola que a relação tributária seria um complexo de deveres formais e substanciais. É a teoria do procedimento impositivo". Ver *in* Tôrres, Heleno. Direito Tributário e Direito Privado. RT: SP, 2003, p.
[20] Sobre o assunto, veja-se Tôrres, Heleno. Contribuições da Doutrina Italiana para a Formação do Direito Tributário brasileiro. *In* Schoueri, Luís Eduardo. Direito Tributário, vol. II. São Paulo: Quartier Latin, 2002, p. 1157.
[21] Cf. Tôrres, (2002, p. 1157).

tanto, na existência de uma relação de igualdade entre credor (Estado) e devedor (contribuinte), tal como na doutrina de direito privado.

O *tributo* será considerado, nessa teoria, como expressão da soberania e estando vinculado à noção de poder-dever, e não de crédito e débito do Direito Privado.[22]

As críticas a serem formuladas à essa concepção são claras. Do ponto de vista metodológico, a tentativa de encontrar no conceito de soberania o critério de justificação e correção para o discurso jurídico-tributário demonstra-se claramente insuficiente e incapaz de explicar a natureza do Direito Tributário. O conceito de soberania é cada vez mais questionado como uma entidade metafísica e sem conteúdo concreto. O próprio Direito Internacional demonstrou a falência desse conceito para explicar a realidade internacional, tendo sido superado pela noção de competência. A tentativa de compreender a realidade através do uso de conceitos acaba identificando o conceito com a essência que se deseja descrever e, ao final, produz-se uma substituição da realidade pelo próprio conceito. No final, o discurso jurídico se torna uma cadeia conceitual, que, multiplicando-se, se afasta cada vez mais da realidade, até que o conceito se torna uma pálida derivação da essência inicial.

Com o propósito de descrever a realidade, a pirâmide conceitual passa a produzir um domínio sufocante sobre o discurso jurídico, afinal, se a realidade não consegue se adequar perfeitamente ao conceito, bem que se mude a "realidade" e se preserve a beleza e coerência do sistema. Em um combate revolucionário aos exageros do pensamento conceitual, surge o *pensamento normativista*, procurando encontrar conceitos claramente justificáveis. Em uma posição claramente crítica, o positivismo denuncia a metafísica do discurso vigente e a falsidade da adoção de premissas não-demonstráveis (não-justificáveis).

Por conta desse relativismo quanto aos valores, o positivismo substitui a noção de soberania, ambígua e vazia, pela clara noção de competência. Competência é parte da noção de procedimento de produção de normas jurídicas previsto no ordenamento jurídico.

Para esta teoria, a relação tributária é uma espécie de relação jurídica, "que se inaugura pelo acontecimento de fato previsto em hipótese normativa".[23] O *pensamento normativista* passa a encarar a estrutura sintática ou estrutura da norma como um problema teórico da maior grandeza. Dado que não é lícito estabelecer enunciados definitivos sobre a realidade ou almejar tocar a essência das coisas, cabe-nos tratar dos assuntos que podem merecer um juízo definitivo: a forma do jurídico (norma). O problema semântico

---

[22] Cf. Tôrres, *op. cit.* 1157.

[23] Ver, sobre o assunto, Carvalho, Paulo de Barros. Teoria da Norma Jurídica. RT: SP, 1981, p. 117.

(sentido) passa a ser um problema de segunda ordem, dado que a norma jurídica é meramente uma forma a ser preenchida por sentidos diversos (heterogeneidade semântica). O jurista passa a ser um estudioso da linguagem do direito.

As obrigações tributárias serão entendidas como parte do conseqüente da norma tributária, caracterizada por uma relação patrimonial. Não possuirão uma natureza metafísica e universal, mas terão o seu sentido preenchido pelo ordenamento jurídico, o qual poderá variar de sociedade para sociedade ou de época para época; sua estrutura sintática será contudo invariável. O estudo do direito será, fundamentalmente, um estudo das normas jurídicas, sendo que o problema do sentido será um problema nitidamente pré-jurídico ou extrajurídico. Será pré-jurídico quando se caracterizar em um problema do legislador que irá escolher os valores a serem protegidos. A norma tal como um cálice servirá para comportar vinho ou veneno, contudo, o preenchimento de sentido não será problema jurídico, mas político ou ético.

Mesmo quando no curso do processo de preenchimento normativo, por meio da sentença judicial, encontrar-se-á o juiz na condição de compor a norma jurídica, estará este livre para pôr seus valores, ideologias e motivações, desde que respeite a moldura (limites) normativa. Cabe observar que mesmo essa moldura poderia ser desrespeitada pelo aplicador.

O conceito de tributo será essencialmente um conceito normativo, entendido como conjunto de normas. A sua melhor descrição estará na verificação da estrutura normativa: antecedente e conseqüente. Será através do estudo da hipótese de incidência e, especialmente, da base de cálculo que podemos conhecer o tributo e suas classificações.

As insuficiências das duas formas de pensamento exigem a proposição de uma alternativa. O pensamento conceitual peca por sua multiplicação de conceitos, visão metafísica do mundo, incapacidade de compreender a especificidade do jurídico, entre outras características. O pensamento normativista peca por sua insuficiente fundamentação ética, excessivo relativismo moral e construção de um modelo teórico carente de significações. Muitas vezes trazendo uma bela explicação de coisa nenhuma.

A exigência de um novo modelo que combine uma ética material com uma rigorosa fundamentação do discurso jurídico é um desafio atual. Não se pode, contudo, se dar ao capricho de esquecer que a justiça participa do algoritmo básico (regra de formação) do sistema jurídico, nem tampouco estabelecer um discurso destituído de clara fundamentação e correção discursiva.

Essa tentativa difusa e diversa será denominada por nós de pensamento sistemático, como expressão atual do pensamento crítico. Seu objetivo é fundamentar o discurso jurídico em uma ética material, através de um método analítico, ou seja, um método fundado em requisitos de clareza, transparência e rigor nas demonstrações.[24]

Nessa concepção, a relação tributária é vista como sendo mais do que uma mera relação de poder ou "normativa pura". Trata-se uma relação dirigida à regulação da cidadania, de seu conteúdo e alcance em uma sociedade. A relação tributária trata essencialmente do núcleo do pacto social, ou seja, da contribuição cidadã à manutenção de uma esfera pública e privada de liberdade e igualdade. Assim, a relação tributária possui uma estrutura normativa clara, visto que trata de proposições prescritivas ou comandos de conduta e, por outro lado, possui um sentido original a realização da cidadania.

As obrigações tributárias deverão ser entendidas como normas jurídicas, possuidoras de homogeneidade sintática e heterogeneidade semântica. Contudo, a estrutura semântica não será preenchida de modo absolutamente livre, deverá na sua composição normativa dentre as diversas possibilidades de proposições prescritivas utilizar aquelas que mais se aproximem de uma ética material, ou seja, a justiça fiscal irá atuar como um critério seletor de proposições normativas possíveis de compor a estrutura sintática da norma jurídica. O conceito de justiça fiscal possuirá duas características: intransitividade e coerência semântica. O sentido de justiça será essencialmente variável, conforme a época e a sociedade, contudo, existirá um mínimo de sentido a que a noção de justiça fiscal irá se reportar.

Não existirá uma absoluta transitividade do conceito, ou seja, não poderá possuir todo e qualquer significado. O conceito de justiça poderá assumir incontáveis sentidos, mas não poderá assumir todos ou quaisquer sentidos. A interpretação do conceito será limitada a um campo proposicional indefinido, porém não será infinito. Algumas interpretações não serão admitidas, sob pena de incorrermos em superinterpretação. Assim, não irá significar justiça qualquer descrição natural (ex.: justiça é cadeira).

Por outro lado,esse *mínimo de significação semântica* irá estruturar-se com o campo de significações do sistema jurídico de determinada sociedade, cultura e época. O conceito, conteúdo e alcance da justiça deverá referenciar-se e respeitar o campo dos valores ou axiomas valorativos de uma sociedade. Não poderá o juiz compor a norma jurídica, preenchendo a moldura normativa, de modo absolutamente "irresponsável" ou "livre". Deverá, contudo, procurar na sociedade coerência valorativa para a norma individual e concreta. Uma sociedade pluralista ou multicultural irá possuir uma diversidade de axiomas e sistemas valorativos legítimos, o que não

---

[24] Como exemplos dessa tentativa, encontramos, entre tanto outros, nos estudos sobre Direito Tributário: Klaus Tipke (Alemanha); Ricardo Lobo Tôrres, Paulo de Barros Carvalho (Brasil); entre outros.

significa uma infinidade de axiomas e nem justifica que qualquer decisão será conforme ou adequada. Na ocorrência de decisões que exponham conflitos entre sistemas valorativos deverá procurar reforçar o caráter transitivo da noção de justiça entre os axiomas diversos em uma sociedade, buscando recuperar um equilíbrio dinâmico de coerência no sistema jurídico.

A justiça fiscal poderá ser entendida em três sentidos: sintático, semântico e pragmático. Seu *sentido sintático* está na sua afirmação como critério seletor de sentido na composição da estrutura semântica das normas jurídicas. Na presença de duas ou mais proposições ou sentidos possíveis na composição da norma, a justiça fiscal irá ser critério de seleção (justificação) daquela mais adequada (coerência) ao caso e ao sistema.

No *sentido semântico*, justiça fiscal irá designar um mínimo de sentido em determinada sociedade e época. Esse mínimo de sentido será encontrado nas noções de igualdade (capacidade contributiva) e liberdade (limitações ao poder de tributar).

No *sentido pragmático*, a justiça fiscal irá significar uma relação de adequação entre a norma e seu usuário. Nesse sentido, a justiça fiscal irá apresentar uma relação intersistêmica entre política, economia e direito. O conceito de justiça fiscal deverá produzir uma relação virtuosa com a economia e, especialmente, com a exigência de prosperidade da sociedade. A consagração da justiça fiscal de modo autárquico, ou seja, isolado de preocupações de seus efeitos na economia e na eficiência geral da sociedade, irá produzir somente situações ineficientes, antieconômicas e, por conseqüência, uma sociedade injusta, desigual e oprimida. Caso contrário, teremos belas intenções e péssimos resultados.

Muitas vezes a necessidade de aplicação de ambos os critérios seletivos básicos (justiça fiscal e neutralidade fiscal) irá produzir resultados diversos e mesmo contraditórios. A busca do equilíbrio dinâmico entre esses critérios não implica a possibilidade da vedação de conflito, o qual somente poderá ser respondido por cada ordenamento jurídico e sua hierarquia de valores.

2.1.3. Da justiça fiscal como justificação ao poder de tributar

Partindo da noção que o poder de tributar não encontra fundamento exclusivamente no poder e nem pode ser explicado unicamente em termos formais, trata-se de encontrar fundamentos materiais ao poder de tributar (justiça e neutralidade fiscal).

a) Do conceito de Justiça Fiscal no constitucionalismo moderno. A necessidade de definição do conceito de justiça fiscal é algo fundamental, porém se trata de uma tarefa ainda inacabada. Das divergentes e diversas configurações do conceito podemos procurar entender a sua utilização na linguagem ordinária do constitucionalismo democrático contemporâneo.

Conclusões

a) A existência de fundamentos legítimos, justificáveis e aceitáveis para as normas tributárias é exigência fundamental na relação entre cidadão, Estado e sociedade;

b) Podemos afirmar que existem três modos de compreensão do fenômeno jurídico: i) conceitual; ii) normativo e iii) sistemático;

c) Podemos dizer que a justiça fiscal se reflete como um modo de tratamento que respeita critérios isonômicos, respeitando a diferença e restabelecendo a correta relação entre cidadão e esfera pública;

d) Dois princípios são estruturantes no Sistema Tributário: o princípio da capacidade contributiva e o da neutralidade fiscal.

— VI —
A pergunta pela técnica e os eixos dogmáticos do Direito Administrativo:[1]
Algumas repercussões da fenomenologia hermenêutica

LEONEL OHLWEILER[2]

Resumo: O presente artigo versa sobre uma análise crítica de três eixos dogmáticos do direito administrativo, a legalidade, o mérito administrativo e a supremacia do interesse público. A fenomenologia hermenêutica pode contribuir para ultrapassar a compreensão metafísica destes entes, localizando-os no âmbito das diversas possibilidades de sentido do Estado Democrático de Direito. A legalidade haverá de ser desvelada como juridicidade hermenêutica. Não há uma instância prévia e abstratamente delimitada de imunidade do poder. O interesse público sempre deverá acontecer a partir da multiplicidade de sentidos fáticos e jurídicos do caso concreto.

Abstract: The present article exposes about a critical analyis of three dogmatics hubs in the Administrative Law, the validity, the administrative merit and the supremacy of the public interest. The hermeneutic phenomenology can contribute to overtake the metaphysics of these ones, one placing in the several possibilities spheres of sense of the Democratic State of Right. The validity there will be to be open as hermeneutic legality. There is not a previous jurisdiction and abstractly delimited of power imunity. The public interest might always take place from the multiplicity of factuals and legals senses of the concrete case.

Sumário: Resumo; 1. Aspectos introdutórios; 2. A compreensão tecnificante das coisas do mundo no pensamento de Martin Heidegger; 3. A legalidade como fundamento objetificado do regime administrativo; 4. A jurisprudencialização da legalidade no direito administrativo: a viragem hermenêutica para a juridicidade; 5. A metafísica do mérito administrativo como instância de imunidade do poder; 6. A (necessária) compreensão ponderada do interesse público: ultrapassando as dicotomias metafísicas da modernidade; Considerações finais; Referências bibliográficas.

---

[1] Este artigo faz parte do projeto de pesquisa desenvolvido no PPGD da UNISINOS, intitulado *Teoria da Administração Pública no Estado Democrático de Direito: a (re)construção hermenêutica da atividade administrativa*, contando com a colaboração da bolsista Luciana Araújo de Paula, aluna do Curso de Graduação da UNISINOS, responsável por parte da pesquisa e revisão do texto.

[2] Procurador de Justiça. Mestre e Doutor em Direito. Professor da Graduação e do PPGD da UNISINOS.

1. Aspectos Introdutórios

No presente estudo, pretende-se dar continuidade à aproximação entre o pensamento de um dos maiores filósofos do século XX, Martin Heidegger, e o modo-de-ser dogmático do Direito Administrativo.[3] Para tal mister, de plano, resgata-se importante texto de 1953, "A Pergunta pela Técnica", no qual o filósofo inicia procedendo um chamamento para a importância de bem compreender o significado do perguntar: "preguntar es estar construyendo un camino. Por ello es aconsejable fijar la atención en el camino y no estar pendiente de frases y rótulos aislados. El camino es un camino del pensar".[4] Infelizmente, boa parte da dogmática jurídico-administrativa tem olvidado tal observação, pois via de regra lança-se um olhar quase exclusivo sobre a importância dos conceitos e enunciados abstratos, como única possibilidade de fazer acontecer os entes administrativos. O receio de não lograr êxito no projeto científico que está na sua base, qual seja, construir este ramo do Direito como "verdadeira ciência", dotado de "autonomia", levou à idealização do Direito Administrativo com uma "redução dogmatista", melhor dizendo, um conhecimento direcionado para laborar apenas e tão-somente com questões tidas como "técnicas", atuando apenas no plano ôntico.

Conseqüência deste modo de compreender o fenômeno administrativo, a dogmática jurídica tecnificante vai desenvolver-se por intermédio da formulação, cada vez mais abstrata, de enunciados dogmáticos direcionados para abarcar o fenômeno da positivação, como fontes, ato administrativo, contratos administrativos, princípio da legalidade, interesse público, etc. A tarefa do jurista tomado pelo fascínio da técnica, como será melhor explicitado ao longo desta pesquisa, restringe-se à teorização e sistematização da experiência jurídico-administrativa.[5]

A título exemplificativo, neste breve estudo serão problematizados alguns eixos dogmáticos do Direito Administrativo, construídos pela tradição, como o princípio da legalidade, mérito administrativo e a supremacia

---

[3] Como algumas vezes já aludido, Lenio Luiz Streck foi pioneiro em estabelecer o diálogo entre tal matriz teórica e o Direito, especialmente com a obra *Hermenêutica Jurídica (e)m Crise*, Porto Alegre: Livraria do Advogado Editora, 4ª ed., 2003. Sobre a repercussão desta aproximação jusfilosófica no Direito Administrativo ver OHLWEILER, Leonel. *Direito Administrativo em perspectiva: os termos indeterminados à luz da hermenêutica*. Porto Alegre: Livraria do Advogado Editora, bem como minha tese de doutoramento *A Ponderação no Regime Administrativo Brasileiro: contributo da fenomenologia hermenêutica*, inédita.

[4] *La Pregunta por la Técnica*, trad. de Eustaquio Barjau, in Conferencias y artículos. Barcelona: Ediciones del Serbal, 1994, p. 9.

[5] Lembrando a oportuna observação de Tércio Sampaio Ferraz Júnior sobre a função social da dogmática jurídica: "...atribuir aos seus conceitos um caráter abstrato que permite uma emancipação das necessidades cotidianas dos interesses em jogo. Com isto, se tornou possível uma neutralização dos interesses concretos na formação do próprio Direito, neutralização esta já exigida politicamente pela separação de poderes e pela autonomia do poder judiciário" (*A função social da dogmática jurídica*. São Paulo: Max Limonad, 1998, p. 75).

do interesse público. De plano, pode-se afirmar que urge modificar o caminho das interrogações colocadas sobre os entes jurídico-administrativos, lançando-se mão da interrogação filosofante. Aliás, poucos são os trabalhos direcionados para um questionamento de dimensão filosófica neste ramo do Direito, ensejando a seguinte pergunta: o que se poderia esperar de tal indagação sobre um campo de conhecimento onde prepondera a lógica da técnica e dos conjuntos teóricos construídos a partir do paradigma do dogmatismo?

Como resposta provisória é possível dizer que a dimensão técnica, na qual está calcado o dogmatismo jurídico-administrativo, não reconhece a incapacidade interrogativa presente no seu próprio modo de ser, melhor dizendo, há um conjunto de possibilidades de sentido impensadas e excluídas do seu programa teórico. Ora, fazer um questionamento filosofante consiste exatamente em abrir estas possibilidades, como, aliás, já colocado em outra oportunidade.[6] Uma postura teórica desta envergadura, no entanto, não significa assumir dado conjunto teórico para simplesmente reformular conceitos dogmáticos. Antes de tudo está relacionada como um modo-de-ser-no-mundo, quer dizer, a atitude existencial de vivenciar os entes jurídico-administrativos, uma opção existencial de relacionar-se de um determinado modo, assumindo importância o discurso filosófico de Martin Heidegger acerca do ser-com. A linguagem filosófica é compreendida não como dimensão abstrata, mas a instância constitutiva de ser-com-os-entes-jurídicos. Do que acima restou explicitado, há de se perguntar: é possível ultrapassar a postura tecnificante e metafísica que alimenta o horizonte de sentido da dogmática administrativista?

2. A compreensão tecnificante das coisas do mundo no pensamento de Martin Heidegger

O fenômeno fundamental dos tempos modernos, segundo Heidegger, não é a ciência, mas a técnica, sendo a ciência apenas uma de suas múltiplas facetas, mostrando-se uma postura ingênua considerar o modo de ser da técnica como algo neutro, desinteressado, perdendo-se assim a interrogação mais originária sobre a principal caracterização da técnica. Portanto, o problema da técnica adquiriu considerável importância no pensamento deste filósofo, mas não a técnica enquanto tecnologia que produz algo e sim como modo de ser para com as coisas do mundo. No âmbito do direito administrativo, a postura tecnificante para com os entes jurídicos constitui-se em modo cotidiano de compreender, adquirindo contornos de um pensar meta-

---

[6] Ohlweiler, Leonel. *Estado, administração pública e democracia: condições de possibilidade para ultrapassar a objetificação do regime administrativo*, In: Anuário do Programa de Pós-Graduação em Direito da UNISINOS, São Leopoldo: Unisinos, 2003, p. 273-308.

físico na medida em que determina aprioristicamente a única possibilidade de tais entes aparecem.

Este é o aspecto primordial da crítica heideggeriana à técnica, razão pela qual para desvelar o modo de ser da técnica retorna aos gregos, pois a palavra empregada para designar o que mais tarde será tido como "técnica" pode possibilitar um perguntar mais originário, eis que tal expressão revelava o sentido de produção, mas no sentido de desvelamento. A técnica, assim, não poderia ser compreendida como simples meio, mas um modo de sair do oculto, do velado, trazer-aí-diante algo do estado de ocultamento para o estado de desocultamento.[7] A modernidade, no entanto, construiu uma concepção diversa relativamente à técnica, olvidando aquilo que lhe era mais característico. No chamados tempos modernos, a técnica é uma *provocação*, no sentido de deixar que os entes aconteçam apenas de forma objetivada, calculada, permanecendo à disposição. A crítica do filósofo da Floresta Negra é extremamente útil para compreender o modo de ser dogmático do direito administrativo. Como já aludido em outras oportunidades, o problema não reside na dogmática, mas na sua dogmaticidade, quer dizer, uma espécie de pensar tecnificante que somente possibilita a compreensão do fenômeno jurídico-administrativo objetificado, calculado, desertificado de sentidos.

Corolário, a compreensão encerra-se num *circulus vitiosus* do esquecimento do ser, como alude Rüdiger Safranski,[8] ou seja, na medida em que o acontecer dos entes jurídico-administrativos somente pode dar-se por meios técnicos, toda e qualquer conseqüência igualmente será mensurada a partir de tais meios. Como aduz o autor supra citado, *técnica provoca mais técnica*.[9] O que estaria a caracterizar a técnica moderna, Heidegger traduz com a expressão *Das Gestell* – Dispositivo. O grande perigo do dispositivo é, exatamente, retirar do homem a sua possibilidade mais originária de dizer o ser, de desocultá-lo, na medida em que perde a verdade mais inicial de lançar um olhar livre sobre as coisas.[10] Em sentido similar, o padrão da dogmaticidade como única possibilidade de olhar o direito administrativo

---

[7] HEIDEGGER, Martin. *La Pregunta por La Técnica*, p. 15. Segundo o autor: "La técnica es un modo del hacer salir de lo oculto. La técnica esencia en la región en la que acontece el hacer salir lo oculto y el estado de desocultamiento, donde acontece la alétheia, la verdad." (Idem, p. 16).

[8] *Heidegger, um mestre da Alemanha entre o bem e o mal*, p. 464-465.

[9] *Idem, ibidem*. No que tange aos consectários do pensar tecnificante, vale a referência de Ramon Rodriguez Garcia, *Heidegger y la crisis de la epoca moderna*, Madrid: DIP, 2002, p. 182: "...la omnipotencia del pensamiento técnico tiende a expulsar del ámbito de lo posible toda otra forma de pensar, todo otro modo de revelarse las cosas que no sea el de su figura técnica. Se hace ilusoria toda relación con la realidad que no sea su aseguramiento y control. No hay ya más que una forma de manifestarse las cosas". Os três eixos dogmáticos que serão examinados neste estudo revelam a nefasta influência de tal modo de pensar, como se os fenômenos jurídico-administrativos pudessem ajustar-se ou acontecer apenas a partir daquilo que é provocado pela concepção metafísica de legalidade, limitado por uma instância de mérito administrativo e controlados pela idéia abstrata de interesse público.

[10] Cf. SAFRANSKI, Rüdiger. *Op. cit.*, p. 465.

importa condenar os juristas e operadores do direito, como será visto a seguir, às limitadas possibilidades do acontecer mediado pelo *habitus dogmaticus*,[11] quer dizer, um modo de ser caracterizado pelo pensar objetificador, calcado na subsunção e onde a linguagem é uma terceira coisa que se interpõe entre o sujeito e o objeto, como bem alude Lenio Luiz Streck,[12] portadora da essência do mundo.

A técnica ameaça não apenas o homem, mas sobretudo a verdade e o desvelamento do próprio ser. Para o filósofo, o domínio da estrutura do dispositivo ameaça com a possibilidade de que ao homem possa ser negado entrar em um fazer sair o oculto mais originário, sendo-lhe retirada a possibilidade de experenciar a exortação de uma verdade mais inicial.[13] A técnica é a época do extremo esquecimento do ser. Mas, e aqui reside um grande paradoxo, ao mesmo tempo que o modo de ser da técnica determina o perigo de impossibilitar o autêntico desocultar, neste mesmo modo de ser da técnica reside a possibilidade de salvar, pois ali onde cresce o perigo também cresce o que salva, ou seja, ali tem lançadas suas raízes e desde ali prospera, até porque ambas as coisas acontecem de um modo oculto ao seu tempo.[14] Salvar, vale referir, no sentido de viabilizar seja devolvido ao ente a possibilidade de aparecer naquilo que é, no seu ser. Para tal, é imprescindível que o homem vislumbre o caráter objetificante da técnica, isto é, como o que impede a possibilidade de compreender os entes fora da concepção da técnica. No entanto, caso permaneça-se a olhar a técnica como mero instrumento, passa-se longe de compreender o seu funcionamento. Este aparente paradoxo segundo o qual o que salva está no que desgarra, que a possibilidade de ultrapassar a técnica está na própria característica principal da técnica, é consectário do que anteriormente foi tratado por Heidegger em outro textos: a questão da u-nidade, do velamento e desvelamento como possibilidades originárias do ser,[15] até porque um e outro formam o mesmo, como aduzia Heráclito no Fragmento 103.

Desta forma, a principal característica da técnica é o perigo, e a libertação não quer dizer um abandono puro e simples das coisas técnicas, mas a modificação das nossas relações com elas. Esta atitude de dizer sim e não

---

[11] Cf. STRECK, Lenio Luiz. *Hermenêutica Jurídica e(m) Crise*, p. 89.

[12] *Hermenêutica Jurídica e(m) crise. Uma exploração hermenêutica da construção do direito*, p. 157.

[13] HEIDEGGER, Martin. *La Pregunta por La Técnica*, p. 30.

[14] Cf. HEIDEGGER, Martin. *La Pregunta por La Técnica*, p. 30. O filósofo, recorrendo a Hölderlin menciona expressamente: "En qué medida allí donde hay peligro crece también lo que salva? Donde algo crece, allí tiene echadas las raíces, y desde allí prospera. Ambas cosas acontecen de un modo oculto y calado y a su tiempo. Pero según las palabras del poeta, no podemos esperar precisamente que allí donde hay peligro podamos echar mano de lo que salva de un modo inmediato y sin preparación previa...".

[15] A título de referência exemplificativa sobre o velamento/desvelamento do ser do ente consultar "Sobre a Essência da Verdade". Trad. de Carlos Morujão. Porto-Portugal: Porto Editora Ltda., 1995.

Heidegger denomina de *serenidade*.[16] Resultado da serenidade, os entes não são compreendidos apenas do ponto de vista técnico, pois por meio da reflexão torna-se presente ser imprescindível a modificação na utilização das coisas e que tal não se dá sem-sentido. A partir do que acima foi referido, no que tange aos três eixos dogmáticos do direito administrativo que serão examinados a seguir – legalidade, mérito administrativo e ato administrativo – não se está a defender olvidar a dimensão dogmática do seu modo de ser, mas sim laborar com a abertura de possibilidades de sentido, deixando de reduzir o acesso a tais entes. A metafísica também é uma forma de o ente ser. O grande problema reside na objetificação(dogmatizante) desta possibilidade e que se constitui num dos grandes equívocos do pensar do senso comum teórico do direito administrativo.

No âmbito desta modificação, mostra-se fundamental dentro do pensamento originário de Heidegger chegar às coisas mesmas, partindo-se do pressuposto de que a ciência nunca encontra nada fora daquilo que o modo de representar dela tenha deixado entrar,[17] aniquilando, assim, as coisas como coisas. Quando o filósofo menciona ter a ciência aniquilado com a coisa, é preciso compreender que ele direciona a sua crítica para o esquecimento da "coisidade da coisa" que na ciência permanece oculta e, portanto, o modo de ser da coisa não exsurge na linguagem.[18] Para ir à coisa mesma é curial sair do pensamento representativo e ir para o pensamento meditativo, que recorda, relembra, isto é pensa o sentido.[19] Como a seguir será explicitado, a legalidade necessita ser melhor compreendida pelos operadores do direito por intermédio deste "passo atrás". É curial, a partir da chamada viragem hermenêutica, pensar o sentido de legalidade em um Estado Democrático de Direito.

3. A legalidade como fundamento objetificado do regime administrativo

Um dos eixos dogmáticos, comumente utilizado pelo sentido comum da doutrina administrativista para dotar de uma pseudo-racionalidade o agir

---

[16] De forma expressa, refere o filósofo da Flores Negra: "Deixamos os objectos técnicos entrar no nosso mundo quotidiano e ao mesmo tempo deixamo-los fora, isto é, deixamo-los repousar em si mesmos como coisas que não são algo de absoluto, mas que dependem elas próprias de algo superior. Gostaria de designar esta atitude do sim e do não simultâneos em relação ao mundo técnico com uma palavra antiga: a serenidade para com as coisas (*die Gelassenheitz zu den Dingen*), Serenidade". Traduzido por Maria Madalena Andrade e Olga Santos. Lisboa: Instituto Piaget, 2000, p. 24.

[17] HEIDEGGER, Martin. *La Cosa*. Traduzido por Eustáqui Barjau. In: Conferencias y Artículos, p. 143-62. Barcelona: Edicciones del Serbal, 1994, p. 147.

[18] Como alude Martin Heidegger: "Pero en realidad la cosa, como cosa, sigue estando descartada, sigue siendo algo nulo y, en este sentido, está aniquilada. Esto ocurrió y ocurre de un modo tan esencial, que no es que a las cosas ya no se les permita ser cosas sino que las cosas todavía no han podido aparecer nunca al pensar como cosas".

[19] HEIDEGGER, Martin. *La Cosa*, p. 158.

dical para suplantar as arbitrariedades do modo absolutista de Estado, a fim de ultrapassar o "governo dos homens" para o "governo das leis", buscando-se, assim, o exercício de um poder de forma imparcial, impessoal e estável. Destarte, no processo de institucionalização da legalidade também estava em jogo uma questão de legitimidade, pois a submissão dos governantes aos comandos da lei representava a materialização da "vontade geral" da comunidade traduzida na lei.

Como forma de obter este padrão de controle e segurança, adotou-se o postulado da primazia da lei como fonte do Direito, sendo determinante para a prevalência no regime administrativo francês do *princípio da legalidade*. O barão de Montesquieu no capítulo VI do livro XI da sua obra *Espírito das Leis*, de forma expressa, referia que os juízes deveriam ser somente "a boca que pronuncia as palavras da lei", e as sentenças proferidas apenas deveriam conter referências aos textos de leis. A questão da legalidade, assim sendo, restou permeada pela ideologia do formalismo, isto é, através da submissão do juiz ao texto da lei, buscava-se dar a aparente neutralidade política aos poderes que aplicam o Direito.[20] A lei, dentro das formulações do Estado Liberal, possui uma dupla face de direcionamento: por um lado representava a livre esfera de atuação de cada indivíduo, mas, por outro, relativamente ao Estado, buscava impedir a ocorrência de arbitrariedades.[21]

Trata-se, portanto, de influência do liberalismo e que, como será melhor explicitado, foi determinante de diversas construções teóricas do direito administrativo. Os dois aspectos supra mencionados são significativos. O modo de ser liberal parte de premissas como a imperiosidade de limitar a atuação do Estado, adotando uma visão de inimigo do cidadão, bem como a excessiva importância atribuída ao individualismo. São elementos integrantes de uma só visão de mundo, pois "quanto menos palpável a presença do Estado nos atos da vida humana, mais larga e generosa a esfera de liberdade outorgada ao indivíduo. Caberia a este fazer ou deixar de fazer o que lhe aprouvesse".[22] Corolário, o direito administrativo deveria ser direcionado para possibilitar uma atuação privilegiada do Estado no sentido de salvaguardar bens jurídicos individuais, liberdade e propriedade, e a lei seria compreendida pela sua função meramente ordenadora. A universalidade, como elemento fundamental para alcançar-se a neutrali-

---

[20] Cf. GARCIA, Manuel Calvo. *Los Fundamentos del Método Jurídico*, p. 68.
[21] Cf. FERREIRA PINTO DIAS GARCIA, Maria da Gloria. *Da Justiça Administrativa em Portugal*, p. 295. Conforme a autora: "Em qualquer caso, a lei apresenta-se como a própria imagem do direito e da justiça material. Para o Estado, porém, a lei vê-se restringida à sua dimensão de limite – o Estado Liberal, de natureza abstencionista e garantística, tem por objectivo salvaguardar as liberdades individuais e, logo, a ordem jurídica" (Idem, p. 296).
[22] Cf. BONAVIDES, Paulo. *Do Estado Liberal ao Estado Social*. 6ª ed. São Paulo: Malheiros Editores, 1996, p. 60.

dade, é outro mito bastante questionável de alguns pensadores liberais.[23] De qualquer sorte ainda prepondera no âmbito da dogmática administrativista estas pré-compreensões.

Com efeito, a legalidade é cotidianamente vislumbrada a partir das idéias de *supremacia da lei (Gesetzesvorrang)* e *reserva da lei (Gesetzvorbehalt)*,[24] sendo que a primeira acepção significa que todo o órgão de Estado deve submeter-se à ordem jurídica, sendo a lei aqui entendida como toda regra de direito que estabelece os direitos ou obrigações dos cidadãos. Por outra parte, a segunda idéia de legalidade refere que os agentes públicos estão obrigados a agir com base em uma lei para estabelecer restrições sobre as liberdades individuais e a propriedade, adotando-se uma concepção mais restrita de lei.

A legalidade, via de regra, é considerada pela dogmática do Direito Administrativo a mais importante das pautas jurídicas, constituindo-se na obrigatoriedade de a Administração Pública submeter-se à própria lei que criou, vedando que qualquer agente público venha a tomar uma decisão individual que desborde dos limites fixados por uma disposição geral. No entanto, cada vez mais surgem concepções teóricas que defendem como critério limitador não apenas a lei em sentido formal, mas o Direito com todas as suas possibilidades de sentido, determinando assim, por exemplo, a inclusão da razoabilidade como pauta legitimadora da lei, havendo, por conseqüência a ampliação da base de legalidade, incluindo-se em tal parâmetro, destarte, a proteção e implementação dos direitos fundamentais, chegando-se a falar em "bloco de legalidade". Em tal sentido, vale mencionar a concepção de legalidade utilizada por René Chapus, englobando um conjunto hierárquico e complexo de normas constitucionais, legislativas, juris-

---

[23] Neste sentido, vale a observação de Alfredo Gómez-Muller: "Pero en realidad la cosa, como cosa, sigue estando descartada, sigue siendo algo nulo y, en este sentido, está aniquilada. Esto ocurrió y ocurre de un modo tan esencial, que no es que a las cosas ya no se les permita ser cosas sino que las cosas todavía no han podido aparecer nunca al pensar como cosas", in *Os comunitaristas e a crítica ao individualismo liberal: Alasdair Macintyre, Charles Taylor, Michael Welzer*, In: História Argumentada da Filosofia Moral e Política. São Leopoldo: UNISINOS, 2004, p. 652. Cada vez mais, faz-se mister trazer para o âmbito do direito administrativo o debate entre liberais e comunitaristas e que tem ocupado diversos autores da filosofia política, como CITTADINO, Gisele. *Pluralismo, Direito e Justiça Distribuitva. Elementos da Filosofia Constitucional Contemporânea*. Rio de Janeiro: Lúmen Júris, 1999. Como já especificado a legalidade é significada preponderantemente por intermédio de uma perspectiva liberal, fundada na crença de edificar um sistema com base em regras universais, independente de tradições práticas. No entanto, tal modelo expressa apenas uma concepção particular de fazer acontecer a ação administrativa. É imperioso vislumbrar tal espécie de ação a partir dos diversos âmbitos de sentido de uma dada sociedade, por exemplo, a legalidade no Brasil deverá considerar as especificidades de um país de modernidade tardia nos processos de construções significativas, até porque "toda avaliação prática, inclusive a avaliação do justo, supõe uma estrutura hermenêutica particular que reúne as significações múltiplas atribuídas aos diferentes bens sociais: 'não há princípios externos universais, de avaliação, destacados dessa estrutura hermenêutica fundamental" (cf. GOMEZ-MULLER, Alfredo, *op. cit.*, p. 654).

[24] Cf. GRISEL, André. *Droit Administratif Suisse*, Ides et Calendes, 1975, p. 162.

prudenciais, regulamentares, bem como àquelas provenientes de convenções internacionais.[25]

Conforme é possível detectar, a dogmática jurídico-administrativa vem paulatinamente ampliando o seu entendimento sobre a legalidade, aduzindo uma pauta axiológica de limitação da Administração Pública, mas, ainda atrelada às antípodas do positivismo formalista, problema este igualmente constatado por Friedrich Müller relativamente ao Direito Constitucional, pois o método de trabalho adotado pela dogmática jurídica compreende a Constituição como um sistema formal de leis constitucionais, representando a lei um ato de vontade estatal em forma de lei, não sendo possível para o positivismo que as normas e instituições constitucionais possam demonstrar um vínculo objetivo com os dados históricos ou sociais, um vínculo que pudesse reaparecer no curso da concretização sob a forma de um conteúdo factual, havendo, assim, uma dogmática pura no Direito Constitucional liberta de elementos não jurídicos através da exclusão da história, da filosofia e dos pontos de vista políticos.[26]

No âmbito do regime administrativo, encontra-se presente um programa de construção teórica similar, pois os princípios também são vislumbrados como sistema formal, sem haver maiores teorizações sobre os vínculos históricos, políticos, sociais e filosóficos presentes na aplicação desta espécie de material normativo, podendo-se dizer que a dogmática jurídica do direito administrativo busca construir um campo normativo de "baixa interdisciplinariedade".[27]

4. A jurisprudencialização da legalidade no direito administrativo: a viragem hermenêutica para a juridicidade

O exercício da atividade jurisdicional constitui-se em trabalho fundamental para a concretização do Direito (Administrativo), sendo que até hoje há ampla difusão de debates sobre questões metodológicas, como por exemplo, se a decisão judicial é o resultado de um processo criativo ou, simplesmente, reduz-se a traduzir o conteúdo do texto de lei. Conforme detectou-se ao longo desta pesquisa, a dogmática jurídico-administrativa possui profundo enraizamento no positivismo formalista, havendo grande reticência

---

[25] *Droit Administratif General*, 11ª ed., Paris: Montchrestien, 1997, p. 907.
[26] FRIEDRICH, Müller. *Discours de La Méthode Juridique*. Traduzido por Olivier Jouanjan. Paris: PUF, 1993, p. 100.
[27] Aqui é interessante a concepção de Friedrich Müller sobre o positivismo jurídico: "pour le positivisme, la science juridique doit se limiter au droit positif existant. Il ne saurait accepter que, à l'ocasion de l'interprétation et de l'application des normes, soient pris en compte des contenus philosophiques ou idéologique, ni même historiques, politiques ou sociaux à l'extérieur, en marge ou à l'intérieur du champ de la réglementation normative" (*Discours de La Méthode Juridique*, p. 101-02).

em problematizar o processo de aplicação dos textos legais do regime da Administração Pública, mesmo quando estes possuem um caráter principiológico. O Direito Administrativo caracteriza-se por não ser um direito codificado, apresentando-se, no entanto, como "legislado", o que, historicamente, deu ensejo à formação de um verdadeiro "direito jurisprudencial", muito embora, como será aludido, com grande pendor exegético. Esta discussão já possibilitou o surgimento no Direito Francês diversos estudos,[28] podendo ser mencionada a análise de Jacques Hardy, segundo o qual, de fato, algumas matérias do Direito Administrativo Francês têm sido objeto de intervenção legislativa, mas, em determinadas hipóteses, o direito aplicável é de origem puramente jurisprudencial. Para os fins deste breve estudo, não há maior importância sobre as discussões relativas aos espaços nos quais poderiam exsurgir esta atividade criativa do trabalho jurisdicional, se nos casos de "lacunas", aplicação de "termos indeterminados" etc., mas como a jurisprudência pátria vem concretizando o conjunto de princípios estruturadores do regime administrativo, adotando-se, com efeito, a postura de George Vedel de que uma das características do Direito Administrativo é ser *"un droit essentiellement fait par le juge"*.[29]

O sentido comum teórico da jurisprudência brasileira, em matéria de direito administrativo, compreende que um caso jurídico pode ser resolvido por meio de um silogismo, no qual a hipótese fática seria subsumida ao texto da norma, situação esta detectada também por Friedrich Müller relativamente à jurisprudência constitucional da Alemanha. Esta interpretação seria realizada recorrendo-se, por exemplo, à letra do texto, à história do surgimento da norma, à evolução histórica da regulamentação, ao contexto sistemático da norma, ou seja, à *ratio* ou ao *telos* da disposição.[30] O regime administrativo é formado por um conjunto de princípios jurídicos ora funcionalizados como limites da atividade da Administração Pública, ora como prerrogativas para o exercício de competências administrativas. A jurisprudência utiliza este conjunto principiológico como se o processo de decisão jurídica fosse resultado de uma atividade lógico-formal, fulcrada na imagem do texto – considerando que o conteúdo do princípio não é explicitado

---

[28] Cf. HARDY, Jacques. Le Statut Doctrinal de la Jurisprudence en Droit Adminitratif Francais. In: *Reveu du Droit Public*, Paris, L.G.D.J., volume ou número 2, p. 453, mês(es). 1990, p. 453. O autor faz referência a alguns estudos que tratam do tema: S. BELAÏD. *Essair sur le pouvoir normatif du juge*. LOCAL: L.G.D.J., 1974; R. DAVID. La juriprudence, Droit prospectif. In: *R.R.J* n. 3, p. 776, 1983; DUOEYROUX. *La doctrine française et le problème de la jurisprudence source du droit*, Mélanges Marty, 1978, p. 463; P. ESMEIN. *La jurisprudence el la loi*. In: *R.T.D.C.*, p. 19, 1952; Ph. JESTAZ, *La jurisprudence: reflexion sur um malentendu*, D., 1987, p. 11; J. RIVERO. *Le juge administratif français:* um juge qui gouverne, D., 1951, p. 21; J. ROCHE. *Réflexions sur le pouvoir normatif des juges*. A., J. D. A., 1962, p. 532; M. WALINE. *Le pouvoir normatif de la jurisprudence*, Mélanges Scelle, 1950, tome 2, p. 613.
[29] VEDEL, George; DEVOLVÉ, Pierre. *Droit Administratif*, p. 88.
[30] MÜLLER, Friedrich. *Discours de La Méthode Juridique*, p. 52.

pelo direito positivo – e que, após interpretado, sua aplicação estaria a revelar a "vontade implícita do sistema jurídico".

Tais afirmações, por exemplo, podem ser detectadas na cotidianidade dos julgamentos proferidos pelos tribunais pátrios, quando utilizam o princípio da legalidade para fundamentar suas decisões, cujo conteúdo significa que a Administração Pública está, em toda a sua atividade "sujeita aos mandamentos da lei, deles não se podendo afastar, sob pena de invalidade do ato e responsabilidade de seu ator. Qualquer ação estatal sem correspondente amparo legal, ou que exceda ao *âmbito demarcado pela lei*, é injurídica e expõe-se à anulação...", ou, ainda, que através da aplicação deste princípio busca-se "fazer valer a vontade concreta" da lei, sendo a relação administrativa aquela que "decorre da lei", não podendo "afastar-se do objetivo da lei", somente sendo dado à Administração Pública "fazer o que a lei autoriza", bem como impor restrições aos administrados somente em virtude de lei.[31]

Por óbvio, a legalidade ocupou e ocupa espaço importante para a consolidação de ideais garantistas, mostrando-se elemento fundamental para ultrapassar o que se convencionou chamar de "Governo dos Homens". No entanto, tal princípio é compreendido pela dogmática jurídica hodierna do direito administrativo dentro de um fetichismo legal, como se houvesse uma lei-em-si, isto é, como se o texto, por si, fosse suficiente para a compreensão, por exemplo, de uma obrigação jurídica, havendo a utilização do argumento de que a interpretação decorre do texto da Constituição ou de que algum dispositivo da Constituição diz como deve ser entendido outros princípios, como o da isonomia, chegando-se, inclusive, a não adotar a interpretação conforme a Constituição quando "o sentido da norma é unívoco", utilizando-se, também, como elemento de justificação de decisão que anulou portaria, a circunstância de que a Administração, mesmo no exercício do poder discricionário, deve "atender o fim legal", ou seja, aquilo que vem expresso ou subentendido na lei a que está obrigado, considerando que a lei pode determinar a solução que melhor atenda o interesse público.[32]

---

[31] BRASIL. Supremo Tribunal Federal. RE nº 195227/DF, 2ª T., STF, rel. Min. Maurício Correa, j. 27.09.96.; BRASIL. Supremo Tribunal Federal. AGRRE nº 2988661/SP, 2ª T., STF, rel. Min. Carlos Velloso; MS nº 758/93, 1º GCC, TJRJ, rel. Des. C. A. Menezes Direito, j. 10.11.93.; BRASIL. Superior Tribunal de Justiça. REOMS nº 95.04.20237-3-SC, 4ª T., TRF 4ª R., rel. Juiz Amaury Chaves de Athayde, unânime, DJU 12.08.1998, p. 832, p. 832; BRASIL. Tribunal Regional Federal. AC nº 94.01.35130-0-MG, 4ª T., TRF 1ª R., Rel. Juiz Alexandre Vidigal, Unânime, DJU 26.02.1999, Interesse Público Ano 1, nº 2, abril/junho de 1999, São Paulo: Nota Dez, 1999, p. 212; BRASIL. Tribunal Regional Federal. AC nº 1998.01.00.016651-0-DF, 1ª T., TRF 1ª R., rel. Juiz Catão Alves, unânime, DJU 08.02.1999; BRASIL. Supremo Tribunal Federal. RE nº 168.566-2-RS, 2ª T., STF, Rel. Min. Nelson Jobim, Unânime, DJU 18.06.99, IP nº 3/143; BRASIL. Superior Tribunal de Justiça. REsp nº 164.141-MG, 1ª T., STJ, rel. Min. Demócrito Reinaldo, Unânime, DJU 07.06.99.

[32] MS nº 135.254, 4ª T., TRF 3ª R., rel. Juiz Silveira Bueno, j. 28.09.94, RDA 201/180; BRASIL. Supremo Tribunal Federal. ADIN nº 231, Pleno, STF, rel. Min. Moreira Alves, j. 05.08.92, RDA 191/115; BRASIL. Supremo Tribunal Federal. AI nº 141.189, 2ª T., STF, rel. Min. Marco Aurélio, j.

Em última análise, pode-se constatar, a aplicação da legalidade é marcada pelo raciocínio da subsunção, em que o texto apresenta-se como elemento objetivo de demarcação da solução a ser dada no caso concreto, havendo um preenchimento, através de argumentos de autoridade, sobre o conteúdo do princípio a ser utilizado. As decisões aludidas confirmam que ainda paira sobre o regime administrativo e a aplicação de seus textos legais e constitucionais, a vetusta discussão entre objetivistas e subjetivistas,[33] podendo-se chegar à conclusão que a aplicação dos princípios jurídico-administrativos constitui-se em uma fusão destas duas concepções dogmáticas.

Desta forma, há grande pendor metafísico e tecnificante na caracterização da legalidade no regime administrativo. Como alude Ernildo Stein,[34] é preciso ultrapassar o modo de pensar objetificador para um pensar empírico, no caso, do princípio da legalidade. As construções teórico-dogmáticas e as aplicações jurisprudenciais, conforme pode-se constatar, olvidam dois teoremas fundamentais da filosofia de Martin Heidegger: o círculo hermenêutico e a diferença ontológica. Mesmo quando é possível obter uma construção mais sofisticada de legalidade material, em comparação com a tradicional legalidade formal, ainda sim, não se percebe que os textos legais, sejam constitucionais ou infraconstitucionais, somente chegam aos operadores do direito como sentido(ser), *algo como algo*. Logo, na compreensão de qualquer ente jurídico há sempre uma pré-compreensão que a antecede. O administrador público quando desenvolve sua ação administrativa, o faz no âmbito de uma circularidade hermenêutica, na qual a aplicação de um texto resulta da fusão de horizontes do próprio intérprete com o horizonte de sentido que lhe chega da tradição. A legalidade, com efeito, envolve sempre um processo de auto compreensão e uma participação do administrador público no sentido de um determinado ente. O que, via de regra, é velado pelo pensar objetificador é exatamente que materializar a legalidade diz respeito a uma relação sujeito-sujeito, não se reduzindo a um dedutivismo típico de uma compreensão sujeito-objeto.

Destarte, a legalidade, como existencial do regime da Administração Pública, atua como "sentido de legalidade", sob pena de olvidar a diferença ontológica entre ser e ente. O ente apenas é acessível para o operador do

---

09.06.92, RDA 191, p. 142. BRASIL. Superior Tribunal de Justiça. MS nº 5.698, 1ª Seção, STJ, rel. Min. Nancy Andrighi, j. 26.04.2000, RDA 225/266.

[33] Sobre o debate ver STRECK, Lenio Luiz. *Hermenêutica Jurídica (e) m Crise*, p. 96-100: "Muito se tem discutido acerca das teses da voluntas legis versus voluntas legislatoris. Tem-se perguntado os juristas de todos os escalões: afinal, o que vale mais: a vontade da lei ou a vontade do legislador? Tem importância saber/descobrir o que é que o 'legislador' quis dizer ao elaborar o texto normativo? Qual era a sua intenção? É possível descobrir 'a vontade da lei'? Pode uma norma querer alguma coisa? É possível descobrir o 'espírito' de uma lei?" (Idem, p. 96). Relativamente a este tema, ver também FERRAZ JR., Tércio Sampaio. *A Ciência do Direito*. São Paulo: Atlas, 1980, p. 76.

[34] *Pensar é Pensar a Diferença: filosofia e conhecimento empírico*. Ijuí, Rio Grande do Sul: UNIJUI, 2002.

direito por intermédio do seu ser e o ser é sempre ser do ente. Corolário, quando se examina tal princípio, a partir de uma visão filosófica, não se pode esquecer o papel do homem como formador de mundo, inclusive na materialização de textos legais. Relativamente a esta questão, mais uma vez, assume relevância o pensamento de Friedrich Müller[35] quando reconhece não haver identidade entre texto da norma e norma, a partir dos elementos por ele nominados de *âmbito da norma* e *programa da norma*, sendo que este estaria a expressar o teor literal da norma e aquele o recorte da realidade social na sua estrutura básica que o programa da norma escolheu para si ou em parte criou para si como seu âmbito de regulamentação.

Com efeito, no plano hermenêutico, determinado texto pode ser utilizado para a compreensão de mais de uma norma jurídica, considerando a necessidade de aplicá-lo a partir do conjunto de circunstâncias fáticas e jurídicas. A norma jurídica, utilizando a expressão cunhada por Lenio Luiz Streck, é uma *parada hermenêutica* realizada pelo operador do Direito na trama sucessiva do círculo hermenêutico. O pensamento objetificador compreende a norma jurídica, primeiro como se fosse o próprio texto e, segundo, mesmo quando vislumbra esta ausência de identidade, entende ser possível obtê-la dedutivamente aplicando um conjunto de signos lingüísticos ou um "método" capaz de lhe fornecer a "vontade do legislador" e a "vontade da norma".[36] Trata-se de um modo-de-ser típico do pensamento formalista e que não consegue dar-se conta da própria *diferença ontológica* entre ser e ente. O texto, portanto, é importante elemento para o desvelamento da norma jurídica, no sentido de "alétheia", pois esta última se dá a partir do ter prévio, ver prévio e conceber prévio do intérprete e da descrição dos indícios formais. Este não seria o espaço adequado para desenvolver a complexidade de construção das normas jurídicas, sob o ponto de vista da fenomenologia hermenêutica, pois tal tarefa demandaria uma pesquisa específica. A referência a esta teorização somente foi feita com o intuito de dimensionar os reflexos da diferença ontológica e do círculo hermenêutico na questão da legalidade, pois o regime administrativo, dentre diversos princípios que lhe atribuem sentido, é calcado neste último.

---

[35] MÜLLER, Friderich. *Discours de La Méthode Juridique*, p. 186 e ss. Não interessa neste estudo descrever com maior profundidade o pensamento deste autor sobre a diferenciação entre norma e texto, pois tal referência apenas é aqui colacionada para indicar algumas novas condições de possibilidade postas pela doutrina mais recente. De qualquer sorte, ver, a análise crítica realizada por STRECK, Lenio Luiz. *Hermenêutica Jurídica (e)m Crise: uma exploração hermenêutica da construção do Direito*, p. 218.

[36] Como em RIO GRANDE DO SUL. Tribunal de Justiça. AC nº 70002521961, 3ª CC, TJRS, Rel. Des. Nelson Antonio Monteiro Pacheco, j. 09.08.01, ao julgar apelação de servidor público, em mandado de segurança por ele impetrado, contra ato administrativo de exoneração, utilizando como argumento: "Ora, a lei é clara quando se refere ao servidor público, não podendo seus benefícios serem estendidos aos trabalhadores temporários, pois em caso positivos se estaria ferindo o princípio da legalidade que norteia todos os atos da administração pública". Já, em RIO GRANDE DO SUL. Tribunal de Justiça. AC nº 70003044849, 3ª CC, TJRS, Rel. Des. Augusto Otavio Stern, j. 04.10.01, fez-se a seguinte consideração: "em havendo expressa disposição de lei contrária aos interesses da autora, não pode o Estado-Juiz arvorar-se em legislador em alterar o espírito legislativo em seu todo."

A legalidade, os entes administrativos e o horizonte principiológico e valorativo da Constituição *acontecem* num todo existencial de remissões previamente dadas pelo *Dasein*, este ente compreendedor de presencialidade aberta para o mundo. A fenomenologia hermenêutica possibilita que o homem esteja já neste mundo e não um sujeito que compreende os entes fora de um modo-de-ser-no-mundo. A legalidade que os operadores do Direito conhecem não decorre de uma relação sujeito-objeto, pois o ente-legalidade que o *Dasein* conhece já faz parte dele enquanto ser-no-mundo. Na medida em que o Ser-aí é sempre lançado para uma situação concreta, age discursivamente e caracteriza-se pelo entendimento. Desvelar a legalidade no Estado Democrático de Direito remete para estes indícios do modo-de-ser do *Dasein*, acontecendo a partir do conjunto de circunstâncias fáticas, no âmbito de uma linguagem originária, capaz de ultrapassar o dizer metafísico e no modo de ser-com-os-outros.

É possível, assim, pensar a legalidade de um modo não objetificado, agora como juridicidade(hermenêutica),[37] lançando um questionamento pelo ser, até porque, via de regra, o ser da legalidade é interpretado como a idéia do ente-legalidade, tomado como representação. Fenomenologicamente, a via de acesso para este pensar é *ir às coisas mesmas*, localiza-se em assumir a postura de estranhamento diante do modo-de-ser-cotidiano da dogmática jurídico-administrativa, abrindo-se uma clareira para que o ser-do-princípio-legalidade venha a manifestar-se, desocultando-se. Tal modo de pensar leva ao labor de distinguir aqueles pré-conceitos que cegam, que velam o sentido de legalidade, daqueles que possibilitam um dizer mais originário, pensado empiricamente, sendo fundamental denunciar a forma objetificante e metafísica de ver o texto legal como tal.[38]

Quando se fala em legalidade, é preciso que o operador do Direito passe a habitar o texto legal junto ao ente Constituição, pois no Estado Democrático de Direito, como horizonte de tradição histórica, ela é que faz aparecer a norma jurídica. Trata-se de um modo de pensar a partir da relação de co-originariedade, adotando-se o exemplo da ponte utilizado por Heidegger e trazido para o direito constitucional por Lenio Luiz Streck.[39] A

---

[37] Sobre a juridicidade ver ROCHA, Cármen Lúcia Antunes. *Princípios Constitucionais da Administração Pública*. Belo Horizonte: Del Rey, 1994, p. 69-141 e BAPTISTA, Patrícia. *Transformações do Direito Administrativo*. Rio de Janeiro: RENOVAR, 2003, p. 108: "Hoje, portanto, caminha-se para a construção de um princípio da legalidade não no sentido da vinculação positiva à lei, mas de vinculação da Administração ao Direito. O princípio da legalidade ganha, assim, a conotação de um princípio da juridicidade". Em igual sentido, MORAES, Germana de Oliveira. *Controle Jurisdicional da Administração Pública*. São Paulo: Dialética, 1999, p. 24.

[38] Como alude Hans-Georg Gadamer "um preconceito só pode atuar sobre nós, como preconceito no sentido próprio do termo, enquanto não estivermos suficientemente conscientes do mesmo. Mas a descoberta de um preconceito não é possível enquanto ele permanecer simplesmente operante; é preciso de algum modo provocá-lo" (*problema da Consciência Histórica*, p. 68).

[39] STRECK, Lenio Luiz. *Hermenêutica Jurídica (e)m Crise*, p. 283.

ponte não existe em sua generalidade, pois ela não só liga as margens que aí estavam desde sempre, como faz, na verdade, aparecer as margens como margens, isto é, especialmente por sua presença, a ponte destaca uma margem da outra, opõe uma margem à outra, permitindo que se possa referir à margem na qual se está situado como sendo esta margem, enquanto a outra, a distante, como aquela margem. A ponte, com efeito, tem a particularidade de fazer aparecer um lugar, pois antes da ponte não havia um lugar. Os princípios constitucionais, portanto, constituem-se em possibilidade ôntico-otológica do ente princípio da legalidade, fazendo com que este *locus* que é a legalidade apareça. Dos princípios constitucionais é que ele brota como normatividade vinculante para a Administração Pública. Na totalidade de sentido dos princípios constitucionais – ser – é fundado o espaço de normatividade no qual aparecem os entes do regime jurídico administrativo. Com efeito, o ente princípio constitucional é fundador, responsável por uma variedade de referências, ou seja, a partir dele emergem outros espaços jurídico-administrativos e que podem ser tomados como próximos ou distantes. Os princípios constitucionais abrem uma clareira no princípio da legalidade, constituindo-se como a casa do ser da legalidade. Logo, os operadores do Direito devem habitar junto ao ente princípio constitucional para que a legalidade se deixe desvelar, ensejando a produção de sentidos normativos-constitucionais antes impensados. Ir aos princípios constitucionais, no modo de interrogar fenomenológico de ir às coisas mesmas, passa pela pré-ocupação dos diversos modos de ser das remissões existenciais entre o entes administrativos e os princípios constitucionais.

Esta mudança de perspectiva em relação ao ente legalidade pode contribuir para ultrapassar o pensar objetificador e o paradigma liberal-individualista. Em relação a este último, pensar legalidade é lançar um conjunto de interrogações para faze-la acontecer – no sentido hermenêutico – como modo de resgatar as promessas da modernidade e um importante *locus* para a proteção de bens jurídicos transindividuais. A legalidade, assim, há de ser compreendida como condição de possibilidade para uma ação administrativa transformadora do *status quo*, construída a partir de um conjunto de indicações formais constitucionais como a cidadania(art. 1º, II), dignidade da pessoa humana(art.1º, III), erradicação da pobreza(art. 3º, III), moralidade (art. 37, "caput"), etc.

5. A metafísica do mérito administrativo como instância de imunidade do poder

O esquecimento da pergunta originária igualmente encontra-se na vetusta concepção de *mérito do ato administrativo*. Noção aplicada por muitos operadores do Direito sem qualquer *vigilância hermenêutica*. A construção dogmática de mérito administrativo, por vezes, está associada com a idéia de "boa administração", remetendo para a esfera administrativa exclusivamente a valoração dos critérios de "conveniência" e "oportunidade".[40]

Dois elementos estruturantes estariam na base de tal construção teórica: o princípio da separação de poderes e a existência de uma instância de decisão na qual a Administração Pública poderia agir desvinculada de quaisquer critérios jurídicos.[41] Um dos autores clássicos que tratou deste tema foi M. Seabra Fagundes, em artigo publicado na Revista de Direito Administrativo, intitulado *Conceito de Mérito no Direito Administrativo*, referindo constituir-se o mérito em um aspecto importante do procedimento da Administração e relacionado com circunstâncias e apreciações que somente poderiam ser detectadas pelo administrador, sob pena de imiscuir-se no terreno da gestão política.[42] Desta forma, o mérito, muito embora para a dogmática tradicional, não integre o ato administrativo, como um dos seus elementos constitutivos, diz respeito à uma espécie de dimensão política da ação da Administração Pública, materializando-se pelos critérios de conveniência e oportunidade, compreendendo aspectos de justiça, acerto, utilidade, eqüidade, razoabilidade, moralidade, etc.[43]

No intuito de melhor dimensionar as pré-compreensões que foram construídas em torno do mérito administrativo, faz-se mister fazer um breve comentário sobre a própria construção teórica da separação de poderes que acabou prevalecendo no Direito Administrativo. Não se pode desconhecer a influência da Revolução Francesa com a nominada "legislação revolucionária" que, em nome do princípio acima aludido, vai proibir os tribunais comuns de se imiscuírem no domínio da Administração, na medida em que a resolução dos litígios administrativos não deveria estar submetida ao con-

---

[40] Conseqüentemente, "o mérito pressupõe o exercício da discricionariedade, sem, no entanto, com ela confundir-se, embora constitua seu núcleo, por ser a lídima expressão da autonomia administrativa, insuscetível, quer de pré-fixação pelos elaboradores da norma jurídica, quer de fiscalização pelo Poder Judiciário", cf. MORAES, Germana de Oliveira. *Controle Jurisdicional da Administração Pública*. São Paulo: Dialética, 1999, p. 43.

[41] Nestes termos alude Digo Freitas do Amaral: "costuma-se dizer que no mérito do acto administrativo se compreendem duas idéias. A idéia de justiça e a idéia de conveniência. É, aliás, o que resulta do próprio texto do artigo 21º da LOSTA. O que é a justiça de um acto administrativo? É a adequação desse acto à necessária harmonia entre o interesse público específico que ele deve prosseguir, e os direitos e os interesses legítimos dos particulares eventualmente afectados pelo acto. Quanto à conveniência do acto, é a sua adequação ao interesse público específico que justifica a sua prática ou à necessária harmonia entre esse interesse e os demais interesses públicos eventualmente afectados pelo acto" (*Direito Administrativo*, Volume II, Lisboa, 1988, p. 154-155).

[42] Conceito de Mérito no Direito Administrativo. *In: Revista de Direito Administrativo-Seleção Histórica*, 1991. Rio de Janeiro; RENOVAR, p. 189.

[43] Aqui denota-se a influência da dogmática italiana da época na idéia do sentido político do mérito administrativo e os critérios de conveniência e oportunidade para identificá-lo, conforme menciona Seabra Fagundes os textos de Presutti, *Istituzioni di Diritto Amministrativo Italiano*, 3ª ed., vol. I, p. 156-157; Lentini, *Istituzioni di Diritto Amministrativo*, 3ª ed., vol. II, p. 80-81; Orlando, *Primo Trattato Completo di Diritto Amministrativo Italiano*, 3ª ed., volume III, p. 55-56.

trole jurisdicional.⁴⁴ Partia-se do pressuposto, e que conforme uma gama considerável de decisões dos nossos tribunais pátrios até hoje prepondera, *"julgar a Administração é ainda administrar"*. A leitura que os liberais franceses fizeram da separação de poderes é fruto da reação contra o modo de atuação dos parlamentos judiciários no antigo regime. Logo, "conscientes da experiência anterior, os revolucionários franceses, após a conquista do poder, receavam que o controlo da actuação da Administração pelo tribunais ordinários pudesse pôr em causa a 'nova ordem' estabelecida, criando desnecessários entraves à actuação das autoridades administrativas (a partir daí 'em boas mãos')".⁴⁵

Valendo-se de técnicas do Antigo Regime, como interditar os tribunais de julgarem os litígios administrativos, o direito administrativo nasceu a partir de uma fusão de horizontes liberais e autoritários, como, ironicamente menciona Vasco Manuel Pascoal Dias Pereira da Silva em relação ao contencioso francês, "... poder-se-ia dizer que o sistema de contencioso administrativo francês têm uma 'costela' liberal e uma 'costela' autoritária, que decorrem do entendimento do Estado saído da revolução francesa como liberal por parte da 'mãe' (Locke, Montesquieu), e autoritário por parte do 'pai' (Hobbes, Rosseau)".⁴⁶

Relativamente à compreensão preponderante sobre o mérito administrativo por parte dos tribunais pátrios, vale colacionar a seguinte decisão do Tribunal de Justiça do Estado: *"Administrativo. Servidor público. Falta.*

---

⁴⁴ Cf. PEREIRA DA SILVA, Vasco Manuel Pascoal Dias. *Em Busca do Acto Administrativo Perdido*. Coimbra: Livraria Almedina, 1996, p. 11-12. O autor refere-se ao artigo 7º do decreto de 22 de setembro de 1789, artigo 13 da lei 16-14 Agosto de 1790, artigo 3º da Constituição de 5 de Setembro de 1791 e do decreto 16 do "Frutidor", ano III da Revolução.

⁴⁵ Cf. PEREIRA DA SILVA, Vasco Manuel Pascoal Dias. *Em Busca do Acto Administrativo Perdido*. Coimbra: Livraria Almedina, 1996, p. 23.

⁴⁶ *Op. cit.*, p. 34. É crucial compreender que uma das características do poder soberano, a partir do pensamento construído por Thomas Hobbes em textos como o *Leviatã* e o *Tratado sobre a cidadania*, é o seu caráter absoluto e ilimitado, na medida em que o soberano saberia aquilo que é necessário para a defesa dos súditos. Como referiu o autor: "O soberano de um Estado, quer seja uma assembléia ou um homem, não se encontra sujeito às leis civis, Dado que tem o poder de fazer revogar as leis pode quando lhe aprouver libertar-se dessa sujeição, revogando as leis que o estorvam e fazendo outras novas: por conseqüência, já antes era livre" (*Leviatã*, Capítulo XXVI, § 2º, p. 218). Denota-se, por vezes, não apenas em alguns administrativistas, mas em alguns administradores uma porção acentuada desta idéia de "administrador-soberano", desvinculado, quando na atuação do mérito administrativo, de parâmetros de controle, como se fosse da essência do poder administrativa a liberdade absoluta de agir. Ora, a partir do momento em que o Poder Judiciário cria uma "instância de imunidade administrativa" retorna, de uma certa maneira, ao entendimento de "administrador-soberano". É claro, é importante ressaltar a própria idéia diferenciada e inadequada para os dias de hoje, sobre a lei em Hobbes. Conforme Eduardo C. B. Bittar, *Doutrinas e Filosofias Políticas. Contribuições para a História da Ciência Política*. São Paulo: Editora Atlas S. A., 2002, p. 159, "a concepção de lei que possui Hobbes é completamente servil. É servil, pois serve aos fins do Estado e, mais do que isso, serve ao soberano. Grife-se, e isso é muito importante: não são as leis que regulam a conduta do soberano, mas o soberano que controla o sentido e a hermenêutica das leis vigentes no Estado. A lei é vassala do soberano. Hobbes teme que as leis pudessem ser interpretadas desfavoravelmente à vontade do soberano, de modo que fossem postas contra ele, o que, para Hobbes, seria inadmissível".

Abono. Legalidade do Ato Administrativo. 1. Não pode o órgão judiciário controlar o mérito do ato administrativo. Se o abono ou não da falta cabia, por força da doença do servidor, é matéria que respeita ao mérito do ato da Administração. 2. *Apelação Provida*".[47]

Em outro precedente, partindo-se de tal premissa metodológica, deixou-se de examinar a prática de furto por servidor punido pela Administração Pública: "Administrativo. Servidor Público. Furto de Tacógrafo. Sindicância. Aplicação de Pena de Advertência. Legalidade do Ato Administrativo. 1. Não pode o órgão judiciário controlar o mérito do ato administrativo. Se o servidor é culpado ou não pelo furto, é matéria que respeita ao mérito do ato Administrativo. 2. Segurança denegada".[48]

Ora, os casos supra retratados denotam o modo-de-ser da dogmática tradicional do direito administrativo, pois a instância na qual a verdade vai ser buscada é o enunciado, o juízo, adotando-se uma compreensão de ciência como a unidade de um contexto de fundamentação de orações verdadeiras,[49] ou seja, o resultado passa a ser o determinante da ciência, quando, dentro da concepção filosófica aqui adotada, é imperioso problematizar a ciência e, no caso o direito administrativo, não como resultado, mas como obra mesma que é, com o seu produzir juridicizante da atuação administrativa. Nos julgados aludidos, o critério de cientificidade foi a "aceitabilidade" da noção metafísica de mérito do ato administrativo. Portanto, quando se lança a proposta de estabelecer uma base de interrogação filosofante no Direito Administrativo, a tarefa é bem mais complexa do que apenas ultrapassar antigos enunciados de verdade para inserir novas pautas conceituais,

---

[47] RIO GRANDE DO SUL. Tribunal de Justiça. Apelação Cível nº 70005981618, TJRS, 4ª CC, Rel. Des. Araken de Assis, j. 28.05.03. Tratava-se do caso no qual determinado servidor público, ocupando o cargo de Gari do Departamento Municipal de Limpeza Urbana, ausentou-se do trabalho para consulta e encaminhamento de baixa hospitalar no Hospital de Porto Alegre, aduzindo ser dependente químico e necessitando de tratamento. O pedido administrativo de abono da falta foi indeferido, sob a alegação de ter o autor comparecido ao trabalho e alcoolizado, faltando com respeito aos colegas. Neste julgado restou patente a compreensão calcada na postura de *fascínio pela técnica* e fundada pelo mediar representativo dos entes jurídicos, quer dizer, a ciência parte de determinados conceitos e postulados entificados e objetificados, permeados pela matriz metafísica, obtidos por intermédio da relação sujeito-objeto, deixando de haver o questionamento da coisa mesma. Conforme consta no voto prevalecente, para o deslinde do caso "não importava a doença do autor"(!!), pois partindo-se do *postulado metodológico* de que "ao Poder Judiciário é vedado apreciar, no exercício do controle jurisdicional, o mérito dos atos administrativos", não caberia entrar no mérito do juízo emitido pela Administração, anotando a falta do servidor.

[48] RIO GRANDE DO SUL. Tribunal de Justiça. Reexame Necessário nº 70005629852, 4ª CC, TJRS, Rel. Des. Araken de Assis, j. 04.06.03. No feito, servidor público impetrou mandado de segurança contra ato do Prefeito Municipal alegando ter sido punido com pena de advertência em virtude da ocorrência de furto de um tacógrafo da Kombi escolar por ele dirigida, mas não agiu com culpa, devendo ser modificada a punição imposta. Explicitando que a doutrina aceita no direito pátrio menciona não caber ao Poder Judiciário o controle do mérito do ato administrativo, não constatando nenhum vício na sindicância instaurada, deixou de examinar a conduta praticada pelo servidor, importando, para o caso, o fato de existir decisão do Sr. Prefeito aplicando a pena.

[49] HEIDEGEGR, Martín. *Introducción a la filosofia*, p. 59.

mais uma vez explicitando, como se nos enunciados estivesse a absoluta possibilidade do acontecer do Direito Administrativo.

Para ir além deste verdadeiro *habitus dogmaticus*,[50] sempre é válida a referência heideggeriana da *ação original*, quer dizer, no âmbito do direito administrativo os entes jurídicos devem ser submetidos ao *passo atrás* como modo de possibilitar sejam eles desvelados como tal, compreendidos na sua *quidditas*. No entanto, a grande maioria dos eixos dogmáticos do direito administrativo fixam-se no modo metafísico de ver os entes, considerando-os apenas sob a perspectiva ôntica e sem a problematização ontológica. A relação entre filosofia e direito administrativo, a partir dos pressupostos teóricos aqui trabalhados, também, há de privilegiar o modo ontológico de interrogar os entes jurídico-administrativos. Tal modo de interrogar está relacionado com a "coisalidade da coisa" de que falava Heidegger,[51] ou seja, um modo mais originário de perguntar por aquilo que faz a coisa ser coisa enquanto tal. O paradigma dogmático, fundado no modo de ser abstrato-objetificante, desconsidera que as coisas são singulares, no sentido filosófico. No "isto", fenomenologicamente falando, está presente um mostrar, indicar a coisa e que chega ao encontro com a característica do "isto".[52] Por isso, quando se fala de um determinado ente jurídico-administrativo, é importante compreender que ela já chega ao operador com um "isto" que o faz mostrar-se como tal, como este ente, a coisa mesma. Por tal razão, não é possível, sob pena de cair no pensar objetificador, construir a idéia de que há uma zona, previamente definida, de modo abstrato, na qual o controle jurisdicional não possa ingressar.

[50] Cf. STRECK, Lenio Luiz. "Hermenêutica Jurídica e(m) Crise", p.89 e ss.
[51] *Die Frage nach dem Ding*. HEIDEGGER, Martin. *Que é uma Coisa?* Traduzido por Carlos Morujão. Lisboa: Edições 70, p. 20.
[52] Nos termos do prelecionado por Martin Heidegger, "na medida em que as coisas vêm ao nosso encontro, chegam com a característica do «isto». Mas, apesar de tudo, dizemos ainda que o «isto» não é uma característica da própria coisa. O «isto» nomeia as coisas na medida, somente, em que são objeto de uma indicação que se lhes dirige" (*Que é uma Coisa?*, p. 34). Sobre a concepção da coisa mesma, Lenio Luiz Streck tem desenvolvido atividade pioneira, no sentido de provocar a construção de decisões do Tribunal de Justiça sobre a questão. A título exemplificativo, faz-se menção ao parecer proferido na Apelação nº 70.006.029.771, 5ª Câmara Criminal, Rel. Des. Aramis Nassif, 28.04.03, no qual faz percucientes observações sobre a Nova Crítica do Direito e a importância do "desvelamento do caso". Refere expressamente: "Ocorre que toda aplicação tabula rasa é antitética àquilo que se entende contemporaneamente por hermenêutica jurídica. A interpretação de qualquer dispositivo legal/constitucional ou princípio jurídico é sempre decorrente de um processo de atribuição de sentido (Sinngebung). Isto significa dizer que o processo hermenêutico é sempre aplicação (*applicatio*), nas palavras de Hans-Georg Gadamer). E esta *applicatio* decorre da apreciação de um determinado caso. E um caso sempre é diferente de outro. Transportando isto para o plano da hermenêutica de matriz ontológica (fenomenologia hermenêutica), temos que o processo de atribuição de sentido jamais será produto de uma subsunção". Mais adiante complementa: "O que pode ser correto necessariamente pode não ser verdadeiro, uma vez que a verdade é sempre desvelamento de um determinado caso, aquele caso; somente aquele caso, nas suas mais profundas singularidades". Acolhendo o entendimento sustentado na Nova Crítica do Direito, denunciando o sentido comum teórico de fincar a compreensão jurídica em "prêt-à-porter", ou seja, em enunciados abstratos que impedem a aferição da singularidade de cada caso, ver Apelação Crime nº 70006331185, 5ª Câmara Criminal, TJRS, Rel. Des. Luís Gonzaga da Silva Moura, j, 18.06.03.

6. A (necessária) compreensão ponderada do interesse público: ultrapassando as dicotomias metafísicas da modernidade

A construção da idéia de interesse público, como elemento de legitimidade do regime jurídico-administrativo, apresenta-se como tema propício para uma reconstrução a partir da matriz teórica aqui trabalhada. Segundo corrente na doutrina administrativista, tal princípio funciona como elemento normativo determinante da superioridade do interesse da coletividade em relação ao interesse dos particulares. Portanto, a Administração Pública figuraria nas relações com os cidadãos com uma posição privilegiada relativamente ao exercício de poderes ou a prática de atos administrativos, bem como para o ente público surgiriam determinadas limitações, como a indisponibilidade relativa dos bens públicos, a obrigação de sempre materializar o interesse da coletividade, o dever de anular atos administrativos, etc. Vislumbra-se, aqui, a dimensão autoritária do regime administrativo, como aludido por Vasco Manuel Pascoal Dias Pereira da Silva, na medida em que o próprio Estado é concebido a partir de uma pré-compreensão hobbesiana. O Estado justifica-se e legitima-se como instância necessária de poder, pois "...somente ele é capaz de impor ordem, por instaurar um governo comum, regras comuns e exercer soberanamente a justiça da sociedade".[53] Como corolário, a figura do Estado, ligada umbilicalmente à própria realização de interesse público, estaria à exigir que "todos devem submeter suas vontades à vontade do representante e suas decisões à sua decisão".[54] A concepção de interesse público, desta feita, poderia ser indevidamente subsumida, apenas, ao binômio poder-autoridade, fundando-se uma relação com os cidadãos fundamentalmente a partir do modo de ser de um súdito. Não se pode desconsiderar, na esfera do pensamento de Hobbes, o poder soberano é fundamental, estando, inclusive, por cima de qualquer outro poder, na medida em que é irrevogável, assumindo as características de um *pacto subdjections*, ou seja, os súditos teriam que considerar como próprias as ações e juízos do soberano.[55]

Tal concepção teórica, inclusive, é refletida em alguns julgados, como no caso do servidor público que buscava invalidar ato administrativo determinante de modificação na sua jornada de trabalho, não sendo acolhida sua pretensão com base no princípio em comento.[56] Igualmente, houve a utili-

---

[53] BITTAR, Carlos Alberto. *Doutrinas e Filosofias Políticas*, p. 148.

[54] HOBBES, Thomas. *Leviatã*, p. 130. Não se pode olvidar que para Hobbes, o Estado é o ente que mais poder é capaz de reunir, pois o poder é a chave central de toda a política, a fim de proteger a agremiação e o aperfeiçoamento do convívio humano (cf. BITTAR, Eduardo. *Op. cit.*, p. 151).

[55] Cf. FERAZ, Graciela. *Thomas Hobbes*, in Dialogando con la filosofia política: de la antigüedad a la modernidad. Buenos Aires: Eudeba, 2000, p. 166.

[56] O acórdão restou assim ementado: "ADMINISTRATIVO. SERVIDOR PÚBLICO. Jornada de trabalho previamente fixada em Decreto municipal. Ingresso na função pública quando em vigência o ato regulamentador. Insurgência do servidor público no sentido de não cumprir o horário determinado que

zação da supremacia do interesse público sobre o privado para desacolher a pretensão de servidor militar que pretendia sua transferência para unidade militar diversa daquela na qual estava a exercer suas atividades, pois teria preenchido os requisitos fixados na legislação estadual sobre o tema.[57]

O que se pode constatar em tais decisões é a influência de uma tradição liberal-individualista na construção teórica deste princípio, importando num tratamento metafísico entre as esferas pública e privada. Não se pode desconsiderar, e este é um dos aspectos a ser cada vez mais evidenciado pela hermenêutica, que na base das compreensões dogmáticas que chegam da tradição do princípio do interesse público há um conjunto de pré-juízos determinantes de uma compreensão excessivamente formalista e centralizadora deste ente. Portanto, faz-se mister um labor de compreensão para suspender tais pré-juízos(inautênticos) que impedem o acontecer democrático do interesse público, por exemplo, como não exclusivo do espaço público-estatal.

Outro aspecto a ser apontado reside na visão abstrata de interesse público que acabou sendo gerada pelo pensamento fundado na metodologia lógico-dedutiva, pois interesse público passou a ser elemento axiomático e conceitual de uma racionalidade formal. Logo, permaneceu-se impregnado da já aludida "utopia jurídica iluminista", ou seja, a idéia de interesse público é construída para preservar a generalidade e unicidade do sistema jurídico-administrativo, revelado como resultado da vontade geral.[58]

---

não encontra amparo, pena de fratura dos princípios da legalidade e supremacia do interesse público. Acordo verbal que não é válido ante vínculo institucional mantido com o ente de direito público. SENTENÇA DE IMPROCEDÊNCIA DO PEDIDO. APELO DESPROVIDO"RIO GRANDE DO SUL. Tribunal de Justiça. AC nº 70003933213, TJRS, 3ª CC, Rel. Des. Augusto Otavio Stern, j. 06.06.2002.

[57] O Tribunal de Justiça do Estado assim decidiu: "APELAÇÃO CÍVEL. PORTO ALEGRE. POLICIAL MILITAR. TRANSFERÊNCIA. ARTIGO 18, INCISO III DO DECRETO N. 36.175/95. PARECER DESFAVORÁVEL. INTERESSE PÚBLICO. PREVALÊNCIA SOBRE O PARTICULAR. Ausente conveniência para o serviço, não tem o policial militar direito subjetivo à transferência de Batalhão. Supremacia do interesse público face ao privado. Inteligência do artigo 18 III c/c os artigos 1º, inciso V e 2º, parágrafo único do Decreto n. 36.175/95. APELO DESPROVIDO"RIO GRANDE DO SUL. Tribunal de Justiça. AC nº 70004536413, TJRS, 4ª CC, Rel. Des. Vasco Della Giustina, j. 04.09.2002.

[58] No que tange ao caráter excessivamente abstrato da concepção de interesse público, é interessante observar constituir-se em influência de uma determinada época de compreender o mundo e a própria vida em sociedade. Como observa Graciela Ferras, por exemplo, Thomas Hobbes desenvolveu seu pensamento fundado na idéia de que o homem podia construir uma ordem política tão atemporal como um teorema euclidianao, "proponiendo un método hipotético deductivo derivado de la geometria, auténtico modelo del saber científico" (op. cit., p. 91). Para Hobbes, "...portanto, em geometria(que é a única ciência que prouve a Deus conceder à humanidade) os homens começam por estabelecer as significações das suas palavras e a esse estabelecimento de significações chama definições e colocam-nas no início do seu cálculo" (Leviatã, p. 47). Em contrapartida, a riqueza do pensamento deste autor foi de tal ordem que antecipou alguns dos principais debates que até hoje preponderam na filosofia política e no próprio direito. A importância atribuída à linguagem por Hobbes, como nominalista que foi, é um exemplo significativo. Aliás, uma das críticas desenvolvidas pela hermenêutica jurídica, de cariz não objetificador, reside na impossibilidade de laborar-se com uma espécie de "essência" de interesse público, dado previamente de forma abstrata para, dedutivamente, aplicar-se aos casos con-

A partir de uma perspectiva hermenêutica, não se pode deixar de considerar que compreender o princípio do interesse público é sempre um ato de linguagem, até porque tal compreensão ocorre na forma de conversação hermenêutica, não se reduzindo numa atividade de mera reconstrução da gênese dos textos jurídicos, mas o resultado da fusão de horizontes que acontece no âmbito da linguagem. Um dos grandes problemas ignorados pelo pensamento de cunho metafísico é que no conteúdo do interesse público, dado lingüisticamente, já há sempre a concepção de mundo do intérprete. Poder-se-ia dizer, gadamerianamente, não ser crível compreender o interesse público sem evidenciar a importância da *applicatio*. Ao mesmo tempo que a materialização do princípio em comento exige uma tarefa de diálogo com o conjunto de indícios-formais-constitucionais,[59] o sentido do interesse público apenas alcança sua compreensão autêntica no momento concreto de sua aplicação.

Com efeito, no Estado Democrático de Direito, a autenticidade, no sentido de desvelamento, de acontecer democrático do interesse público, passa pela circularidade hermenêutico-constitucional, ou seja, um agir ponderativo vislumbrado como existencial que remete a compreensão para o todo de possibilidades de sentido.[60]

---

cretos. Ora, em Hobbes os nomes possuíam esta característica de "convenção arbitrária" e fundamental para o entendimento entre os homens. Sobre o tema ver STRECK, Lenio Luiz. *Hermenêutica Jurídica e(m)Crise: uma exploração hermenêutica da construção do Direito.* 5ª ed. Porto Alegre: Livraria do Advogado, 2004, p. 130-131.

[59] Sobre a teoria dos indícios formais ver STEIN, Ernildo. *Pensar é pensar a diferença*, p. 159 e ss. Nesta obra o autor traz um texto fundamental para a compreensão da Teoria dos Indícios Formais, *Os Indícios Formais e a Base Não-Inferencial para o Conhecimento*, relatando que a introdução dos existenciais pode ser feita, exatamente, com a descrição dos indícios formais. Trata-se de um pensamento não objetificador, pois não há um universo pronto, chegando-se aos indícios formais fenomenologicamente. Descrever os indícios formais, com efeito, importa buscar as diversas características do *Dasein* e que revelam o próprio modo-de-ser-no-mundo (Idem, p. 160). Assim, refere expressamente, "o existencial é posto no lugar do transcendental como elemento organizador. O existencial não é uma simples remissão ao empírico, ao existente – os espanhóis traduzem por existentivo –, mas é uma dimensão que não tem justamente esse caráter de categoria, mas de qualidade existencial" (Idem, p. 160-61). A tarefa do intérprete passaria pela necessária descrição dos indícios formais como modo de chegar ao máximo número de atos exercidos e que, dentro da perspectiva fenomenológica, são as dimensões existenciais (p. 163). Vale aduzir, é imperioso para este pensar o que Heidegger chamou de educação fenomenológica, pois este exercício do descrever fenomenológico importa em possibilitar ver aquilo que normalmente está encoberto. Aqui entra em jogo o caráter ambivalente do estar encoberto e aquilo que se mostra. Segundo Heidegger, a fenomenologia é o exercício de tentar mostrar, naquilo que se mostra, aquilo que de si não se mostra e que, só num exercício de explicitação dos indícios formais, irá mostrar-se" (Idem, p. 164). Este, portanto, seria o significado de ir às coisas mesmas possibilitado pela Teoria dos Indícios Formais.

[60] Neste aspecto, é importante a lição de Lenio Luiz Streck quando menciona a relação de co-pertença originária com a Constituição: "é necessário ter claro que a Constituição não é um elemento objetivo do qual se deduz outros elementos objetivos. Se assim pensássemos, a Constituição seria transformada em um elemento objetificador. Quando interpretamos um texto infraconstitucional (que é um ente no seu ser), o fazemos não deduzindo o sentido a partir de uma categoria ou substrato geral, mas sim, a partir de uma co-originariedade. Não percebemos as coisas primeiro em seu 'ser-objeto'. As vivências sempre se dão em um mundo circundante (*Umwelt*)" (*Jurisdição Constitucional e Hermenêutica*, p. 446).

Hermeneuticamente, é possível sustentar que entre interesse público e constituição há uma relação de co-pertença, quer dizer, o texto da constituição não vai funcionar como elemento de subsunção, mas *locus* lingüístico privilegiado para permitir a necessária ponderação,[61] a fim de exsurgir a *unidade hermenêutica* entre interesse público e privado. Muito embora não se pretenda aqui esgotar a problematização gerada por este princípio, pode-se dizer que o interesse público remete para uma indagação paradoxal de materialização da cidadania[62] para o Estado. O que se afasta, de plano, é a concepção objetificadora, racional-formalista, para dimensionar as potencialidades do princípio em análise, isto é, não há como desvelá-lo no âmbito dos enunciados abstratos, sob pena de adotar uma postura entificadora, encobridora do sentido democrático de interesse público.

Outro aspecto a ser considerado para um pensar mais originário, é que quando se fala em interesse público, não é crível desconsiderar na própria idéia de interesse público a sua dimensão de ocultamento e que, tradicionalmente, tem sido construída como a noção de interesse privado. A oposição público/privado não é recente, relacionando-se com o conjunto de interesses que ora pertence ao grupo social ou aos indivíduos singularmente, assumindo esta dicotomia função estruturante do poder político no Estado Moderno.[63] Um dos grandes problemas decorrentes do modo de pensar objetificador foi compartimentalizar as noções de interesse público e pri-

---

[61] Considerando os limites deste estudo, a ponderação merece uma análise específica. Devido a importância do tema para uma compreensão hermenêutica dos princípios constitucionais da Administração Pública, ver OHLWEILER, Leonel. *A Ponderação no Regime Administrativo Brasileiro: contributo da fenomenologia hermenêutica*, Tese de Doutorado, São Leopoldo: UNISINOS, 2003.

[62] Cada vez mais é importante co-relacionar interesse público e cidadania, até mesmo de modo a não construir uma visão reducionista de interesse público como interesse apenas construído no espaço estatal. Aqui é curial o pensamento de Aristóteles quando na sua obra *A Política* mencionou a importância da cidade como associação, sendo que esta associação seria formada tendo em vista algum bem (p.11, §1º). O interesse público, portanto, á fundamental para fazer acontecer a cidade como associação na medida em que é significado como um bem, constituindo-se em uma das grandes tarefas públicas criar as condições de possibilidade para fazer exsurgir esta significação. Destarte, hodiernamente, cada vez mais, são desenvolvidas pesquisas para investigar a importância de dimensionar o interesse público como resultado da co-participação dos cidadãos. A cidadania envolve, diretamente, participar deste processo construtivo. Corolário, o interesse público é compreendido como fruto daqueles que "*habitam*" os epaços públicos, como a cidade. Habitar aqui não há de ser entendido como o simples ocupar um espaço, mas como "*cuidar*", participar da comunidade para o acontecer do interesse público.

[63] Sobre o tema ver BOBBIO, Norberto. *Estado, Governo e Sociedade. Para uma Teoria Geral da Política*. 4. ed. Rio de Janeiro: Paz e Terra, 1992, p. 13, bem como o estudo monográfico de MARQUES NETO, Floriano Peixoto de Azevedo. *Regulação Estatal e Interesses Públicos*. No seu entendimento: "a separação entre as esferas públicas e privadas se manifestará, portanto, pela definição da primeira como o predomínio da vida econômica e da ação do indivíduo (despida da imposição de limites e controles), e da segunda como o campo de exercício deste poder, restrita à imposição de regras de convívio e de gestão da coletividade naquilo que, ao longo do tempo, foi-se fazendo necessário para a manutenção das condições básicas de preservação do sistema econômico e social" (Idem, p. 43). Em outra passagem, aduz: "...a centralidade da separação entre estas duas esferas decorre, de um lado, da necessidade, ditada pela afirmação do modelo capitalista, de um espaço de atuação livre dos agentes econômicos e, de outro, da já aludida tensão pela restrição do exercício do poder político e conseqüente afirmação da esfera de autonomia dos indivíduos" (Idem, p. 47).

vado, como se um não estivesse contido no outro. Para Martin Heidegger, "a representação compartimental não é, de modo algum, apenas a conseqüência de um modo superficial de pensar, mas o seu fundamento e a sua base. O pensamento compartimental funda-se no fato de que o ente se impõe por si mesmo, no sentido de tornar-se e manter-se o paradigma e a perspectiva de determinação do ser".[64] É claro, não se olvidam as conjunturas políticas, históricas e sociais que engendraram esta separação, bem como os efeitos para a comunidade, como o processo de despatrimonialização e despersonalização do poder, na medida em que há necessidade de ser exercido o controle sobre a sua utilização por parte do soberano, não sendo mais apropriado patrimonialisticamente ou submetido a um conjunto de critérios pessoais.[65] A dicotomização entre a esfera pública e privada, com efeito, funcionou como elemento de racionalização, o que foi determinante para a imperiosidade de seu elevado grau de abstração, como até mesmo mecanismo de justificação da imposição de restrições aos interesses individuais, em nome "do interesse público". Verifica-se, desta forma, na própria construção desta verdadeira "separação" a permanente tensão entre o que está restrito à atuação dos indivíduos e o espaço previamente delimitado da ação coletiva.

Obviamente não se está defendendo a necessidade de uma postura individualista, mas sim denunciando a presença de um equívoco na construção teórica do já referido *princípio (da supremacia)do interesse público* sobre o privado, pois não se compreende o que há de mais essencial e originário que é a "junção", no sentido grego de que a *physis* determina a conjugação entre aquilo que encobre com o surgir, ou seja, estabelecendo a relação com o tema tratado, no público surge o privado e no privado surge o público e é exatamente nesta junção que exsurgem as condições de possibilidade de sua abertura e desvelamento com a ponderação de todos os interesses envolvidos.[66] O ponderar é a via necessária para perceber a divergência entre público e privado como entes que se dão no seu ser e que o divergir há de ser apreendido como um coordenar.[67] O modo de pensar objetificador possui grandes dificuldades para pensar público/privado não

---

[64] HEIDEGGER, Martin. *Heráclito*, p. 147.

[65] Cf. MARQUES NETO, Floriano Peixoto de Azevedo. *Regulação Estatal e Interesses Públicos*, p. 45.

[66] No entanto, desde já deve ficar esclarecido que a impossibilidade fenomenológica de tratar a conjunção dos interesses a serem tutelados pela Administração Pública com a dicotomização "interesse público" e " interesse privado", não pode levar à admissibilidade ou permissibilidade de práticas capazes de velar tais interesses, como atos de improbidade administrativa, malversação de verbas públicas, favoritismos políticos, perseguições, etc. Aliás, esta espécie de individualismo foi determinante historicamente para que fosse estabelecida esta separação entre o público e o privado, justificando-se a idéia de que para salvaguardar o interesse de todos da comunidade seria imperioso negar os interesse privados (cf. MARQUES NETO, Floriano Peixoto de Azevedo. *Regulação Estatal e Interesses Públicos*, p. 82).

[67] Cf. HEIDEGGER, Martin. *Heráclito*, p. 158.

como entes simplesmente justapostos, mas que surgem na junção dos divergentes. No campo específico do sentido comum teórico do Direito Administrativo, este elemento fica acentuado em virtude desta construção fundante possuir em suas bases paradigmáticas a necessidade de instrumentalizar um conjunto de parâmetros normativos capaz de delimitar a atuação administrativa, de modo a não ter ingerências abusivas na esfera dos cidadãos, mais uma vez dicotomizando-se o modo de ser do poder político.[68]

Como referência do pensar entificador sobre o interesse público, é emblemática a seguinte decisão do Supremo Tribunal Federal: "Interpretação conforme a Constituição. A imissão na posse em caso de urgência, previsto no §1º e suas alíneas ou art. 15 do decreto-lei nº 3.365/41 é provisória e dispensa prévia avaliação. Na hipótese, perde-se apenas a posse, e não a propriedade do bem. Perda de posse em razão de imissão provisória é coberta mediante juros compensatórios, e não juros moratórios".[69] Situado no pensar que vela o modo-de-ser do interesse público, adotou-se a posição de onticamente compreender o princípio em tela, deixando de lançar a interrogação pelo sentido na sua ponderação com o privado. Ao contrário, o público foi vislumbrado dedutivamente como o interesse universal e abstrato pertencente à Administração Pública, não sendo, portanto, exigível a realização de qualquer avaliação prévia para conceder a imissão provisória na posse. Olvidou-se que não há como dicotomizar o interesse público do interesse privado, sob pena de incidir na objetificação, até porque também é de interesse público criar as condições de possibilidade para o cidadão adquirir outra moradia, desvelando-se o ente propriedade no

---

[68] Cf. MARQUES NETO, Floriano Peixoto de Azevedo. *Regulação Estatal e Interesses Públicos*, p. 70. Menciona o autor ser o caráter autoritário e unilateral do Direito Administrativo consequência deste processo: "O que desejamos destacar é o fato de que o Direito Público é – por conseguinte – o Direito Administrativo herdam o caráter impositivo, autoritário, unilateral, decorrente do fato de ser o espaço público o primado da autoridade, do poder soberano, que como tal só faz sentido se sobreposto aos interesses dos indivíduos" (Idem, p. 72).

[69] BRASIL. Supremo Tribunal Federal. Rec. Ext. nº 170.931, Pleno, STF, Redator p/ o acórdão Min. Moreira Alves, j. 12.06.97, RDA janeiro/março-1999, n.215, p. 245, p. 245. Neste julgado a discussão situa-se na interpretação das expressões "imissão provisória" na posse (artigo 15 do DL nº 3.365/41) e "*justa indenização*" (artigo 5º, inciso XXIV, CF). Discutiu-se, em última análise, a prevalência do princípio da supremacia do interesse público da Administração Pública em obter, de forma célere, a utilização de imóvel desapropriado, sem que previamente fosse realizada avaliação judicial provisória para determinar o valor a ser inicialmente depositado. Em contrapartida, estava em jogo o direito à propriedade privada do administrado que, com o deferimento da imissão provisória, seria impedido de utilizar o referido bem, e, ao mesmo tempo, não obteria o valor necessário para a aquisição de imóvel equivalente. Vale referir que o Governo Federal, com objetivo de modificar algumas regras referentes à desapropriação e outras matérias, editou sucessivas medidas provisórias para alterar o Decreto-Lei nº 3.365/41, sendo que a MP nº 2.183-54, de 28 de junho de 2001, deu a seguinte redação para o "caput" do artigo 15 e seus parágrafos, debatidos no acórdão mencionado: "Art. 15-A. No caso de imissão prévia na posse, na desapropriação por necessidade ou utilidade pública e interesse social, inclusive para fins de reforma agrária, havendo divergência entre o preço ofertado em juízo e o valor do bem, fixado na sentença, expressos em termos reais, incidirão juros compensatórios de até seis por cento ao ano sobre o valor da diferença eventualmente apurada, a contar da imissão na posse, vedado o cálculo de juros compostos".

modo-de-ser do Estado Democrático de Direito, figurando a moradia, inclusive, como direito social previsto no artigo 6º da Constituição Federal. Logo, compreender o interesse público a partir da ponderação, considerada hermeneuticamente, importa em não adotar a postura universalizante, como poderia indicar o princípio da "supremacia" do interesse público, mas interrogar sobre a re-união dos diversos âmbitos de sentido dos entes jurídicos.

Considerações finais

Como salientou Martin Heidegger, "el diálogo nos prepara para la reflexión compartida, que ni resalta la opinión contraria ni admite el asentimiento acomodadizo. El pensar se mantiene tenaz al viento del asunto".[70] A partir deste pensamento é crível dizer que a compreensão do direito administrativo clama por um modo de ser mais dialógico, pois assim os operadores do direito haverão de manter tenaz o pensar. Hodiernamente, faz-se mister lançar um conjunto de interrogações filosófico-políticas sobre os entes jurídico-administrativos, sempre no intuito de abrir novas possibilidades de sentido.

O direito administrativo, ao longo de sua construção histórica, tem sido erigido sobre alguns eixos dogmáticos como legalidade, mérito administrativo e supremacia do interesse público. Em certa medida, tais elementos estruturantes da compreensão do regime administrativo, estão matizados por aquilo que o Filósofo da Floresta Negra tanto criticou, o fascínio pela técnica, além de um grande pendor metafísico-objetificante.

Esta breve pesquisa pretendeu, ainda que sem a finalidade de esgotar a temática, denunciar alguns efeitos deletérios do *circulus vitiosus* do esquecimento do ser que prepondera no sentido comum teórico. A legalidade, por exemplo, precisa ser compreendida a partir da concepção de juridicidade, dada por intermédio da viragem hermenêutica, não sendo mais possível laborar com um sentido-em-si de lei.

Obviamente, o texto é importante, mas há de ser considerado como uma parada hermenêutica(Lenio Luiz Streck), formada por uma diversidade de indicações formais e que somente é materializado no âmbito do horizonte de sentido do constitucionalismo moderno. Logo, a norma jurídico-administrativa a ser construída desvela-se como ponderação de um todo remissivo de sentido. A compreensão, portanto, diz respeito a uma relação sujeito-sujeito, não sendo plausível reduzi-la ao dedutivismo característico do pensar objetificador.

Igualmente, o mérito administrativo não se sustenta a partir da matriz hermenêutica aqui adotada, constituindo-se muito mais como decorrência

---

[70] *Desde la experiencia del pensamiento*. Barcelona: Ediciones Península/Edicions 62, p. 71.

de princípios ultrapassados para dimensionar a importância da relação democrática entre cidadão e Administração Pública. A vetusta concepção de construir uma zona de imunidade de poder administrativo, em última análise, representa um resquício da "costela" autoritária que compõe o corpo teórico do regime administrativo do século XVIII.

Daí a importância de fundar uma problematização crítico-filosófica em relação a alguns eixos dogmáticos do direito administrativo, pois tal proceder representa uma suspensão de pré-juízos(inautênticos) que dificultam o acontecer hermenêutico das prerrogativas do Poder Público no Estado Democrático de Direito, ou seja, em diálogo com indicações constitucionais como cidadania, igualdade, dignidade da pessoa humana etc.

Efetivamente, não se pretendeu neste breve ensaio desqualificar a importância de determinados temas caros para o direito administrativo, como o interesse público. Mas, pelo contrário, buscou-se reafirmá-lo como horizonte hermenêutico responsável por um modo-de-ser republicano da Administração Pública. No entanto, para alcançar tal mister, é curial compreender o ente interesse público desobjetificadamente, também, como ato de linguagem, fruto de uma fusão de horizontes e capaz de fazer acontecer (*Ereignis*) ponderadamente os interesses, bens e direitos fundamentais constitucionais.

Referências bibliográficas

BAPTISTA, Patricia. *Transformações do Direito Administrativo*. Rio de Janeiro: RENOVAR, 2003.

BITTAR, Eduardo C. *Doutrinas e Filosofias Políticas. Contribuições para a História da Ciência Política*. São Paulo: Atlas S. A., 2002.

BOBBIO, Norberto. *Estado, Governo e Sociedade. Para uma Teoria Geral da Política*. 4ª ed. Rio de Janeiro: Paz e Terra, 1993.

BONAVIDES, Paulo. *Do Estado Liberal ao Estado Social*. 6ª ed. São Paulo: Malheiros, 1996.

CALVO GARCIA, Manuel. *Los Fundamentos del Método Jurídico: una revisión crítica*. Madrid: Tecnos, 1994.

FAGUNDES, M. Seabra. *Conceito de Mérito no Direito Administrativo*. In: RDA-Seleção Histórica, 1991. Rio de Janeiro: RENOVAR.

FERRAZ JÚNIOR, Tércio Sampaio. *A Ciência do Direito*. São Paulo: Atlas, 1980.

——. A Função Social da Dogmática Jurídica. São Paulo: Max Limonad, 1998.

FERRAZ, Graciela. *Thomas Hobbes*. In: Dialogando con La Filosofia Política: de la antiguidad a la modernidad. Buenos Aires: Eudeba, 2000.

FERREIRA PINTO DIAS GARCIA, Maria da Gloria. *Da Justiça Administrativa em Portugal: sua origem e evolução*. Lisboa: Universidade Católica Editora, 1994.

FREITAS DO AMARAL, Diogo. *Direito Administrativo*. Vol. II. Lisboa, 1988.

GADAMER, Hans-Georg. *O Problema da Consciência Histórica*. Pierre Fruchon(org.). Rio de Janeiro: Fundação Getúlio Vargas, 1998.

GÓMEZ-MULLER, Alfredo. *Os Comunitaristas e a Crítica ao Individualismo Liberal: Alasdair MacIntyre, Charles Taylor, Michael Welzer*. In: História Argumentada da Filosofia Moral e Política. São Leopoldo: UNISINOS, 2004.
GRISEL, André. *Droit Administratif Suisse*. Ides et Calendes, 1975.
HEIDEGGER, Martin. *La Cosa*. In: Conferencias y Artículos. Barcelona: Edicciones del Serbal, 1994, p. 143-162.
——. *Desde La Experiencia del Pensamiento*. Ediciones Península/Edicions 62.
——. *Heráclito. A Origem do Pensamento Ocidental*. Rio de Janeiro: Relume Dumará, 1998.
——. *Introducción a la Filosofia*. Madrid: Frónesis – Cátedra – Universitat de Valencia, 1999.
——. *La Pregunta por la técnica*, In: Conferencias y artículos. Barcelona: Ediciones del Serbal, 1994, p. 9-37.
——. *Que é uma coisa?* Lisboa: Edições 70.
——. *Sobre a Essência da Verdade*. Porto-Portugal: Porto Editora Ltda., 1995.
HOBBES, Thomas. *Leviatã ou Matéria, Forma e Poder de um Estado Eclesiástico e Civil*. 2ª ed. São Paulo: Imprensa Nacional- Casa da Moeda, 1999.
MARQUES NETO, Floriano Peixoto de Azevedo. *Regulação Estatal e Interesse Público*. São Paulo: Malheiros, 2002.
MORAES, Germana de Oliveira. *Controle Jurisdicional da Administração Pública*. São Paulo: Dialética, 1999.
MÜLLER, Friedrich. *Discours de La Méthode Juridique*. Paris: PUF, 1993.
OHLWEILER, Leonel. *Estado, Administração Pública e Democracia: condições de possibilidade para ultrapassar a objetificação do regime administrativo*. In: Anuário do Programa de Pós-Graduação em Direito da UNISINOS. São Leopoldo: Unisinos, 2003, p. 273-308.
PEREIRA DA SILVA, Vasco Manuel Pascoal Dias. *Em Busca do Acto Administrativo Perdido*. Coimbra: Livraria Almedina, 1996.
ROCHA, Cármen Lúcia Antunes. *Princípios Constitucionais da Administração Pública*. Belo Horizonte: Del Rey, 1994.
RODRIGUEZ GARCIA, Ramon. *Heidegger y La Crisis de La Época Moderna*. Madrid: DIP, 2002.
SAFRANSKI, Rüdiger. Heidegger, um mestre da Alemanha entre o bem e o mal. São Paulo: Geração Editorial, 2000.
STEIN, Ernildo. *Pensar é Pensar a Diferença: filosofia e conhecimento empírico*. Ijuí, Rio Grande do Sul: UNIJUI, 2002.
STRECK, Lenio Luiz. Hermenêutica Jurídica e(m) Crise. 4ª ed. Porto Alegre: Livraria do Advogado. 2003.
VEDEL, George; DEVOLVÉ, Pierre. *Droit Administratif*. Paris: PUF, 1992, t. 1.

— VII —
A recepção Habermasiana da Sociologia do Direito de Max Weber

ALBANO MARCOS BASTOS PEPE[1]

> *A ciência jurídica também lida com a realidade do direito mas não com sua realidade social e sim com a simbólica. Ela encara o direito como uma constelação de significados em si mesmos. (...) A ciência jurídica lida detalhadamente com as figurações de significado do direito, já estabelecidas através dos processos de seleção.*
>
> Niklas Luhmann

Resumo: A Sociologia do Direito desenvolvida por Max Weber consagra uma forma de racionalidade que desvincula o saber jurídico tanto da Moral quanto da Política. No entendimento de Jürgen Habermas, tal posicionamento resulta em uma compreensão equivocada da sociedade contemporânea. Visando um melhor esclarecimento desta questão, Habermas retoma ao tema dos componentes cognitivos, normativos e expressivos, característicos da cultura Ocidental, apresentados por Weber enquanto estruturas separadas radicalmente. Sendo este um dos aspectos paradoxais do pensamento weberiano e que resultam numa compreensão equivocada da legitimidade da dominação legal.

Abstract: Sociology of Law developed by Max Weber, consecrates a way of rationality that deslinks the legal knowledge either as Moral or as Politics. In the Jürgen Habermas's understanding, such procedure ensues in a misunderstanding appreciation of the contemporary society. Aiming a better enlightenment of this matter. Habermas recaptures the theme of the cognitives, normatives and expressives components, typical of the East culture, presented by Weber while structures radically separated. Being this one of the paradoxal aspects of the Weberiano thinking and that results in a misunderstanding appreciation of the legitimacy of the legal domination.

Sumário: 1. Algumas questões preliminares; 2. A teoria da racionalização de Weber e a evolução do Direito; 3. A racionalização social e a institucionalização da acionalidade-com-respeito-a-fins; 4. A dominação legal do mundo da vida; Bibliografia.

---

[1] Doutor em Direito pela Universidade Federal do Paraná. Professor Titular da UNISINOS.

1. Algumas questões preliminares

A Filosofia no Direito, nas últimas décadas, desenvolveu diversos aportes especulativos em torno das questões relativas aos problemas apresentados pela legimidade da legalidade jurídica. Muito principalmente quando diz respeito a possiblidade da legitimidade através da mera legalidade das leis.

Tal campo de estudos assume dimensões relevantes, muito principalmente quando no pensamento Ocidental contemporâneo esta temática busca suas justificativas, em uma compreensão de racionalidade excludente, ou seja, numa nomeação da razão a partir de uma perspectiva puramanete cognitivo-instrumental, gerando consequentemente uma recusa das racionalidades prático-moral e estético-expressiva, também características do legado do pensamento Ocidental. Uma das conseqüencias desta "astúcia positivista", constitui-se no isolamento do Direito frente às questões morais e políticas que resultam da criação e aplicação do Direito.

Em sua Teoria da Ação Comunicativa, Habermas se volta para as idéias desenvolvidas por Max Weber, quando o mesmo procura estabelecer alguns elementos fundantes do Direito contemporâneo a partir de uma ótica de autonomização do mesmo, enquanto materialização institucional da racionalidade cognitivo-instrumental. Ao fazê-lo, procura a superação críticas de alguns paradoxos legados pela Sociologia do Direito weberiana.

A positivação do direito na modernidade e o conseqüente processo de autonomia do sistema jurídico daí resultante, é visto por Max Weber como a realização de uma forma de racionalidade que permite um desvinculamento do discurso jurídico das questões morais e políticas. Com isso, ele considerava os sistemas políticos do ocidente moderno como formas de "dominação legal". Se por um lado tal afirmação a dominação legal passa a adquirir um caráter racional visto que a legalidade não mais se apoia na crença da tradição ou no carisma, por outro lado passa a admitir a existência de uma racionalidade imanente à forma da lei que encontra sua legitimidade tão somente a partir do exercício de suas formas legais. Portanto, neste sentido, a lei, enquanto procedimento legalmente institucionalizado não precisa extrair sua força legitimadora do vínculo entre ela e a moralidade. Conforme o entendimento de Habermas, a partir de tais considerações Weber defendeu um conceito positivista de lei, o que veio a suscitar uma ampla discussão de como seria possível a legitimidade através da legalidade.

A autonomia do sistema jurídico, entendida enquanto autonomia do direito diante da moral, implica também na autonomia do direito em face da política, resultando, segundo Habermas, num mal entendimento do que seja a sociedade contemporânea. O fato do direito haver se constituido na modernidade sob os alicerces da racionalidade instrumental e portanto livre de sua herança religioso-metafísica, não implica necessariamente na ruptura de suas relações internas com a moral e a política, notadamente na modernidade, quando se efetiva a constituição do estado de direito com todas as implicações daí resultantes.

O surgimento do estado de direito indica o estreitamento das relações entre as instituições jurídicas e a sociedade. Questões tais como os direitos individuais, a justiça e a dominação legítima, assumem novas formas, assim como de sua legitimidade junto aos indivíduos e as diversas instituições. Um exemplo que bem ilustra o surgimento do estado de direito diz respeito a uma nova compreensão da cidadania, onde a ordem jurídica relativa às garantias de vida, da liberdade e da propriedade ganham um novo estatuto: a ordem jurídica no mundo moderno aprende tais aspectos como objetos de reconhecimento de proteção. Entende Habermas que nesta dimensão histórica que aos poucos foi se impondo, fica difícil justificar o direito moderno distanciado de uma sociedade de alta complexidade e de mudanças aceleradas, desvinculado da moral e da política. Inclusive porque um dos aspectos típicos da história do direito diz respeito a sua complementariedade com a moral e com a política.

Em sua reconstrução da tradição jurídica ocidental, Habermas se apercebe de que o direito positivo ao impor-se diante da tradição jurídica clássica procura manter da mesma um de seus aspectos basilares, a garantia transcendental da validade jurídica. reforçado por um sistema jurídico separado da política e da moral, com a jurisprudência ou a administração da justiça como núcleo institucional de controle do discurso jurídico. No entanto tanto o direito tradicional quanto o direito moderno, em suas respectivas evoluções históricas, contrariam a apreensão absoluta desta tese que supõe um discurso jurídico descomprometido com os eventos morais e políticos.[2]

Retomando algumas questões relativas à compreensão do direito na modernidade, Habermas propõe um procedimento reconstrutivo do papel do direito moderno nas diversas esferas da ação social, abordando as formas discursivas que repensam suas dimensões legais e legítimas e que são estabelecidas nas relações sociais. Os problemas relativos à legitimidade das normas jurídicas tornam-se evidentes ao levar-se em consideração os postulados weberianos acerca do direito moderno restritos ao âmbito da racionalidade instrumental e assim desvinculado da racionalidade prático moral, dito em outras palavras, numa separação entre a legalidade e a moralidade. Tal consideração constitui-se em um problema quando a legalidade em seu conjunto necessita de uma justificação prática, ou seja, cria-se uma esfera do direito moralmente neutra mas que exige dos sujeitos a disponibilidade

---
[2] Habermas, 1988.

de obedecer à lei. A idéia weberiana que associa conceitualmente o direito moderno e a dominação legal sem desenvolver qualquer justificativa constitui-se, para Habermas, como algo insustentável. Insistindo na necessidade de um entrelaçamento simultâneo entre o direito e a moral como condição básica para a realização do projeto emancipatório fundamental à propria modernidade.

A abordagem da sociologia do direito de Max Weber, coloca como um dos elementos fundamentais de discussão o conceito de racionalidade tal como é desenvolvido por ele em sua compreensão da modernidade. Habermas salienta a importância das questões relativas ao direito e a seus vínculos com a racionalidade prático-moral e os seus desdobramentos possíveis no debate ético. Daí a necessidade de superação dos limites pensados por Weber ao tratar o conceito de racionalidade unicamente em sua dimensão instrumental e estratégica. Neste sentido, as formas discursivas que repensam as práticas teóricas do direito, tanto no âmbito de sua legalidade, como no âmbito de sua legitimidade, são estabelecidas nas relações sociais que se dão no mundo da vida e que assumem caracteristicamente a forma de ação comunicativa. Portanto, um processo interativo lingüisticamente mediatizado, pelo qual os agentes sociais coordenam seus projetos de ação e organizam suas ligações recíprocas.

Neste sentido, Habermas apresenta alguns desdobramentos relativos à racionalidade prática e que ocorrem na comunicação normal. Esta pressupõe três pretensões de validade que mutuamente se interligam em três "mundos": o mundo objetivo das coisas, ao qual cabem pretensões de verdade; o mundo social das normas e instituições, vinculado às pretensões de justiça, e o mundo subjetivo das vivências e sentimentos, ao qual se vinculam pretensões de veracidade. Colocando deste modo, não se estabelece uma separação rígida entre a razão e a sociedade, entre a moralidade objetiva e a moralidade subjetiva, visto que o processo discursivo só encontra seu sentido no mundo da vida.

2. A teoria da racionalização de Weber e a evolução do Direito

Max Weber pode ser considerado como responsável por um conceito de racionalismo ocidental que foi configurado como um "racionalismo específico e peculiar da cultura ocidental". Seu conceito de racionalidade implica numa razão científica e técnica que se distancia deliberadamente das questões relativas aos valores, pois compreende nos alicerces da economia capitalista, no estado constitucional, na administração pública, nas organizações sociais e na ética profissional, uma única forma de racionalidade, a racionalidade instrumental com respeito a fins.

A Razão que é própria da cultura ocidental moderna, é no seu entendimento um conceito científico com vistas a explicações históricas e sociológicas, nunca com pretensões normativas ou valorativas. Neste sentido, o conceito histórico de racionalidade diz respeito a uma sociedade específica cuja capacidade de organização torna possível calcular a realização de seus fins a partir da transformação do natural e do socialmente existente em meios controláveis e previsíveis. É uma racionalidade que calcula e controla a ação social.

Retomando a questão do direito, entende Habermas que "na teoria da racionalização de Weber a evolução do direito ocupa um posto tão destacado com ambíguo".[3] Portanto, embora destacando a contribuição weberiana para a compreensão sociológica do direito, procura estabelecer uma superação crítica de alguns paradoxos não esclarecidos no discurso weberiano. Salienta Habermas que a" ambigüidade da racionalização do direito consiste em que este faz parecer simultaneamente possíveis tanto a institucionalização da ação econômica e administrativa racionais-com-respeito-a-fins, como a separação dos sub-sistemas de 'ação-racional-com-respeito-a-fins' de seus fundamentos práticos-morais".[4] Visando a uma melhor compreensão de tais pressupostos, sua análise se encaminha para os principais componentes do diagnóstico weberiano do nosso tempo, ou seja, no processo histórico de desencantamento do mundo e que resulta na modernidade.

As consequências resultantes do desenvolvimento da sociedade capitalista, muito principalmente no que se refere à diferenciação das esferas culturais de valor autônomas, implicam para Weber, uma apreciação do direito moderno, como uma materialização institucional da racionalidade cognitivo-instrumental independente das orientações práticos-morais e das orientações estético-expressivas. Ele postula para o desenvolvimento do direito na modernidade, um papel exclusivamente lógico-formal, fundado em técnicas racionais que garantam seu procedimento. O que resulta em posicionamentos que sistematicamente isolam o direito das demais esferas de ação social. Isto porque, no seu entendimento "a precisão jurídica do trabalho é rebaixada quando em lugar de conceitos jurídicos se fazem intervir nos considerandos das sentenças considerações sociológicas, éticas ou econômicas. O movimento é, em resumo, uma das reações características contra o domínio da especialização e do racionalismo, que indubitavelmente é o verdadeiro pai daquela".[5] O direito não mais pode correr o risco de um retrocesso a etapas anteriores, notadamente irracionais, quando já suas funções frente a ordenação de outros sub-sistemas de dominação, ou seja, a economia e a administração, se estabelecem em estratos pós-tradicionais.

---

[3] Habermas, 1987, p. 316, vol. I.
[4] *Op cit.*, p. 316.
[5] Weber, 1974, p. 659 – 7ª reimpressão.

Habermas, percebe neste posicionamento um grave equívoco, afirmando que "Weber não distingue o suficiente, entre os conteúdos particulares de valor da tradição cultural e os critérios universais de valor sob os quais os componentes cognitivos, normativos e expressivos da cultura se independentizam em esferas de valor distintas e constituem complexos de racionalidade detidos cada um a sua própria lógica".[6] O processo de racionalização remete as distintas estruturas cognitivas ao desafio de que na prática comunicativa cotidiana, possam ser estabelecidos os nexos necessários para que os indivíduos possam passar de um complexo de racionalidade a outro.

A modernidade, conforme Weber, ao passar pelos processos de desencantamento e racionalização, separa de forma radical o mundo objetivo, o mundo social e o mundo subjetivo, perdendo conseqüentemente seu sentido unitário e que, face a sua legalidade própria, impossibilita a unificação ética do mundo a partir de uma fé subjetiva, como também uma unificação teorética do mundo em nome da ciência. Como conseqüência mais imediata, tal postulação supõe a evolução do capitalismo desde o ponto de vista da institucionalização de orientações de ações-racionais-com-respeito-a-fins. Aclarando mais ainda a posição weberiana, a contribuição do direito moderno, se constitui em grande parte, para servir como veículo da racionalidade cognitivo-instrumental institucionalizada na Economia e no Estado. No seu entendimento, o nascimento das sociedades modernas tem na "racionalidade ocidental" um conceito histórico fundamental tanto para averiguar os processos sociais de seu surgimento, como também para a averiguação dos processos sociais daí resultantes. Tal conceito, construído a partir do capitalismo ocidental e do estado constitucional, tem a pretensão de apreender o sentido fundante da sociedade ocidental moderna. Desta forma, a dinâmica do crescimento capitalista obriga outros âmbitos da existência a acomodar-se às formas de racionalidade econômica e administrativa. Com isto, entende Weber em seu diagnóstico da atualidade, o crescimento das tendências a uma burocratização nos diversos âmbitos da vida.

Conforme Habermas, Weber, ao estudar as propriedades formais da racionalidade, inicia a partir dos sistemas culturais de saber, investigando a racionalização desde o ponto de vista do saber teórico-empírico, por um lado, e do saber prático-moral e prático-estético, de outro lado. Assim sendo, as estruturas modernas da consciência se organizam desde o plano da cultura ao plano de sistema da personalidade e, em termos típicos-ideais se encarnam no tipo de ação-racional-com-respeito-a-valores e simultaneamente racional-com-respeito-a-fins e que encontram sua expressão no modo metódico de vida. Relativamente a este tipo complexo de ação, en-

---

[6] Habermas, 1987. p. 325. vol I.

tende Habermas que o mesmo pode ser considerado a partir de três aspectos de racionalidade distintos: o aspecto da racionalidade instrumental; o aspecto da racionalidade estratégica e o aspecto da racionalidade normativa. Esclarecendo que "através das técnicas e estratégias, penetra na ação racional-com-respeito-a-fins um saber teórico-empírico, e através das competências e motivos da ação penetra na ação-racional-com-respeito-a-valores, tanto um saber prático-moral, como um saber prático-estético".[7]

A partir de tais pressupostos, Habermas procura apontar alguns aspectos paradoxais do pensamento weberiano. Dentre outros, que no plano do sistema da personalidade os diversos elementos da racionalidade podem condensar-se num único complexo de estruturas de ação. Porém, curiosamente, no plano dos sub-sistemas que são a economia, a política e o direito só poderiam ter efeitos formadores de estruturas (se nos detemos ao que diz Weber) os aspectos de racionalidade da ação-racional-com-respeito-fins, porém não os da ação-racional-com-respeito-a-valores. Pois Weber concebe a racionalização social destas esferas de valor do seguinte modo: as estruturas modernas da consciência penetram no sistema social através de uma institucionalização (diferenciada conforme as classes de problemas) da ação-racional-com-respeito-a-fins. Com a racionalização destes sistemas o racionalismo ocidental penetra no plano das instituições. Lendo a sociologia econômica, a sociologia do Estado e a sociologia do Direito de Weber apenas se pode escapar à impressão de que, nas sociedades modernas, os processos de racionalização só afetam ao saber teórico-empírico e aos aspectos instrumentais e estratégicos da racionalidade da ação, enquanto que a racionalidade prática não seria autônoma, ou seja, não poderia institucionalizar-se de forma que lograsse manter a lógica interna específica de um subsistema autônomo.[8]

3. A racionalização social e a institucionalização da racionalidade-com-respeito-a-fins

A partir dos estudos desenvolvidos por Habermas, torna-se possível a elaboração de dois aspectos fundamentais à compreensão do conceito de racionalidade desenvolvido por Weber, com suas devidas implicações:

a) Por um lado, torna-se transparente o fato de Weber delimitar o conceito de racionalização social apenas ao âmbito da institucionalização da racionalidade-com-respeito-a-fins, portanto a racionalização social passa a ser identificada com o crescimento da racionalidade instrumental e estratégica dos contextos de ação. Isto resulta numa descaracterização da racionalidade prática e conseqüentemente das esferas prático-moral e esté-

---
[7] Habermas, 1989, p. 377.
[8] Op cit., p. 377-378.

tico-expressiva. Não há como se estabelecer um tráfego interativo entre o subsistema racional-com-respeito-a-fins com o subsistema racional-com-respeito-a-valores. Portanto, a racionalidade cognitivo-instrumental cumpre o papel de colonizar o mundo da vida, que, conseqüentemente, perde sua autonomia enquanto subsistema racional. E especificamente, no que se refere ao direito, o mesmo ficaria limitado ao modelo da racionalidade estratégica dos sujeitos jurídicos que atuam de forma racional com respeito a fins, num âmbito de ação eticamente neutralizado;

b) Ao apresentar como característica essencial da racionalidade do direito moderno a sistemática jurídica, Weber o circunscreve ao âmbito restrito dos profissionais do direito. Dirá Habermas que "o direito moderno é assinaladamente um direito de juristas. Com o juiz de formação jurídica e com os funcionários especializados, a administração da justiça e a administração pública se profissionalizam. Não só a aplicação da lei, também a criação do direito fica cada vez mais ligada a procedimentos de tipo formal e com isto à competência profissional dos juristas".[9] Dirá Habermas ainda que três características formais são materializadas como as estruturas da consciência moderna do sistema jurídico, e que por sua vez se referem ao modo de validez do direito, de criação do direito e de organização da ação jurídica:

> Positividade. O direito moderno rege como um direito positivamente estatuído. Não se forma por interpretação de tradições sagradas e reconhecidas, senão que expressa melhor a vontade de um legislador soberano, que, fazendo uso do meio de organização que é o direito, regula convencionalmente situações sociais.
>
> Legalidade. O direito moderno não supõe às pessoas jurídicas nenhuma classe de motivação ética, fora de uma obediência geral ao direito protege suas inclinações privadas dentro dos limites sancionados. Não se sancionam as más intenções, senão as ações que se desviam das normas (o que supõe as categorias de responsabilidade e de culpa).
>
> Formalismo. O direito moderno define âmbitos em que as pessoas privadas podem exercer legitimamente seu arbítrio. Se supõe a liberdade de arbítrio das pessoas jurídicas em um âmbito eticamente neutralizado, de ações que são privadas, porém que levam juntas consequências jurídicas (...) Neste âmbito está permitido tudo aquilo que não esteja juridicamente proibido.[10]

4. A dominação legal do mundo da vida

Face a importância que toma no discurso weberiano da necessária separação da racionalidade formal frente a racionalidade material, torna-se conveniente repor algumas questões: Ao admitir-se a necessidade de distinção de tais esferas, que se organizam em torno dos sistemas culturais de

---
[9] Habermas, 1987, p. 332. vol. I.
[10] *Op cit.*, p. 336.

ação, como no caso da ciência, do direito e da arte, necessariamente não se está estabelecendo formas criteriosas de supremacia desta racionalidade face aquela, nem tampouco estabelecendo-se um conflito entre ordens da vida irreconciliáveis. O que Habermas indica é que

> os processos de racionalização que partem dos três complexos universais de racionalidade significam uma materialização de distintas estruturas cognitivas que em todo caso colocam o problema de onde colocar na prática comunicativa cotidiana os pontos de conexão entre estas, para que os indivíduos, em suas orientações de ação, possam passar de um complexo de racionalidade a outro.[11]

Enfatizar esta questão significa uma forma de discutir questão da colonização do mundo da vida, a partir de sistemas que se auto-regulam indiferentes aos procedimentos racionais daquela esfera, ou seja, do mundo da vida, onde a racionalidade cognitivo-instrumental tenta submeter ao seu universo paradigmático tanto a racionalidade prático-moral, como a racionalidade estético-expressiva. Isto porque, na ótica weberiana a racionalização fica restrita à área da racionalidade instrumental. Conforme Habermas: "Na passagem da racionalização cultural para a social torna-se sensível um estreitamento do conceito de racionalidade, quando Weber desenvolve sua teoria da ação baseada no tipo de ação instrumental, de amplas consequências".[12] Neste sentido, para Weber, o "desencantamento" do mundo pressupõe a tese da "tecnificação" e "instrumentalização" da natureza.

Retomando o campo específico da compreensão do direito através da ótica weberiana, tem-se seu âmbito concebido segundo um modelo que é suscetível de racionalização formal, ou seja, de racionalização na perspectiva das relações meio-fim. Weber, ao considerar a racionalidade dos sistemas de ação apenas sob a égide do complexo de racionalidade cognitivo-instrumental, consegue distanciar o sistema jurídico de uma ordem da vida, que é submetida às formas de racionalidade prático-moral. Isto através de uma reinterpretação e redução empiristas da problemática da legitimação e de uma desconexão categorial do sistema político a respeito das formas de racionalidade prático-moral, como bem o salienta Habermas.

Conforme foi desenvolvido anteriormente, Weber destaca as características estruturais da positividade, legalidade e formalismo do direito, sistematizado por especialistas e com a positividade das normas estatuídas. E com isto o torna auto-suficiente no que se refere a sua fundamentação. Portanto, o direito é assumido como um meio de organização desenvolvido no plano da ação racional-com-respeito-a-fins, sem nenhuma vinculação com a racionalidade prático-moral. Resta no entanto, uma questão básica que é levantada por Habermas ao analisar tais aspectos da sociologia do

---

[11] *Op cit.*, p. 336.
[12] Habermas, 1985, p. 110.

Direito de Weber: aquela que questiona a sustentação da dominação legal, sem estabelecer os seus fundamentos, ou seja, como pode ser legitimada a dominação legal? O posicionamento de Weber para resolver esta questão está na legitimação mediante procedimento. Ao que acrescenta Habermas: "legitimação mediante procedimento não significa aqui que se recorra às condições formais de justificação prático-moral das normas jurídicas, senão a observância das regras procedimentais estabelecidas para a criação, interpretação e aplicação do direito".[13]

Em Economia e Sociedade, Weber afirma que a legitimidade da dominação legal se estabelece a partir do princípio da fé na legalidade (decisionismo), que ele considera a forma de legitimidade mais corrente e que traduz a submissão às normas que têm sido estatuidas de modo formalmente correto e por via ordinária. Portanto, legitimação mediante procedimento e fé na legalidade, passam a ser elementos constitutivos fundamentais às teses weberianas que desvinculam as questões relativas ao binômio legalidade-legitimidade do direito do âmbito da racionalidade prático-moral. Por outro lado, Habermas questiona a legitimidade da dominação legal fundada na fé na legalidade, com o seguinte argumento: "se a legalidade não significa outra coisa que concordância com uma ordem jurídica faticamente vigente, e se esta, como direito estatuído que por sua vez é, não resulta a uma justificação prático-moral, então não fica claro de onde extrai a fé na legalidade sua força legitimadora. A fé na legalidade só pode criar legitimidade se supõe já a legitimidade da ordem jurídica que determina que é legal. Não há maneira de romper este círculo".[14]

Diante de tal quadro, o direito fica definitivamente desligada da esfera de valor prático-moral e os atores sociais passam a ser submetidos a uma dominação legal fundada em pressupostos racionais só acessíveis ao universo dos "notáveis", ou seja dos juristas, herdeiros "naturais" dos discursos jurídicos. Finalmente considera Weber que a exigência de um direito social, fundamentado numa racionalização material, constitui-se, na exigência de um direito social baseado em patéticos postulados éticos – tais como a "justiça", a "dignidade humana".

Levando em consideração que o direito moderno articula-se fundamentalmente em esferas de valor dimensionadas tão somente no plano da racionalidade instrumental e direcionadas para as ações-instrumentais-com-respeito-a-fins, torna-se possível, conforme Habermas, admitir a possibilidade da juridificação do cotidiano. Tal forma de controle do mundo da vida tende a agudizar-se na medida em que a economia e o estado penetram como meios monetários e burocráticos na reprodução simbólica deste

---

[13] Habermas, 1987, p. 342. vol. I.
[14] *Op cit.* p. 343.

mesmo mundo. Entende Habermas que a juridificação constitui-se num processo que tem acompanhado a sociedade civil desde suas origens. "A juridificação (*Verrechtlichung*) se refere, dito em termos muito gerais, à tendência que se observa nas sociedades modernas a um aumento do direito escrito. Nesta tendência podemos distinguir entre a extensão do direito, quer dizer, a regulação jurídica de novos assuntos sociais regulados até o momento de maneira informal, e o adensamento do direito, quer dizer, a fragmentação de uma matéria jurídica global em várias matérias particulares".[15]

Na medida em que os processos de integração social que ocorrem através de valores, normas e processos de entendimento, devidamente tipificados no âmbito do mundo da vida, são submetidos ao meio de controle "direito", a socialização ocorre de maneira disfuncional, tornando a sociedade civil cada vez mais colonizada pelos imperativos sistêmicos dos subsistemas economia e administração. Neste sentido, o estado moderno é revestido do papel de legislador soberano, constituindo-se assim como a única fonte do direito. Lembra Habermas, que tal função exclusiva que estabelece um "direito rebaixado a meio de organização corre o risco de perder toda relação com a justiça e com isto com o seu genuíno caráter de direito".[16]

Bibliografia

COHN, Gabriel. *Crítica e resignação. Fundamentos da Sociologia de Max Weber*. São Paulo: T.A. Queiroz Editor, 1979.
HABERMAS, Jürgen. *El discurso filosófico de la modernidad*. Trad. de Manuel Jiménez Redondo. Madrid: Taurus, 1989 a.
——. *Como es posible la legitimidad por via de legalidad?* Trad. de Manuel Jiménez Redondo. in Doxa 5, Madrid, 1988.
——. *Teoria de la acción comunicativa*. Trad. de Manuel Jiménez Redondo. (vols. I e II) Madrid: Taurus, 1987.
——. *Teoria de la acción comunicativa: complementos y estudios previos*. Trad. de Manuel Jiménez Redondo. Madrid, 1989.
WEBER, Max. *Economia y sociedad. Esbozo de sociologia comprensiva*. Trad. de José Medina Echavarría *et alli*. 7ª reimp. Mexico: Fundo de Cultura Económica. 1974.
——. *Ciência e Política: duas vocações*. Trad. de Leonidas Hegenberg e Octany Silveira da Mota. São Paulo: Cultrix, s/d.
——. *Sobre a teoria das ciências sociais*. Trad. de Carlos Grifo Babo. 3ª ed. Lisboa: Editorial Presença, 1979.

---

[15] Habermas, 1987, p. 504. vol. II.
[16] Habermas, 1988, p. 29.

— VIII —
A hermenêutica filosófica e as possibilidades de superação do positivismo pelo (neo)constitucionalismo

LENIO LUIZ STRECK[1]

Resumo: O presente texto pretende abordar o embate entre as diversas formas de positivismo e o neoconstitucionalismo a partir das duas grandes revoluções copernicanas ocorridas no século XX: o surgimento de uma nova forma de constitucionalismo (social e democrático) e o *linguist turn*. O fio condutor da análise é a hermenêutica filosófica, procurando demonstrar como a dogmática jurídica continua atrelada ao pensamento metafísico, obstaculizando as possibilidades emancipatórias do direito. O estudo aponta para a necessidade de superação do positivismo, que, nesta quadra da história, representa forte barreira à efetivação da materialidade da Constituição social e compromissória.

Abstract: The present text intends to approach the clash between the several ways of positivism and neo constitutionalism from the two big copernicans revolutions that took place in the XX century: the emergence of a new way of constitutionalism (social e democrat) and the linguist turn. The lead of the work of the analysis is the philosophical hemeneutic, seeking demonstrate how the legal dogmatic still keep to the metaphysic thinking, creating hurdles to the emancipating possibilities of Law. The study points to the need of a positivism surpassing, that, in this part of the history, represents strong barrier to materiality effectiveness of the social and committing Constitution.

Sumário: 1. A revolução copernicana provocada pelo (neo)constitucionalismo e a (falta de) compreensão hermenêutica do fenômeno; 1.1. De como não se pode dar por terminado o embate entre positivismo e (neo)constitucionalismo; 1.2. Ultrapassando as barreiras opostas pelo positivismo ao constitucionalismo do Estado Democrático de Direito; 2. A Constituição compreendida como algo que constitui: os obstáculos representados por uma "baixa pré-compreensão"; 3. A resistência positivista diante da diferença (ontológica) entre texto e norma: a importância do texto e o perigo representado pelos "decisionismos" judiciais; 4. As súmulas (in)constitucio-

---

[1] Doutor em Direito do Estado; Pós-Doutor em Direito Constitucional e Hermenêutica; Procurador de Justiça-RS; Professor dos Cursos de Mestrado e Doutorado em Direito da UNISINOS. Professor colaborador da UNESA – RJ; Universidade de Valladolid-ES e Faculdade de Direito da Universidade de Lisboa-PT. Coordenador da parte brasileira do Acordo Internacional CAPES-GRICES Unisinos-Faculdade de Direito de Coimbra – PT. www.leniostreck.com.br.

nalmente vinculantes reforçando a resistência positivista: uma crítica ao uso reificante da linguagem ou de como a dogmática jurídica faz um retorno ao conceitualismo; 5. Aportes finais: a dimensão ontológico-concretizadora da hermenêutica como fundamento para a superação do paradigma positivista; Referências bibliográficas.

1. A revolução copernicana provocada pelo (neo)constitucionalismo e a (falta de) compreensão hermenêutica do fenômeno

1.1. De como não se pode dar por terminado o embate entre positivismo e (neo)constitucionalismo

O século XX foi generoso para com o direito e a filosofia. *No direito*, o segundo pós-guerra proporcionou a incorporação dos direitos de terceira dimensão ao rol dos direitos individuais (primeira dimensão) e sociais (segunda dimensão). Às facetas ordenadora (Estado Liberal de Direito) e promovedora (Estado Social de Direito), o Estado Democrático de Direito agrega um *plus* (normativo): o direito passa a ser transformador, uma vez que os textos constitucionais passam a explicitar as possibilidades para o resgate das promessas incumpridas da modernidade, questão que assume relevância ímpar em países de modernidade tardia como o Brasil, onde o *welfare state* não passou de um simulacro. *Na filosofia*, o *linguistic turn* (invasão da filosofia pela linguagem) operou uma verdadeira revolução copernicana no campo da hermenêutica. A linguagem, entendida historicamente como uma terceira coisa interposta entre um sujeito e um objeto, recebe o *status* de condição de possibilidade de todo o processo compreensivo. Torna-se possível, assim, superar o pensamento metafísico que atravessou dois milênios, isto porque se no paradigma da metafísica clássica os sentidos "estavam" nas coisas e na metafísica moderna na mente (consciência de si do pensamento pensante), na guinada pós-metafísica *o sentido passa a se dar na e pela linguagem*.

É no interior destas duas revoluções que o novo constitucionalismo supera o positivismo. Afinal, "el constitucionalismo tradicional era sobre todo una ideología, una teoría meramente normativa, mientras que el constitucionalismo actual se há convertido en una teoría del Derecho opuesta al positivismo jurídico como método".[2]

Dito de outro modo, "se ha denominado genéricamente "constitucionalismo" (y más precisamente "neoconstitucionalismo" con el fin de acentuar el nuevo carácter que ha adquirido en la actualidad) *a la teoría o conjunto de teorías que han proporcionado una cobertura iusteórica con-*

---

[2] Cfe. Alfonso Garcia Figueroa. La teoria del derecho em tiempos de constitucionalismo. In *Neoconstitucionalismo(s)*. Edición de Miguel Carbonell. Madrid: Trotta, 2003, p. 165.

ceptual y/o normativa a la constitucionalización del Derecho en términos normalmente positivistas".³

Daí a possibilidade de afirmar a existência de uma série de oposições/incompatibilidades entre o neoconstitucionalismo (ou, se assim se quiser, o constitucionalismo social e democrático que exsurge a partir do segundo pós-guerra) e o positivismo jurídico. Assim: a) o neoconstitucionalismo é incompatível com o positivismo ideológico, porque este sustenta que o direito positivo, pelo simples fato de ser positivo, é justo e deve ser obedecido, em virtude de um dever moral. Como contraponto, o neoconstitucionalismo seria uma "ideologia política" menos complacente com o poder; b) o neoconstitucionalismo não se coaduna com o positivismo enquanto teoria, estando a incompatibilidade, neste caso, na posição soberana que possui a lei ordinária na concepção positivista. No Estado constitucional, pelo contrário, a função e a hierarquia da lei têm um papel subordinado à Constituição, que não é apenas formal, e, sim, material; c) também há uma incompatibilidade entre neoconstitucionalismo com o positivismo visto como metodologia, porque este separou o direito e a moral, expulsando esta do horizonte jurídico. Tal separação, e a conseqüente afirmação de que o direito pode ser estudado simplesmente como fato social por um observador neutro, determinaria a incompatibilidade, já que o direito do Estado constitucional necessitaria, para ser estudado e compreendido, de uma tomada de postura moral, enfim, requereria uma atitude ética. Já o direito constitucional estaria carregado de princípios morais positivados, que haviam reconduzido ao interior do discurso jurídico as problemáticas morais.⁴

Entretanto, comprovadas ou não as aludidas incompatibilidades, ainda é cedo para dar por encerrada a discussão acerca do declínio do positivismo – nas suas mais variadas formas – e o primado do neoconstitucionalismo.

---

³ Idem, ibidem, p. 164. Ou seja, conforme bem assinala Luis Prieto Sanchis (Neoconstitucionalismo y ponderación judicial. In: *Neoconstitucionalismo(s)*. Madrid: Trotta, 2003, p. 126) o neoconstitucionalismo reúne elementos de duas tradições: forte conteúdo normativo e garantia jurisdicional. Da primeira destas tradições se recolhe a idéia de garantia jurisdicional e uma correlata desconfiança ante o legislador. Da segunda tradição se herda um ambicioso programa normativo que vai além do que exigiria a mera organização do poder mediante o estabelecimento das regras do jogo. Em poucas palavras, o resultado pode resumir-se assim: uma Constituição transformadora que pretende condicionar de modo importante as decisões da maioria, cujo protagonismo fundamental não corresponde ao legislador, senão à justiça constitucional.

⁴ O apanhado das incompatibilidades está em Susanna Pozzolo (Um constitucionalismo ambíguo. In *Neoconstitucionalismo(s)*, *op. cit.*, p. 194 e 195), que, entretanto, não compartilha com as mesmas. A autora entende o neoconstitucionalismo não como uma teoria do direito do Estado constitucional contemporâneo, mas como uma teoria normativa de como os diversos ordenamentos deveriam ser. Critica, por exemplo, a tese de Zagrebelski, de que a Constituição carregada de valores representa um objeto "geneticamente" diferente do direito infraconstitucional, sendo que, exatamente por isto, o aparato teórico e metodológico do positivismo não seria adequado para dar conta deste objeto. Pozzolo considera defensável tanto a autonomia da metodologia iuspositivista relativamente às teorias do Estado do século XIX, como a validade do método positivo a ser utilizado como instrumento de análise dos sistemas jurídicos contemporâneos, justamente em face da tese da separação entre direito e moral.

Afinal, autores importantes no cenário da teoria do direito e do direito constitucional, como Gregório Peces-Barba Martínez, Javier Santamaría Ibeas e Pérez Royo, não concordam com esse declínio ou superação, fazendo, ademais, cada um ao seu modo, (ainda) uma profissão de fé no positivismo jurídico nos dias atuais. Peces-Barba considera ter havido uma continuidade, e não uma ruptura, entre o Estado de Direito e o Estado Constitucional. Na sua opinião, o que existiu foi uma transformação interna do papel dos operadores jurídicos, legais e judiciais, não sendo esse aumento do poder dos juízes, entretanto, um bom argumento contra o positivismo, senão contra alguma de suas formulações históricas. Aduz que os princípios ou os valores, se estão na Constituição, *já são direito positivo e seguem sem necessitar a impossível operação de "escalar o céu"* (sic), e que os juízes não são os únicos intérpretes dos princípios e dos valores. Por isto, advoga um "positivismo corrigido", uma vez que o positivismo não pode mais se apresentar nem se identificar através dos velhos dogmas de um perfil inicial do século XIX: o direito não mais se identifica com a lei (porque o direito judicial é uma induvidável fonte de direito); o conceito de direito tem conteúdos necessários de ética pública e é inseparável da realidade social que organiza; a teoria da subsunção tem sido substituída por critérios mais complexos de interpretação e de argumentação. Por isso, acrescenta, torna-se necessário um perfilhamento dos critérios que distinguem hoje uma posição positivista de perfil "corrigido",[5] chamando a atenção para o delineamento feito por Javier Santamaría Ibeas, para quem o positivismo hoje se detecta a partir das seguintes características: a) porque coincide que por detrás de toda norma, princípio ou regra, existe sempre uma vontade, o que supõe afirmar a necessária relação entre direito e poder; b) porque a moralidade pública, componente necessário do fenômeno jurídico, não é diretamente direito por ser moralidade, senão porque se incorpora ao sistema jurídico pelas vias estabelecidas pelos operadores habilitados pela norma fundante básica; c) ademais, é previamente, ética política assumida pelo poder, fato fundante básico do direito. Desta forma, completa Santamaría Ibeas, frente a tese da única resposta correta, o positivismo se identifica pela pluralidade de respostas possíveis nos casos difíceis, o que dentro do sistema é a tese da discricionariedade dos juízes.[6]

Entendo, no entanto, não ser mais possível compactuar com as teses positivistas nesta quadra da história. Com efeito, a defesa feita por Peces-Barba parece restringir a contraposição "constitucionalismo-positivismo"

---

[5] Cfe. Gregorio Peces-Barba Martínez. *Derechos sociales y positivismo juridico*. Madrid: Dykinson, 1999, p. 83 e segs.
[6] Cfe. Gregorio Peces-Barba Martínez. *Derechos sociales, op. cit.*, p. 83 e segs.; Javier Santamaría Ibeas. *Los valores superiores en la jurisprudencia del Tribunal Constitucional*: libertad, igualdad, justicia y pluralismo político. Madrid: Dykinson, Universidad de Burgos, 1997.

ao novo conteúdo do constitucionalismo do século XX (valores, princípios e direitos fundamentais-sociais) e a "una tendência a arrinconar a la ley em favor de uma Constitución interpretada por los jueces". Além disso, a defesa do positivismo sustentada por Peces-Barba coloca como adversário do positivismo o jusnaturalismo, questão que, no meu entendimento, refoge ao (neo)constitucionalismo. Ou seja, não é mais possível contrapor o jusnaturalismo a alguma teoria positivista ou pós-positivista. Não há mais espaço para o jusnaturalismo nesta quadra do tempo. De todo modo, parece claro que Peces-Barba advoga um "positivismo crítico", uma vez que considera evidentes as críticas à forma ultrapassada de positivismo.[7]

Como contraponto, entendo que as críticas "evidentes" ao positivismo não levam em conta *as várias formas assumidas pelo positivismo no decorrer da história*, além do relevante fato de que, por exemplo, as teorias da argumentação, elencadas como superadoras da subsunção, *não têm conseguido superar o esquema sujeito-objeto (portanto, ainda continuam, em menor ou maior grau, atreladas ao objetivismo)*. Isto é, a "forma ultrapassada" de positivismo não está derrotada, mormente pela capacidade de mutação genética que possui. Ou seja, de fato tem razão Peces-Barba quando chama a atenção para a relevante circunstância de que não mais existe "o positivismo" por ele considerado superado para sustentar a defesa que faz de "um ponto de vista positivista" como "a melhor forma de análise" do direito, desde que "autocrítica e capaz de entender as mudanças da cultura jurídica, necessariamente histórica".[8] O problema reside no fato de que o positivismo – renovado ou não – possui vícios que o tornam incompatível com as exigências do direito entendido nos quadros do novo constitucionalismo do século XX, que passa por uma verdadeira revolução de conteúdo. No fundo, as aludidas "virtudes de uma postura positivista" são uma contradição em termos. O positivismo abre espaço para a discricionariedade judicial, que tanto pode dar-se na análise da lei como da Constituição. Desse modo, o que deve ser considerado como superado no positivismo – nas suas mais variadas formas – *é a análise que deve ser feita não apenas sobre a vigência da lei, mas sobre a sua validade substancial*. E isto faz a diferença, exatamente porque é na diferença – que é ontológica[9] – entre texto e norma e entre vigência e validade, que se encontra o ponto de superação da lei

---

[7] Peces-Barba (idem, ibidem) defende um "positivismo corrigido" porque: a) já não se pode, nesta quadra da história, manter a identificação do direito com a lei; b) já não se pode mais conceber a figura do juiz como a " boca que pronuncia a lei"; c) é necessário rechaçar a Teoria Pura do Direito – para ele, a "expressión más perfilada del positivismo clásico"; d) é impossível encerrar o positivismo em um "guetto formalista" , sem critérios materiais de justiça, e e) finalmente, é necessário contestar a subsunção, por ser demasiadamente simples e primária, por esta não abarcar as operações muito mais complexas que a interpretação jurídica.
[8] Cfe. Peces-Barba Martínez, *op.cit.*, p. 89.
[9] Conforme explicitado na seqüência, ontológico, aqui, deve ser entendido no sentido de uma ontologia fundamental de cariz fenomenológico (Gadamer-Heidegger) e não no sentido da ontologia clássica.

plenipotenciária, "blindada" pelas posturas positivistas contra os valores substanciais da Constituição e da intervenção da jurisdição constitucional.

Nesse sentido, parece não restar dúvidas de que, para o positivismo, a validade de um preceito provém somente da competência e do procedimento e não de seu conteúdo material. No fundo, para o positivismo, o juízo de vigência é o único que os tribunais podem emitir, negando, assim, a diferença entre vigência e validade. Essa linha de análise está próxima de autores como Perez Royo, para quem "el poder judicial únicamente se legitima democráticamente a partir de la ley. No puede legitimarse democráticamente a partir de la Constitución de manera directa (...). Ni el poder ejecutivo ni el poder judicial pueden saltarse el eslabón que representa el poder legislativo y remitirse directamente al poder constituyente. Cuando esto ocurre se destruye el proceso de legitimación democrática y se impone como voluntad del Estado lo que en ningún caso puedo serlo. Técnicamente, esto es un golpe de Estado".[10]

Essa posição de Perez Royo – embora traduzida em um artigo periodístico, circunstância, aliás, ressalvada por Serrano – vai receber deste duras críticas, por considerar que o empenho de Royo na defesa da separação dos poderes (competência), com o esquecimento da garantia dos direitos (tutela judicial efetiva) é

> o enésimo intento de legitimar desde la teoría jurídica al poder del Estado. Derecho es – así visto – *quod principi placuit*. Por el contrario, la afirmación de que por más que le plazca al príncipe una norma no es válida si viola derechos fundamentales es el intento – por desgracia también enésimo en la historia del pensamiento jurídico – de utilizar al derecho como límite al (y no como instrumento del) poder. Desde auí visto, el Estado existe sólo para proteger los derechos y golpista es la violación de este pacto social por cualquiera de los poderes jurídicos o fáticos. Estado es *quod populo placuit*.[11]

Desse modo, levando em conta o conteúdo e o contexto histórico em que surge o Estado Constitucional e em especial a feição transformadora do direito constitucional no decorrer do século XX, é possível afirmar que *a sobrevivência do positivismo configura-se como uma barreira ao próprio desenvolvimento do Estado Democrático de Direito, na medida em que finca pé na busca de uma espécie de vontade geral perdida*. Essa questão fica clara nas teses que entendem a regra contramajoritária restrita aos aspectos tradicionais do constitucionalismo (liberal-burguês), fundando a análise do direito no campo da vigência. Por isto, razão assiste a Zagrebelski, quando afirma uma diferença genética entre o constitucionalismo compromissório, valorativo e principiológico, e o direito infraconstitucional,

---

[10] Cfe. Pérez Royo, In *El País*, 27 de abril de 1997, apud José Luis Serrano. *Validez y vigencia*. Madrid: Trotta, 2004, p. 47.
[11] Cfe. Serrano, *op.cit.*, p. 48.

sendo, por tais razões, insuficiente o aparato positivista para o enfrentamento de tais complexidades.

1.2. Ultrapassando as barreiras opostas pelo positivismo ao constitucionalismo do Estado Democrático de Direito

O debate acerca da sobrevivência do positivismo ou da resistência deste face ao Estado Constitucional, entendido na sua versão de Estado Democrático de Direito, deita raízes na discussão sobre as posições historicamente opostas ao Estado Constitucional: a) norma em vez de valor; b) subsunção em vez de ponderação; c) independência do direito ordinário em vez de onipresença da Constituição; d) autonomia do legislador democrático dentro do marco da Constituição em vez da onipotência judicial apoiada na Constituição.[12]

A superação dessas barreiras opostas ao Estado Constitucional (ou neoconstitucionalismo) ocorre em três frentes: primeiro, pela teoria das fontes, uma vez que a lei já não é única fonte, aparecendo a própria Constituição como auto-aplicativa; a segunda ocorre com a substancial alteração da teoria da norma, em face do aparecimento dos princípios, problemática que tem relação com a própria teoria das fontes; a terceira frente dá-se no plano da interpretação.[13] Da incindibilidade entre vigência e validade e entre texto e norma, características do positivismo, um novo paradigma hermenêutico-interpretativo aparece sob os auspícios daquilo que se convencionou chamar de giro lingüístico-hermenêutico. Esse *linguistic turn*, denominado também de giro *lingüístico-ontológico*, proporciona um novo olhar sobre a interpretação e as condições sob as quais ocorre o processo compreensivo. Não mais interpretamos para compreender e, sim, compreendemos para interpretar, rompendo-se, assim, as perspectivas epistemológicas que coloca(va)m o método como supremo momento da subjetividade e garantia da segurança (positivista) da interpretação.

Os três aspectos que caracterizam esse novo constitucionalismo provocam profundas alterações no direito, proporcionando a superação do paradigma positivista, que pode ser compreendido no Brasil como produto de uma simbiose entre formalismo e positivismo, no modo como ambos são entendidos pela(s) teoria(s) crítica(s) do direito. Na verdade, embora o positivismo possa ser compreendido no seu sentido positivo, como uma construção humana do direito enquanto contraponto ao jusnaturalismo, e tenha, portanto, representado um papel relevante em um dado contexto histórico,

---

[12] Cfe. Robert Alexy. *El concepto y la validez del derecho y otros ensayos*. Barcelona: Gedisa, 1997, p. 160.
[13] Ver, nesse sentido, a excelente abordagem feita por Luis Prieto Sanchís, in *Justicia Constitucional y Derechos Fundamentales*. Madrid: Trotta, 2003.

no decorrer da história acabou transformando-se – e no Brasil essa questão assume foros de dramaticidade – em uma concepção matematizante do social, a partir de uma dogmática jurídica formalista, de nítido caráter retórico.

Com efeito, se o formalismo e o positivismo marca(ra)m indelevelmente o pensamento jurídico moderno, no Brasil é possível dizer que em muitos aspectos ambos (ainda) se confundem, isto porque se engendrou um imaginário jurídico atrelado, ao mesmo tempo, ao formalismo e às suas insuficiências para explicar o direito e a realidade (o direito é concebido no plano abstrato e entendido como sendo apenas um objeto histórico-cultural), e ao positivismo, com as suas características que vêm delineando os caminhos da doutrina e jurisprudência, como: a não admissão de lacunas; o não-reconhecimento dos princípios como normas; as dificuldades para explicar os "conceitos indeterminados", as normas penais em branco e as proposições carentes de preenchimento com valorações, *resvalando, com isto, em direção àquilo que o positivismo visou evitar: a discricionariedade do juiz, que acaba se transformando em arbítrio judicial*[14] (*ou decisionismos voluntaristas*); refira-se, ainda, a inoperância em face dos conflitos entre princípios, culminando, via de regra, na sua negação, com a remessa da solução à discricionariedade do juiz; por último, tem ficado visível que o positivismo não tem como tratar da questão da legitimidade do direito. Por isto, a legalidade ocupa o lugar da legitimidade.[15]

Como conseqüência dessa (con)fusão entre normativismo e positivismo, tem-se uma verdadeira blindagem contra a "intervenção" da Constituição[16] (entendida nos quadros do neoconstitucionalismo), que introduz as condições para a superação do problema da equiparação normativista-positivista entre vigência e validade: na verdade, a Constituição introduz a diferença entre vigência e validade, alçando a validade à condição primeira, caindo por terra a plenipotenciariedade da lei e tudo o que isto vem repre-

---

[14] Registre-se que a pretensa segurança jurídica pretendida pelo positivismo não passa de uma forma acabada de discricionariedade judicial, problemática essa bem apanhada por Adeodato, quando afirma que *há, no Brasil, um irracionalismo decisionista que despreza inteiramente o texto. Seus representantes não chegam a dizer que a concretização pelo Judiciário resolverá, pois são mais céticos. Mas dizem que, independentemente de juízos sobre se isso é bom ou mau, o juiz "faz" o direito*. No Brasil, acrescenta o mesmo autor, a cúpula do Judiciário não só ganha poder jurídico e político às expensas do Legislativo, mas também do Ministério Público. Mesmo sem esquecer a posição mais difusa, no rastro de Häberle, segundo a qual "toda a comunidade" concretiza a Constituição, ainda assim o texto perde importância. Cfe. João Maurício Adeodato. Jurisdição Constitucional à brasileira – situações e limites. In: Neoconstitucionalismo – ontem, os códigos; hoje, as Constituições. *Revista do Instituto de Hermenêutica Jurídica*. Porto Alegre: IHJ, 2004, n. 2, p. 180.

[15] Sobre formalismo e positivismo, ver Eros Roberto Grau. *O direito posto e o direito pressuposto*. 5ª ed. São Paulo: Malheiros, 2003, p. 30 e segs.

[16] Essa blindagem é típica manifestação da resistência do positivismo exegético e dedutivista frente ao neoconstitucionalismo. Trata-se de um fenômeno que denomino de baixa constitucionalidade, idéia que desenvolvo no meu *Jurisdição Constitucional e Hermenêutica – Uma Nova Crítica do Direito*. 2ª ed. Rio de Janeiro: Forense, 2003).

sentando no campo jurídico. *Isto implica afirmar que o significado do constitucionalismo depende da avaliação das condições de possibilidade da compreensão desse fenômeno.* A plenipotenciariedade da lei – como fonte e pressuposto do sistema – cede lugar aos textos constitucionais que darão guarida às promessas da modernidade contidas no modelo do Estado Democrático (e Social) de Direito.

Ou seja, de um direito meramente reprodutor da realidade, passa-se a um direito com potencialidade de transformar a sociedade, como, aliás, consta no texto da Constituição do Brasil. O direito, nos quadros do Estado Democrático (e Social) de Direito, é sempre "um instrumento de mudança social. O direito é produzido pela estrutura econômica mas, também, interagindo em relação a ela, nela produz alterações. A economia condiciona o direito, mas o direito condiciona a economia".[17]

É neste contexto que as velhas teses do positivismo acerca da interpretação (subsunção, silogismo, individualização do direito na "norma geral", a partir de "critérios puramente cognitivos e lógicos",[18] liberdade de conformação do legislador, discricionariedade do poder executivo, o papel da Constituição como estatuto de regulamentação do exercício do poder) *darão lugar a uma hermenêutica que não trata mais a interpretação jurídica como um problema (meramente) "lingüístico de determinação das significações apenas textuais dos textos jurídicos"*.[19]

A superação do positivismo dá-se pelo constitucionalismo instituído pelo e a partir do Estado Democrático (e Social) de Direito. Em síntese, o fenômeno do neoconstitucionalismo proporciona o surgimento de ordenamentos jurídicos constitucionalizados, a partir de uma característica especial: a existência de uma Constituição "extremamente embebedora" (pervasiva), invasora, capaz de condicionar tanto a legislação como a jurisprudência e o estilo doutrinário, a ação dos agentes públicos e ainda influenciar diretamente nas relações sociais.[20]

Dito de outro modo, a superação do positivismo – exegético e dedutivista – pelo neoconstitucionalismo implica um salto sobre as concepções hermenêuticas que entendem o processo interpretativo como parte de um processo em que o intérprete "extrai o exato sentido da norma" (sic), como se fosse possível isolar a norma de sua concretização, sem considerar, ademais, que esse tipo de entendimento – característico do paradigma de direito formal-burguês – ignora a parametricidade constitucional! Ora, não há pura

---

[17] Cfe. Grau, *O direito posto, op .cit.*, p. 59.

[18] A expressão é de Adeodato, *op. cit.*, p. 177.

[19] Cfe. Antonio Castanheira Neves. *O actual problema metodológico da interpretação jurídica – I.* Coimbra: Coimbra Editora, 2003, p. 287 e segs.

[20] Consultar, nesse sentido, Ricardo Guastini. La constitucionalización del ordenamiento jurídico. In *Neoconstitucionalismo(s), op. cit.*

interpretação; não há hermenêutica "pura". Hermenêutica é faticidade; é vida; é existência, é realidade. É condição de ser no mundo. *A interpretação não se autonomiza da aplicação.* Por isto, Gadamer supera as "três subtilitas" pela *applicatio*, cujo resultado é a coisa mesma (*Sache selbst*), o caso em sua singularidade, enfim, "o caso decidendo".

No modelo hermenêutico que emerge do giro hermenêutico-ontológico *(ontologische Wendung)*, interpretar não é colocar capas de sentido aos "casos"; tampouco interpretar significa investigar o sentido da norma enquanto objetificação cultural, "desontologizada". Os "casos" já são – e somente são – jurídico-concretos. *Com isto, é possível ultrapassar também o problema do suposto fundamento (metafísico) do conhecimento* (veja-se, para tanto, o insuperável trilema de Münchausen).[21] O fundamento é um modo de ser; é interpretação aplicativa. Daí a pergunta de Gadamer:[22] Que falta faz fundamentar o que de todo modo está a nos sustentar desde sempre (*Bedarf es einer Begründung dessen, was uns immer schon trägt?*).

Já de há muito se sabe que a hermenêutica filosófica (fenomenologia hermenêutica) superou a problemática do método[23] e as conseqüências epistemológicas daí decorrentes. Interpretar é aplicar. *Applicatio* significa *o ponto de estofo do sentido*, em que fato é norma e norma é fato. Ou seja, é evidente que não há só textos; o que há são normas (porque a norma é o resultado da interpretação do texto). *Mas também não há somente normas, porque nelas está contida a normatividade que abrange a realização concreta do Direito.* No plano de uma hermenêutica jurídica de cariz filosófico, a norma será o *locus* do acontecer (*Ereignen*) da efetiva concretização dos direitos previstos na lei (compreendida na diferença ontológica existente entre texto e norma e vigência e validade).

Deixemos bem claro: interpretação e aplicação são coisas inseparáveis. Pensar o contrário é resvalar nos dualismos próprios da metafísica. Toda a compreensão hermenêutica pressupõe uma inserção no processo de transmissão da tradição. Há um movimento antecipatório da compreensão, cuja condição ontológica é o círculo hermenêutico.[24] Ao falarmos da interpretação jurídica, devemos falar em interpretação jurídico-concreta (factual). E, assim, na medida em que a hermenêutica é modo de ser, que emerge da faticidade e da existencialidade do intérprete a partir de sua condição (intersubjetiva) de ser-no-mundo, os textos jurídicos – no caso, a Consti-

---

[21] Ver, para tanto, meu *Jurisdição Constitucional*, 2ª ed., em especial o capítulo quinto.
[22] Cfe. Hans-Georg Gadamer. *Wahrheit und Methode*, Ergänzungen Register. J.C. B. Mohr (Paul Siebeck, Tübingen, 1993, p. 447.
[23] Não há nada de reprovável em querer propor regras para o entendimento, diz Gadamer. Mas, pergunta, chega-se desta maneira ao fundo do entender?
[24] Cfe. Hans-Georg Gadamer. *Wahrheit und Methode*. Grundzüge einer philosophischen Hermeneutik. J.C.B. Mohr (Paul Siebeck), Tübingen, 1990.

tuição – não ex-surgem em sua abstratalidade, atemporal e a-histórica, alienados do mundo da vida. A Constituição é o resultado de sua interpretação, pois uma coisa (algo) só adquire sentido como coisa (algo) na medida em que é interpretada (compreendida "como"[25] algo).

2. A Constituição compreendida como algo que constitui: os obstáculos representados por uma "baixa pré-compreensão"

A Constituição deve ser vivenciada como Constituição, e isto dependerá da pré-compreensão do intérprete. Afinal, chegamos às coisas do mundo a partir de um ponto de vista e, neste sentido,[26] o discurso sobre o mundo tem uma estrutura do algo como algo, a Constituição como Constituição, algo enquanto algo (*etwas als etwas*). E a estrutura do discurso sobre as condições de possibilidade sobre o mundo também é a estrutura de algo como algo, na medida em que o compreender é um compreender algo como algo.[27] Isto significa dizer que o estar-no-mundo depende dessa pré-compreensão (*Vorverständnis*), que é condição de possibilidade da compreensão desse "algo". Daí o acerto de Gadamer,[28] ao afirmar que os pré-juízos de um indivíduo, muito mais do que seus juízos, são a realidade histórica de seu ser (*Darum sind die Vorurteile des einzelnen weit mehr als seine Urteile die geschichtliche Wirklichkeit seines Seins*):

Assim, percebemos (compreendemos) a Constituição "como" Constituição quando a confrontamos com a sociedade para a qual é dirigida; compreendemos a Constituição "como" Constituição quando examinamos os dispositivos que determinam o resgate das promessas da modernidade e quando, através de nossa consciência acerca dos efeitos que a história tem sobre nós (*Wirkungsgeschichtliches Bewußtsein*), damo-nos conta da ausência de justiça social (cujo comando de resgate está no texto constitucional); compreendemos a Constituição "como" Constituição quando constatamos que os direitos fundamentais-sociais somente foram integrados ao texto constitucional pela exata razão de que a imensa maioria da população não os têm; compreendemos que a Constituição é, também, desse modo, a própria ineficácia da expressiva maioria dos seus dispositivos (que é, finalmente, o retrato da própria realidade social); percebemos também que a Constituição não é somente um documento que estabelece direitos,

---

[25] Esse como é um como hermenêutico: algo sempre aparece "como" algo (etwas als etwas).

[26] Veja-se, assim, os problemas acarretados por um imaginário jurídico de baixa constitucionalidade, que funciona, desse modo, como matriz do sentido que o jurista/intérprete terá da Constituição. O resultado disto todos conhecemos: o positivismo continua a opor sérias resistências ao constitucionalismo.

[27] Cfe. Ernildo Stein. *Aproximações sobre hermenêutica*. 2ª. ed. Porto Alegre: Edipucrs, 2004, p. 65.

[28] Cfe. Hans-Georg Gadamer. *Wahrheit und Methode*, Grundzüge, *op. cit.*, p. 281.

mas, mais do que isto, ao estabelecê-los, a Constituição coloca a lume e expõe dramaticamente a sua ausência, desnudando as mazelas da sociedade; *sexto e último*, a Constituição não é uma mera Lei Fundamental (texto) que "toma" lugar no mundo social-jurídico, estabelecendo um novo "dever-ser" – até porque antes dela havia uma outra "Constituição" e antes desta outras quatro na era republicana –, mas, sim, é da Constituição, nascida do processo constituinte, como algo que constitui, que deve exsurgir uma nova sociedade, não evidentemente rebocando a política, *mas permitindo que a política seja feita de acordo com a Constituição*.

Isto significa dizer que uma "baixa compreensão" acerca do sentido da Constituição – naquilo que ela significa no âmbito do Estado Democrático de Direito – inexoravelmente acarretará uma "baixa aplicação", *com efetivo prejuízo para a concretização dos direitos fundamentais-sociais*. As condições de possibilidades para que o intérprete possa compreender um texto implicam (sempre e inexoravelmente) a existência de uma pré-compreensão (seus pré-juízos) acerca da totalidade (que a sua linguagem lhe possibilita) do sistema jurídico-político-social.

Assim, a força normativa da Constituição – compreendida "como" (*etwas als etwas*) Constituição que nasce da revolução copernicana que institui o neoconstitucionalismo – dependerá de uma adequada interpretação, uma vez que é esta – a interpretação – que se constitui como condição de possibilidade para o acontecer de uma nova teoria das fontes e de uma nova teoria da norma jurídica, completando-se, assim, a superação do positivismo a partir dessa batalha travada nessas três frentes (teoria das fontes, teoria da norma e a hermenêutica).

Não é difícil constatar, assim, que a análise das condições para uma adequada compreensão do que significa a Constituição deve estar atravessada por essa perspectiva hermenêutica que *des-vela* a metafísica presente no discurso positivista. A inserção da justiça constitucional no contexto da concretização dos direitos fundamentais-sociais – compreendida essa realização/concretização de forma subsidiária, na omissão dos poderes encarregados para tal – deve levar em conta, necessariamente, o papel assumido pela Constituição no interior do novo paradigma instituído pelo Estado Democrático de Direito. Não se deve esquecer, aqui, a perspectiva paradigmática representada pelo advento do neoconstitucionalismo, que reúne, ao mesmo tempo, um forte conteúdo normativo (Constituições "embebedoras") e as possibilidades garantidoras de direitos a partir da jurisdição constitucional.

Daí a necessidade de se admitir um certo grau de deslocamento da esfera de tensão em direção à justiça constitucional. Isto implica um novo olhar sobre o papel do Direito – leia-se Constituição – no interior do Estado Democrático de Direito, que gera, para além dos tradicionais vínculos negativos (garantia contra a violação de direitos), obrigações positivas (direitos prestacionais). E isto não pode ser ignorado, porque é exatamente o cerne do novo constitucionalismo.

Parece evidente que, como conseqüência disto, o grau de intervenção da justiça constitucional dependerá do nível de concretização dos direitos estabelecidos na Constituição. Ou seja, *o nível das demandas inexoravelmente comandará a intensidade da tensão entre legislação e jurisdição*. De todo modo, concordo com a tese de que a defesa de um certo grau de intervencionismo da justiça constitucional – que venho sustentando sem a menor ilusão de que existam apenas "bons ativismos e bons ativistas" – implica o risco, e esta aguda crítica é feita por Gilberto Bercovici,[29] da ocorrência de decisões judiciais emanadas, principalmente pelo Supremo Tribunal Federal, contra a Constituição, *com o conseqüentemente esvaziamento de seus valores substanciais, o que representa – aí sim – usurpação de poderes constituintes*.

Sem tirar a razão da percuciente observação de Bercovici, entendo que o Tribunal Constitucional (no caso, o STF) sempre faz política. E isto é inexorável. O que ocorre é que, em países de modernidade tardia como o Brasil, na inércia/omissão dos poderes Legislativo e Executivo (mormente no âmbito do direito à saúde, função social da propriedade, direito ao ensino fundamental, além do controle de constitucionalidade de privatizações irresponsáveis, que contrariam frontalmente o núcleo político-essencial da Constituição), *não se pode abrir mão da intervenção da justiça constitucional*[30] *na busca da concretização dos direitos constitucionais de várias dimensões*.

---

[29] Cfe. Gilberto Bercovici. *Desigualdades Regionais, Estado e Constituição*. São Paulo: Max Limonad, 2002.

[30] O objetivo destas reflexões não permite ingressar na discussão acerca da tensão entre constitucionalismo (e jurisdição constitucional) e a democracia, permitindo-me remeter o leitor ao meu *Jurisdição Constitucional e Hermenêutica – Uma Nova Crítica do Direito*. 2ª. ed. Rio de Janeiro: Forense, 2003. De qualquer modo, entendo corretas as observações de Peña Freire, para quem os juízes constitucionais podem participar do diálogo coletivo, recordando aos cidadãos e a seus representantes o peso de certos direitos, enriquecendo a deliberação pública com argumentos e pontos de vista não levados em conta na discussão parlamentar. Se esta prática é valiosa, quem sabe mereça ser protegida e garantida, evitando, por exemplo, que a maioria parlamentar possa solapar sem custo algum o poder dos juízes mediante uma reforma constitucional meramente formal. O juízo de inconstitucionalidade tem que ter algum efeito no sistema institucional e político e alterar significativamente os termos em que se desenvolve o debate político, fundamentalmente obrigando o legislador a oferecer razões adicionais que contrastem com as que foram postas pelo juiz constitucional e que justifiquem decisivamente sua pretensão. Essa operatividade, de todo modo, deve ter um limite, para que não seja bloqueada a atividade do legislador democrático. Por isto, o peso do controle de constitucionalidade deve ser compensado com o poder dos órgãos políticos de "responder" de algum modo aos juízes constitucionais, já que, de outro modo, a instituição do controle judicial perderia sua legitimidade. Em suma, acrescenta o autor, *pode não ser razoável que o órgão de controle de constitucionalidade tenha a última palavra sobre o alcance e os limites de nossos direitos, porém, desde logo, o que me parece conveniente é que tenha a palavra*. Cfe. Antonio Manuel Peña Freire. "Constitucionalismo Garantista y Democracia". In: *Crítica Jurídica*, n. 22. Curitiba: Unibrasil, 2003, p. 63.

Não se pode confundir, entretanto, a adequada/necessária intervenção da jurisdição constitucional com a possibilidade de decisionismos por parte de juízes e tribunais. Isto seria antidemocrático. Com efeito, *defender um certo grau de dirigismo constitucional e um nível determinado de exigência de intervenção da justiça constitucional não pode significar que os tribunais se assenhorem da Constituição.* Mais do que isto, é necessário alertar para o fato de que a afirmação "a norma é (sempre) produto da interpretação do texto", ou que o "intérprete sempre atribui sentido (*Sinngebung*) ao texto", nem de longe pode significar a possibilidade deste – o intérprete – poder "dizer qualquer coisa sobre qualquer coisa", atribuindo sentidos de forma arbitrária aos textos, como se texto e norma estivessem separados (e, portanto, tivessem "existência" autônoma). O texto "limita a concretização e não permite decidir em qualquer direção, como querem as diversas formas de decisionismo", alerta Adeodato.[31]

3. A resistência positivista diante da diferença (ontológica) entre texto e norma: a importância do texto e o perigo representado pelos "decisionismos" judiciais

Não há como discordar de Friedrich Müller quando diz que a norma é sempre o produto da interpretação de um texto e que a norma não está contida no texto.[32] *Mas isto não pode significar que haja uma separação (ou "independência") entre ambos (texto e norma).* Com efeito, do mesmo como não há equivalência entre texto e norma e entre vigência e validade, estes não subsistem separados um do outro, em face do que se denomina na fenomenologia hermenêutica de diferença ontológica. Na verdade, o texto não subsiste *como* texto; *não há texto isolado da norma!* O texto já aparece na "sua" norma, produto da atribuição de sentido do intérprete, *não existe um processo de discricionariedade do intérprete.*

No plano da hermenêutica jurídica – e daquilo que venho pesquisando sob o enfoque de uma crítica hermenêutica do direito (e que me permiti batizar, inicialmente, de Nova Crítica do Direito),[33] é possível afirmar que

---

[31] Cfe. Adeodato, *op. cit.*, p. 176.

[32] Ver, para tanto, Friedrich Müller, *Juristiche Methodik*, Füfte Auflage. Berlin: Ducker & Humboldt, 1993; no mesmo sentido, Eros Roberto Grau. *La Doble Estruturación y la interpretación del derecho*, Barcelona: Editorial M.J. Bosch, SL, 1998.

[33] A Nova Crítica do Direito é fruto das pesquisas do *Dasein – Núcleo de Estudos Hermenêuticos* junto ao Programa de Pós-Graduação – Mestrado e Doutorado da Unisinos. Trata-se de uma crítica hermenêutica do direito, compreendida como processo de desconstrução da metafísica vigorante no pensamento dogmático do Direito. A metafísica, que na modernidade recebeu o nome de teoria do conhecimento (filosofia da consciência) faz com que se esqueça justamente da diferença que separa ser e ente. No campo jurídico, esse esquecimento corrompe a atividade interpretativa, mediante uma espécie de extração de mais-valia do sentido do ser do Direito. O resultado disso é o predomínio do método, do dispositivo, da tecnicização e da especialização, que na sua forma simplificada redundou em uma cultura jurídica estandardizada, onde o direito (texto jurídico compreendido na sua relação

a norma (que é produto da atribuição de sentido a um texto) *não é uma capa de sentido a ser acoplada a um texto "desnudo"*. Ela é, sim, *a construção hermenêutica do sentido do texto*. Esse sentido manifesta-se na síntese hermenêutica da *applicatio*.

A afirmação de que o "intérprete sempre atribui sentido (*Sinngebung*) ao texto", nem de longe pode significar a possibilidade deste estar autorizado a "dizer qualquer coisa sobre qualquer coisa", atribuindo sentidos de forma arbitrária aos textos, como se texto e norma estivessem separados (e, portanto, tivessem "existência" autônoma). Como bem diz Gadamer, quando o juiz pretende adequar a lei às necessidades do presente, tem claramente a intenção de resolver uma tarefa prática. Isto não quer dizer, de modo algum, que sua interpretação da lei seja uma tradução arbitrária. (*der Richter, welcher das überlieferte Gesetz den Bedürrnissen der Gegenwart anpasst, wil gewiss eine praktische Aufgabe lösen. Aber seine Auslegung des Gesetzes ist deshalb noch lange nicht eine willkürliche Umdeutung*).[34]

Portanto, todas as formas de decisionismo e discricionariedade devem ser afastadas. O fato de que não existe um método que possa dar garantia à "correção" do processo interpretativo – denúncia presente, aliás, já em Kelsen, no oitavo capítulo de sua Teoria Pura do Direito – não pode justificar que seja facultado "ao intérprete estimular as interpretações possíveis, de acordo com sua vontade e o seu conhecimento".[35] Mostra-se equivocado, assim, dizer que "dentre as diversas opções colocadas ao seu dispor, o exegeta escolhe aquela que lhe afigurar como a mais satisfatória" , podendo valer-se, para tanto, "dos recursos que estiverem ao seu dispor".[36]

Nesse sentido, a arguta crítica de Nelson Saldanha, que, na linha de Gadamer, entende que a reação contra o normativismo não pode significar que a interpretação do direito deixe de supor uma ordem de normas, que se completam com princípios. Ou seja, sem textos não há normas: o que se chama direito não é algo separado da hermenêutica, *mas não se pode diluir*

---

social) não é mais pensado em seu acontecer. Há que se retomar, assim, a crítica ao pensamento dogmaticizante, refém de uma prática dedutivista e subsuntiva, rompendo-se com o paradigma metafísico-objetificante (aristotélico-tomista e da subjetividade), que impede o aparecer do direito naquilo que ele tem/deve ter de transformador. Ver, para tanto, quinto capítulo do meu *Jurisdição Constitucional e Hermenêutica, op. cit.*

[34] Cfe. Gadamer, *Wahrheit und Methode*, Grundzüge, *op.cit.*, p. 333.

[35] É a posição, por exemplo, de Uadi Lamnego Bulos (*Manual de Interpretação Constitucional*. São Paulo: Saraiva, 1997), que acrescenta ser "injustificável qualquer censura ou cerceamento em relação ao mister interpretativo, seja qual for o argumento, precisamente porque é impossível determinar uma única interpretação como válida". Não é possível concordar com a tese de Bulos. Há limites no processo interpretativo. *O processo hermenêutico não autoriza atribuições arbitrárias ou segundo a vontade e o conhecimento do intérprete*. Veja-se, nesse sentido, a dura resposta que Gadamer dá àqueles que acusam a hermenêutica de proporcionar o relativismo. Frise-se, ademais, que este é um ponto fundamental da luta pela superação do postivismo-normativista: *o constitucionalismo coloca freios à discricionariedade própria do positivismo-normativista*.

[36] Idem, ibidem.

nem dissolver a aplicação do direito dentro de uma total imprevisibilidade.[37] A "vontade" e o "conhecimento" do intérprete não podem levar a possibilidade de que este possa atribuir sentidos arbitrários. Afinal, como bem diz Gadamer, se queres dizer algo sobre um texto, deixe que o texto te diga algo!

Em outras palavras, *o intérprete não pode, por exemplo, atribuir sentidos despistadores da função social da propriedade, do direito dos trabalhadores à participação nos lucros da empresa,* etc. Daí a necessidade desse esclarecimento, uma vez que, freqüentemente, a hermenêutica – na matriz aqui trabalhada – tem sido acusada de relativismo. Definitivamente, é preciso dizer que a hermenêutica jamais permitiu qualquer forma de "decisionismo", "realismo" ou "direito alternativo", e essa convicção vem apoiada em Grondin, que, fundado em Gadamer, *rejeita peremptoriamente qualquer acusação de relativismo* (ou irracionalidade) *à hermenêutica filosófica!*[38]

Numa palavra: *jamais existiu um relativismo para a hermenêutica; são antes os adversários da hermenêutica que conjuram o fantasma do relativismo, porque suspeitam existir na hermenêutica uma concepção de verdade, a qual não corresponde às suas expectativas fundamentalistas,* tranqüiliza-nos Grondin. Dessa forma, na discussão filosófica contemporânea, o relativismo funciona como um espantalho ou um fantasma assustador, em favor de posições fundamentalistas, que gostariam de abstrair da conversação interior da alma. *Quem fala do relativismo pressupõe que poderia existir para os humanos uma verdade sem o horizonte dessa conversação, isto é, uma verdade absoluta ou desligada de nossos questionamentos.* Como se alcança uma verdade absoluta e não mais discutível? Isto nunca foi mostrado de forma satisfatória. No máximo, *ex-negativo*: essa verdade deveria ser não-finita, não-temporal, incondicional, insubstituível, etc. Nessas caracterizações chama a atenção a insistente negação da finitude. Com razão pode-se reconhecer nessa negação o movimento básico da metafísica, que é exatamente a superação da temporalidade.[39]

Ora, negar a *diferença* entre texto e norma implica negar a temporalidade. Os sentidos são temporais. A diferença (que – insisto – é ontológica) entre texto e norma ocorre na incidência do tempo. Negar essa diferença é acreditar no caráter fetichista da lei, que arrasta o direito em direção ao positivismo. Daí a impossibilidade de reprodução de sentidos, como se o sentido fosse algo que pudesse ser arrancado dos textos (da lei etc.). Os

---

[37] Cfe. Saldanha, Nelson. Racionalismo jurídico, crise do legalismo e problemática da norma. In: *Anuário dos Cursos de Pós-Graduação em Direito da UFPE*, n. 10, ano 2000. Recife: UFPE, p. 203 e segs.

[38] Cfe. Jean Grondin, *Introdução à hermenêutica Filosófica*. São Leopoldo: UNISINOS, 1999, p. 229 e segs.

[39] Cfe. Grondin, *op. cit.*, p. 229 e segs.

sentidos são atribuíveis, a partir da faticidade em que está inserido o intérprete e respeitados os conteúdos de base do texto.

Portanto, *o texto da Constituição só pode ser entendido a partir de sua aplicação*. Entender sem aplicação não é um entender. A *applicatio* é a norma(tização) do texto constitucional. A Constituição será, assim, o resultado de sua interpretação (portanto, de sua compreensão como Constituição), que tem o seu acontecimento (*Ereignis*) no ato aplicativo, concreto, produto da intersubjetividade dos juristas, que emerge da complexidade das relações sociais. Por isto, o texto não está à disposição do intérprete, porque ele é produto dessa correlação de forças que se dá não mais em um esquema sujeito-objeto, mas, sim, a partir do círculo hermenêutico, que atravessa o dualismo metafísico (objetivista e subjetivista). Há, pois, um sentido forjado nessa intersubjetividade que se antecipa ao intérprete; em outras palavras, o intérprete estará jogado, desde sempre, nessa lingüisticidade. O espaço social – e aqui busco socorro em Warat – em que exsurge o sentido da Constituição é condição de possibilidade da instauração das relações simbólicas de poder que envolvem a construção desse sentido. A dimensão política da sociedade é também um (complexo) jogo de significações. Isso supõe – e a hermenêutica da faticidade sempre tem apontado para isto – que a linguagem seja simultaneamente um suporte e um instrumento de relações moleculares de poder. Mas, fundamentalmente, um espaço de poder nela mesma. A sociedade como realidade simbólica é indivisível das funções políticas e dos efeitos de poder das significações.[40] Por isto, a interpretação da Constituição, isto é, o sentido (norma) do texto constitucional é – parafraseando Radbruch – *o resultado do seu resultado*, que decorre, afinal, desse complexo jogo de relações intersubjetivas e das dimensões simbólicas do poder, que "cercam" desde sempre o intérprete.

Na contramão, os dados acerca do efetivo exercício da jurisdição constitucional – mormente no controle difuso, *locus* privilegiado da capilarização do sentido da Constituição – apontam para uma "baixa pré-compreensão sobre a Constituição e o neoconstitucionalismo",[41] o que facilmente pode ser verificado pela baixa incidência da Constituição nas decisões judiciais e pela quase nenhuma utilização dos mecanismos da interpretação conforme (*verfassungskonforme Auslegung*) a Constituição e a nulidade parcial sem redução de texto (*Teilnichtigerklärung ohne Normtext Reduzierung*) em sede de controle difuso, para citar apenas estes. Por outro lado, basta que se dê um passar de olhos na bibliografia utilizada nas Faculdades de

---

[40] Cfe. Luis Alberto Warat. *Territórios Desconhecidos*. Vol.I. Florianópolis: Fundação Boiteux, 2004, p. 141.
[41] Sobre o assunto, permito-me remeter o leitor ao meu *Jurisdição Constitucional e Hermenêutica, op.cit.*, mormente os capítulos 1 a 5.

Direito, para que se tenha a dimensão do problema representado por essa baixa pré-compreensão acerca do fenômeno do neoconstitucionalismo.

Por outro lado, é *visível, ainda, a equiparação entre vigência e validade e entre texto e norma*, o que torna a doutrina e a jurisprudência reféns de um pensamento metafísico, uma vez que essa equiparação *suprime o tempo do direito*. Enfim, com a equiparação texto e norma, vigência e validade, "ocorre uma objetivação que suspende a temporalidade", como bem lembra Adeodato.[42] Em algumas áreas como o direito penal, chega a existir uma espécie de blindagem, que imuniza o legislador contra qualquer interferência da jurisdição constitucional.[43]

Na verdade, o que tem acontecido é que o ensino jurídico tem contribuído para o acirramento da crise. Metafisicamente, por tentar "dualizar" teoria e prática, os cursos jurídicos *não conseguem formar nem bons "teóricos" e nem bons "técnicos"* (operadores – sic). Registre-se, neste aspecto, que esse imaginário, no interior do qual os juristas "separam" a teoria da prática, tem um forte conteúdo filosófico. Com efeito, há uma separação do processo de compreensão/interpretação em partes (em fatias), questão, aliás, que autores como Gadamer criticam com veemência.[44] Com o mestre de Tübingen, aprendemos que hermenêutica não é método, é filosofia. Ora, *se interpretar é aplicar, não há um pensamento teórico que "flutua" sobre os objetos do mundo, apto a dar sentido ao "mundo sensível"*. O sentido de algo se dá; ele acontece.

Na verdade, o pensamento dogmático do Direito (traduzido por um positivismo-normativista) não conseguiu escapar ainda do elemento central da tradição kantiana: o dualismo. É por ele que fomos introduzidos na modernidade numa separação entre consciência e mundo, entre palavras e coisas, entre linguagem e objeto, entre sentido e percepção, entre determinante e determinado, entre teoria e prática. Heidegger vai dizer que esses dualismos somente puderam ser instalados através do esquecimento do ser, através da introdução de um universo de fundamentação filosófica conduzida apenas pelo esquema da relação sujeito-objeto.[45]

É essa relação sujeito-objeto que sustenta as dicotomias ou os dualismos que povoam o imaginário dos juristas. Nesse sentido, a contundente crítica de Stein,[46] ao apontar para a impossibilidade de separação entre

---

[42] Cfe. Adeodato, *op. cit.*, p. 180.

[43] Ver, nesse sentido, Streck, "Da Proibição de Excesso (*Übermassverbot*) à Proibição de Deficiência (*Untermassverbot*): de como não há blindagem contra normas penais inconstitucionais". In: neoconstitucionalismo: Ontem os Códigos; hoje, as Constituições. *Revista do Instituto de Hermenêutica Jurídica*. n. 2. Porto Alegre: IHJ, 2004, p. 243-284.

[44] Para tanto, ver Streck, *Hermenêutica Jurídica e(m) Crise* – Uma exploração hermenêutica da construção do Direito. 5ª ed. Porto Alegre: Livraria do Advogado, 2004.

[45] Ver, nesse sentido, Stein, Ernildo. *Pensar é pensar a diferença*. Ijuí: Ed. Unijui, 2002, p. 88 e 89.

[46] Cfe. Stein, *Aproximações, op.cit.*, p. 45.

sujeito e objeto, porque, no fato histórico, já sempre estamos de certo modo mergulhados, e não podemos ter uma distância total, como na observação de um fenômeno físico.

No interior dessa baixa pré-compreensão, em que o positivismo resiste ao neoconstitucionalismo, o direito foi transformado em uma mera instrumentalidade formal, deixando de representar uma possibilidade de transformação da realidade. *A toda evidência, esta circunstância terá reflexos funestos no processo de compreensão que o jurista terá acerca do papel da Constituição, que perde, assim, a sua substancialidade.* Veja-se, a propósito, a dificuldade que os juristas têm em lançar mão da jurisdição constitucional; veja-se, por tudo, a inefetividade da Constituição, passados dezesseis anos de sua promulgação!

Sem modificar o nosso modo de compreender o mundo, *sem superar o esquema sujeito-objeto*,[47] sem superar a cultura manualesca que assola o imaginário dos juristas, *é temerário falar em efetividade da Constituição, naquilo que tem sido entendido como o necessário resgate das promessas (incumpridas) da modernidade.* Há que se compreender a importância da superação dos paradigmas objetivista e subjetivista, e as conseqüências para o direito dessa não superação. O esquema sujeito-objeto é objetivista, quando "assujeita" o jurista ao texto (que já sempre "conteria" a norma), e é subjetivista quando o jurista "assujeita" o texto (o sentido está, assim, na consciência do jurista).

Tenho claro, pois, que o fenômeno da "resistência positivista", que venho denominando de "baixa pré-compreensão acerca da Constituição e do neoconstitucionalismo", decorre, fundamentalmente, de uma inadequada pré-compreensão" (espécie de compreensão pequeno-gnosiológica), que acarreta uma inadequada compreensão que, por conseguinte, redunda em uma "baixa interpretação" e portanto, em uma "baixa *applicatio*". Isto porque se forjou uma espécie de "teto hermenêutico", estabelecido exatamente a partir de uma tradição no interior da qual a Constituição – e o direito constitucional – *nunca tiveram a devida importância em nosso país*. Esse "teto hermenêutico" representa o *limite do sentido* acerca da Constituição, bem como baliza *o sentido desse limite*, obstaculizando, desse modo, a necessária "imediatez constitucionalizadora".

---

[47] Apontando para o novo, enfim, para as possibilidades críticas do direito, vale trazer à colação interessante *applicatio* hermenêutica feita pela 5ª Câmara Criminal do TJ-RS, em *acordão que supera o problema do paradigma epistemológico da filosofia da consciência*. Cito parte da decisão: "Assim, além da mera explicação dos motivos pelos quais se chegou à esta ou àquela conclusão, a motivação da sentença impõe – em uma relação intersubjetiva – o enfrentamento a todas as teses apresentadas pela acusação e defesa, onde o juiz abandone a postura de sujeito cognoscente isolado na interpretação das relações sociais. Como salienta Lenio Streck, é necessário afastar o esquema sujeito-objeto, onde um sujeito observador está situado em frente a um mundo, mundo este por ele 'objetivável e descritível', a partir de seu cogito (Hermenêutica Jurídica Em Crise, p.80) (...)". Ac. n. 700009009069 – Rel. Des. Amilton Bueno de Carvalho.

Explicando melhor: a chave da crise do Direito em *terrae brasilis* e dessa "baixa efetividade da Constituição" talvez se deva ao fato de que o pensamento jurídico dominante continua acreditando que o jurista primeiro conhece (*subtilitas inteligendi*), depois interpreta (*subtilitas explicandi*), para só então aplicar (*subtilitas applicandi*); ou, de forma mais simplista, os juristas – inseridos nesse imaginário engendrado pela dogmática jurídica de cariz positivista-formalista – ainda acreditam que interpretar é desvendar o sentido unívoco da norma (sic), ou, que interpretar é descobrir o sentido e o alcance da norma, sendo tarefa precípua do intérprete procurar a significação correta dos conceitos jurídicos (sic), ou que interpretar é buscar o "verdadeiro sentido da norma", ou ainda, que interpretar é retirar da norma tudo o que nela contém (sic), tudo baseado na firme crença de que os métodos de interpretação são um "caminho seguro para alcançar corretos sentidos", e que os critérios usuais de interpretação constitucional equivalem aos métodos e processos clássicos, destacando-se, dentre eles, o gramatical, o lógico, o teleológico objetivo, o sistemático e o histórico (sic); *finalmente, para total desespero dos que, como eu, são adeptos da hermenêutica filosófica, acredita-se ainda que é possível descobrir a vontade da norma (o que isto significa ninguém sabe explicar) e que o legislador possui um espírito (sic)*!

Em síntese, com algumas exceções, é este o estado da arte daquilo que se entende por "interpretação da lei no Brasil", cujas conseqüências não são muito difíceis de perceber. Veja-se, nessa linha, a gravidade do alerta feito por Kaufmann, para quem *até mesmo a teoria da argumentação não acompanhou a hermenêutica na abolição do esquema sujeito-objeto, prevalecendo-se antes da objetividade.*[48] Dito de outro modo, "apesar de também combater a perspectiva do positivismo normativista tradicional, a teoria da argumentação tem em comum com essa corrente a tentativa de deduzir subsuntivamente a decisão a partir de regras prévias",[49] problemática presente, aliás, em autores como Atienza,[50] para quem "para ser considerada plenamente desenvolvida, uma teoria da argumentação jurídica tem de dispor (...) de um método que permita representar adequadamente o processo

---

[48] Cfe. Arthur Kaufmann. *Introdução à filosofia do direito e à teoria do direito contemporâneas.* Lisboa: Fundação Calouste Gulbenkian, 2002, p. 154.
[49] Cfe. Adeodato, *op.cit.*, p. 176.
[50] Cfe. Manuel Atienza. *As razões do direito. Teorias da Argumentação Jurídica.* São Paulo: Landy, 2000, p. 319 e 320. Como se pode perceber, Atienza *permanece nos quadros do paradigma epistemológico da filosofia da consciência, ao sustentar uma função instrumental para a interpretação, otimizada, para ele, a partir da teoria da argumentação jurídica.* Para o autor, uma das funções da argumentação é oferecer uma orientação útil nas tarefas de produzir, interpretar e aplicar o direito (já neste ponto, é possível perceber a subdivisão do processo interpretativo em partes, questão tão bem denunciada por Gadamer!). Mais ainda, diz que "um dos maiores defeitos da teoria padrão da argumentação jurídica é precisamente o fato de ela não ter elaborado um procedimento capaz de representar adequadamente como os juristas fundamentam, de fato, as suas decisões".

real da argumentação – pelo menos a fundamentação de uma decisão, tal como aparece plasmada nas sentenças e em outros documentos jurídicos – assim como de critérios, tão precisos quanto possível, para julgar a correção – ou a maior ou menor correção – dessas argumentações e de seus resultados, as decisões jurídicas."

Daí a necessidade de uma insurreição contra essa fala falada, que submerge o jurista em uma tradição inautêntica (no sentido hermenêutico-gadameriano). Essa fala falada decorre de uma "hermenêutica de bloqueio", que impede que o novo – o sentido da Constituição que aponta para o resgate das promessas da modernidade – venha à tona. Para além disto, *não se podem esquecer os fatores políticos-ideológicos relacionados às conseqüências (e reações) que uma Constituição nova provoca.*

O agir do jurista deve resguardar a sintonia com a materialidade da Constituição, a partir do exercício de uma prudente *applicatio,* indispensável à preservação da força normativa do seu texto – quero, finalmente, afirmar a hermenêutica como modo de deixar o fenômeno Constitucional tornar-se visível, *deixando-o vir à presença,* ao contrário do positivismo tradicional, que vê a Constituição como uma (mera) ferramenta jurídica (categoria).

4. As súmulas (in)constitucionalmente vinculantes reforçando a resistência positivista: uma crítica ao uso reificante da linguagem ou de como a dogmática jurídica faz um retorno ao conceitualismo

A recente aprovação de emenda constitucional institucionalizando as súmulas vinculantes por certo agravará o estado da arte da crise que atravessa o direito. A baixa constitucionalidade, representada pela baixa précompreensão das revoluções copernicanas que transformam o direito no século XX, atinge inexoravelmente a jurisdição constitucional e o que esta representa no plano da discussão da efetividade do processo. Com efeito, *na busca de uma efetividade quantitativa, são enfraquecidas as instâncias inferiores, mormente a justiça de primeiro grau, em favor da justiça de segundo grau e dos tribunais superiores.*[51]

---

[51] Para tanto, veja-se o poder conferido ao relator na apreciação dos recursos, que transforma um julgamento colegiado de segundo grau em uma manifestação monocrática. Considere-se, ademais, a autêntica aporia representada pela possibilidade de o relator dos recursos especial e extraordinário determinar o arquivamento de plano do recurso, quando a matéria contrariar súmula (e isto já existe desde 1990 e não causou maiores perplexidades na comunidade jurídica...!). A edição das Leis 9.868 e 9.882 dá uma amostra dessa busca incessante do *"santo graal"* da efetividade do processo, onde constam os mais variados tipos de violações de princípios e preceitos constitucionais, que vão desde o indevido efeito vinculante às decisões positivas de constitucionalidade, a possibilidade de inversão dos efeitos em sede de ação direta de inconstitucionalidade (ADIn) e ação declaratória de constitucionalidade (ADC), além dos instrumentos avocatórios constantes em ambas as leis.

A institucionalização das súmulas vinculantes não encontra precedente em outro sistema jurídico de cariz romano-germânico. Os antigos assentos portugueses – de onde se originou a súmula brasileira – foram declarados inconstitucionais pelo Tribunal Constitucional de Portugal há duas décadas. Mas, obrigatória ou não a súmula, é preciso ter em conta que parcela considerável da doutrina e da jurisprudência sempre foram caudatárias das súmulas (mesmo antes destas terem força vinculativa constitucional, como agora), das "jurisprudências dominantes" e das famosas "correntes doutrinárias mananciosas" ou dos "argumentos de autoridade". Não é difícil perceber esse comportamento: surgindo uma nova lei, os operadores do direito, inseridos naquilo que Bourdieu tão bem denominou de *habitus* – comportam-se como "órfãos científicos", esperando que o processo hermenêutico-dogmático lhes aponte o caminho, dizendo-lhes *o que é que a lei ou o legislador disseram (sic)* (ou *"quiseram dizer"*)...

Todavia – e chamo a atenção para este ponto – o problema não reside, *stricto sensu*, na vinculação sumular recentemente aprovada pelo parlamento brasileiro. Não esqueçamos que é o pensamento positivista-exegético, conformador da dogmática jurídica, que vem gerando, há muito tempo, essa espécie de "ovo da serpente", ao "construir um mundo jurídico" formado por *prêt-à-porters* significativos, representados por verbetes jurisprudenciais (por vezes, resultantes de julgamentos isolados), que vêm servindo – há muitas décadas – de categorias (significantes primordiais-fundantes) para os juristas elaborarem seus raciocínios subsuntivos-dedutivos. Portanto, mesmo que para alguns autores como Peces-Barba a subsunção seja algo superado, o cotidiano das práticas do juristas aponta para outra direção.

Por isto, a vinculação das súmulas através de emenda à Constituição não deve(ria) surpreender a comunidade jurídica. Ora, historicamente os verbetes – que sustentam a produção jurídica acatada nas escolas de direito e na operacionalidade do direito – *têm tido função similar às súmulas.* Ou seja, os verbetes têm – e sempre tiveram – a função de "explicar" o "correto" sentido dos textos jurídicos a partir de "conceitos" elaborados a partir de excertos de acórdãos, que *nada mais são do que quase-súmulas, sem que, para sua elaboração, haja qualquer critério.* Assim, inseridos na tradição, uma vez que institucionalizados, indubitavelmente assumem uma função normativa. E da violência – que era simbólica, porque as súmulas e os verbetes eram aplicados em face de um *habitus* –, agora se está diante de uma violência institucionalizada.

Entretanto, embora a profunda indignação que essa problemática da vinculação sumular vem causando em setores da comunidade jurídica, entendo ser possível, no plano de uma análise hermenêutica, "contornar" o problema dessa "vinculação institucionalizada". Assim, a partir da hermenêutica filosófica e de uma crítica hermenêutica do direito, é perfeitamente possível alcançar uma resposta constitucionalmente adequada – espécie de resposta hermeneuticamente correta – a partir do exame de cada caso. Com efeito, entendo ser possível encontrar uma resposta constitucionalmente adequada a cada problema jurídico. Hermenêutica é aplicação. Portanto, aquilo que se denomina de "colisão de princípios", por exemplo, só pode ser solucionado em face de um dado caso concreto. Princípios não colidem abstratamente. Princípios não colidem no ar. Não há respostas *a priori*, que ex-surjam de procedimentos (métodos, meta-critérios ou fórmulas de resolução de conflitos).

Como não interpretamos por partes – porque não compreendemos por etapas – o problema hermenêutico é filosófico e não um problema procedimental. Não percebemos primeiro o texto para depois acoplar-lhe a norma (o sentido). Ou seja, como o ato de interpretar – que é sempre compreensivo – é unitário, o texto não está – e não nos aparece – desnudo, à nossa disposição. A *applicatio* evita a arbitrariedade na atribuição de sentido, porque é decorrente da antecipação (de sentido) que é própria da hermenêutica de cariz filosófico. Aquilo que é condição de possibilidade não pode vir a se transformar em um "simples resultado" manipulável pelo intérprete.

Mostrar a hermenêutica como produto de um raciocínio feito por etapas foi a forma pela qual o subjetivismo procurou controlar o "processo" de interpretação. Daí a importância dada ao método, supremo momento da subjetividade assujeitadora. Ora, a pré-compreensão antecipadora de sentido de algo ocorre à revelia de qualquer "regra epistemológica" ou método que fundamente esse sentido. A compreensão de algo como algo simplesmente ocorre, porque o ato de *compreender* é existencial, fenomenológico e não epistemológico.

Qualquer sentido atribuído arbitrariamente será produto de um processo decorrente de um vetor (*standard*) de racionalidade de segundo nível, meramente argumentativo/procedimental.[52] Assim, negar a possibilidade de que possa existir uma resposta correta (ou se se quiser, mais adequada constitucionalmente que outra) pode constituir-se – sob determinado ponto de vista – em uma profissão de fé no positivismo e na discricionariedade judicial. Corre-se, assim, o risco de conceder ao juiz uma excessiva discricionariedade (excesso de liberdade na atribuição dos sentidos), acreditando, ademais, que o direito é (apenas) um conjunto de normas (regras). *Isto significa transformar a interpretação jurídica em filologia, forma refinada de negação da diferença ontológica.* Não esqueçamos que texto e norma, fato e norma, não estão separados e tampouco um "carrega" o outro; texto e norma, fato e direito, são (apenas e fundamentalmente) diferentes. Por isto, o texto não existe sem a norma; o texto não existe em sua "textitude";

---

[52] Ver, para tanto, o capítulo quinto do meu *Jurisdição Constitucional e Hermenêutica, op .cit.*

a norma não pode ser vista; ela apenas é (existe) no (sentido do) texto. Em síntese: a resposta adequada constitucionalmente é o ponto de estofo em que *ex-surge* o sentido do caso concreto (da coisa mesma). Na coisa mesma (*Sache selbst*), nessa síntese hermenêutica, está o que se pode denominar de a resposta hermeneuticamente (mais) adequada, que é dada sempre e somente na situação concreta. Este é o salto que a hermenêutica dá em relação às teorias da argumentação, que são procedimentais (não esqueçamos, sempre, as pesadas críticas dirigidas por autores como Arthur Kaufmann, denunciando que *a teoria da argumentação não acompanhou a hermenêutica na abolição do esquema sujeito-objeto, prevalecendo-se antes da objetividade*). Na verdade, enquanto as teorias argumentativas buscam construir regras para a interpretação correta, a resposta hermenêutica se dá na diferença (ontológica) entre texto e norma.

Dito de outro modo, é o detalhado exame das circunstâncias que conformam o problema jurídico concreto que indicará se a súmula, a lei ou até mesmo o "verbete", deve – ou não – ser aplicado (não esqueçamos que interpretar é explicitar o compreendido, como bem diz Gadamer). E isto não é assim porque, agora, as súmulas se tornaram vinculantes... Não! Isto é assim por que interpretar é *applicatio*, o que significa que: a) não reproduzimos sentidos (a hermenêutica ultrapassa a *Auslegung* em direção da *Sinngebung*); b) não interpretamos por partes; c) o sentido se dá sempre no caso concreto (na coisa mesma – *Sache selbst*).

Assim, basta que as interpretações adjudicadas a cada caso venham acompanhadas da necessária justificação (motivação). Dizendo de outro modo: a súmula vinculante é também um texto jurídico e, por isso, não acarreta maiores novidades ou problemas no plano hermenêutico. Antes de tudo, ao estar diante da aplicação de uma súmula, o intérprete deve examinar o contexto, isto é, a similitude do "caso" que a súmula quer "abarcar", *evitando, assim, a subsunção metafísica própria do modelo positivista-exegético*. Deve estar, fundamentalmente, "atento" à diferença ontológica entre texto e norma, compreendendo que não há norma sem relação social. *Subsunções escondem a singularidade dos casos (e, portanto, a relação social) e a súmula, ao pretender construir conceitos universalizantes,*[53] *poderá sacrificar a especificidade do caso sub análise, que é sempre único, irrepetível.* Além disto, a súmula – como tem ocorrido inúmeras vezes – pode ser produto de uma atribuição de sentido arbitrária por parte do Su-

---

[53] O texto e o universal são cada um em si, incompreensíveis; devemos renunciar à tentativa de esclarecer um tipo particular do "pensar em conceitos gerais", alerta Jan Schapp, in *Problemas fundamentais da metodologia jurídica*. Porto Alegre: Sérgio Antônio Fabris. O direito é parte ou momento do próprio caso. E fulmina: não se pode isolar o caso do direito e de certa maneira considerá-lo em si independente do direito. Um olhar sobre o caráter e função das súmulas no sistema jurídico brasileiro parece suficiente para o enquadramento da bem fundada crítica do mestre alemão ao conceitualismo objetivista ainda dominante na dogmática jurídica brasileira.

premo Tribunal Federal ou de outro tribunal. Assim, podem ser adotados os seguintes procedimentos: a) como não se pode dizer qualquer coisa sobre qualquer coisa,[54] cabe ao intérprete do Estado Democrático de Direito efetuar a devida correção em sede doutrinária ou de aplicação judiciária. Assim, se a súmula for inconstitucional, o intérprete deve apontar a irregularidade (deixando de aplicá-la). Não esqueçamos, nesse sentido, as seguintes questões que envolvem a problemática em tela: primeiro, a súmula, ao ter efeito vinculante, adquiriu *status* de normatividade (ato jurídico suscetível de controle de constitucionalidade – veja-se, para tanto, ADIn n. 594), sendo desnecessário dizer que o controle pode ser feito de forma difusa; segundo, se a súmula violar um dispositivo infraconstitucional, duas hipóteses se apresentam: ou será inconstitucional, por violação direta da Constituição ou poderá deixar de ser aplicada em face dos critérios de resolução de antinomias; terceiro, a ADPF é remédio para suscitar a inconstitucionalidade de súmula (já o era antes da emenda constitucional que tornou vinculantes as súmulas). Por outro lado, sempre se poderá lançar mão dos mecanismos da interpretação conforme (verfassungskonforme Auslegung) e a inconstitucionalidade parcial sem redução de texto (*Teilnichtigerklärung ohne Normtextreduzierung*) no ato de aplicação da súmula. Simples, pois.

Portanto, o novo e problemático, aqui, não é a vinculação sumular, mas, sim *o que essa vinculação representa para a dogmática jurídica acostumada a trabalhar com conceitualizações que buscam aprisionar as "substâncias do direito" nos conceitos pré-elaborados*. A operacionalidade do direito, inserida em um positivismo de cunho exegético preparado para elaborar subsunções, tem resolvido os problemas (casos) jurídicos a partir do uso de verbetes (que poderiam ser ou não súmulas, porque estas também não passam de meros verbetes) que funcionam como "categorias" fundantes, que nada mais são do que objetificações metafísicas, como se os sentidos estivessem contidos nesses verbetes (portanto, "nas coisas" que elas designam, fazendo-se, assim, um retorno à metafísica clássica).

O problema, pois, está no fato de que os próprios verbetes (sumulares ou não) têm a função de servirem, ao mesmo tempo, de fundamento e de justificação. Ora, a súmula, ao servir de fundamento, metafisicamente abarca a própria justificação, *porque, afinal, ela foi feita para isto*: aprisionar "substâncias" e "seqüestrar o tempo". Trata-se, enfim – e a crítica é feita com apoio em Alejandro Nieto[55] –, de um retorno à jurisprudência dos conceitos (*Begriffsjurisprudenz*), pela qual o jurista cria conceitos gerais (o que na metafísica clássica se chamava de "universais") mediante a eli-

---

[54] Nesse sentido, ver meu *Hermenêutica Jurídica*, op .cit., cap. 12, item 10.
[55] Cfe. Alejandro Nieto. *Las limitaciones del conocimiento jurídico*. Madrid: Trotta, 1994, p. 22 e segs.

minação dos dados singulares de cada problema concreto – descrito em uma norma ou socialmente praticado – até chegar, por abstração, a uma nova suficientemente universalizante, apta a compreender a todas as situações individuais que lhe deu origem. O maior risco do "método conceitual", alude o jusfilósofo espanhol, está em que ao "descender" aos fenômenos individuais reais fica desnaturado o "mínimo jurídico" do "abstrato" e se aplica a fenômenos que por sua singularidade são incompatíveis com o regime geral atribuído ao conceito abstrato.

É preciso estar atento, pois, ao perigoso ecletismo pelo qual passa o sistema jurídico brasileiro: busca a fórmula dos precedentes sem a correspondente obrigatoriedade da motivação/justificação. Destarte, as decisões devem estar justificadas e tal justificação deve ser feita a partir da invocação de razões e oferecendo argumentos de caráter jurídico, assinala Ordónez Solís. O limite mais importante das decisões judiciais reside precisamente na necessidade da motivação/justificação do que foi dito. O juiz, por exemplo, deve expor as razões que lhe conduziram a eleger uma solução determinada em sua tarefa de dirimir conflitos. A motivação/justificação está vinculada ao direito à efetiva intervenção do juiz, ao direito dos cidadãos a obter uma tutela judicial, sendo que, por esta razão, o Tribunal Europeu de Direitos Humanos considera que a motivação integra-se ao direito fundamental a um processo eqüitativo, de modo que "as decisões judiciais devem indicar de maneira suficiente os motivos em que se fundam. A extensão deste dever pode variar segundo a natureza da decisão e deve ser analisada à luz das circunstâncias de cada caso particular" (sentenças de 9.12.1994 – TEDH 1994, 4, Ruiz Torija e Hiro Balani-ES, parágrafos 27 e 29; de 19.02.1998 – TEDH 1998,3, Higgins e outros –Fr, parágrafo 42; e de 21.01.99 – TEDH 1999,1, Garcia Ruiz-ES).[56]

Ou seja – e aqui parece residir o ponto fulcral do problema –, *o juiz não pode considerar que é a súmula que resolve um litígio* – até porque as palavras não refletem as essências das coisas, assim como as palavras não são as coisas – , *mas, sim, que é ele mesmo, o juiz, o intérprete, que faz uma fusão de horizontes para dirimir o conflito.*[57] Não devemos esquecer – e a advertência vem de Gadamer – que existem sempre dois mundos de experiência no qual ocorre o processo de compreensão: o mundo de experiência

---

[56] Cfe. David Ordónes Solís. *Jueces, Derecho y Política*. Navarra: Aranzadi, 2004, p. 98 e segs.

[57] Em face das inúmeras críticas que o conceitualismo tem recebido, sua referência nos manuais jurídicos praticamente desapareceu. Mas, alerta Alejandro Nieto, não nos enganemos, porque na prática segue vivo e se usa cotidianamente, ainda que de forma não deliberada. Cfe. Nieto, *op.cit.*, p. 26. Na mesma linha o alerta de Schapp, *op.cit.*, p. 8, reportando-se ao Methodenslehre de Larenz: a doutrina central para a aplicação da lei é ainda sempre a doutrina da subsunção de um concreto estado de coisas sob uma lei universal. A história da metodologia mais recente é uma história de ataques a este "modelo subsuncional de aplicação do direito" e contudo este modelo subsuncional conseguiu afirmar-se no fundamental. Ele não é apenas ensinado aos estudantes como técnica da aplicação do direito, mas continua ocupando ainda um lugar de destaque nos tratados científicos e nos manuais.

no qual o texto foi escrito e o mundo no qual se encontra o intérprete. O objetivo da compreensão é fundir esses dois mundos, em um determinado contexto, que é a particularidade do caso, a partir da historicidade e da faticidade em que estão inseridos os atores jurídicos. Por isto, acrescento, *fusão de horizontes não é acoplagem de universais a particulares, da generalidade à particularidade*. Isto seria subsunção, e a justificação, nos moldes em que se deseja as decisões no Estado Democrático de Direito, não tem lugar nos raciocínios subsuntivos/dedutivos.

5. Aportes finais: a dimensão ontológico-concretizadora da hermenêutica como fundamento para a superação do paradigma positivista

Se o constitucionalismo nasce sob uma perspectiva conservadora, uma vez que engendrado para conter o poder das maiorias, séculos mais tarde transforma-se em estandarte da mudança social em um conturbado mundo atravessado por duas guerras mundiais. Agregado a esse nítido viés transformador, ínsito aos textos constitucionais do segundo pós-guerra, ex-surge a superação do positivismo e, conseqüentemente, o direito sofre uma profunda mudança de fundo paradigmático.

Do papel plenipotenciário assumido pela lei, produto do modelo liberal-burguês, passa-se a uma nova concepção acerca das fontes do direito; do mesmo modo, da velha teoria da norma, salta-se em direção aos princípios e tudo o que eles representa(ra)m para o direito a partir do advento do neoconstitucionalismo. Com isto, as relações privadas, antes protegidas/encasteladas na norma jurídica codificada que as protegiam contra os "indevidos" ataques do direito público, passam a estar submetidas ao público (leia-se, à Constituição), fragilizando-se, em boa hora, essa velha dicotomia.

Mais do que isto, a revolução provocada pelo constitucionalismo do Estado Democrático de Direito não apenas submete o privado ao público: para além disto, toda a legislação (penal, processual etc.) passa a estar submetida ao exame da parametricidade – não apenas formal, mas material – constitucional. Em outros termos, *o texto não mais contém a norma; a vigência torna-se secundária em relação à validade, sempre aferida a partir de uma filtragem constitucional.*

A ruptura com o modelo dogmático-formalista (de cariz liberal-individualista), no interior dessa revolução copernicana, aparece nitidamente na dupla face do papel a ser exercido pela ação do Estado, isto é, essa alteração de papel *dá-se quando o Estado, de potencial opositor a direitos fundamentais* (essa era a perspectiva do modelo de direito formal-burguês), *torna-se seu protetor*, e, o que é mais incrível – "que o Estado se torne amigo dos direitos fundamentais" (Stern),[58] problemática bem visível na Constituição do Brasil, quando estabelece o comando da erradicação da pobreza, da construção de uma sociedade justa e solidária, etc.

Isto significa afirmar *que este (o Estado) deve deixar de ser visto na perspectiva de inimigo dos direitos fundamentais, passando-se a vê-lo como auxiliar do seu desenvolvimento* (Drindl, Canotilho, Vital Moreira e Stern) ou outra expressão dessa mesma idéia, *deixam de ser sempre e só direitos contra o Estado para serem também direitos através do Estado.*[59]

Para tanto, foi necessário que se olhasse o novo com os olhos do novo, tarefa específica da hermenêutica, condição de possibilidade para que o novo paradigma pudesse ser *des-coberto*, no sentido hermenêutico da palavra. A superação do positivismo, a partir de uma luta travada no árido território de uma dogmática jurídica de perfil liberal-individualista, é tarefa que assume contornos sobremodo problemáticos em países de modernidade tardia como o Brasil.

Há uma cultura positivista e manualesca que continua enraizada nas escolas de direito e naquilo que se entende por doutrina e aplicação do direito. Conseqüentemente, a doutrina não mais doutrina, vez que caudatária de decisões tribunalícias. Não conseguimos superar, ainda, a crise de paradigmas objetivista aristotélico-tomista e da subjetividade (filosofia da consciência), bases da concepção liberal-individualista-positivista do direito que obstaculiza a concretização da Constituição (e, conseqüentemente, dos objetivos da justiça social, da igualdade, da função social da propriedade etc.).

Sejamos claros: no campo da interpretação do direito, não houve ainda a invasão da filosofia pela linguagem. E não há como esconder essa evidência: inserido nessas crises, o jurista (ainda) opera com as conformações da hermenêutica clássica, vista como pura técnica (ou técnica pura) de interpretação (*Auslegung*), na qual a linguagem é entendida como uma terceira coisa que se interpõe entre um sujeito cognoscente (o jurista) e o objeto (o direito) a ser conhecido. *Sempre sobra, pois, a realidade!* Esse modo-de-ser encobre o acontecer propriamente dito do agir humano, *objetificando-o na linguagem e impedindo que se dê na sua originariedade, enfim, na sua concreta faticidade e historicidade.*

Dito de outro modo, o jurista, filologicamente, acredita que o mais importante é interpretar textos, buscando "amarrar" o resultado da interpretação a partir de uma metodologia metafísica, de nítido perfil epistemológico-procedimental. É preciso entender, no entanto, que o texto

---
[58] Cfe. Maria da Conceição Ferreira da Cunha. *Constituição e Crime*. Porto: Universidade Católica do Porto, 1995, p. 273 e segs.
[59] Idem, ibidem.

constitucional *não é um objeto cultural*, apto a receber do jurista, filologicamente, uma "capa de sentido" – a interpretação.[60] *A Constituição não é objetificável;* tampouco é uma terceira coisa que se interpõe entre o Estado e a Sociedade, até porque Estado e Sociedade constituem uma unidade. Há, sim, uma diferença entre o império da lei (positivismo) e o império da Constituição. O positivismo que resiste ao neoconstitucionalismo assenta-se na idéia de que é possível reduzir toda realidade jurídica ao direito positivo e a sua "correta" aplicação. Para tanto, constrói um repositório de conceitos que pretendem abarcar as diversas situações de aplicabilidade, como se fosse possível "armazenar" na generalidade da lei (e de seus conceitos, produtos de sua interpretação) todas as situações particulares. É como se fosse possível construir uma teoria que contivesse aos menos potencialmente todas as verdades jurídicas[61] (veja-se, aqui, o problema representado pelas súmulas vinculantes, que se transformam em categorias metafísicas, seqüestrando a temporalidade do direito).

O positivismo que aqui se combate funciona como um discurso que *submete o texto e a ele se submete*, fundindo-se coisas, essências e a consciência de si do pensamento pensante. Ignora, assim, a diferença (ontológica) entre texto e norma e vigência e validade, condição de possibilidade da filtragem e do controle de constitucionalidade. E é nesse *locus* que se concretiza o crime positivista de seqüestro da temporalidade do direito! Novamente aqui a problemática relacionada às três frentes de batalha que o constitucionalismo do Estado Democrático de Direito enfrentou para superar o positivismo: a teoria das fontes, da norma e da interpretação. Dizendo de outro modo, até o advento do constitucionalismo do Estado Democrático (e Social) de Direito – e a percuciente observação é de Vicente Barretto –, a preocupação teórica da hermenêutica "integradora" dos pres-

---

[60] Cfe. Konrad Hesse. *Escritos de Derecho Constitucional*. Madrid: Centro de Estúdios Constitucionales, 1983, p. 33 e segs.

[61] Os conceitos jurídicos não "carregam" o seu sentido ou as "coisas" que designam. Assim, por exemplo, no "conceito" (verbete jurisprudencial) "a palavra da vítima é de fundamental importância nos crimes sexuais", não está contida "a essência da palavra da vítima ou de todas as palavras de todas as vítimas de crimes sexuais" (sic). Nesse sentido, veja-se acórdão do TJ-RS, que, acolhendo parecer de minha lavra, espanca o caráter metafísico-essencialista do verbete em questão: "...vê-se aqui a importância da nova hermenêutica no sentido de que é sempre *applicatio*, como bem acentuou Gadamer. Interpretar (aplicar) não é nunca uma subsunção do individual sob os conceitos do geral. Ou seja, no verbete jurisprudencial "a palavra da vítima assume especial relevância nos crimes de estupro", não está contida a essencialidade (ou a *holding*) relativa à credibilidade-da-palavra-da-vítima nos crimes sexuais. Como diz Heidegger, tomar aquilo que "é" por uma presença constante e consistente, considerado em sua generalidade, é resvalar em direção à metafísica. Com base nisso, é possível acrescentar que, quando o pensamento dogmático do direito toma "a palavra da vítima como primordial nos delitos de estupro", não é propriamente falso, é apenas exato. Entretanto, com isso, há que se perguntar: estamos falando do "ser do ente" crime de estupro (não qualquer um, mas aquele)? Por isso, o saber representativo (metafísico), ao invés de mostrar o ente como ele é, acaba por escondê-lo e anulá-lo, ficando o "crime como o crime" afastado, anulado (...) (Cfe. Heidegger, Martin. *Escritos e Conferências*)". (Acórdão n. 7000003282589 – Rel. Des. Aramis Nassif).

supostos positivistas visava somente proporcionar um nível teórico, suficientemente universal, estabelecendo parâmetros de referência para as ciências humanas e sociais, que as caracterizassem como tipos de conhecimento científico, ainda que com métodos distintos do método das ciências físicas e naturais. O desafio da hermenêutica contemporânea consiste, assim, em inserir-se nessa tradição hermenêutica, fazendo uma leitura mais sofisticada do texto constitucional. Criam-se, dessa forma, as condições de possibilidade de realizar-se uma nova leitura da dogmática jurídica e, em conseqüência, de construir-se uma concepção não exclusivamente dogmática do direito.[62]

Por tais razões é que um novo modo de compreender o significado da interpretação jurídica passa à *condição de condição de possibilidade da superação desse positivismo formalista exegético-dedutivista*. Romper com a "certeza de si do pensamento pensante", próprio da filosofia da consciência (para dizer o mínimo) e ultrapassar o obstáculo representado pelo dualismo sujeito-objeto, pressupõe profundas rupturas paradigmáticas. E é preciso ter claro que essa tarefa não se faz sem ranhuras. Afinal, mais do que um imaginário a sustentar o modo-positivista-de-fazer/interpretar-direito, há, no Brasil, uma verdadeira "indústria cultural" assentada em uma produção jurídica que tem nos manuais a sua principal fonte de sustentação, retroalimentada pela escolas de direito, cursos de preparação para concursos e exame de ordem, além da própria operacionalidade do direito, *que tem no dedutivismo a sua forma de aplicar o direito, a partir de repositórios de verbetes* prêts-à-pôrters, *que escondem a singularidade dos casos*. Por isto, não é temerário (re)afirmar que o positivismo jurídico – entendido a partir da dogmática jurídica que o instrumentaliza – é uma trincheira que resiste (*teimosa-mente*) a essa viragem hermenêutico-ontológica.

Ou seja, a hermenêutica que surge no horizonte do paradigma do giro lingüístico, superando o metafísico esquema sujeito-objeto, *tem uma dimensão ontológica, concretizadora*.[63] Os dualismos próprios dos paradig-

---

[62] Cfe. Vicente de Paulo Barretto. Da interpretação à hermenêutica constitucional. In: *1988-1998 – Uma década de Constituição*. Margarida Lacombe (org). Rio de Janeiro: Renovar, 1999, p. 378. Barreto acrescenta um preciso diagnóstico acerca da tardia preocupação dos juristas brasileiros com a temática da interpretação da Constituição: a *interpretação constitucional, entretanto, somente aparece como problema a preocupar os constitucionalistas há poucas décadas*. A explicação deve-se, talvez, ao fato de que as constituições escritas do estado moderno raramente contêm dispositivos concernentes ao poder de interpretação. Além disso, os chamados grandes princípios da filosofia política (soberania, representação, separação dos poderes, etc.), que foram temas de debates nas assembléias constituintes do final do século XVIII e com os quais os autores modernos expõem os fundamentos do Direito positivo, não se constituem em conceitos dos quais os juristas possam retirar princípios e argumentos racionais, constitutivos de uma teoria geral da interpretação jurídica.

[63] A concretização da Constituição é, assim, (também) um problema hermenêutico, como bem assinala Konrad Hesse, para quem resulta de fundamental importância para a preservação e a consolidação da força normativa da Constituição a interpretação constitucional, a qual se encontra necessariamente submetida ao mandato de otimização do texto constitucional. Cfe. Hesse, *op. cit*.

mas metafísico objetificantes (clássico e da filosofia da consciência) sucumbem ao primado da diferença ontológica. É por isto que o texto constitucional – compreendido no paradigma aqui desenvolvido – *aponta para uma dimensão material*, que conformará a sua norma.

Numa palavra: é preciso promover rupturas paradigmáticas. O novo, representado pelo modelo do Estado Democrático de Direito, que se institui a partir de duas grandes revoluções (o advento de um constitucionalismo que transforma substancialmente a sua concepção original e o rompimento da relação sujeito-objeto a partir da *ontologische Wendung*), *ainda não foi tornado visível suficientemente*.

E esse tornar visível é tarefa de uma hermenêutica que possibilite uma adequada compreensão do fenômeno que envolve o advento do neoconstitucionalismo e a resistência positivista. Por isto, quero afirmar a hermenêutica, no modelo filosófico que aqui serve de fio condutor, *como modo de deixar o fenômeno tornar-se visível, deixando-o vir à presença, em um contraponto ao discurso tradicional da dogmática de cariz positivista, que vê a Constituição de forma objetificada*, como uma (mera) ferramenta a ser confirmada (ou não) pela técnica interpretativa.

Numa palavra final: temos que *des-objetificar* a Constituição, tarefa que somente será possível a partir da superação do paradigma metafísico que pré-domina o imaginário dos juristas. Essa superação implica um perguntar pelo sentido do constitucionalismo e do seu papel histórico-social que lhe foi destinado nesta quadra do tempo. Eis o nosso desafio hermenêutico: abrir uma clareira (*Lichtung*) no direito, des-ocultar caminhos, descobrir as sendas que foram encobertas pelo positivismo...! Afinal, como bem disse Zagrebelsky,[64] *si el positivismo jurídico subsiste em el Estado Constitucional Democrático, es de forma inconsciente, ya que se debe al despiste o a la inercia de los juristas!*

Referências bibliográficas

ADEODATO, João Maurício. Jurisdição Constitucional à brasileira – situações e limites. In: *Neoconstitucionalismo – ontem, os códigos; hoje, as Constituições*. Revista do Instituto de Hermenêutica Jurídica. Porto Alegre: IHJ, 2004, n. 2.

ALEXY, Robert. *El concepto y la validez del derecho y otros ensayos*. Barcelona: Gedisa, 1997.

ATIENZA, Manuel. *As razões do direito. Teorias da Argumentação Jurídica*. São Paulo, Landy, 2000.

BARRETTO, Vicente de Paulo. Da interpretação à hermenêutica constitucional. In: *1988-1998 – Uma década de Constituição*. Margarida Lacombe (org). Rio de Janeiro: Renovar, 1999.

---

[64] Cfe. G. Zagrebelski. *El derecho dúctil*. Madrid: Trota, 2002, p. 10 e segs.

BERCOVICI, Gilberto. *Desigualdades Regionais, Estado e Constituição*. São Paulo: Max Limonad, 2002.
BULOS, Uadi Lamnego. *Manual de Interpretação Constitucional*, São Paulo: Saraiva, 1997.
CASTANHEIRA NEVES, Antonio. *O actual problema metodológico da interpretação jurídica – I*. Coimbra: Coimbra Editora, 2003.
CUNHA, Maria da Conceição Ferreira da. *Constituição e Crime*. Porto: Universidade Católica do Porto, 1995.
FIGUEROA, Alfonso Garcia. La teoria del derecho em tiempos de constitucionalismo. In *Neoconstitucionalismo(s)*. Edición de Miguel Carbonell. Madrid: Trotta, 2003.
GADAMER, Hans-Georg. *Wahrheit und Methode*, Ergänzungen Register. J.C. B. Mohr (Paul Siebeck), Tübingen, 1993.
——. *Wahrheit und Methode*. Grundzüge einer philosophischen Hermeneutik. J.C.B. Mohr (Paul Siebeck), Tübingen, 1990.
GRAU, Eros Roberto. *O direito posto e o direito pressuposto*. 5ª ed. São Paulo: Malheiros, 2003.
——. *La Doble Estruturación y la interpretación del derecho*, Barcelona: Editorial M.J. Bosch, SL, 1998.
GRONDIN, Jean . *Introdução à hermenêutica Filosófica*. São Leopoldo: UNISINOS, 1999.
GUASTINI, Ricardo. La constitucionalización del ordenamiento jurídico. In *Neoconstitucionalismo(s)*. Madrid: Trotta, 2003.
HESSE, Konrad. *Escritos de Derecho Constitucional*. Madrid: Centro de Estúdios Constitucionales, 1983.
KAUFMANN, Arthur. *Introdução à filosofia do direito e à teoria do direito contemporâneas*. Lisboa: Fundação Calouste Gulbenkian,2002.
MÜLLER, Friedrich. *Juristiche Methodik*, Füfte Auflage. Berlin: Ducker & Humboldt, 1993.
NIETO, Alejando. *Las limitaciones del conocimiento jurídico*. Madrid: Trotta, 1994
ORDÓNES SOLIS, David. *Jueces, Derecho y Política*. Navarra: Aranzadi, 2004.
PECES-BARBA MARTINEZ, Gregorio. *Derechos sociales y positivismo juridico*. Madrid: Dykinson, 1999.
PEÑA FREIRE, Antonio Manuel. "Constitucionalismo Garantista y Democracia". In: *Crítica Jurídica*, n. 22. Curitiba: Unibrasil, 2003.
POZZOLO, Susanna. Um constitucionalismo ambiguo. *Neoconstitucionalismo(s)*. Madrid: Trota, 2003.
SALDANHA, Nelson. Racionalismo jurídico, crise do legalismo e problemática da norma. In: *Anuário dos Cursos de Pós-Graduação em Direito da UFPE*, n. 10, ano 2000. Recife: UFPE.
SANCHIS, Luis Prieto. Neoconstitucionalismo y ponderación judicial. In: *Neoconstitucionalismo(s)*. Madrid: Trotta, 2003.
——. *Justicia Constitucional y Derechos Fundamentales*. Madrid: Trotta, 2003.
SANTAMARIA IBEAS, Javier. *Los valores superiores en la jurisprudencia del Tribunal Constitucional*: libertad, igualdad, justicia y pluralismo político. Madrid: Dykinson, Universidad de Burgos, 1997.
SCHAPP, Jan. *Problemas Fundamentais da Metodologia Jurídica*. Porto Alegre: Sérgio Antônio Fabris, 1985.
SERRANO, José Luis. *Validez y vigencia*. Madrid: Trotta, 2004.
STRECK, Lenio Luiz. *Jurisdição Constitucional e Hermenêutica* – Uma Nova Crítica do Direito. 2ª ed. Rio de Janeiro: Forense, 2003.

——. *Hermenêutica Jurídica E(m) Crise.* 5ª ed. Porto Alegre: Livraria do Advogado, 2004.

——. "Da Proibição de Excesso (*Übermassverbot*) à Proibição de Deficiência(*Üntermassverbot*): de como não há blindagem contra normas penais inconstitucionais". In: neoconstitucionalismo: Ontem os Códigos; hoje, as Constituições. *Revista do Instituto de Hermenêutica Jurídica.* n. 2. Porto Alegre: IHJ, 2004.

STEIN, Ernildo. *Aproximações sobre hermenêutica.* 2ª ed. Porto Alegre: Edipucrs, 2004.

——. Stein, Ernildo. *Pensar é pensar a diferença.* Ijui: Ed. Unijui, 2002

WARAT, Luis Alberto. *Territórios Desconhecidos.* Vol.I. Florianópolis: Fundação Boiteux, 2004.

ZAGREBELSKI, G. *El derecho dúctil.* Madrid: Trotta, 2002.

— IX —
Contribuição ao estudo das sanções desde a perspectiva do Estado Democrático de Direito

DARCI GUIMARÃES RIBEIRO[1]

> *El más fuerte no es, sin embargo, lo bastante para ser siempre el amo, si no convierte su fuerza en derecho y la obediencia en deber.*
>
> Rousseau, *El contrato social*. Trad. por María Villaverde. 4ª ed. Madrid: Tecnos, 2000, p. 7.

Resumo: Este é um ensaio de Teoria Geral do Direito que analisa uma das técnicas de controle social no Estado Democrático de Direito: a técnica das sanções premiais. Nosso principal objetivo é demonstrar a importância das sanções premiais na realização do Estado Democrático de Direito. Para alcançar este desiderato estudaremos o ordenamento jurídico, investigando os tipos de sanções existentes para então finalizarmos nos novos fins perseguidos pelo *Welfare State* para a efetiva realização do ordenamento jurídico.

Abstract: This is a rehearsal of General Theory of the Right that analyzes one of the existent techniques of social control in the Democratic State of Right: the technique of the reward sanctions.
Our main objective is to demonstrate the importance of reward sanctions to accomplish the Democratic State of Right. For this we shall study the law system, investigating its meaning, its kinds for then to end up in the new action purpose to reach the Welfare State.

Sumário: 1. Prolegômenos; 2. Finalidade do ordenamento jurídico; 3. Conceito de sanção; 4. Espécies de sanções; 4.1. Sanções repressivas; 4.2. Sanções premiais; 5. O Estado Democrático de Direito e as sanções premiais.

---

[1] Doutor em Direito pela Universitat de Barcelona. Especialista e Mestre pela PUC/RS. Professor do Programa de Pós-Graduação em Direito da Unisinos. Advogado. Membro do Instituto Brasileiro de Direito Processual Civil.

1. Prolegômenos

Este é um ensaio de Teoria Geral do Direito que procura analisar uma das técnicas de controle social existentes no Estado Democrático de Direito: a técnica das sanções premiais.

Nosso principal objetivo é demonstrar a importância que possuem as sanções premiais para a efetiva realização do Estado Democrático de Direito. Não seria exagero afirmar que uma das finalidades essenciais deste Estado é a promoção de novas técnicas de controle social baseada no incentivo de comportamentos socialmente desejados.[2]

Para alcançar este desiderato é mister uma análise do ordenamento jurídico, seu funcionamento e principalmente uma de suas mais eficazes técnicas de controle social: a sanção.

Este mecanismo criado pelo ordenamento jurídico para assegurar eficácia prática a um preceito normativo, pode ser visto desde um prisma repressivo, em virtude da inobservância da norma, ou premial, como estímulo para a realização voluntária do mesmo. Constatamos que tanto as sanções repressivas como as sanções premiais podem possuir alta ou baixa intensidade.

E, por derradeiro, imergimos no estudo das sanções premiais e constatamos que elas representam uma forte característica do Estado Democrático de Direito, na medida em que este persegue novos fins para a realização do ordenamento jurídico através do incremento de normas de organização que incentivem os indivíduos em sociedade a cumprirem ou superarem as expectativas dos preceitos normativos. É a função promocional do ordenamento jurídico fomentada pelo Estado Democrático de Direito.

2. Finalidade do ordenamento jurídico

Não se pode negar que o conceito de ordenamento jurídico é polissêmico. Uma das suas vertentes mais destacadas encontra-se vinculada ao conflito de interesses. A teoria do conflito de interesses possui cada vez mais adeptos.[3] Para evitar certas confusões, é necessário esclarecer antes

---

[2] Para BOBBIO, estas "nuove tecniche di controllo sociale, che caratterizano l'azione dello Stato sociale dei nostri tempi e la distinguono profondamente da quella dello Stato liberale classico", vêm representada no "impiego sempre più diffuso delle tecniche di incoraggiamento in aggiunta, o in sostituzione di, quelle tradizionali di scoraggiamento", Sulla funzione promozionale del diritto. In: *Rivista Trimestrale di Diritto Processuale Civile*, 1969, p. 1314.

[3] Entre os quais cabe citar, DÍEZ-PICAZO, para quem: "El derecho es un juicio valorativo sobre la tutela de un interés en conflicto con otro", *Experiencias jurídicas y teoría del derecho*. 3ª ed., Barcelona: Ariel, 1993, p. 15 e CARNELUTTI, quando nos diz: "Observo, en cuanto a la historia de mi pensamiento, que desde las primeras tentativas de teoría general he 'impostado' el concepto del derecho sobre el conflicto de intereses", *Derecho y proceso*. Trad. por Santiago Sentís Melendo. Buenos Aires: EJEA, 1971, nº 31, p. 60, nota 24. Em sentido contrário, BARRIOS DE ANGELIS, *Muerte y resurrección del conflicto*. In: *Rev. Der. Proc.*, 2000, nº 2, especialmente p. 17.

de tudo que através da teoria do conflito não estamos explicando o que é a jurisdição, como equivocadamente o fez Carnelutti,⁴ mas sim como surgem e como se desenvolvem os conflitos em sociedade.⁵

A corrente que aborda o ordenamento jurídico pelo prisma exclusivo da solução dos conflitos de interesses em sociedade – função repressiva – vai ficando cada vez mais comprometida, na medida em que este tem sido interpretado a luz do que modernamente se denominou chamar Estado Democrático de Direito,⁶ onde a realização da sua função preventiva no combate ao surgimento do conflito tem merecido destaque.

Esta dupla função do ordenamento jurídico, repressiva e preventiva, vem assegurada no direito objetivo⁷ que, segundo Chiovenda, pode ser definido como "la manifestazione della volontà colletiva generale diretta a regolare l'attività dei cittadini e degli organi pubbici".⁸ Esta é a razão pela qual o direito objetivo serve de base para a exigência social na solução ou prevenção dos conflitos, na medida em que estes somente podem ser reprimidos quando as regras contidas no ordenamento jurídico forem observadas.

Nesta perspectiva, o direito objetivo deve ser visto dentro do ordenamento jurídico como aquele mecanismo criado pelo homem para hierarquizar os seus interesses em sociedade e não criar abstratamente direitos.⁹

---

⁴ *Sistema de derecho procesal civil*. Trad. por Niceto Alcalá-Zamora y Castillo y Santiago Sentís Melendo. Buenos Aires: UTHEA, 1944, v. I, p. 155 e ss. Para um estudo mais aprofundado da doutrina de Carnelutti sobre jurisdição, vide por todos, SILVA, Ovídio B. *Curso de processo civil*. 6ª ed, São Paulo: RT, 2002, v. 1, nº 2.1.3, p. 32 a 40.

⁵ Tendo em vista a finalidade do presente trabalho e a complexidade com que se apresenta o estudo dos conflitos de interesses em sociedade, remeto o leitor ao que escrevi sobre o assunto em *La pretensión procesal y la tutela judicial efectiva: Hacia uma teoria procesal del derecho*. Barcelona: Bosch, 2004, especialmente nº 1a 3.3.3, p. 21 a 51.

⁶ Vide *infra* nº 4.

⁷ A expressão direito objetivo admite muitas definições e historicamente é cenário de múltiplas controvérsias entre os autores. A respeito, *vid*. por todos, VALLET DE GOYTISOLO, *Las definiciones de la palabra derecho y los múltiples conceptos del mismo*. Madrid: Real Academia de Jurisprudencia y Legislación, 1998, p. 15 e ss.

⁸ *Istituzioni di diritto processuale civile*. Napoli: Eugenio Jovene, 1960, v. I, nº 1, §1, p. 1. Ou como quer IHERING, em sua clássica concepção: "El derecho representa la forma de la 'garantía de las condiciones de vida de la sociedad', asegurada por el poder coactivo del derecho", *El fin en el derecho*. Buenos Aires: Heliasta, 1978, v. I, nº 180, p. 213, e também significa, segundo o mesmo autor, "un organismo objetivo de la libertad humana", *El espíritu del derecho romano*. Trad. por Enrique Príncipe y Satorres. Granada: Comares, 1998, t. I, §3, p. 21. Porém sempre devem destacar dois elementos que são indispensáveis ao conceito de direito, a "norma y la realización de ésta por la coacción", *El fin en el derecho*, ob. cit., v. I, nº 145, p. 158. Com um conceito mais geral encontramos GUASP, quando afirma que o "Derecho es el conjunto de relaciones entre hombres que una cierta sociedad establece como necesarias.", *Derecho*. Madrid: Gráficas Hergon, , 1971, p. 7.

⁹ Com este ponto de vista me filio à teoria monista do ordenamento jurídico, largamente analisada em tese doutoral defendida na Universidade de Barcelona que saiu publicada com o título *La pretensión procesal y la tutela judicial efectiva: Hacia uma teoria procesal del derecho*, citada *supra* nota 4.

Esta hierarquia, para nós, apresenta uma dupla função:[10] [11] a primeira, que denominamos *psicológica* e consiste na função através da qual o Estado hierarquiza os interesses das pessoas em sociedade permitindo que estas cumpram voluntariamente com suas obrigações, na medida em que conhecendo esta hierarquia elas possam adequar sua conduta a estes valores, é a *Orientierungsgewissheit* (certeza de orientação), que favorece a *adesão espontânea*, e cria nas pessoas o *hábito geral de obediência*. E a segunda, que nominamos *judicial* e consiste na função através da qual a hierarquia dos interesses em sociedade serve de diretriz ao juiz em sua tarefa de aplicar os valores que anteriormente essa sociedade estabeleceu como essenciais. Por esta razão, afirma Aristóteles, que "aquellos que discuten recurren al juez, y el acudir al juez es acudir a la justicia, porque el juez quiere ser como una personificación de la justicia",[12] na medida em que este utiliza os valores do que é socialmente justo para criar o direito no caso concreto.

Contudo, este modelo de conduta criado através da hierarquia dos interesses em sociedade não seria completo se não existisse no mesmo ordenamento jurídico um mecanismo capaz de tornar efetiva esta própria hierarquia independentemente da vontade das pessoas, porque, de acordo com Del Vecchio, "el Derecho es por su naturaleza 'fisicamente violable'",[13] e portanto deve impor-se à vontade concreta das pessoas. Segundo Henkel, esta faculdade de impor-se é um "imprescindible 'presupuesto de validez del Derecho'".[14]

[10] Esta dupla função do ordenamento jurídico pode ser observada, segundo CASTANHEIRA NEVES, a partir da seguinte pergunta: "se a função prescritiva e reguladora do direito se caracteriza por uma intenção directamente orientadora e promotora da acção social, ou antes, por uma intenção directamente voltada para a resolução de conflitos sociais e, portanto, só indirectamente actuando como critério de conduta. Neste último caso, pode dizer-se que o direito é visto essencialmente na perspectiva do 'processo'", *Curso de introdução ao estudo do direito*. Coimbra: Coimbra, 1976, p. 16 e 17, nota 14.

[11] Sobre o que para nós representa esta dupla função do ordenamento jurídico com detalhada especificação de cada termo empregado remeto o leitor, tendo em vista a grande extensão das notas de rodapé com as diversas teorias ali expostas, ao que escrevi acerca do tema em *La pretensión procesal y la tutela judicial efectiva: Hacia uma teoria procesal del derecho*, ob. cit., especialmente n° 2, p. 28 a 35.

[12] *Ética Nicomáquea*. Trad. por Julio Pallí Bonet. Madrid: Gredos, 2000, n° 1132a-20, p. 140.
Filosofía del derecho. Trad. de Luis Legaz y Lacambra. 9ª ed., Barcelona: Bosch, 1969, p. 358. De igual modo, KELSEN, ao dizer que um homem quando viola o direito "no significa que el Derecho sufra un perjuicio. Por el contrario, es precisamente para este caso para lo que se ha establecido el Derecho", *Introducción a la teoría pura del derecho*. Trad. por Emilio O. Rabasa. México: Nacional, 1974, p. 23.

[13] *Filosofía del derecho*. Trad. por Luis Legaz y Lacambra. 9ª ed., Barcelona: Bosch, 1969, p. 358. De igual modo, KELSEN, ao dizer que um homem quando viola o direito "no significa que el Derecho sufra un perjuicio. Por el contrario, es precisamente para este caso para lo que se ha establecido el Derecho", *Introducción a la teoría pura del derecho*. Trad. por Emilio O. Rabasa. México: Nacional, 1974, p. 23.

[14] *Introducción a la filosofía del derecho*. Trad. por Enrique Gimbernat Ordeig, Madrid: Taurus, 1968, §12, p. 162. Com razão o autor acrescenta que: "Si le falta, no puede pretender vigencia como derecho positivo. La facultad de imponerse del Derecho, como pretensión, es sinónima, absolutamente, con su 'validez normativa'; la imposición general fáctica de Derecho, sinónima de su 'validez fáctica'", ob. cit., §12, p. 162. Para DABIN, o poder que acompanha o direito é *"una condición no sólo de eficacia o de validez, sino incluso de la existencia del derecho"*, *Teoría general del derecho*. Trad. por Francisco Javier Osset. Madrid: Revista de Derecho Privado, 1955, n° 16, p. 32.

O mecanismo criado pelo ordenamento jurídico para tornar efetiva a hierarquia dos interesses em sociedade, influindo na vontade das pessoas,[15] se denomina *sanção*.

3. Conceito de sanção

Quando o Estado hierarquiza os interesses das pessoas em sociedade através de normas jurídicas, ele espera sinceramente que esta hierarquia seja por todos respeitada, mas para garantir e reforçar este respeito na observância das normas ele desenvolveu uma técnica de controle social chamada *sanção*.

Neste trabalho utilizaremos o termo sanção em seu sentido mais amplo para incluir nele não só as conseqüências desagradáveis da inobservância das normas, senão também as conseqüências agradáveis da sua observância.[16]

Dentro desta perspectiva, a sanção pode ser entendida como o mecanismo criado pelo ordenamento jurídico para assegurar eficácia prática a um preceito normativo, seja ele repressivo, em virtude da inobservância da norma, ou premial, como estímulo para a realização voluntária do mesmo, isto é, são meios predispostos pelo ordenamento jurídico para garantir e reforçar a observância das normas jurídicas.[17] Neste contexto podemos incluir o conceito exposto por Castanheira Neves, quando o mesmo afirma que a sanção representa "o modo juridicamente adequado de converter a intenção normativa em efeitos práticos ou de garantir aos efeitos normativos a sua eficácia prática".[18]

---

[15] A razão pela qual o ordenamento jurídico necessita de um mecanismo capaz de assegurar a realização dos interesses em sociedade, independentemente da vontade das pessoas, estaria justificada, segundo KELSEN, porque "al atribuir una sanción una conducta de este tipo, la ley obliga a los hombres a ser cuidadosos, a fin de que efectos normalmente perjudiciales de su conducta puedan ser evitados", *Introducción a la teoría pura del derecho*, ob. cit., p. 27. Por isso afirma o autor que "el fin de esta amenaza coactiva, es provocar una conducta de los hombres, que haga innecesaria la coacción", *Compendio esquemático de una teoría general del estado*. Trad. por Luis Recaséns Siches y Justino de Azcárate Florez. Barcelona: Núñez y Comp. S. en C., 1927, nº 11, p. 41.

[16] De igual modo, BOBBIO, quando afirma: "Nella letteratura filosofica e sociologica il termine 'sanzione' viene esato in senso largo per comprendervi non soltanto le conseguenze spiacevoli dell'inosservanza delle norme, ma anche le conseguenze piacevoli dell'osservanza, distinguendosi nel *genus* sanzione le due *species* delle sanzioni positive e delle sanzioni negative", *Sulla funzione promozionale del diritto*, ob.cit., p. 1318.

[17] Vide *infra* nº 3.

[18] *Curso de introdução ao estudo do direito*, ob. cit., p. 29 e 30. A respeito, afirma acertadamente este autor: "Com isto não dizemos que o direito é 'objecto' da sanção, que é 'sancionada', e sim que a sanção é a dimensão, intenção e conteúdo do direito. O que não implica que todas as normas jurídicas, individualmente consideradas, hajam de ter sanção", *Curso de introdução ao estudo do direito*, ob. cit., p. 22, nota 22. Nesta ordem de idéias, podemos citar também o conceito de ANGELO DE MATTIA, para quem a sanção pode ser definida como "la conseguenza giuridica di um atto, diretta a compensare la volontà", Merito e ricompensa. In: *Rivista Internazionale di Filosofia del Diritto*, 1937, ano XVII, fasc. VI, p. 609.

Com base neste conceito podemos afirmar, juntamente com Duguit, que toda norma jurídica para ser eficaz deve trazer em si uma sanção, já que, "en réalité, il ne peut pas y avoir de loi sans sanction".[19] Para o autor, toda regra jurídica é "une règle édictée 'sous une sanction sociale'",[20] posto que

> si l'on fait un acte conforme à la loi, laquelle est par définition une règle sociale, cet acte est par là même un acte social, il a une valeur sociale et socialement reconnue; cette reconnaissance sociale de la valeur sociale de l'acte conforme à la loi constitue la sanction même de la loi. Par contre, l'acte contraire à la loi sera nécessairement un acte antisocial, sans valeur sociale, et par conséquent entraînera forcément une réaction sociale qui sera la sanction de la loi.[21]

Há uma correspondência direta entre sanção e norma jurídica, pois para a eficácia desta a intensidade daquela é um elemento fundamental, isto é, a maior ou menor eficácia de uma norma jurídica está diretamente relacionada a maior ou menor intensidade da sanção. Do mesmo modo que uma norma jurídica ligada a uma sanção de baixa intensidade cria condições para o seu descumprimento, uma norma jurídica ligada a uma sanção de alta intensidade contribui para o seu cumprimento, tanto no caso dela ser repressiva quanto no caso dela ser premial.[22]

Para corroborar estas afirmações indicaremos alguns exemplos.

a) Quando o legislador cria determinado imposto (norma jurídica) e estabelece que o não cumprimento desta regra legal gera um crime (sanção), temos, então, uma *sanção repressiva de alta intensidade* pelas graves conseqüências que o crime de sonegação representa para o ordenamento jurídico. Agora, suponhamos que o legislador resolvesse criar a mesma lei, mas estabelecesse que o descumprimento desta geraria uma contravenção, certamente estaríamos diante de uma *sanção repressiva de baixa intensidade*, posto que a contravenção ocupa uma escala menor de gravidade dentro do ordenamento jurídico. Daí concluirmos que no primeiro caso a eficácia da norma jurídica se apresenta bem mais factível, porque a pressão psicológica que a sanção repressiva exerce sobre a vontade dos indivíduos, desencora-

---

[19] *Traité de droit constitutionnel*. Paris: Ancienne Librairie Fontemoing & Cie, 1928, t. II, § 19, p. 202, e também no t. I, § 8, p. 89 e ss.

[20] *Traité de droit constitutionne*, ob. cit., t. II, §19, p. 208 e também no t. I, § 13, p. 142 e ss.

[21] *Traité de droit constitutionne*, ob. cit., t. II, §19, p. 202, e também no t. I, §6, p. 74 e ss. De igual modo, KELSEN, para quem o ato legislativo que não enlace uma sanção à conduta oposta "no es una norma jurídica; es un deseo del legislador sin importancia jurídica, un contenido jurídicamente indiferente de una ley", *Problemas escogidos de la teoría pura del derecho*. Trad. por Carlos Cossio. Buenos Aires: Guillermo Kraft Ltda, 1952, cap. III, nº 4, p. 63.

[22] Em sentido contrário, salientando que a intensidade da sanção não interfere no cumprimento da norma, MONTESQUIEU, ao dizer que: "La experiencia nos pone de relieve que, en los países donde las penas son leves, éstas impresionan el espíritu del ciudadano, del mismo modo que las graves en otros lugares", *Del espíritu de las leyes*. Trad. por Mercedes Blázquez e Pedro de Véga. 4ª ed., Madrid: Tecnos, 1988, L. VI, cap. XII, p. 61. Esta assertiva de Montesquieu deve ser entendida levando-se em consideração o nível cultural do país e não a intensidade da sanção.

jando-os a realizarem qualquer ato contrário ao preceito legal, é mais forte quando se trata de crime do que de contravenção;

b) Quando o legislador estabelece um desconto de 40% no pagamento do IPVA (sanção) para quem não tiver cometido nenhuma infração de trânsito (norma jurídica), estamos diante de uma *sanção premial de alta intensidade*, pois o incentivo criado com o elevado desconto encoraja os condutores a respeitarem as normas de trânsito. Agora, se o desconto fosse de apenas 5%, com certeza estaríamos frente a uma *sanção premial de baixa intensidade*, porque este reduzido desconto no pagamento do IPVA muito pouco estimula os condutores a respeitarem as normas de trânsito. Daí concluirmos, também, que no primeiro caso as normas de trânsito serão bem mais respeitadas, pois a pressão psicológica que a sanção premial exerce sobre a vontade dos condutores, estimulando-os ao cumprimento das normas, é bem mais eficaz quando o desconto for maior.

Com uma visão parcial do problema, posto que o enfrenta desde o prisma exclusivo da sanção repressiva, mas nem por isso menos acertada, Calsamiglia, quando diz "a veces las normas incentivan al incumplimiento del derecho porque los perjuicios de la sanción son inferiores a los beneficios que se siguen de su violación".[23]

Dentro deste contexto, é oportuno assinalar a crítica realizada por Cícero àqueles que defendem uma justiça baseada no interesse, pois, de acordo com ele, se a justiça pudesse "medirse por el interés, el que calcula que le ha de resultar ventajoso, despreciará las leyes y las quebrantará, si le es posible".[24]

Por outro lado, cumpre mencionar, mesmo que perfunctoriamente, a corrente que sustenta que a sanção não é um elemento essencial para o direito, entre estes cabe citar: García Máynez, para quem a sanção tem caráter secundário, pois, "el deber cuya inobservancia determina la existencia de la obligación oficial de sancionar, tiene, naturalmente, carácter primario. La sanción es, en cambio, consecuencia secundaria",[25] e principalmente Allorio, que ataca o conceito de sanção a partir de uma direção completamente nova. Este autor enfoca o problema não desde a perspectiva de saber se a sanção é um elemento que compõe o ordenamento jurídico, senão desde a perspectiva da natureza mesma da sanção como um conceito juridicamente consistente. Para ele: "Che valore ha dunque la 'sanzione' per siffatte

---

[23] Justicia, eficiencia y derecho. In: *Revista del Centro de Estudios Constitucionales*, nº 1, 1988, p. 329.
[24] *Las leyes*, ob. cit., p. 95 (no original L. I, 42).
[25] *Introducción al estudio del derecho*. 48ª ed., México: Porrúa, 1996, cap. XXI, nº 154, p. 295 e 296. De igual modo THON quando afirma que: "La coazione non è affatto un elemento essenziale nel concetto del diritto", *Norma guiridica e diritto soggettivo*. Trad. por Alessandro Levi. Padova: Cedam, 1951, p. 16.

norma? Non ha certo il valore di elemento intrinseco al congegno della norma, bensí semplicemente quello di contenuto delle norme stesse",[26] deste modo, a "nozione di 'sanzione', che del resto non considero una nozione giuridica rigorosa, anzi neppure una nozione corretta".[27] Para Allorio, portanto, o "concepto de la sanción, lejos de poseer autonomía, y tanto más de perfilarse como extremo esencial de la norma jurídica, se manifiesta así perfectamente reducible al normal mecanismo de la norma, entendida como juicio sobre comportamientos humanos".[28]

Outro argumento utilizado para corroborar esta segunda concepção é aquele que afirma ser possível a existência de normas jurídicas sem sanção.[29]

Com base no que anteriormente ficou demonstrado, acreditamos que as objeções levantadas sobre o conceito de sanção e sua prescindibilidade para a realização do ordenamento jurídico, já foram suficientes rechaçadas.

4. Espécies de sanções

De acordo com o exposto anteriormente, constatamos que as sanções se constituem no mecanismo desenvolvido pelo ordenamento jurídico para dar vida aos preceitos normativos pois, na medida em que exercem uma pressão psicológica sobre a vontade das pessoas em sociedade, são capazes de interferirem no seu comportamento fazendo que se ajustem à escala de valores realizada pela sociedade através das normas jurídicas. Esta adequação do comportamento das pessoas à escala de valores sociais pode ser obtida mediante o que se denominou chamar sanção repressiva ou premial.

O estudo do comportamento dos homens em sociedade e mais especificamente deste comportamento frente ao direito, onde cada atitude social é sopesada de acordo com o nível de exigência requerido pela lei, chamou a atenção inclusive de Kant que foi o primeiro autor a estudar a adequação do comportamento das pessoas à lei. Para este autor:

> Es "meritorio" (*meritum*) lo que alguien hace "de más" conforme al deber en comparación con aquello a que la ley puede obligarle; lo que hace sólo conforme a esta última, es "debido" (*debitum*); por último, lo que hace "de menos" en comparación con lo que la última exige, es 'delito' moral (*demeritum*). El efecto "jurídico" de un delito es la "pena" (*poena*); el de un acto meritorio, la "recompensa" (*praemium*)

---

[26] Osservazioni critiche sulla sanzione. In: *Rivista di Diritto Civile*, 1956, p. 16.
[27] Osservazioni critiche sulla sanzione, ob. cit., p. 1.
[28] *El ordenamiento jurídico en el prisma de la declaración judicial*. Trad. por Santiago Sentís Melendo. Buenos Aires: EJEA, 1958, nº 7, p. 35. Esta crítica de Allorio foi acolhida por BOBBIO, *Teoría general del derecho*. Trad. por Eduardo Rozo Acuña. Madrid: Debate, 1996, nº 47, p. 138 e 139.
[29] Sobre este particular consultar BOBBIO, *Teoría general del derecho*, ob. cit., nº 44, p.129 e CASTANHEIRA NEVES, *Curso de introdução ao estudo do direito*, ob. cit., p. 23 e ss.

(supuesto que ésta, prometida en la ley, fue la causa de la acción); la adecuación de la conducta a lo debido carece de efecto jurídico.[30]

Outro autor que contribuiu significativamente para o estudo das sanções dentro do ordenamento jurídico, especialmente das sanções premiais, influenciando inúmeros estudiosos, foi Angelo de Mattia. Este autor teceu um minucioso estudo acerca dos conceitos de mérito e de recompensa. De acordo com ele:

> Si potrebbe dire figuratamente: il diritto impone all'individuo una serie di atti obbligatori, ed è la serie degli atti dovuti, i quali tracciano una linea mediana. Se l'individuo, volontariamente, si tiene al di sotto di questo limite, cade nell'atto illecito e va incontro alle sanzioni punitive; se, al contrario, si tiene volontariamente al di sopra, entra nella zona degli atti meritori, ai quali si accompagnano le sanzioni ricompensative.[31]

Estes vários comportamentos do homem diante das normas estão subjetivamente condicionados pelas sanções, que desencorajam procedimentos antijurídicos ou incentivam atitudes socialmente desejadas.[32] Com isto, se deve reconhecer que os meios utilizados pelo ordenamento jurídico para garantir e reforçar a atuação das normas jurídicas são constituídos não só de ameaças e constrições, mas também, e principalmente hoje, dentro do Estado democrático de Direito, de prêmios e recompensas.

4.1. Sanções repressivas

As sanções repressivas, ou também chamadas de negativas, punitivas, entre outras denominações, são os meios objetivos empregados pelo ordenamento jurídico para interferir subjetivamente na vontade das pessoas desencorajando-as a praticarem atos antijurídicos. Por esta razão Bobbio as considera como sendo uma "respuesta a la violación".[33]

A estreita vinculação do ordenamento jurídico com este tipo de sanção fez surgir a teoria que considera o direito exclusivamente do ponto de vista da sua função repressiva,[34] é o *Zwangsordnung*.

O pressuposto da sanção repressiva está no ato ilícito, isto é, naquela conduta não permitida pelo ordenamento jurídico e, portanto, antijurídica. É a antijuridicidade o alvo desta sanção. Por isto mesmo que este tipo de sanção tenta interferir na vontade do indivíduo desencorajando-o através

---

[30] *La metafísica de las costumbres*. Trad. por Adela Cortina Orts y Jesús Conill Sancho. 3ª ed., Madrid: Tecnos, 1999, p. 35 (na edição do original alemão [VI, 227-228]).

[31] *Merito e ricompensa*, ob. cit., p. 615.

[32] De acordo com CARNELUTTI, as sanções servem para garantir o ordenamento jurídico "creando a chi sia tentato di fare del male una situazione di 'imposibilità' o quanto meno di 'difficoltà fisica' a farlo, oppure una situazione di 'convenienza economica a non farlo'", Teoria generale del diritto. 3ª ed., Roma: Foro Italiano, 1951, nº 12, p. 28.

[33] *Teoría general del derecho*, ob. cit., nº 39, p. 119.

[34] Entre os vários autores, destacamos IHERING. As concepções de Ihering sobre o direito já foram anteriormente expostas, vide *supra* na nota 7.

de uma punição. Porém, esta função repressiva do ordenamento jurídico como resposta a uma violação não está diretamente relacionada com o ilícito imputável a uma pessoa, pois, como observa Minoli, a sanção pode ser entendida:

> non, rigorosamente, come reazione all'illecito vero e proprio, imputabile ad una persona determinata, ma come reazione ad una situazione di fatto antigiuridica, che il diritto intende sia rimossa (almeno, ove ricorrano certi presupposti: ad es. la domanda di un interessato) anche se non è imputabile a titolo di 'illecito', a nessuno (si pensi ad un contratto annullabile per errore o rescindibile per sopravvenuta onerosità.[35]

É o que ocorre, por exemplo, quando determinada norma de trânsito prevê uma multa de R$ 500,00 para quem a infringir. Neste caso, o desincentivo para o indivíduo não desrespeitar a norma encontra-se previsto na sanção punitiva da multa.[36]

De acordo com a opinião de Angelo de Mattia, o ato ilícito contém necessariamente dois elementos "uno oggettivo: il danno, l'altro soggettivo: la colpa".[37]

Na linguagem jurídica, o termo *sanção* é utilizado quase sempre sem adjetivação e denota exclusivamente as sanções repressivas.

Esta função repressiva do ordenamento jurídico é bastante conhecida pela doutrina,[38] razão pela qual se tornam desnecessárias maiores disquisições.

4.2. Sanções Premiais

As sanções premiais, também conhecidas como positivas ou recompensatórias, são aquelas técnicas criadas pelo ordenamento jurídico para interferir subjetivamente na vontade das pessoas incentivando-as a cumprirem ou superarem as expectativas dos preceitos normativos. Com isto o Estado estará garantindo, de uma forma mais adequada, o bom funcionamento do ordenamento jurídico através de condutas voluntárias, isto é, por

---

[35] *Contributo alla teoria del giudizio divisorio*. Milano: Guiffrè, 1950, cap. II, n° 7, p. 60 e 61.
[36] Para outras situações exemplificativas, vide *supra* n° 2.
[37] Ob. cit., p. 613 e 614.
[38] Entre os diversos autores encontrados na doutrina, merecem ser destacados os trabalhos de ANGELO DE MATTIA, *Merito e ricompensa*, ob. cit., p. 608 e ss; CARNELUTTI, *Teoria generale del diritto*, ob. cit., n° 12, p. 28 e ss; BOBBIO, *Contribución a la teoría del derecho*. Trad. por Alfonso Ruiz Miguel. Valencia: Fernando Torres, 1980, p. 371 e ss, especialmente p. 377 e ss; *Sulla funzione promozionale del diritto*, ob. cit., p. 1313 e ss, principalmente nos n° 2 e 4 (este artigo se encontra reproduzido no livro: *Contribución a la teoría del derecho*, ob. cit., p. 367 a 381); e também na *Teoría general del derecho*, ob. cit., n° 39, p. 118 e ss; KANT, *La metafísica de las costumbres*, ob. cit., p. 35 (na edição do original alemão [VI, 227]); e CASTANHEIRA NEVES, *Curso de introdução ao estudo do direito*, ob. cit., p. 23 e ss.

meio de ações concretas,[39] pois é mais fácil cumprir a lei tendo em vista um incentivo do uma punição.

Esta técnica de incentivar a conduta das pessoas favorece mais o cumprimento das normas jurídicas do que a técnica de desencorajá-las mediante a ameaça. Nestas o cumprimento da norma geralmente depende de um "poder de polícia" fiscalizador, enquanto que naquela este poder inexiste. Basta pensar no seguinte exemplo: a velocidade máxima permitida por lei numa auto-estrada é de 100 Km/h. Se não houver uma efetiva fiscalização, certamente esta norma será desrespeitada. Agora, se houver um desconto significativo para aquele condutor que respeitar o limite de velocidade, não haverá necessidade de fiscalização, porque ele estará respeitando a lei não pela ausência de fiscalização, mas sim pelo desconto.

Deste modo, podemos concluir que é economicamente mais vantajosa para o Estado e também mais eficaz para o ordenamento jurídico a existência de sanções premiais que estimulem os indivíduos a cumprirem ou superarem as expectativas da lei, do que a existência de sanções repressivas que desincentivem comportamentos contrários à norma.

Estas sanções estão diretamente relacionadas aos atos meritórios que possuem, de acordo com Angelo de Mattia, dois elementos constitutivos: "elemento oggettivo: il vantaggio, e um elemento soggettivo: il merito".[40]

O primeiro elemento consiste num ganho, num acréscimo resultante de uma ação concreta pelo cumprimento ou superação das expectativas contida na norma. Já o segundo elemento está relacionado a uma qualidade subjetiva de quem praticou um ato cumprindo ou superando as expectativas da lei.[41]

De acordo com Bobbio, as técnicas de encorajamento agem através de dois expedientes diversos "sia attraverso la risposta favorevole al comportamento una volta compiuto, in che consiste appunto la sanzione positiva, sia attraverso il favoreggiamento del comportamento quando è ancora da compiere".[42]

Estas sanções se distinguem das repressivas pelos fins, pelos meios e pela finalidade. No que se refere aos fins, as sanções premiais buscam de

---

[39] A este respeito merece aprovação o exposto por BOBBIO quando diz que: "un'azione o è il comportamento conforme a un comando o il comportamento non conforme a un divieto", *Sulla funzione promozionale del diritto*, ob. cit., p. 1317.

[40] *Merito e ricompensa*, ob. cit., p. 614.

[41] Para ANGELO DE MATTIA, o mérito implica "una valutazione della volontarietà", *Merito e ricompensa*, ob. cit., p. 614.

[42] *Sulla funzione promozionale del diritto*, ob. cit., p. 1326. Mais adiante BOBBIO acrescenta de forma significativa que "si può incoraggiare sia intervenendo sulle conseguenze del comportamento, sia intervenendo sulle modalità, sulle forme, sulle condizioni dello stesso comportamento", idem ibidem. E exemplifica afirmando: "se voglio che mio figlio faccia una difficile traduzione del latino, posso promettergli, se la farà, di andare al cinematografo; oppure posso permettergli di usare una traduzione interlineare", idem ibidem.

maneira essencial uma conduta socialmente desejada, enquanto as sanções repressivas visam principalmente a impedir um ato antijurídico. Quanto aos meios, as sanções premiais utilizam a técnica da promessa, enquanto as sanções repressivas adotam o mecanismo da ameaça. E, levando-se em consideração a finalidade, podemos acrescentar que enquanto as sanções premiais através da técnica do estímulo possuem uma função inovadora ou modificadora realizada pela ação concreta, as sanções repressivas por meio do desencorajamento possuem uma função conservadora, já que estão baseadas geralmente na inércia.[43]

A classificação das sanções premiais pode ser feita com base na distinção apresentada por Angelo de Mattia, que as concebia como "ritenzione, compensi, premi".[44] Na retenção, o ato meritório está caracterizado na superação da expectativa legal, *e. g.*, no *ius retentionis* onde o inquilino, por vontade própria, acresce valor ao imóvel. Na compensação, a sanção consiste no cumprimento voluntário do preceito legal, *v. g.*, quando o obrigado paga de uma só vez o imposto devido obtém como recompensa um desconto sobre o valor total do mesmo. No caso do prêmio, a sanção está ligada a uma qualidade excepcional do comportamento humano: o valor, e portanto não encontra-se vinculada a compensação econômica, porque o ato meritório vai muito além da quantificação. Temos como exemplo as condecorações de toda ordem: militar, religiosa, civil, etc.

Por todas estas características é que as sanções premiais contribuem de uma forma significativa para a real compreensão do Estado Democrático de Direito.

5. O Estado Democrático de Direito e as sanções premiais

Não é nossa intenção neste breve ensaio fazer uma análise pormenorizada do Estado Democrático de Direito, basta para tanto identificar algumas características que se vinculem as sanções premiais.[45]

A Constituição Brasileira acolhe expressamente o *Estado Democrático de Direito* em seu art. 1º, assim como a Constituição portuguesa, em seu

---

[43] Em termos similares encontramos BOBBIO, *Sulla funzione promozionale del diritto*, ob. cit., p. 1324 a 1329.
[44] *Merito e ricompensa*, ob. cit., p. 621.
[45] Para um estudo mais detalhado do Estado Democrático de Direito, consultar REIS NOVAES, Jorge. *Contributo para uma teoria do Estado de Direito*. Coimbra: Coimbra, 1987, especialmente os cap. II e VI; BIDART CAMPOS, German José. *Doctrina del Estado Democrático*. Buenos Aires, EJEA, 1961, especialmente os cap. I e IV; CANOTILHO, J. J. Gomes. *Direito Constitucional*. 5ª ed., Coimbra: Almedina, 1992, parte IV, especialmente os cap. I a III; *Estado de Direito*. Lisboa: Gradina, 1999; REALE, Miguel. *O Estado Democrático de Direito e o conflito das ideologias*. São Paulo, Saraiva, 1998, especialmente os cap. I, II e IV; STRECK, Lenio L. *Jurisdição Constitucional e Hermenêutica: uma nova crítica do Direito*. 2ª ed. Rio de Janeiro: Forense, 2004, especialmente os cap. I a IV; entre tantos outros autores.

art. 2º, ao dizer *Estado de Direito Democrático*, e também a Constituição Espanhola, em seu art. 10, quando fala do *Estado Social e Democrático de Direito*.

O Estado Democrático de Direito apresenta como princípios essenciais e conformadores: o princípio da constitucionalidade, o princípio democrático, o sistema de direitos fundamentais e o princípio da justiça social, entre outros.[46] Daí por que muitos autores não o diferenciam de maneira absoluta do Estado Social Democrático de Direito, mais conhecido como *Welfare State*.[47] [48]

Para a consecução deste desiderato o Estado moderno vem buscando novas técnicas de controle social, pois quanto mais um Estado se torna economicamente avançado, mais ele tende a intervir nos diversos domínios. Por estas razões, Cappelletti destaca que:

> Constitui um dado da realidade que a legislação social ou de *welfare* conduz inevitavelmente o estado a superar os limites das funções tradicionais de "proteção" e "repressão". O papel do governo não pode mais se limitar a ser um "gendarme" ou "*night watchman*"; ao contrário, o estado social – o "*État providence*", como o chamam, expressivamente, os franceses – deve fazer sua a técnica de controle social que os cientistas políticos chamam de *promocional*.[49]

---

[46] Neste particular consultar por todos CANOTILHO, J. J. Gomes. *Direito Constitucional*, ob. cit., especialmente p. 349 a 711. De forma resumida podemos encontrar estas "qualidades" do Estado de Direito, acrescida do comprometimento do Estado com a sustentabilidade ambiemtal, em *Estado de Direito*, ob. cit., p. 24 a 46. Para o autor, a melhor maneira que a contemporaneidade encontrou para albergar os princípios e valores de um Estado subordinado ao direito é a do "Estado constitucional de direito democrático e social ambientalmente sustentável", *Estado de Direito*, ob. cit., p. 21.

[47] Para REIS NOVAES, "o estado de directo da nossa época é, por definição, *social e democrático*, pelo que, em rigor, seria desnecesária, por pleonástica, a referida adjetivação", *Contributo para uma teoria do Estado de Direito*, ob. cit., cap. VI, nº 4, p. 224. No mesmo sentido, REALE, quando afirma que o Estado Democrático de Direito "traduz uma opção para a *democracia social*", *O Estado Democrático de Direito e o conflito das ideologias*, ob. cit., p. 43. Mas alerta que: "É óbvio que a *democracia social* não deve ser confundida com a *social-democracia*, que é sempre de cunho socialista", idem ibidem. Com um ponto de vista bastante particular encontramos CANOTILHO, para quem "o Estado de direito não pode nem deve ser um *Estado social*. O Estado de direito não pode nem deve ser um *Estado-providência*. (...). O Estado, sob a máscara de Estado-providência, alarga as suas malhas interventoras e asfixiantes, constituindo o perigo maior das liberdades. (...). Não é ao Estado, e muito menos a um Estado de direito, que pertence impor a realizar fins sociais (...). O direito, o verdadeiro direito, é mais uma auto-regulação social do que uma regulamentação estatal. (...). Mas uma coisa é um 'Estado social ou Estado socialista' de não direito e outra, muito diferente, é um *Estado social de direito*. (...). Contudo, o Estado de direito só será social se não deixar de ter como objectivo a realização de uma democracia econômica, social e cultural e só será democrático se mantiver firme o princípio da subordinação do poder econômico ao poder político", *Estado de Direito*, ob. cit., p. 36 a 39. Esta conclusão também pode ser encontrada em *Direito Constitucional*, ob. cit., p. 471.

[48] Para uma análise mais aprofundada da origem, das causas de desenvolvimento e das crises do *Welfare State*, vide *Dicionário de Política*. 9ª ed., Coord. por BOBBIO, N., MATTEUCCI, N. e PASQUINO, G. Trad. por Carmen C. Varriale, Gaetano Lo Mônaco, João Ferreira, Luís Guerreiro Pinto Caçais e Renzo Dini, Brasília: UNB, 1997, vol. 1, p. 416 e ss.

[49] *Juízes legisladores?* Trad. por Carlos Alberto Álvaro de Oliveira. Porto Alegre: Safe, 1993, nº 7, p. 41.

Esta técnica de controle social promocional apresentada pelo Estado Democrático de Direito o diferencia profundamente daquelas técnicas exibidas pelo Estado liberal clássico. Neste, o acento estava colocado na função repressiva do ordenamento jurídico mediante a utilização de técnicas que buscavam desencorajar a pratica de atos antijurídicos.[50]

Esta função promocional exibida pelo ordenamento jurídico já foi posta em evidência por Carnelutti,[51] Bobbio,[52] Castanheira Neves,[53] entre outros.

Por derradeiro, podemos afirmar juntamente com BOBBIO que esta função promocional do ordenamento jurídico tende hoje a ampliar-se, uma vez que traz em si "nuove tecniche di controllo sociale, che caratterizzano l'azione dello Stato sociale dei nostri tempi e la distinguono profondamente da quella dello Stato liberale classico: l'impiego sempre più diffuso delle tecniche di incoraggiamento in aggiunta, o in sostituzione di, quelle tradizionali di scoraggiamento".[54]

---

[50] Em igual sentido, BOBBIO, *Sulla funzione promozionale del diritto*, ob. cit., p. 1314.
[51] *Teoria generale del diritto,* ob. cit., nº 12, p. 27 e ss.
[52] *Sulla funzione promozionale del diritto*, ob. cit., principalmente p. 1320 e ss; e também em *Contribución a la teoría del derecho*, ob. cit., p. 373 e ss.
[53] *Curso de introdução ao estudo do directo*, ob. cit., p. 23 e ss.
[54] *Sulla funzione promozionale del diritto*, ob. cit., p.1314. Para uma critica ao "*Estado social 'promocional'*", vide por todos, CAPPELLETTI, Mauro. Problemas de reforma do processo civil nas sociedades contemporâneas. In: *Repro*, nº 65, p. 136 e ss.

— X —

Verdade, uma busca sem fim

MARIA CRISTINA CERESER PEZZELLA[1]

Resumo: A questão da verdade, sua existência e a ansiedade vivida pelo ser ao buscar compreender seu mundo é ato de envolvimento de todos e de todas as ciências que buscam decifrar o enigma merecedor deste estudo.

Abstract: The Truth, its existence and anxiety underlying human beings seeking to understand their world an action in which all people and all science fields are involved to unveil the enigma of this stud.

Sumário: 1. Introdução; 2. Conhecer, pensar, ter capacidade de compreender e buscar a verdade; 3. Tolerar a ignorância e persistir na busca da verdade; 4. Ponderações inacabadas; Referências bibliográficas.

1. Introdução

A dificuldade que se encerra na busca da verdade está imbricada e indissociada de uma grande inquietação: se de fato a verdade existe, e se ela existe se cria o fantasma do desânimo ou da desistência da busca da verdade. Na busca da sua descoberta se faz nascer, também, a dimensão da *poeira cósmica* que por mais que visite todos os mundos tem ínsita a dimensão da diminuta estrutura do ser para compreender o universo que é muito amplo para poder ser conhecido em sua integralidade.

As ciências nascem, crescem e conspiram em conjunto por meio do ser. Não há departamento estanque no que toca à essência das coisas, independe de a fonte que se busca matar a sede ser das artes, da filosofia, da sociologia, da psiquiatria, do direito, o que se busca, busca-se em qualquer mente, indiferente das aptidões que elas tenham se dedicado a desenvolver, as questões que movem e atormentam são comuns.

O ato de criação é uno. A criação de uma música, de uma peça, de um prato de culinária, de uma roupa, de um envolvimento político mais concreto, de um livro, de um filme e tantas outras manifestações culturais são

---

[1] Doutora em Direito pela Universidade Federal do Paraná e Professora Titular da Unisinos – PPG Direito

o transpirar das mesmas angústias, sonhos e inquietações. O não-feito, o não-produzido, o esquecido, o não-recordado e o não-lembrado compõem o movimento do ser, da música interior que o move. O ausente presente está em toda obra e merece ser compreendido, pensado, pois compõe o conhecimento e auxilia na busca da verdade.

Heidegger observa aquilo que não está presente: o ausente. Na concepção jurídica poderia se dizer o *silêncio*, serve para se perceber o ausente, o que não é dito, não é falado ou não é escrito, mas que faz parte e pode ser sentido, percebido e visto pelo intérprete. Assim agindo se poderia melhor ver, sentir, perceber e ler a verdade no que ela está escrita e no seu silêncio. Não fica limitada a interpretação de Heidegger, pois ele continua, e sua voz merece ser atentamente ouvida com todos os sentidos para que possa traçar um paralelo com o mundo jurídico. Por isso, a busca do conhecimento, a construção do pensamento e a compreensão e a busca da verdade constituem o objetivo este artigo.

2. Conhecer, pensar, ter capacidade de compreender e buscar a verdade

Conhecer, pensar, ter capacidade de compreender e buscar a verdade na história da nossa cultura e civilização tem-se demonstrado um processo cíclico, atentando-se para o fato de que nem sempre a verdade foi um objeto de busca. Na perspectiva do litígio levado a conhecimento judicial e as maneiras de investigação, também contém um movimento que se altera nos pontos de reflexão e inflexão em face dos pressupostos que se formam pela prática investigativa e a cultura jurídica construída e desconstruída ao longo do tempo.

A busca do *conhecimento* não se limita ao estudo movido pela razão, mas, ao contrário, comporta a ínsita vontade movida pelo desejo de desvelar os signos ainda nebulosos e responsáveis por uma certa inquietude. Consoante Bion, todos os novos conhecimentos são um reconhecimento de verdades e de fatos já preexistentes, sendo que, por meio dos símbolos,[2] permite-se ver o todo reconhecido nas suas partes fragmentadas e dispersas. Os símbolos possibilitam que a partir de um todo se venha a descobrir as partes.[3]

> Rezende busca encontrar o significado de símbolo para Bion referindo-se assim: "Simbolizar para Bion é este processo que sendo abstrato é o mesmo tempo integrativo. Integra a pré-concepção com a sua realização numa concepção que pode ser nomeada".[4]

---

[2] REZENDE, Antonio Muniz de. *Bion e o futuro da psicanálise*. São Paulo: Papirus, 1993, p. 53, 69-70, 113-114.
[3] ZIMERMAN, p. 113.
[4] REZENDE, *op cit,*. 36-37.

Rezende comenta o processo de simbolização e cita Bion: "é preciso nomear para que não se percam os diversos elementos integrantes da experiência". Bion, sob os ombros de Kant, elabora a seguinte frase: Conceito sem intuição, é cego; intuição sem conceito é vazia". Bion propõe que pensemos a experiência.

Bion se utiliza de três modelos, o científico-filosófico, o estético-artístico e o místico-religioso, e ao se utilizar destes modelos adverte que, logo após utiliza-los, os abandonará. Anota Rezende, "talvez seja a última palavra do processo abstrativo para Bion: a negação" e desta maneira "no interior do processo abstrativo, supõe que sejamos capazes de manter juntas a afirmação e a negação: sim e o não." Desenvolve Rezende seu pensamento assim: "A psicanálise, no exercício do processo abstrativo e de simbolização, supõe a capacidade de afirmar e negar: e, por meio da negação, ir mais longe do que foi afirmado. A negatividade deixa o pensamento em aberto como um universo em expansão. (...) é possível pensar o infinito, mas não é possível conhecê-lo".[5]

Argumenta Zimerman, alimentado pelas idéias de Bion, que: "o pensamento, as emoções e o conhecimento são indissociados entre si, sendo que o pensamento precede ao conhecimento, porquanto, o indivíduo necessita pensar e criar o que não existe, ou o que ele não conhece".[6] O fator que faz desencadear o processo de conhecimento tem origem nas emoções, como desenvolve Zimerman que, ao interpretar a obra de Bion, assim se refere:

> A experiência da prática psicanalítica deixou claro para Bion que os pensamentos são indissociados das emoções e que, da mesma forma, é imprescindível que haja na mente uma função vinculadora que dê sentido e significados às experiências emocionais. Esse vínculo entre os pensamentos e as emoções – sempre presentes em qualquer relação humana foi denominado por Bion como vínculo K (inicial de Knowledge), ou seja, vínculo do Conhecimento.[7]

Segundo Heidegger, nós pensamos o que merece ser pensado. Ora, o que merece ser pensado é o "grave", o que tem peso. Em português, usamos tanto a expressão *sopesar* como *ponderar*. Peso, em latim, é *pondus*. Ponderar é pensar as coisas que têm peso (...) recordar é diferente de memória. Na me-mória, temos o aspecto repetitivo; na re*cordação*, temos *cor*, que é coração. Guardamos no coração as coisas que merecem ser pensadas". *Was Heissl Denken?* (O que significa pensar)[8]

Conhecer está contido no pensar, por ser este mais amplo e aquele uma meta a ser perseguida. Conhecer é limitar e pensar é abrir. Pensar perturba.

---
[5] REZENDE, *op. cit.*, p. 37.
[6] ZIMERMAN, *op. cit.*, p. 89.
[7] ZIMERMAN, *op. cit.*, p. 110.
[8] HEIDEGGER, *Was Heissl Denken?* (O que significa pensar), p. 42.

Rezende, ao comentar a expansão do universo mental, diz: "Não há como evitar essa perturbação e é ela que nos faz ser grandes. O paradoxo é esse: ao dizer: 'entendi', eu coloco o fenômeno dentro de meus limites. Kant chama nossa atenção sobre uma teoria do conhecimento caracterizada pela condição de possibilidade, isto é, pelos limites. Conhecer é limitar. Bion, ao contrário, chama a atenção para uma teoria do pensamento caracterizada pela abertura. Pensar é abrir. Pensar perturba".[9]

Na mesma obra, Rezende refere que na perspectiva de Bion: "pensar é ir além da realidade".[10] Desenvolvendo o pensamento, conclui o autor: "Dissemos que a palavra análise deriva do verbo grego IYO que significa desligar, separar, *des-com-juntar*, mediante a identificação dos elementos integrados. Mas o processo analítico completa-se no simbólico: o todo permite-nos descobrir as partes descobrir o todo. Tanto o todo contém as partes, como as partes contêm o todo. É o que nos leva, em relação à noção de símbolo, a insistir tanto no processo abstrativo como no processo integrativo. Sem o quê a própria noção de símbolo já não seria pensada de maneira simbólica".[11]

Nesta mesma estrada Jacinto Nelson de Miranda Coutinho advoga que:

> É justamente porque há falta – e, portanto, impossibilidade a priori de um conhecimento Todo, de se ter "o" sentido-, que se há de seguir buscando a solução, a melhor solução possível, ou seja, "um" sentido, dentre os tantos possíveis. Por isto, dizer que somos incapazes de ter o domínio cognoscível dos resultados de todas as ações e, portanto, que não poderíamos prevê-los – assim como a ciência-, a razão por que haveríamos de ter um racionalismo de caráter eficiente em seu sentido puramente empírico, como pretendeu Hayek, é ignorar a humildade com a qual nos apresentamos diante do desconhecido. De fato, ao revés de ser um ato de grandeza, (sei que não sei Tudo!) é simplesmente um ato de aparente espertaza, mas, no fundo, ao que parece, psicótico porque paranóico, desde que o naturalismo do mercado é tomado, ainda que imprevisível, como real possível e decisivo para apontar qual ordem natural espontânea deveria reger a sociedade porque mais eficiente. Há, por evidente, nesta miragem neoliberal, uma crença em uma verdade Toda, mercadológica, que não permite qualquer furo, qualquer falta. Sem ela, como parece elementar, não há representação da pulsão; sem esta, não há limite, não há desejo; sem desejo, há mero deslizar no imaginário, como diria Lacan.[12]

Friedrich Nietzsche no mesmo tom, tal qual uma música, já havia expressado o quanto pensar causa sofrimento e dor ao afirmar:

---

[9] REZENDE, *op. cit.*, p. 25.
[10] REZENDE, *op. cit.*, p. 51.
[11] REZENDE, *op. cit.*, p. 81.
[12] COUTINHO, Jacinto Nelson de Miranda, Atualizando o discurso sobre direito e neoliberalismo no Brasil, *Revista de Estudos Criminais: Instituto Transdisciplinar de Estudos Criminais:* Porto Alegre, p. 30 e 31.

> A nós, filósofos, não é dado distinguir entre corpo e alma, como faz o povo, e menos ainda diferenciar alma de espírito. Não somos batráquios pensantes, não somos aparelhos de objetivar e registrar, de entranhas congeladas – temos de continuamente parir nossos pensamentos em meio a nossa dor, dando-lhes maternalmente todo o sangue, coração, fogo, prazer, paixão, tormento, consciência, destino e fatalidade que há em nós. Viver – isso significa, para nós, transformar continuamente em luz flama tudo o que somos, e também tudo o que nos atinge; não podemos agir de outro modo.[13]

Seguindo a trilha da incógnita Nietzsche referiu: "a dor pergunta sempre pela causa, enquanto o prazer tende a ficar consigo mesmo e não olhar para trás".[14] A incógnita é o melhor exemplo, a qual não pode ser conhecida, mas pode ser pensada. O conhecimento progride em função do pensamento, pois, segundo Bion, " a incógnita é desconhecida e, como tal, faz pensar e criar".[15]

Compreender a verdade é uma preocupação de quem busca o conhecimento e verifica uma simbiose existente entre eles e a liberdade. A procura e função do conhecer ou do saber consiste numa atividade pela qual o indivíduo permanece consciente da experiência emocional, dela retira uma aprendizagem, "e pode abstrair uma conceituação e formulação dessa experiência".[16] Zimerman vê, por meio dos olhos de Bion, o conhecimento, assim:

> Esse processo, advindo originalmente de uma pulsão epistemofílica ao conhecimento das verdades, realiza-se em diferentes planos, como a do indivíduo conhecer a si mesmo (a sua origem, o seu corpo, a sua identidade...); a dele conhecer aos outros e os seus vínculos com os grupos; a dos vínculos dos grupos entre si e deles com a sociedade, etc. Em todos os casos há uma inter-relação entre o conhecimento e a Verdade, e dessa com a Liberdade, de tal modo que o Conhecer (K) ou o Não Conhecer (-K) é equivalente ao "ser ou não ser" (como em Hamlet, de Shakespeare), ou seja, é um importante determinante do senso de identidade de um indivíduo nos planos individual, social e grupal".[17]

Vincent Van Gogh em julho de 1880 ao escrever ao seu irmão fez uma homenagem à obra de Shakespeare: "Meu Deus, como é belo Shakespeare. Quem é misterioso como ele? Sua palavra e sua maneira de fazer equivalem a um pincel fremente de febre e emoção. Mas é preciso aprender a ler, como é preciso aprender a ver e aprender a viver".[18] Provavelmente em virtude do mistério que desencadeia a obra escrita por Shakespeare como se fosse

---

[13] NIETZSCHE, F. *A Gaia ciência*, título original: Die Fröbliche Wissenschaft. Tradução, notas e posfácio de Paulo César de Souza. São Paulo: Companhia das Letras, 2001. Ver prólogo, p. 13.
[14] p. 64.
[15] ZIMERMAN, *op cit*. p. 111.
[16] ZIMERMAN, *op. cit.*, p. 114.
[17] ZIMERMAN, *op. cit.*
[18] Ver as *Cartas a Théo*, escritas por Vincente VAN GOGH, p. 27.

"um pincel fremente de febre e emoção" que desperta a dúvida "ser ou não ser" ou inclusive o "ser *e* não ser", pois esta é a questão.

Por vezes as ciências humanas têm em reiteradas oportunidades se utilizado de lendas e mitos para por meio deles representar uma interseção entre o imaginário e o real, o concreto e o abstrato, e da mesma forma, entre o conhecer e o não conhecer as verdades originais.[19]

A leitura de Bion da peça escrita por Sófocles, Édipo Rei, comporta uma interpretação singular em que o prisma incesto fica relegado a uma ótica periférica, e a pedra de toque passa a ser a arrogância, a curiosidade e a estupidez do investigador, assim compreende o autor:

> O crime central é a arrogância de Édipo ao jurar que desnudaria a verdade a qualquer preço. Esta mudança de ênfase coloca os seguintes elementos no centro da história: a esfinge, que formula o enigma e se destrói quando este é respondido; o cego Tirésisas que possuindo saber, lamenta a decisão do rei de sair em busca do mesmo; o oráculo que instiga essa busca que o poeta condena e, além destes, o rei que concluída a busca, sofre a cegueira e o exílio. É essa a história cujos elementos se distinguem em meio às ruínas da psique e em cuja direção apontam as alusões dispersas a curiosidade, arrogância e estupidez.[20]

A leitura de Bion comporta um conteúdo negativo: a curiosidade. Não só para a leitura da tragédia de Édipo, mas também para outras situações, a curiosidade não tem em si aquele conteúdo que, via de regra, se lhe atribui: a curiosidade, uma força motriz capaz de desvelar mistérios necessários para criar, inventar e fazer com que o universo desconhecido possa ser melhor utilizado e compreendido.[21] Na mesma perspectiva, Renato Trachtenberg traça o paralelo entre o pensamento dos autores como: Bion, Schopenhauer e Ferenczi, assim:

> Bion nos fala também da arrogância como um ataque à verdade no desejo de conquistá-la a qualquer preço e cita como exemplo uma versão possível do diálogo entre Édipo e Tirésias. Schopenhauer, por outro lado, reproduz o diálogo entre Édipo e Jocasta como representando a luta corajosa e insaciável pelo saber e o temor covarde da busca do conhecimento. Ferenczi o cita para exemplificar o conflito entre princípio do prazer (Jocasta) e princípio da realidade (Édipo). Seguindo a trilha de Bion, transformo os significados e sugiro um conflito entre verdadismo (Édipo) e verdade silenciosa (Jocasta).[22]

Tomando de empréstimo o pensamento psicanalítico onde o paciente não percebe os fatos e os objetos acerca dos quais deve pensar para derivar

---

[19] Pode-se falar em uma verdade, em várias, ou entender que sequer exista uma verdade.

[20] BION, W.R. *Estudos psicanalíticos revisados*. Rio de Janeiro: Imago, 1967, p. 81. Compreendendo-se arrogância como o apropriar-se de; atribuir a si, vem de arrogar; estúpido como sujeito sem inteligência, rude grosseiro e curioso como "cuidado zeloso" quem tem desejo de ver, saber, informar-se, desvendar.

[21] Ver, nesse sentido, frente ao interesse jurídico na busca da verdade e a ampla popularidade da tragédia escrita por Sóflocles, *Édipo Rei*.

[22] Ver, nesse sentido, a leitura de Renato TRACHTENBER, p. 14.

o significado, ao contrário, ele percebe os fatos com o significado já implicitamente contido, Zimerman conclui:

> É claro que o processo acima descrito se processa no plano do inconsciente e por isso, configura um processo de falsificação da verdade, a qual é diferente do conceito de mentira, por quanto nesta última predomina uma deliberação consciente, ou pré-consciente, de fazer uma distorção da verdade. Também é necessário fazer uma diferença entre a falsidade, ou a mentira, e a hipocrisia. Assim, o fato de um indivíduo ter ódio à não verdade, não é o mesmo que ter amor à verdade. A hipocrisia consiste em que o indivíduo faça uma superposição entre estes dois aspectos, como se eles fossem sinônimos.[23]

Nessa mesma trilha, refere Trachtenberg acompanhando o pensamento de Aristóteles que: "incluía entre as mentiras o ato de aumentar a verdade e o denominava jactância".[24] Compreender que a busca da verdade é um processo e atingi-la é algo improvável, não faz com que quem investiga a verdade procure desistir: ao contrário é o desejo e o afeto que o fazem mover e ir em busca da verdade. Tolerar o limite, e entender que quando se atinge o conhecimento de algo, este algo é só uma parte e não o todo, faz parte da compreensão do limite e permite a felicidade de festejar o que já pode ser compreendido. Viver com coerência na busca incessante do conhecimento não significa a procura insana e desarticulada da realidade e da dimensão do limite. Tolerar a ignorância é um exercício e não implica uma desistência da busca da verdade, mas a consciência da dificuldade em encontrá-la de maneira estável, imutável e segura, pois se trata de uma busca constante.

3. Tolerar a ignorância e persistir na busca da verdade

A busca da verdade não se circunscreve a um exercício sádico ou masoquista. Ela contém, e reveste em si, uma essência que não conjuga a busca do saber apenas por mero deleite, curiosidade, arrogância ou vaidade, pois estes impulsos, conforme o pensamento de Bion, não se coadunam com o desejo, a busca do saber e a tolerância ao desconhecido.A busca do saber é desencadeada por um impulso libertador que contagia e se reveste de euforia e vontade de falar simultaneamente com todos os interessados e fazer com que aqueles que não o são possam acordar e despertar para esse interesse neles contido, mas adormecido; é uma vontade louca de romper a inércia e demonstrar a função do saber para construir mais saber, mas não só para isso, mas para construir mais e melhor, e tudo isso só pode ter graça se for saboreado conjuntamente. Não há razão para saber sem a magia do saborear, e este transcende a pessoa, é uma relação com o mundo do hoje, do ontem e do sempre, mas está vinculado a seu tempo, a seu espaço e ao seu momento, e só frutifica se assim for recebido.

---

[23] Ver ZIMERMAN, *op cit.* p. 158.
[24] Compreendendo-se por jactância vaidade, ostentação, gabo.

Trachtenberg resumiu o pensamento de Bion no que se refere ao sentimento de amor na busca da verdade:

> Bion, por sua vez, gostava de dizer que a verdade sem amor é crueldade (e o amor sem verdade, paixão). Nesse mesmo sentido, odiar a mentira não é o mesmo que amar a verdade. Essa diferença é fundamental para entendermos a distância que existe entre a curiosidade epistemofílica (desejo/busca do saber, intolerância ao desconhecido, vínculo – K).[25]

Trachtenberg demonstra a diferença entre amor à verdade e o ódio à não-verdade, assim como as *manifestações verdadeistas*.[26]

> A verdade a qualquer preço, mesmo que seja com a morte, inverte a "função da verdade" que estabelecemos com os outros e com as outras partes de nossa própria mente. Acompanhada de ódio e ameaçada de morte, a verdade perde sua função vital e libertadora, diz Rezende. A tragédia no trabalho analítico, quando nos outorgamos esse poder de donos da verdade, se expressa através de formulações que fazem como espírito da "coisa" idéias do tipo "verdade nua e crua", "doa a quem doer", características desse aspecto de ódio à não-verdade. As manifestações verdadistas na psicanálise são as mais variadas e sutis. Vão desde as interpretações selvagens ou silvestres, quando se perde o contexto (*setting*), garantia e sustentação do sentido da verdade de nossos enunciados, até certas formas de psicanálise aplicada, passando por preocupações excessivas com diagnósticos nosológicos e, portanto, classificações de pessoas e certos grupos. (...) Vinculada ao anterior, mas merecendo um lugar especial no âmbito do verdadismo, é a questão de fanatização ou dogmatização dos referenciais teóricos com a exclusão, desvalorização ou difamação de outras verdades/diferenças possíveis. Verdades totalizantes/totalitárias, que confundem a parte com o todo, são mais freqüentes do que gostaríamos de reconhecer.[27]

O esquecimento pode compreender um aspecto positivo com vistas a um aperfeiçoamento e a um filtro que faça a mente psíquica deixar de lembrar atos e fatos que trazem recordações dolorosas no campo individual, mas também no campo do aprimoramento coletivo com vistas a um aperfeiçoamento e a um filtro que faça a mente psíquica deixar de lembrar atos e fatos que trazem recordações dolorosas no campo individual, mas também no campo do aprimoramento coletivo com vistas a esquecer métodos cruéis utilizados, como descreve Friedrich Nietzsche:

> Esquecer não é uma simples *vis inertiae* [força inercial], como crêem os superficiais, mas uma força inibidora ativa, positiva no mais rigoroso sentido, graças à qual o que é por nós experimentado, vivenciado, em nós acolhido, não penetra mais em nossa consciência, no estado de digestão (ao qual poderíamos chamar "assimilação psíquica"), do que todo o multiforme processo da nossa nutrição corporal ou "assimila-

---

[25] TRACHTENBERG, p. 14.

[26] Manifestações Verdadistas são manifestações feitas por pessoas que apenas manifestam verbalmente seu amor pela verdade, mas no íntimo odeiam a verdade ou a usam em informações como forma de agredir.

[27] Trachtenberg, p. 143-144.

ção física". Fechar temporariamente as portas e janelas da consciência; permanecer imperturbado pelo barulho do nosso submundo de órgãos serviçais e cooperar e divergir; um pouco de sossego, um pouco de *tabula rasa* da consciência, para que novamente haja lugar para o novo, sobretudo para as funções e os funcionários mais nobres, para o reger, prever, predeterminar (pois nosso organismo é disposto hierarquicamente) – eis a utilidade do esquecimento, ativo, como disse, espécie de guardião da porta, de zelador da ordem psíquica, da paz, da etiqueta: com o que logos se vê que não poderia haver felicidade, jovialidade, esperança, orgulho, presente, sem o esquecimento. O homem no qual esse aparelho inibidor é danificado e deixa de funcionar pode ser comparado (e não só comparado) a um dispéptico – de nada consegue "dar conta" Precisamente esse animal que necessita esquecer no qual o esquecer é uma força, uma forma de saúde forte, desenvolveu em si uma faculdade oposta, uma memória, com cujo auxílio o esquecimento é suspenso em determinados casos – nos casos em que se deve prometer: não sendo um simples não-mais-poder-livrar-se da impressão uma vez empenhada, da qual não conseguimos dar conta, mas sim um ativo não-mais-querer-livrar-se, um prosseguir-querendo já querido, uma verdadeira memória da vontade: de modo que entre o primitivo "quero", "farei", e a verdadeira descarga da vontade, seu ato, todo um mundo de novas e estranhas coisas, circunstâncias, mesmo atos de vontade, pode ser resolutamente interposto, sem que assim se rompa esta longa cadeia do querer. Mas quanta coisa isto não pressupõe! Para poder dispor de tal modo do futuro, o quanto não precisou o homem aprender a distinguir o acontecimento causal do necessário, a pensar de maneira causal, a ver antecipar a coisa distante como sendo presente, a estabelecer com segurança o fim e ver e antecipar a coisa distante como sendo presente, a estabelecer com segurança o fim e os meios para o fim, calcular, contratar, confiar – para isso, quanto não precisou antes tornar-se ele próprio confiável, constante, necessário, também para si, na sua própria representação, para poder enfim, como faz quem promete, responder por si como porvir![28]

A memória é extremamente seletiva ela só esquece aquilo que escolhe esquecer, por isso o esquecimento é irmão do desejo[29] de esconder, até para si próprio aquilo que não quer revelar. No prólogo de *A Gaia Ciência*, Friedrich Nietzsche abre horizontes assim:

Algumas coisas sabemos agora bem demais, nós, sabedores: oh, como hoje aprendemos a bem esquecer, a bem *não*-saber, como artistas! E no tocante a nosso futuro: dificilmente nos acharão nas trilhas daqueles jovens egípcios que à noite tornam

---

[28] Nietzsche, F. *Genealogia da moral:* uma polêmica. Tradução, notas e posfácio de Paulo César de Souza. São Paulo: Companhia das Letras, 1999. Título original: *Zur Genealogie der Moral*.

[29] A palavra desejar vem do latim *desiderare*, assim como considerar vem de *considerare*. Elas têm em comum *siderar* e diferem pelas partículas *de* e *com*. *Considerare* etimologicamente significa consultar os astros. *Desiderare* é desistir de consultar os astros. A tragédia escrita por Sófocles, *Édipo Rei*, é importante para a história do conhecimento de si próprio, porque Édipo ao consultar o oráculo de Delfos quis saber qual era o seu destino e assim mudou de postura, pois quem decidiu o seu destino é a própria pessoa e não os astros. Para Rezende, a essência do desejo "continua a mesma: não tenho. Mas posso tentar. A esperança surge exatamente como aquela que define as possibilidades do desejo. Na perspectiva de Bion, a memória do futuro é um sonho. Sonho de realizar no futuro um desejo que não realizei no passado. O meu desejo não é voltar ao passado para realizar o desejo frustrado, mas realizar no futuro um desejo possível" (Resende, p. 162).

inseguros os templos, abraçam estátuas e querem expor à luz, desvelar, descobrir, tudo absolutamente que por boas razões é mantido oculto. Não, esse mau gosto, essa vontade de verdade, de "verdade a todo custo", esse desvario adolescente no amor à verdade – nos aborrece: para isso somos demasiadamente experimentados, sérios, alegre, escaldados, profundos ... Já não cremos que a verdade continue verdade, quando se lhe tira o véu ... Hoje é, para nós, uma questão de decoro não querer ver tudo nu, estar presente a tudo, compreender e "saber" tudo. " É verdade que Deus está em toda parte?", perguntou uma garotinha à sua mãe; "não acho isso decente" – um sinal para os filósofos!... Deveríamos respeitar mais o pudor com que a natureza se escondeu por trás de enigmas e de doloridas incertezas. Talvez a verdade seja uma mulher que tem razões para não deixar ver suas razões? Talvez o seu nome, para falar grego, seja Baubo? ... Oh, esses gregos! Eles entendiam do *viver!* Para isto é necessário permanecer valentemente na superfície, na dobra, na pele, adorar a aparência, acreditar em formas, em tons, na pele, adorar o Olimpo da aparência! Esses gregos eram superficiais – *por profundidade!* E não é precisamente a isso que retornamos, nós, temerários do espírito, que escalamos o mais elevado e perigoso pico do pensamento atual e de lá olhamos em torno, nós, que de lá olhamos *para baixo*? Não somos precisamente nisso – gregos? Adoradores de formas, de tons, das palavras? E precisamente por isso – artistas?[30]

Quem escreve descreve o que já aconteceu, o que por vezes não é passível de ser descrito, consiste numa linguagem de signos escolhidos para que melhor se possa representar um fato, acontecimento, sentimento, emoção, ou uma dada circunstância. Não é fácil a escolha dos signos, muito menos ordená-los; trata-se de uma operação associada a valores quer cronológicos, quer reflexivos atuando conforme a memória permite serem lembrados. Atua a memória tal qual um filtro que lembra ou esquece o que lhe parece melhor de ser revelado ou escondido, talvez por isso se diga que a verdade é desvelada, revelada. A obra se realiza por força do desejo, mais do que a razão, na esfera do consciente e do inconsciente.

Refere García-Roza: "O amor pela verdade é, pois desconfiado e inquiridor, sempre pronto a identificar os signos que denunciam a traição do dado"[31] Conclui o autor: "A verdade jamais é dada. A boa vontade, que acolhe o dado enquanto tal, abriga-se na quietude e na miopia da certeza. O dado não provoca a inteligência, aplaca-a".[32] A suposição inicial é a de que a busca da verdade não é uma atitude natural ao "homem comum", entendendo-se por "homem comum" aquele que é guiado pelo bom-senso, mas sim que ela implica uma violência ao senso comum na medida em que este se apega à evidência do dado imediato. Heidegger diz: "O senso comum possui um olhar e uma escuta próprios, resistentes a tudo aquilo que o

---

30 Nietzsche, *A Gaia* ..., p. 15.
31 García-Roza, Luiz Alfredo. *Palavra e verdade na filosofia antiga e na psicanálise*. 3. ed. Rio de Janeiro: Jorge Zahar, 1998, p. 9.
32 García-Roza, p. 9.

coloca em questão".[33] Para o senso comum, a verdade designa o verdadeiro e o verdadeiro é o que se apresenta como real à evidência do sensível.

A verdade surge, então, num duplo registro: no registro da *coisa* na medida em que esta se apresenta como "verdadeira" como não-ilusória, e no registro da *linguagem* como enunciação adequada à coisa, Trata-se aqui da verdade empírica do homem comum em seu cotidiano. Essa verdade não é buscada, ela se oferece docilmente ao nosso olhar e à nossa escuta sem nos violentar. A evidência é, neste caso, a certeza objetivada.[34] Procurar a verdade é supor que ela não esteja dada em nossa experiência cotidiana, mas, para que esta suposição possa ser feita, é necessário que no seio mesmo dessa experiência algo insinue que não se está de posse da verdade. Esse algo é da ordem do equívoco, do erro, da mentira, da dissimulação. É na dimensão do erro que a verdade faz sua emergência, ou melhor, a história da verdade é coextensa à história do erro.[35] A verdade não mais compreendida como certeza objetivada, mas como verdade filosófica pode ser rastreada na noção de *alétheia*, na Grécia arcaica. Parmêniades na passagem do século VI para o século V, antes de Cristo, fez incidir sob *alétheia* a verdade filosófica. Parmênides não nos fala ainda da verdade filosófica, mas do *desvelamento*, da condição por meio da qual o ser e o pensar farão sua apresentação recíproca.

A interpretação de Heidegger no que toca à obra de Parmênidas revela: "A questão da *alétheia*, a questão do desvelamento como tal, não é a questão da verdade". Dito de outra maneira, a verdade não é entendida como adequação entre o pensamento e a coisa, mas como caminho pelo qual ser e pensar podem correr.[36] Heidegger num artigo pergunta-se sobre a essência da verdade. O referencial por ele apropriado da filosofia medieval é: *Veritas est adaequatio rei el intellectus* (Verdade é a adequação do intelecto "a coisa"). A verdade aqui é vista em termos de concordância entre o enunciado e a coisa. A concordância pode ser estabelecida entre duas coisas ou a concordância é entre uma enunciação e uma coisa. Dois objetos podem ser comparados porque são da mesma natureza, mas como estabelecer a conveniência entre uma coisa e uma enunciação, já que a coisa é material e a enunciação é imaterial? Como pode uma enunciação, mantendo sua essência, adequar-se a algo diferente, a uma coisa? A proposta de Aristóteles consiste em estabelecer não a igualdade entre duas coisas desiguais, mas da natureza e da constância da *relação* entre a enunciação e a coisa. Algo

---

[33] Heidegger, Martin. *Sobre a essência da verdade*. Tradução por Ernildo Stein. São Paulo: Nova Cultural, 1996. (Coleção Os Pensadores)
[34] García-Roza, p. 10.
[35] García-Roza, p. 10.
[36] García-Roza, p. 11.

análogo à concordância entre uma figura geométrica e a equação algébrica que a expressa.

A enunciação apresentativa exprime, naquilo que diz da coisa apresentada, aquilo que ela é, isto é, exprime-a tal qual é, assim como é. Neste caso, apresentar significa o fato de deixar surgir à coisa, diante de nós, enquanto objeto. García-Roza adverte: "essa relação se faz sob a forma de um encontro, no qual a coisa que se opõe a nós deve, ao mesmo tempo, manter aberta a possibilidade do encontro e permanecer como coisa em si mesma, na sua estabilidade. É no âmbito de uma abertura para a coisa que se funda a enunciação apresentativa; é por essa abertura que a coisa se torna suscetível de ser expressa. A enunciação não é, pois, representação, mas expressão".[37]

A indagação a respeito de onde a enunciação retira sua orientação para o objeto de modo a expressá-lo verdadeiramente, Heidegger responde que é a liberdade a abertura que articula a enunciação e o objeto. Conclui o autor: "A essência da verdade se desvelou como liberdade".[38] Parece, inicialmente, que se desloca o mistério da verdade para outro, a liberdade, além de inserir-se a discussão no âmbito da subjetividade. Não é esse o pensamento de Heidegger, pois refere García-Roza: "A liberdade diz respeito a essa abertura para a coisa, revela-se como possibilidade de deixar ser o ente, sendo que esse *deixar* não significa Indiferença ou omissão, mas entrega".[39] Conforme Heidegger: "Deixar-se significa o entregar-se ao ente (...) entregar-se ao aberto e à sua abertura, na qual todo o ente entra e permanece, e que cada ente traz, por assim dizer, consigo".[40]

O entregar-se ao ente não significa perder-se nele, mas colocar-se diante dele como *ta alétheia*, o desvelado (e também o verdadeiro). A liberdade é uma exposição ao ente na medida em que lê possui o caráter de desvelado. A verdade diz respeito a esse desvelamento (*alétheia*) do ente graças ao qual se realiza uma abertura, e não a uma proposição que um sujeito enuncia sobre um objeto. É essa abertura que dá fundamento ao homem.[41] Pois o que move as pessoas à procura da verdade, e as pessoas que buscam a verdade, são movidas por uma inquietude ante a realidade.

O percurso filosófico percorrido de Platão a Hegel foi ocupado na busca da verdade e a tentativa da construção do discurso, da exata correspondência entre o pensamento e o ser. Uma crítica ao pensamento filosófico poderia argumentar que a verdade que o filósofo procura é uma verdade que

---

[37] García-Roza, p. 13.
[38] Heidegger, *Sobre a essência* ..., p. 163.
[39] García-Roza, p. 14.
[40] Heidegger, *Sobre a essência* ..., p. 160 e segs.
[41] García-Roza, p. 14.

ele, previamente, colocou lá. A filosofia tal qual a cartola do mágico significa retirar o coelho que previamente foi colocado ali.[42]

O discurso filosófico não nos oferece uma resposta já pronta que estaria à espera do filósofo para retirada da cartola e exibida ao público espectador, mas se constitui como um procedimento no caminho da verdade. Em filosofia o objetivo é eliminar o erro e o equívoco pelo caminho da não-contradição. Mas essa eliminação, por mais que se faça, encaminha-nos apenas a verdades parciais, embora seu intuito seja a verdade plena.[43]

Para Santo Agostinho, "a busca da verdade nos encaminhará não em direção à coisa ou às palavras, mas em direção à nossa própria interioridade. A verdade, diz Agostinho, ou bem a possuímos ou não podemos adquiri-la".[44] A verdade se insinua não a partir do caráter formalizado do discurso, mas quando este falha, quando é atropelado e violentado por um outro que provoca, no primeiro, lacunas, os não tão bem denominados *atos falhos*. Para Lacan, nossos atos falhos "são atos que são bem sucedidos, nossas palavras que tropeçam são palavras que confessam. Eles, elas, revelam uma verdade de detrás".[45]

A pré-estréia da *verdade filosófica* corresponde a uma *verdade poética* que foi a base sobre a qual ou contra a qual se formulou o pensamento filosófico grego. O poeta mostra-se como um ser inspirado e portador de um Dom divino que o torna um indivíduo excepcional. Os poetas não se apresentam como ficcionistas, mas portadores de verdades reveladas.

Nietzsche na obra *A gaia ciência* descreve a origem da poesia e refere como pode ser possível justificar o predomínio, durante tanto tempo, desta forma de discurso que longe de tornar a comunicação mais inteligível reduziu-lhe a clareza.[46]

Este mesmo autor no prólogo desse livro confessa a sua preocupação com a verdade assim: "eu espero ainda que um médico filosófico, no sentido excepcional do termo – alguém que persiga o problema da saúde geral de um povo, de uma época, de uma raça, da humanidade-, tenha futuramente a coragem de levar ao cúmulo a minha suspeita e de arriscar a seguinte afirmação: em todo o filosofar, até o momento, a questão não foi absolutamente a 'verdade', mas algo diferente, como saúde, futuro, poder, crescimento, vida ...".[47]

Comenta Nietzsche que, com a finalidade de preservar, o sentimento de poder tem seu custo, referindo-se assim: "Quem sente que está *de posse*

---

[42] García-Roza, p. 16.
[43] García-Roza, p. 17.
[44] García-Roza, p. 17.
[45] Lacan, J. *O seminário*. Rio De Janeiro: Jorge Zahar, 1986, p. 302. Livro 1.
[46] Nietzsche, *Genealogia* ..., p. 111.
[47] Nietzsche, *Genealogia*..., p. 12.

da verdade, a quantas posses não tem de renunciar, para salvaguardar esta sensação".[48]

4. Ponderações inacabadas

A busca da verdade do ponto de vista filosófico tem sido uma discussão ainda inacabada por parte dos pensadores ao longo da cultura da humanidade. A procura da verdade na perspectiva jurídica também tem sido objeto de preocupação. Entende-se por verdade a qualidade em virtude da qual um procedimento cognoscitivo qualquer torna-se eficaz ou obtém êxito. Essa caracterização pode ser aplicada tanto às concepções segundo um processo lingüístico ou semiótico.

A escolha de palavras consiste num processo de eleição que muitas vezes traz consigo um ranço que o interlocutor não gostaria que viesse juntamente com a palavra ou esta se desgasta pelo uso limitado do símbolo para qualquer momento e situação, que nem em concreto, em tese comportaria.

Referências bibliográficas

BION, W.R. *Estudos psicanalíticos revisados*. Rio de Janeiro: Imago, 1967.

COUTINHO, Jacinto Nelson de Miranda. Glosas ao "verdade, dúvida e certeza", de Francesco Carnelutti, para os Operadores do direito. In: RUBIO, David Sánchez;; FLORES, Joaquín Herrera; CARVALHO, Salo de (Coords.). *Anuário Ibero-Americano de Direitos Humanos* (2001/2002). Rio de Janeiro: Lúmen Júris, 2002, p. 173-197.

GARCÍA-ROZA, Luiz Alfredo. *Palavra verdade na filosofia antiga e na psicanálise*. 3ª.ed. Rio de Janeiro: Jorge Zahar, 1998.

HEIDEGGER, Martin. *Todos nós ... ninguém: um enfoque fenomenológico do social*. São Paulo: Moraes, 1981.

———. *Sobre a essência da verdade*. Tradução por Ernildo Stein. São Paulo: Nova Cultura, 1996. (Coleção Os Pensadores)

———. *A origem da obra de arte*. Lisboa: Biblioteca de filosofia contemporânea edições Vozes, 2001.

———. *Ser e tempo*. (parte 1).10ª ed. Tradução por Márcia de Sá Cavalcante. Petrópolis: Constitucionales, 1983.

KANT, Imamnuel. *Fundamentação da metafísica dos costumes*. Tradução por Paulo Quintela. Lisboa: Edições 70, 1985.

LACAN. J. *O seminário*. Rio de Janeiro: Jorge Zahar, 1986.

NIETZSCHE, Friedrich. *Obras incompletas*. São Paulo: Nova Cultural, 1996.

———. *Genealogia da moral: uma polêmica*. Tradução, notas e pósfácio de Paulo César de Souza. São Paulo: Companhia das Letras, 1999. Título original: Zur Genealogie der Moral.

———. *A Gaia Ciência*. Tradução, notas e posfácio de Paulo César de Souza. São Paulo: Companhia das Letras, 2001. Título original: Die Fröbliche Wissenschaft.

---

[48] Nietzsche, *Genealogia* ..., p. 64.

PEZZELLA.M.C.C. *A Eficácia Jurídica na Defesa do Consumidor – O poder do Jogo na Publicidade – um estudo de caso*. Porto Alegre: Livraria do Advogado, 2004.

REZENDE, Antonio Muniz de. *Bion e o futuro da psicanálise*. São Paulo: Papirus, 1993

STEIN, Ernildo. *Compreensão e finitude – estrutura e movimento da interrogação Heideggeriana*. Ijuí: UNIJUÍ, 2001.

TRACHTENBERG, Renato. *A gangorra*. Revista do CEP, Porto alegre, ano 7, n.7, set. 1998.

VAN GOGH, Vincente. *Cartas a Théo: antologia*. Tradução por Pierre Ruprecht. Porto Alegre, 2001. (Coleção L&PM, POCKET)

ZIMERMAN, D. E. *Bion da teoria á prática uma leitura didática*. Porto Alegre: Artes Médicas, 1995.

— XI —

Racionalidade constitucional penal pós-88.
Uma análise da legislação penal face ao embate das tradições individualista e coletivista

ANDRÉ COPETTI[1]

Resumo: O presente ensaio tem como objetivo primordial o desvelamento da(s) racionalidade(s) filosófico-política(s) que está (ão) arraigadas à legislação penal construída após a promulgação da Constituição de 1988. Partindo-se da complexidade axiológica constitucional contempladora de razões individualistas e coletivistas concomitantemente, busca-se verificar a incidência dessas racionalidades no âmbito normativo penal pós-88, a fim de constatar-se o sentido tomado pelo direito penal neste lapso temporal.

Abstract: *Thee present essay has as main goal the desveiled of the philosophic-political(s) racionality(ies) that is(are) linked up to the legal legislation, built after the enaction of the 1988 Constitution. From the constitutional axiological complexity, contemplator of concomitant individualists and collectives reasons, one searches to verify the incidence of these racionalities in the legal normative sphere after-88, aiming to realise the sense taken by the penal law in this temporal lapse.*

Sumários: 1. A projeção do embate entre as tradições individualista e coletivista na complexidade axiológico-normativa constitucional; 2. Proposta de análise da legislação penal pós-Constituição de 1988; 2.1. Primeiro quadro demonstrativo da proposta de análise; 2.1.1. Nota explicativa; 2.1.2. Sistematização analítica da legislação penal pós-Constituição de 1988; 2.2. Segundo quadro demonstrativo da proposta de análise; 2.2.1. A potencial inefetividade sancionatória da legislação penal pós-Constituição de 1988 pela incidência de alternativas às penas privativas de liberdade; 3. Considerações finais; Bilbiografia.

1. A projeção do embate entre as tradições individualista e coletivista na complexidade axiológico-normativa constitucional

A constituição de um novo projeto de sociedade, Estado e Direito com a positivação, de diferentes núcleos de direitos fundamentais – individuais

---
[1] Mestre e Doutor em Direito Público pela UNISINOS. Professor do PPGD/UNISINOS. Advogado.

e coletivos –, na Carta Magna de 1988, recepcionou, como nunca ocorrera anteriormente na vida constitucional do País, o debate entre individualistas e coletivistas, através da positivação de direitos fundamentais de natureza individual e não-individual.

Com isso, ampliou-se significativamente a complexidade das relações hierárquicas possíveis entre os diversos níveis do ordenamento jurídico brasileiro. Essa nova configuração tem sua causalidade radicada em não desprezível medida na imediaticidade da eficácia jurídica que hoje se reconhece aos direitos fundamentais, os quais não só traduzem a mutação operada nas relações entre a lei e os direitos do cidadão, como afirma Canotilho,[2] mas, antes disso, constituem-se num dos principais, senão no principal fator determinante da mudança no caráter dessas relações.

A prevalência dos direitos de liberdade na fase eminentemente liberal de estruturação do Estado moderno priorizou pretensões jurídicas fundadas em direitos subjetivos, cuja principal imposição mandamental consistia na omissão dos poderes públicos em relação à autonomia individual. Isso levou à secularização da forma "a lei apenas no âmbito dos direitos fundamentais", como a mais adequada solução a todos os problemas que pudessem surgir das relações entre essa espécie de direitos constitucionalizados e a lei, especialmente se a sua utilização se dirigisse a solucionar controvérsias legislativas, cujo ponto fulcral fossem os direitos individuais.

Com o advento, no início do século passado, do Estado Social de Direito, e a consolidação de uma nova matriz constitucional, através da positivação de direitos sociais, econômicos e culturais, houve uma ampliação no âmbito das pretensões jurídicas, possíveis de serem manifestadas pelos cidadãos. Partiu-se de um quadro normativo institucional em que apenas pretensões de omissão podiam ser interpostas contra o Estado, para outro, muito mais complexo, no qual se positivou possibilidades de exigências de proibições de omissão às iinstituições estatais, contemplando-se, assim, a perspectiva de tutela não só de direitos subjetivos de indivíduos atomizados, mas também de direitos e interesses de grupos determinados e parcelas difusas da população, constituindo-se, a partir disso um âmbito não- individual de tutela jurídica.

No período pós-Segunda Guerra, o *standart* seguido pelos modelos axiológico-normativos constitucionais ocidentais complexificou-se ainda mais, com a inclusão, nas Constituições, de direitos fundamentais que ampliaram significativamente a tutela não-individual, alastrada desde então não mais somente a direitos, mas também a interesses (transindividuais e difusos). Com isso, agregou-se às imposições, ao Estado de omissão e proi-

---

[2] Cfe. CANOTILHO, José Joaquim Gomes. *Constituição Dirigente e Vinculação do Legislador*. Coimbra: Coimbra, 1994, p. 363.

bição de omissão, respectivamente atribuídas pelos modelos normativos constitucionais liberal e social, uma terceira determinação: a de transformação social pelo Direito.[3]

Essa nova situação histórica exigiu uma complementação da fórmula de solução de problemas oriundos da relação entre o ordenamento infraconstitucional e os direitos fundamentais constitucionalizados "da lei apenas no âmbito dos direitos fundamentais" chegou-se a uma receita principiológica ampliada, consistente "na lei como exigência de realização concreta dos direitos e interesses fundamentais".

A guinada no arcabouço jurídico do Estado moderno, iniciada com o surgimento do Estado social de Direito e complementada com o acontecimento do paradigma normativo do Estado Democrático de Direito, revelou uma questão estrutural fundante: a insuficiência da estrutura política e jurídica do Estado Liberal para viabilizar a concretização dos direitos fundamentais não-individuais. Daí a pertinência das palavras de Ferrajoli ao afirmar que o efeito mais relevante do desenvolvimento do *Welfare State* sobre as formas institucionais do Estado do capitalismo avançado foi, sem dúvida, a crise do modelo liberal clássico do Estado de Direito.[4]

Essa problemática institucional já fora detectada na Europa, especialmente nos países com um constitucionalismo mais avançado. Neles tratou-se de elaborar uma série de estratégias político-jurídicas, traduzidas em legislações infraconstitucionais adequadas ao modelo constitucional; teórico-acadêmicas, consistentes numa dogmática construtiva apropriada para o enfrentamento dos problemas subseqüentes que a ampliação quantitativa e qualitativa da estrutura jurídica do Estado Liberal demandou quando se buscou o trânsito para um modelo normativo de Estado Democrático Constitucional. Além dessas, também as de cunho político-judiciais, consistentes em decisões de tribunais constitucionais, especialmente o alemão e o italiano, voltadas à efetivação de direitos fundamentais.

No Brasil, a complexidade e as implicações da transição de um modelo constitucional majoritariamente liberal para um modelo democrático social somente foi percebida de forma mais clara e profunda após a promulgação da Carta político-jurídica de 1988. Desde então, os operadores jurídicos, que laboram nas mais diversas funções possibilitadas pelo Direito, e a dogmática, em seus mais diversos ramos, têm se debatido em torno dos conflitos que diariamente se manifestam em razão do tensionamento estrutural, gerado a partir das exigências de implementação de uma série de direitos

---

[3] Ver a respeito MORAIS, Jose Luis Bolzan de. *Dos direitos difusos e coletivos*. Porto Alegre: Livraria do Advogado, 1996, e do mesmo autor conjuntamente com STRECK, Lenio Luiz. *Ciência Política e Teoria Geral do Estado*.

[4] Cfe. FERRAJOLI, Luigi. Stato Sociale e Stato di Dirittto. In: *Política del Diritto*. Roma, 1982. v. 1, p. 41.

fundamentais, especialmente os de natureza não-individual, com vida ainda bastante recente no ordenamento constitucional, e as insuficiências institucionais e normativas para a realização de tal tarefa.

Assim, a história político-institucional brasileira está vivendo, em razão de todas essas modificações no modelo constitucional, um momento *sui generis*. Arraigadas à necessidade de uma rearquitetura normativa da legislação infraconstitucional, desde o referencial estabelecido pela fórmula que considera "a lei como exigência de realização concreta dos direitos fundamentais", as possibilidades intrínsecas a qualquer modificação legislativa de conformação ao modelo constitucional compõem um quadro de significativa complexidade e conflituosidade axiológica,[5] uma vez considerados os indícios formais presentes no texto da Constituição Federal através dos direitos fundamentais positivados.

Tal complexidade e conflituosidade axiológica traduz normativamente os reflexos de um embate filosófico-político que já dura mais de dois mil e quinhentos anos, desde seu início na Grécia Antiga com as contraposições entre sofistas, platônicos-aristotélicos e epicuristas, cínicos e estóicos, passando pela divergêenciaentre liberais e socialistas ao longo dos séculos XVIII e XIX, desaguando no século XX com o embate entre neoliberais e comunitaristas, a partir da publicação da obra de John Rawls "Uma Teoria da Justiça".

Essa situação de potencial desacordo axiológico se estende indistintamente a todos os ramos do ordenamento jurídico. Entretanto, é em relação a alguns deles particularmente que essa conflituosidade se desvela de modo mais contundente. Particularmente, não obstante a relevância que a alteração do paradigma constitucional representa para todos os espaços normati-

---

[5] Ao referir-me ao atual contexto constitucional brasileiro e ao aumento de sua complexidade normativa, e, conseqüentemente, da possibilidade de exacerbação de uma conflituosidade valorativa e ideológica, parto da constatação de que, com a promulgação da Carta Fundamental de 1988, houve uma positivação de direitos e interesses não-individuais de tal magnitude, que a ruptura paradigmática ocorrida foi enorme se comparada a todas as outras transições acontecidas anteriormente em nossa história institucional. Em contraste manifesto com todos os textos constitucionais anteriores, os quais encerravam uma certa harmonia valorativa e axiológica liberal-individualista, a Constituição Federal de 1988, indicou formalmente como de relevância constitucional uma série inédita de bens, até então jamais previstos como tal. Ilustrativamente, basta ver que, diferentemente dos textos anteriores que contemplavam conjuntamente a ordem econômica e social em um só título, a atual Constituição separou estes dois aspectos em títulos diferentes. No título referente à ordem social especificamente está positivada a tutela a bens como a saúde, a previdência social, a assistência social, a educação, a cultura, o desportoa ciência e a tecnologia, a comunicação social, o meio ambiente, a família (já tutelada anteriormente), a criança, o adolescente e o idos, além dos índios. Este complexo quadro corresponde a um compreensão pluridimensional da sociedade e do Estado e, conseqüentemente, deve corresponder a uma compreensão pluridimensionada do direito, dotado de atribuições tutelares individuais e coletivas, e com propriedades não mais neutras e restritas à solução jurídica de conflitos interindividuais, mas ampliadas a intervenções econômicas, financeiras, educativas e assistenciais. Esse quadro de alta complexidade normativa interpelou inadvertidamente os juristas brasileiros, lançando-os em conflitos na atividade de formulação e aplicação da lei até então nunca imaginados.

vos que a ele devem estar adequados e prontos para a sua realização, no caso específico do Brasil, pelas singularidades do seu contexto histórico-social, a importância da conformação de alguns âmbitos prescritivos específicos é muito maior. Essa referência se estende particularmente ao direito civil, ao direito tributário, ao direito administrativo, ao direito econômico e ao direito penal. E isso por razões bem pontuadas. Em relação ao direito civil, em virtude das suas potencialidades quanto à manutenção ou alteração das relações de propriedade; quanto ao direito tributário, por causa das necessidades de custeio das políticas sociais a serem implementadas pelo Estado e pelas implicações que a arrecadação estatal acarreta no âmbito da individualidade patrimonial dos cidadãos; com referência ao direito administrativo, pelo fato de que as ações de um Estado, que se pretende com funções interventivas bastante ampliadas, devem ser fortemente reguladas, para não violentarem os direitos dos indivíduos. Já com referência ao direito econômico, pelo fato de que a regulação/intervenção das/nas atividades econômicas no País representam não só a proteção individual frente a abusos do poder econômico, mas, por outro lado, a própria possibilidade de até mesmo o Estado, reguladamente, exercer atividades rentáveis, numa perspectiva capitalista, que possibilitem a efetivação de políticas públicas em áreas cujas demandas são bastante altas.

A partir dessa complexidade ôntica presente na Constituição de 1988, a estrutura normativa constitucional indica a possibilidade da tutela penal de um novo rol de bens positivados, o que significa uma ampliação do poder penal estatal, e, paradoxalmente, algumas alternativas de redução do poder penal do estado. Assim, diante desse quadro positivado constitucionalmente, imperioso passou a ser uma investigação acerca de qual o sentido legislativo que tomou o direito penal brasileiro no período pós-Constituição de 1988. Houve, efetivamente, um atendimento, pelo legislador ordinário, das indicações constitucionais explícitas e implícitas de criminalização? Ou, noutra perspectiva, o legislador infraconstitcuional manteve-se alheio às novas relevâncias constitucionais no que toca a inéditas proteções de bens jurídicos que ainda não possuíam status constitucional? Qual a orientação filosófico-política foi determinante na construção da legislação penal pós-88?

As respostas a essas questões somente podem ser dadas a partir de uma análise e compreensão detalhadas e criteriosas dos textos legislativos penais colocados em vigência neste período, tarefa a seguir desenvolvida.

2. Proposta de análise da legislação penal pós-Constituição de 1988

Essa análise da legislação penal editada após a promulgação da Constituição Federal de 1988 tem como objetivo fundamental verificar em que medida o embate entre individualistas e coletivistas, travado no campo filosófico-político e, conseqüentemente, constitucional, refletiu-se na configuração do sistema normativo penal brasileiro, pela recepção dos valores fundamentais preconizados por uma ou outra tradição.

As contradições e disjunções possíveis entre as alternativas axiológicas que compõem o espectro de possibilidades de fundamentação filosófico-política do direito penal brasileiro, tomando em conta o esboço normativo constitucional, a partir da consideração da existência de núcleos de direitos fundamentais, aprioristicamente antagônicos, sugerem, para dizer o mínimo, em função da variada gama de bens por ele tutelados e da diversidade de medidas punitivas e de garantias adotadas, duas possibilidades. Primeira, ou o modelo sancionatório penal brasileiro consolidou-se como um sistema normativo eclético, em que bens de naturezas totalmente diferentes devem coexistir homogeneamente. Segunda, ou, noutro sentido, está atravessando um momento transicional,[6] no qual o espaço normativo, antes majoritariamente ocupado pelos direitos e interesses individuais, passou a ser abarcado também de forma significativa por bens, direitos e interesses não-individuais.

Há, provavelmente, como a seguir se buscará confirmar, em função da atuação legislativa criminal pós-88, uma importante e significativa ampliação do espaço penal destinado à tutela de bens não-individuais, o que provavelmente conduz a uma conflituosidade paradigmática intrínseca ao atual sistema normativo brasileiro – individualismo e coletivismo – que reflete o conflito histórico entre essas tradições de pesquisa no campo da filosofia política. Confirmando-se esse acontecimento, com uma conseqüente aproximação matricial entre o direito penal positivado e a base axiológico-normativa constitucional, ao primeiro, estar-se-á conferindo uma função política bastante distanciada em relação a que até então possuiu.

Para o desenvolvimento dessa tarefa foram recortados, como relevantes para a análise, quatro aspectos – sintetizados no quadro abaixo – a serem observados no objeto de pesquisa: a) o bem jurídico protegido; b) a sua natureza individualista ou coletivista; c) a relação da tutela penal com as disposições constitucionais; d) e, por último, os aspectos quantitativos e qualitativos da sanção penal cominada.

---

[6] Quando se fala de uma possível transição paradigmática do modelo penal brasileiro, faz-se referência ao fato de que este ramo do ordenamento jurídico nacional ainda não encontrou uma fórmula de estabilização tal qual, por exemplo, já construíram os Estados Unidos. Diferentemente deste país que historicamente tem uma tradição penal que privilegiou modelos de direito penal máximo, o Brasil possui um modelo híbrido que se amplia continuamente em relação à criminalização de condutas violadoras de bens das mais variadas espécies, caminhando, nesse aspecto, para um modelo bastante repressor, mas que adota soluções em termos de penalização em sentido totalmente oposto. Assim, ao mesmo tempo em que eleva à categoria de crime uma série de ações e omissões que atingem a coletividade, cria alternativas penais à de reclusão que sustentam normativamente todo o discurso da impunidade.

A análise desses quatro itens deverá, necessariamente, constituir uma totalidade, uma vez que, somente dessa forma, será possível identificar a real extensão da repercussão do debate histórico entre individualistas e coletivistas neste fragmento da legislação penal brasileira. A consideração individualizada de um ou outro desses elementos pode conduzir a uma errônea compreensão dos entes legislativos e, por conseqüência, a conclusões igualmente distorcidas, levando a um velamento do ser do direito penal brasileiro pós-Constituição de 1988. Somente pela conjugação da análise qualitativa do bem tutelado e quantitativa, relacionada à sanção cominada, poder-se-á concluir pela relevância que tal bem assume no conjunto valorativo considerado para a constituição dessa parcela temporalmente delimitada do sistema normativo penal.

Para complementar a análise realizada através da sistematização engendrada no primeiro quadro, construiu-se um segundo quadro para fins de análise, no qual foram relacionados quantitativamente todos os tipos penais constantes na legislação recortada, bem como averiguadas quais as incidências sobre esses tipos de cinco possibilidades de alternativas às penas privativas de liberdade neles cominadas, a saber: Os Juizados Especiais Criminais (JECrs) previstos nas Leis n. 9.099/95 e 10.259/01, a substituição constante no artigo 44, o *sursis* previsto no artigo 77, a substituição disposta no artigo 60, § 2º, todos do Código Penal, bem como a substituição condicional do processo prevista no artigo 89 da Lei n. 9.099/95.

Sobre a relação entre as legislações penais analisadas e a Constituição Federal, algumas palavras. A presença da Constituição no cotidiano de juristas e pesquisadores assumiu um lugar de destaque nos últimos anos. Como nunca havia ocorrido na vida institucional do País, após a promulgação da Magna Carta de 88, houve a estruturação de um movimento constitucionalista que, ainda que não-refletido integralmente nas práticas dos operadores jurídicos, instalou-se aí definitivamente. Em outras áreas da juridicidade estatal, essa relação se fez sentir imediatamente após o surgimento do texto. Entretanto, no campo penal, a investigação nesse sentido merece uma profundidade maior, pois, além de esse ser exatamente o principal âmbito da juridicidade em que essa relação deve ser o mais estreita possível, há, ainda, um grande distanciamento entre as práticas jurídicas consistentes na aplicação da lei penal e a efetiva concretização dos princípios e valores constitucionais nessas atuações desses atores sociais no campo de formulação, aplicação e execução da lei penal. Basta ver que, de 1988 até o ano de 2004, não houve sequer uma ADIN, cujo objeto fosse uma lei penal incriminadora e, tampouco, de lei com orientação descriminalizadora. Assim, de relevância se faz a análise da vinculação entre a legislação penal pós-Constituição de 1988 e os termos, valores e princípios constitucionais.

Da análise conjugada entre bem jurídico e a respectiva sanção cominada, uma consideração. Essa, provavelmente, seja uma das principais investigações a ser realizada, pois a verificação da relevância dada pelo Estado a um determinado bem não se restringe à sua inserção na esfera de tutela penal, mas também e principalmente, pelo tipo de tratamento sancionatório dispensado. Assim, a análise da reflexão do debate entre individualistas e coletivistas deve, além de investigar se pontos temáticos fundamentais da estruturação de uma determinada tradição teórico-polítca foram recepcionados na legislação penal, também buscar saber se o tratamento sancionatório está adequado a tal recepção ou se serve para confirmar a prevalência de uma tradição oposta. Nesse último sentido, é que a conjugação dos dois quadros far-se-á imprescindível, pois a verificação isolada da pena cominada poderá indicar um sentido, enquanto que, associada à investigação da possibilidade de incidência de alternativas à pena privativa de liberdade, poderá levar a outro caminho.

2.1. Primeiro quadro demonstrativo da proposta de análise

2.1.1. Nota explicativa

No presente quadro de sistematização da legislação com conteúdo penal pós-Constituição de 1988, foram objeto de análise apenas as leis com conteúdo penal que possuem algum tipo penal incriminador instituído. Na determinação da natureza do bem jurídico tutelado, foi adotada uma distinção dicotômica entre bens individuais e não-individuais, não sendo aprofundada a diversificação dos bens não-individuais nas suas subclassificações cunhadas pela doutrina contemporânea, dividindo-os em coletivos, difusos e transindividuais,[7] uma vez que para os fins do presente trabalho, centrado sobre o debate histórico entre as tradições de pesquisa individualistas e coletivistas e as repercussões desse embate no campo do direito constitucional e penal, esta divisão mais simples e objetiva cumpre integralmente as funções analíticas aqui propostas. Em relação ao aspecto da sanção cominada, a organização dos elementos informativos contidos nas leis deu-se da seguinte forma: quando a lei contém um só norma penal incriminadora e, portanto, somente um preceito secundário, na coluna da sanção cominada, inseriu-se unicamente o texto do preceito secundário; quando, porém, a lei possui mais de uma norma penal incriminadora, portanto, mais de uma sanção cominada e, conseqüentemente, mais de um preceito secundário, organizou-se a coluna referente a este aspecto aglutinando-se, em blocos separados, quanti-

---
[7] A respeito desta classificação dos direitos não-individuais ver MORAIS, Jose Luis Bolzan. *Do Direito Social aos Interesses Transindividuais*. O Estado e o Direito na Ordem Contemporânea. Porto Alegre: Livraria do Advogado, 1996, p. 85 e ss.

dades mínimas e máximas das penas mínimas cominadas a todos os tipos constantes na lei, o mesmo sendo feito com as penas máximas. Assim, quando se lê, no referido quadro, "Penas mínimas: reclusão de um a três anos", isso significa que, entre todos os tipos constantes numa determinada lei, a menor pena mínima foi de um ano e a maior de três anos.

Lei com conteúdo penal	Bem jurídico tutelado	Natureza do bem tutelado	Dispositivo constitucional relacionado	Sanção cominada
Lei 7.679/88	Fauna	Não-individual	Art. 23, VI e VII; Art. 24, VI; Art. 225, VII	Reclusão de três meses a um ano.
Lei 7.716/89	Igualdade racial	Não-individual	Art. 5º, *caput* e XLII (disposição criminalizadora expressa)	Penas mínimas: reclusão de um a três anos. Penas máximas: reclusão de três a cinco anos.
Lei 7.752/89	Ordem tributária	Não-individual	Arts. 145 a 162	Detenção de um a três anos.
Lei 7.802/89	Saúde pública e meio ambiente	Não-individual	Arts. 196 a 200; Art. 225	Reclusão de um a quarto anos e multa (dolo) e reclusão de um a três anos (culpa).
Lei 7.805/89	Reservas minerais (patrimônio da União)	Não-individual	Arts. 176 e 177	Reclusão de três meses a três anos e multa.
Lei 7.853/89	Dignidade humana dos deficientes físicos	Não-individual	Art. 1º, III; Art. 7º, XXXI; Art. 23, II; Art. 24, XIV; Art. 37,VIII; Art. 203, V; Art. 227, § 2º; Art. 244	Reclusão de um a quarto anos e multa.
LC 64/90	Ordem político-eleitoral	Não-individual	Arts. 14 a 17	Detenção de seis meses a dois anos e multa.
Lei 8.069/90	Infância e juventude	Não-individual	Art. 24, XV; Art. 227	Penas mínimas: detenção de dois meses a reclusão de quatro anos. Penas máximas: detenção de seis meses a reclusão de seis anos.
Lei 8.078/90	Relações de consumo	Não-individual	Art. 24, VIII; Art. 5º, XXXII	Penas mínimas: detenção de um a seis meses. Penas máximas: detenção de seis meses a dois anos.

Lei 8.137/90	Ordem tributária, econômica e relações de consumo	Não-individual	Art. 145 a 162; Arts. 170 a 192; Art. 24, VIII; Art. 5º, XXXII	Penas mínimas: Detenção de seis meses a reclusão de dois anos. Penas máximas: detenção de dois anos a reclusão de oito anos.
Lei 8.176/91	Ordem econômica e Sistema de Estoques de Combustíveis	Não-individual	Arts. 170 a 192; Art. 238	Detenção de um a cinco anos
Lei 8.212/91	Previdência Social	Não-individual	Arts. 201 e 202	Penas mínimas: Detenção de três meses a reclusão de dois anos. Penas máximas: reclusão de dois a doze anos.
Lei 8.245/91	Relações locatícias	Individual	Sem previsão constitucional	Detenção de três meses a um ano.
Lei 8.313/91	Igualdade, liberdade de expressão e cultura	Individual e Não-individual	Art. 5º, *caput* e inc. IV; Arts. 215 e 216	Reclusão de dois a seis anos e multa.
Lei 8.429/92	Administração e erário públicos e dignidade humana (aspecto meramente penal)	Individual[8]	Arts. 37 a 43; Arts. 70 a 75	Detenção de seis a dez anos e multa.
Lei 8.666/93	Patrimônio público	Não-individual	Art. 5º, LXXIII; Art. 23, I; Art. 129, III; Art. 136, § 1º, II; Art. 165, § 9º, II	Penas mínimas: detenção de seis meses a três anos. Penas Máximas: reclusão de dois a seis anos.
Lei 8.685/93	Ordem tributária	Não-individual	Arts. 145 a 162	Reclusão de dois a seis meses e multa.

---

[8] Inobstante tutelar esta lei a Administração e o erário públicos mediante uma série de sanção não penais, na sua parte especificamente penal, o único tipo visa a proteger os indivíduos atomizadamente – agentes públicos e terceiros beneficiários –, uma vez que o modelo abstrato de conduta punível, descrito no seu artigo 19, consiste na "representação por ato de improbidade administrativa contra agente público ou terceiro beneficiário quando o autor da denúncia o sabe inocente".

Lei				
Lei 8.974/95	Segurança biológica e o meio ambiente	Não-individual	Art. 225, caput, § 1°, incs. II e V	Penas mínimas: detenção de três meses a reclusão de seis anos. Penas máximas: detenção de um ano a reclusão de vinte anos.
Lei 9.029/95	Dignidade humana e igualdade	Individual	Art. 1º, III; Art. 5º, caput	Detenção de um a dois anos e multa.
Lei 9.100/95	Ordem político-eleitoral	Não-individual	Arts. 14 a 17	Penas mínimas: detenção de um mês a reclusão de três anos. Penas máximas: detenção de três meses a reclusão de seis anos.
Lei 9.112/95	Segurança biológica, meio ambiente e saúde pública	Não-individual	Art. 225, caput, § 1°, incs. II e V; Arts. 196 a 200	Reclusão de um a quatro anos.
Lei 9.263/96	Família, integridade corporal e saúde pública	Individual e Não-individual	Arts. 196 a 200; Art. 226, § 7º	Penas mínimas: detenção de seis meses a reclusão de dois anos. Penas máximas: detenção de dois anos reclusão de a oito anos.
Lei 9.279/96	Propriedade industrial	Individual	Art. 5º, XXIX	Penas mínimas: detenção de um a três meses. Penas máximas: detenção de três meses a um ano.
Lei 9.296/96	Sigilo telefônico, de informática e de justiça	Individual	Art. 5º, XII	Reclusão de dois a quatro anos e multa.
Lei 9.434/97	Interidade corporal, saúde pública e sistema Nacional de Transplante	Individual e Não-individual	Art. 199, § 4º	Multa de 100 dias-multa a reclusão de três anos. Penas máximas: multa de 200 dias-multa a reclusão de vinte anos.
Lei 9.437/ 97	Incolumidade pública	Não-individual	Art. 5º, caput; Art. 144	Detenção de um a dois anos e multa e reclusão de dois a quatro anos e multa.

Lei 9.455/97	Dignidade humana e integridade física e mental	Individual	Art. 1º, III; Art. 5º, III; Art. 5º, XLIII	Penas mínimas: detenção de um ano a reclusão de dois anos. Penas máximas: detenção de dois anos a reclusão de quatro anos.
Lei 9.472/97	Sistema de telecomunicações	Não-individual	Arts. 220 a 224	Detenção de dois a quatro anos e multa
Lei 9.503/97	Incolumidade pública	Individual e Não-individual	Art. 5º, *caput;* Art. 144	Penas mínimas: Detenção de seis meses a dois anos. Penas máximas: Detenção de um a quatro anos.
Lei 9.504/97	Ordem político-eleitoral	Não-individual	Arts. 14 a 17	Penas mínimas: detenção de um a seis meses. Penas máximas: detenção de três meses a um ano.
Lei 9.605/98	Meio ambiente	Não-individual	Art. 225	Penas mínimas: Detenção de três meses a reclusão de um ano. Penas máximas: detenção de um ano a reclusão de cinco anos.
Lei 9.609/98	Propriedade intelectual	Individual	Art. 5º, XXIX	Penas mínimas: detenção de seis meses a reclusão de um ano. Penas máximas: detenção de dois anos a reclusão de quatro anos.
Lei 9.613/98	Ordem econômica e financeira	Não-individual	Art. 144; Arts. 170 a 192	Reclusão de três a dez anos
Lei 10.300/01	Incolumidade pública	Não-individual	Art. 5º, *caput*; Art. 144	Reclusão de quatro a seis anos
Lei 10.303/01	Ordem econômica e financeira	Não-individual	Arts. 170 a 192	Penas mínimas: detenção de seis meses a reclusão de dois anos. Penas máximas: detenção de dois anos a reclusão de oito anos.

2.1.2. Sistematização analítica da legislação penal pós-Constituição de 1988

Do quadro acima, apresentam-se algumas conclusões. Após a promulgação de 1988, foram editadas trinta e cinco leis que contêm dispositivos penais incriminadores. Quanto ao bem jurídico protegido, o desvelamento da verdade contida nesses entes normativos, ou seja, o ser desse conjunto de leis manifesta, numa perspectiva parcial que considere unicamente o aspecto materializador do bem n o preceito primário da norma, uma preponderância da tutela estatal penal a bens jurídicos de natureza não-individual. Das trinta e cinco leis analisadas, vinte e cinco protegem exclusivamente bens não-individuais, em suas diversas modalidades – coletivos, difusos e transindividuais; sete tutelam estritamente bens individuais e outras três tutelam conjuntamente bens individuais e não-individuais.

No tocante à relação dessas normas penais incriminadoras com dispositivos constitucionais, verificou-se que somente uma dessas leis – a Lei n. 8.245/91, cujo objeto são as relações locatícias – não atende a algum valor, princípio ou norma constitucional. Todas as demais têm alguma vinculação com o texto constitucional, havendo inúmeras delas que surgiram especificamente para regulamentar algum dispositivo constitucional.

Disso resultam algumas conclusões possíveis. Por primeiro, é imperioso ressaltar que, aliando-se à perspectiva qualitativa do bem jurídico protegido, ou seja, a sua inserção no preceito primário da norma penal incriminadora, a vinculação constitucional da legislação penal infraconstitucional, o legislador ordinário atendeu, mediante criminalização, a uma série de indicações constitucionais criminalizadoras expressas – *v.g.* crimes de tortura, contra o meio ambiente, de prática de racismo – e de tutela constitucional sem qualquer menção à necessidade de criminalização expressa. Houve, portanto, uma clara vinculação do legislador infraconstitucional aos valores e princípios constantes na Magna Carta de 1988.

Na análise das trinta e cinco leis com conteúdo penal, conclui-se que foram instituídas novas tutelas penais, em função das indicações constitucionais, cujos objetos até então jamais haviam sido destinatários de qualquer proteção por via de norma penal incriminadora ou, mesmo tendo já sido objeto de tutela penal, foram os tipos sofisticados descritivamente ou, enfim, sofreram alguma alteração no aspecto sancionatório.

No primeiro caso, inserem-se as Leis 7.716/89 (igualdade racial), 7.802/89 (meio ambiente e saúde pública), 7.853/89 (dignidade humana dos deficientes físicos), Complementar 64/90 (ordem político-eleitoral), 8.078/90 (relações de consumo), 8.137/90 (ordem econômica e relações de consumo), 8.176/91 (ordem econômica e sistema de estoques de combustíveis), 8.313/91 (igualdade, liberdade de expressão e cultura), 8.429/92 (dignidade humana), 8.666/93 (patrimônio público, moralidade administrativa), 8.974/95 (segurança biológica e meio ambiente), 9.029/95 (dignidade humana e igualdade), 9.112/95 (segurança biológica, meio ambiente e saúde pública), 9.263 (família, integridade corporal, saúde pública e dignidade humana), 9.296/96 (sigilo telefônico, de informática e de justiça), 9.434/97 (Sistema Nacional de Transplante), 9.455/97 (dignidade humana e integridade física e mental), 9.613/ 98 (ordem econômica e financeira), 10.300/01 (incolumidade pública), 10.303/01 (ordem econômica e financeira). A Lei n. 8.245/91, não-decorrente de indicação constitucional, também instituiu uma nova tutela penal que anteriormente a ela inexistia.

Em relação às demais, cujo objeto de tutela já havia constado em outras legislações anteriores à Carta de 1988, cabem algumas observações. Na primeira lei com conteúdo penal pós-Constituição de 1988, destinada a proteger a fauna, no seu artigo 1°, inciso IV, houve a sofisticação descritiva do tipo que já constava na Lei n. 5.197/67[9] e uma redução da pena cominada que, de reclusão de um a três anos, passou para reclusão de três meses a um ano. Posteriormente, com a entrada em vigor da Lei n. 9.605/98, o mesmo tipo, com um pequeno acréscimo descritivo na conduta, teve a pena cominada aumentada para reclusão de um a cinco anos, havendo, então, um severo aumento na sanção abstratamente prevista. Aliás, a Lei n. 9.605/98 é uma das legislações de maior complexidade pós-Constituição de 88, tanto no que tange à previsão de novos tipos penais, quanto ao que se refere às sanções. Vários tipos que estavam esparsos em legislações específicas relativas a diversos aspectos do meio ambiente foram reunidos e sofisticados nesta lei que, em relação às suas predecessoras, representou um significativo endurecimento penal na tutela ao meio ambiente.

A Lei n. 7.752/89, cujo objetivo fundamental é propiciar incentivos fiscais ao desporto amador, prevê, em seu artigo 14, uma modalidade de crime de sonegação fiscal, cuja pena cominada é de detenção de um a três anos. Esse tipo constituía uma previsão especial em relação aos tipos genéricos constantes na Lei n. 4.729/65, havendo, com ele, uma cominação de pena bem menor que na Lei de Sonegação anterior, cujas penas para esses crimes variava de seis meses a dois anos de detenção. Com a edição da Lei n. 8.137/90, os tipos da Lei n. 4.729/65 foram sofisticados descritivamente, e a pena cominada passou a ser de reclusão de dois a cinco anos. Posteriormente, no mesmo campo de juridicidade infraconstitucional, foi editada a Lei n. 8.685/93, que cria mecanismos de fomento à atividade audiovisual,

---

[9] O tipo da Lei 5.197/67, constante no art. 27, § 3°, enunciava o seguinte modelo abstrato de conduta: "Incide na pena prevista no § 1° deste artigo quem praticar pesca predatória, usando instrumento proibido, explosivo, erva ou substância química de qualquer natureza". Já o tipo previsto no artigo 1°, inc. IV, da Lei 7.679/88 diz o seguinte: Art. 1°. Fica proibido pescar: IV – mediante a utilização de: a) explosivos ou de substâncias que, em contato com a água, produzam efeito semelhante; b) substâncias tóxicas.

e prevê uma modalidade de sonegação em decorrência desses mecanismos de incentivo, cominando uma pena de reclusão de dois a seis meses. O que se nota nesse quadro é uma falta de harmonização político-criminal em relação aos crimes de sonegação fiscal, pois há crimes genéricos, previstos na Lei 8.137/90, cujas penas podem chegar a cinco anos de reclusão, e crimes específicos, decorrentes de leis que instituem incentivos fiscais, cujas sanções penais máximas variam de seis meses a três anos de detenção. Fica a pergunta: os tipos de sonegação mediante fraude previstos nas Leis 7.752/89 e 8.685/93 estariam ou não englobados pelo tipo constante no inc. II do art. 1º da Lei n. 8.137/90? Ora, se o aumento da pena cominada ocorrido na Lei n. 8.137/90 revela uma preponderância axiológica, no paradigma de Estado Democrático de Direito, para a ordem tributária, isso não estaria a ensejar uma uniformização nesses tratamentos dispensados a condutas tão semelhantes, já que todas elas, inobstante a diferença sancionatória, se constituem em crimes de sonegação fiscal mediante fraude? Algumas considerações acerca do direito penal tributário e seu papel no Estado Democrático de Direito, bem como acerca da configuração político criminal que vem sendo traçada pelo Judiciário em relação a esse aspecto, serão objeto de considerações posteriores específicas.

Na Lei n. 7.805/89, há a previsão de um tipo consistente na realização de trabalhos de extração de substância minerais, sem a competente permissão, concessão ou licença, para o qual a pena prevista é de três meses a três anos de reclusão. Praticamente o mesmo tipo é repetido na Lei n. 9.605/98, porém com uma pena cominada de detenção de seis meses a um ano, sendo, assim, inferior à anterior. O objeto de tutela dessa lei já havia sido alvo da proteção de inúmeras outras leis, sem, no entanto, ter havido previsão de intervenção estatal penal nesse âmbito.

A proteção da infância e da juventude também se constituiu em objeto de tutela penal pós-88, com a edição da Lei n. 8.069/90. Esse bem já havia sido protegido através do antigo Código de Menores, de 1927, do próprio Código Penal, em seu artigo 218, bem como da Lei n. 2.252/54. Essas duas últimas legislações trataram especificamente do crime de corrupção de menores. Já, na Lei n. 8.069/90, houve uma especificação e uma pluralização de delitos contra a infância e a juventude, além de um aumento significativo na pena cominada, cujo máximo chega a oito anos de reclusão. A situação penal ficou imensamente mais grave que a prevista no Código de Menores, uma vez que, nesse diploma legal, as penas cominadas aos delitos previstos nos artigos 63 a 74 eram apenas de multa e, em alguns casos de reincidência, suspensão de atividades.

A Lei n. 8.137/90, além de trazer tipos novos referentes à ordem econômica e às relações de consumo, também trata de matéria já anteriormente abrangida por outras leis – a ordem tributária. A novidade dessa legislação em relação à anterior, que tratava da mesma matéria, é a sofisticação descritiva dos tipos, a abrangência de outras matérias e o aumento de pena que, de detenção de seis meses a dois anos, passou a ser, em alguns casos, de reclusão de até dois a cinco anos.

A Lei 8.212/91, juntamente com a Lei n. 9.983/00, constituem o conjunto normativo penal destinado à tutela da previdência social. Nesses diplomas legais, especialmente no último, houve a instituição de um série de tipos que passaram a fazer parte do texto do Código Penal (Art. 168-A, 297 §§ 3° e 4°, 313-A, 313-B e 337-A). Inobstante o bem jurídico já ter sido objeto de tutela em outras legislações, especialmente da Lei Orgânica da Previdência Social, nesse novo conjunto normativo destinado a tal bem jurídico, além da especificação de novos tipos penais, as penas cominadas foram violentamente aumentadas, chegando a haver penas máximas de até doze anos de reclusão.

As Leis n. 9.100/95 e 9.504/97, protetoras da ordem político-eleitoral, agregam – especialmente a primeira – uma série de novos tipos à legislação penal eleitoral. Fora os novos tipos, no que tange ao aspecto sancionatório essas duas legislações se mantêm dentro do padrão repressor já instituído na Lei 4.737/ 65.

Pela Lei n. 9.279/96, houve uma significativa especificação dos crimes contra a propriedade intelectual, com um grande aumento do número de tipos penais em relação aos dispositivos do Código Penal que tratavam da tutela desse bem. Essa é a grande inovação da lei em relação ao Código Penal, pois, em termos de sanção criminal, não houve uma alteração significativa que representasse uma revalorização axiológica do bem protegido. Porém, com a edição da Lei n. 9.609/98, houve a previsão de delitos com pena cominada de até quatro anos de reclusão, aumentando a repressão estatal como forma de tutela a esse bem.

O controle do porte de armas já fora objeto de incidência de lei penal, particularmente pelo art. 19 da Lei de Contravenções Penais. Com a Lei n. 9.437/97, foi renovado o interesse do Estado por este problema, ainda mais a elaboração recente do Estatuto do Desarmamento. Pela referida Lei foi instituída uma série de novos tipos penais, anteriormente inexistentes, bem como a eles associadas sanções qualitativa e quantitativamente bem mais graves.

A Lei n. 9.472/97 institui um tipo penal consistente no desenvolvimento clandestino de atividades de telecomunicação, cominando pena de detenção de dois a quatro ano. A legislação anterior, que tratava da matéria, e ainda em vigência, é o código Brasileiro de Telecomunicações (Lei n. 4.117/62), cuja pena cominada a crimes era de um a dois anos de detenção. O que ocorreu, assim, de mais significativo em relação à legislação anterior, foi um aumento substancial da pena cominada.

A Lei n. 9.503/97 instituiu o Código Brasileiro de Trânsito e nele foi inserida uma série de novos tipos penais, até então inexistentes. A matéria já era extensamente tratada por legislações anteriores, entretanto, em nenhuma delas foi dado um tratamento penal como no CBT atual. Com isso, não só foi ampliado o espectro dos modelos abstratos de condutas puníveis, mas também as penas passaram a estruturar um tratamento penal bem mais severo.

Assim, das leis posteriores à Constituição de 1988, cujo objeto de tutela já havia sido de outras leis anteriores a esta Carta Magna, é possível concluir que, com exceção das Leis n. 7.805/89, 7.752/89 e 8.685/93, a situação sancionatória penal permaneceu inalterada em relação ao tratamento anterior (Leis n. 9.100/95, 9.279/96 e 9.504/97) ou foi agravada (o restante das leis aqui se enquadra). Por outro lado, a sofisticação dos tipos importou em uma especificação descritiva muito mais minuciosa e em um aumento significativo desses tipos. Essas novas leis contêm nada menos do que setecentos e trinta tipos penais. Dessa situação, infere-se que a intervenção estatal penal, após 1988, foi bastante ampliada, tanto em termos quantitativos, quanto qualitativos.

Essa investigação leva o autor a ter que discordar parcialmente da posição mantida por Lima de Carvalho, consistente na tese segundo a qual não se coadunam a hierarquia de bens jurídicos constantes no ordenamento penal e a hierarquia dos valores constitucionais do instituído Estado Democrático de Direito.[10] Após tantas ampliações legislativas ocorridas no âmbito penal posteriormente à promulgação da Constituição Federal de 1988, é possível afirmar que, sob o aspecto normativo criminalizador, pelo menos no que tange ao aspecto da inserção do bem constitucionalmente tutelado em alguma norma penal incriminadora, o modelo penal aproximou-se muito do paradigma axiológico constitucional, pois não só regulou, quase que em sua totalidade, bens de natureza constitucional (trinta e quatro de trinta e cinco leis), mas também, em atendimento a indicações constitucionais, estendeu a tutela penal a uma série de valores positivados constitucionalmente que anteriormente não possuíam proteção do direito penal positivo.

Também possibilita o afastamento da conclusão da Lima de Carvalho o fato de que, majoritariamente – vinte e nove de trinta e cinco –, as leis penais pós-Constituição de 1988 construíram novas situações sancionatórias mais graves que as suas predecessoras no tratamento penal das condutas violadoras dos bens tutelados. Ora, se a Constituição indica que determinados bens devem ser protegidos e a lei penal agrava a situação sancionatória relativa a esses bens, houve uma recepção do paradigma constitucional também nesse aspecto.

---

[10] Cfe. CARVALHO, Márcia Dometila Lima de. *Fundamentação Constitucional do Direito Penal*. Porto Alegre: SAFe, 1985, p. 80.

Entretanto, o aspecto sancionatório da legislação penal pós-Constituição de 1988 exige uma investigação que deve ser cercada de maiores cuidados, pois os elementos informativos situados nessa sede constituem uma totalidade muito mais complexa, podendo, de sua compreensão, ser construídas conclusões que se distanciem daquelas elaboradas a partir da análise do aspecto qualitativo do bem jurídico ou do sancionatório fragmentadamente realizada.

2.2. Segundo quadro demonstrativo da proposta de análise

Para a execução desta empreitada, elaborou-se um segundo quadro de sistematização analítica da legislação penal pós-Constituição de 1988, cuja finalidade fundamental é possibilitar a verificação acerca dos benefícios alternativos à pena de prisão que podem incidir sobre os tipos penais constantes nesse bloco legislativo. Para tanto, foram selecionados cinco benefícios constantes na legislação penal que se constituem nas principais alternativas às penas privativas de liberdade, a saber: a transação penal presente nos JECrs, as substituições constantes nos arts. 44 e 60, § 2° e o *sursis* previsto no art. 77, todos do Código Penal, bem como a suspensão condicional do processo, disposta no art. 89 da Lei n. 9.099/95.

Lei	Natureza do bem tutelado	N. de tipos	Benefícios penais com possibilidade de concessão
Lei 7.679/88	Não-individual	02	JECr e substituição do art. 60, § 2º
Lei 7.716/89	Não-individual	34	14 tipos – SCP; 14 tipos– substituição do art. 44; 14 tipos – *sursis*
Lei 7.752/89	Não-individual	01	SCP; substituição do art. 44 e *sursis*
Lei 7.802/89	Não-individual	02	1 tipo – substituição do art. 44 e *sursis* 1 tipo – SCP, substituição do art. 44 e *sursis*
Lei 7.805/89	Não-individual	01	SCP, substituição do art. 44 e *susrsis*
Lei 7.853/89	Não-individual	11	SCP, substituição do art. 44 e *sursis*
LC 64/90	Não-individual	01	JECr, SCP, Substituição do art. 44, *sursis*
Lei 8.069/90	Não-individual	37	24 tipos – JECr; 33 tipos – substituição do art. 44; 33 tipos – *sursis*; 32 tipos – SCP
Lei 8.078/90	Não-individual	20	JECr, SCP, substituição do art. 44 e *sursis*
Lei 8.137/90	Não-individual	118	11 tipos – JECr; 21 tipos – SCP; 21 tipos – substituição do art. 44; 93 tipos – substituição do art. 44; 112 tipos – *sursis*

Lei 8.176/91	Não-individual	13	SCP, substituição do art. 44 e *sursis*
Lei 8.212/91	Não-individual	25	2 tipos – JECr; 2 tipos SCP; 25 tipos – substituição art. 44; 21 tipos – *sursis*
Lei 8.245/91	Individual	03	JECr, substituição do art. 44, *sursis* e SCP
Lei 8.313/91	Individual e Não-individual	02	JEC, substituição do art. 44, *sursis*, SCP e substituição do art. 60, § 2º
Lei 8.429/92	Individual	01	JEC, substituição do art. 44, *sursis*, SCP e substituição do art. 60, § 2º
Lei 8.666/93	Não-individual	41	9 tipos – JECr; 10 tipos – SCP; 41 tipos – substituição do art. 44; 26 tipos – *sursis*
Lei 8.685/93	Não-individual	01	JEC, substituição do art. 44, sursis, SCP e substituição do art. 60, § 2º
Lei 8.974/95	Não-individual	30	4 tipos – JECr; 29 tipos – Substituição do art. 44; 26 tipos – *sursis*; 3 tipos – substituição do art. 60, § 2º
Lei 9.029/95	Individual	03	JECr, substituição do art. 44,
Lei 9.100/95	Não-individual	16	12 tipos – JECr; 16 tipos – substituição do art. 44; 14 tipos – *sursis*; 13 tipos – SCP; 10 tipos – substituição art. 60, § 2º
Lei 9.112/95	Não-individual	01	Substituição art. 44, *sursis*, SCP
Lei 9.263/96	Individual e Não-individual	05	4 tipos – JECr; 5 tipos – substituição art. 44; 4 tipos – *sursis*; 4 tipos – SCP
Lei 9.279/96	Individual	80	JECr, substituição art. 44, *sursis*, SCP e substituição art. 60, § 2º
Lei 9.296/96	Individual	02	Substituição art. 44 e *sursis*
Lei 9.434/97	Individual e Não-individual	26	9 tipos – JECr; 24 tipos – substituição art. 44; 9 tipos – *sursis*; 8 tipos – substituição art. 60, § 2º
Lei 9.437/97	Não-individual	71	21 tipos – JECr; 71 tipos – substituição art. 44; 71 tipos – *sursis*; 21 tipos – SCP
Lei 9.455/97	Individual	6	4 tipos – substituição art. 44; 4 tipos – *sursis*; 1 tipo – SCP
Lei 9.472/97	Não-individual	01	Substituição art. 44 e *sursis*

Lei 9.503/97	Individual e Não-individual	16	13 tipos – JECr; 16 tipos – substituição art. 44; 16 tipos – *sursis*; 15 tipos – SCP; 15 tipos – substituição 60, § 2°
Lei 9.504/97	Não-individual	07	JEC, substituição do art. 44, *sursis*, SCP e substituição do art. 60, § 2°
Lei 9.605/98	Não-individual	135	60 tipos – JECr; 135 tipos – substituição art. 44; 135 tipos – *sursis*; 134 tipos – SCP; 67 tipos – substituição 60, § 2°
Lei 9.609/98	Individual	08	1 tipo – JECr; 8 tipos – substituição art. 44; 8 tipos – *sursis*; 8 tipos – SCP; 1 tipo – substituição art. 60, § 2°
Lei 9.613/98	Não-individual	02	Substituição art. 44
Lei 10.300/01	Não-individual	03	Substituição art. 44
Lei 10.303/01	Não-individual	05	2 tipos – JECr; 3 tipos – substituição art. 44; 5 tipos – *sursis*; 5 tipos – SCP; 2 tipos – substituição art. 60, § 2°
35	25 não-individuais; 7 individuais; 3 individuais e não-individuais	730	JECr – 292 tipos Substituição art. 44 – 598 tipos SCP – 420 tipos *Sursis* – 622 tipos Substituição art. 60, § 2° – 189 tipos

2.2.1. A potencial inefetividade sancionatória da legislação penal pós-Constituição de 1988 pela incidência de alternativas às penas privativas de liberdade

Do quadro acima, conclui-se que, inobstante ter havido a ampliação do espectro de condutas sujeitas a incidência da lei penal – setecentos e trinta tipos criados ou renovados/sofisticados em 35 leis – e a cominação de penas bastante graves para alguns tipos penais, conforme pode ser verificado no primeiro quadro demonstrativo, uma análise mais detalhada leva à conclusão de que o conjunto normativo penal editado pós-Constituição de 1988 possui pouco potencial de efetividade, pois basta ver que a transação possibilitada na Lei dos JECrs é possível para 292 tipos, a substituição do art. 44 do CP, para 598 tipos, suspensão condicional do processo, para 420 tipos, o sursis, para 622 tipos, e a substituição prevista no art. 60, § 2°, do CP, para 189 tipos.

Nota-se que as possibilidades de concessão de benefícios, que se constituem em alternativas às penas privativas de liberdade são predominantes em relação às possibilidades de aplicação e efetivação pela execução desses tipos de pena. Dessa forma, fica a pergunta: o que está mais adequado, em termos de direito penal, para a concretização do projeto constitucionalizado de Estado Democrático de Direito? A instituição de mecanismos jurídicos não-penais efetivos em vez de um direito penal ampliado e não-efetivo em termos de privação de liberdade ou, noutro sentido, a ampliação do direito penal, e a cominação de sanções consistentes em privações de liberdade, com poucas possibilidades de-não efetivação pela concessão de alternativas às penas privativas de liberdade?

3. Considerações finais

O principal objetivo neste trabalho, com a análise do bloco legislativo penal incriminador, surgido após a promulgação da Constituição de 1988, foi contribuir para a construção de uma leitura crítica e reflexiva sobre o modelo em vigência no Brasil, através da exposição de alguns elementos de análise que possam facilitar o processo hermenêutico de desvelamento das funções que, ainda não absolutamente definidas pelas pesquisas acadêmicas e pelos próprios operadores jurídicos, especialmente o Poder Judiciário, devam ser cumpridas pelo direito penal, num país que ainda se encontra em um estágio de desenvolvimento que pode ser qualificado como de "modernidade tardia", mas que, paradoxalmente, possui um arcabouço normativo constitucional, positivador de um paradigma de Estado Democrático de Direito, que o coloca, nesse aspecto, numa posição de vanguarda no âmbito dos países que compõem o bloco do constitucionalismo ocidental.

Pela diversidade de bens tutelados, de medidas sancionatórias e de garantias adotadas, o sistema normativo penal brasileiro não pode, de forma alguma, ser qualificado como liberal-individualista. Dependendo do horizonte de observação, poderá ser caracterizado como um padrão eclético ou como um *standart* de transição, uma vez que não é nem, exclusivamente, liberal-individualista, nem, tampouco somente, social-coletivista.

Considerando o amplo espectro de opções ideológicas no quadro normativo constitucional do Estado Democrático de Direito, independentemente de todas estarem sob a condição *sine qua non* do respeito aos direitos e deveres atribuídos aos indivíduos e às diversas categorias coletivas, seja pela tutela através dos preceitos constitucionais, seja pela proteção instrumentalizada pelos imperativos do processo legislativo, exercido em conformidade e sintonia com os limites e horizontes que a Carta Magna traça para o ordenamento jurídico do País,[11] não há dúvidas de que as diretrizes gerais

---

[11] Ver a respeito REALE, Miguel. *O Estado Democrático de Direito e o Conflito de Ideologias*. São Paulo: Saraiva, 1998, p. 43 e ss.

de ação política, previstas, por exemplo, nos artigos 1º e 3º do Estatuto Fundamental, encerram uma complexidade ôntica bastante grande. Este fato pode ou não, dependendo da matriz interpretativa adotada, abrir um leque de opções, em alguns casos até mesmo antagônicas que, de uma ou outra forma, podem estar formalmente de acordo com os valores indicados no texto constitucional. No campo legislativo penal, isso se refletiu de forma bastante clara. Da mesma forma que a Constituição Federal de 1988 não mais consagra, diferentemente de Constituições anteriores, o Liberalismo infenso à justiça social, mas sim, no mínimo, um social-Liberalismo, segundo o qual o Estado também atua como agente normativo e regulador da atividade econômica, na esfera do direito penal, não é possível falar de um pré-conceito liberal puro que lhe subjaz. Um pré-juízo liberal estrito pode ser considerado como inautêntico em termos de legislação penal, pois nela não encontra essa confirmação.

Talvez, em nenhum momento da história legislativa penal brasileira seja possível falar da adoção de um modelo normativo penal liberal puro. Questiona-se a existência desse modelo em algum momento da história penal ocidental. A proteção de bens não-individuais sempre houve. Nos primórdios havia a proteção penal do Estado, uma vez que até mesmo em configurações sociopolíticas liberais-individualistas existiu uma razão estatal, ainda que reduzida, mas relacionada à existência do Estado gendarme ou guarda-noturno, cuja função era propiciar o exercício de bens individuais.

No caso brasileiro específico, no Código Criminal do Império fica afastada completamente a hipótese de um modelo normativo penal liberal puro, pois o projeto político e jurídico da época era um projeto pessoal e autoritário do imperador. Na parte incriminadora desse diploma legal, verifica-se a existência de uma das duas divisões da parte especial destinada aos crimes públicos, enquanto outra era destinada aos crimes particulares. Dentre eles, figuram crimes contra a existência do império, crimes contra o chefe de governo, crimes contra s segurança interna do Império e pública tranqüilidade, desobediência às autoridades, crimes contra a boa ordem e administração pública.

No primeiro Código Republicano, esses mesmos crimes são adaptados à forma republicana de governo. Nessa legislação, os crimes particulares previstos na imperial, foram denominados de "crimes contra o livre gozo e exercício dos direitos individuais", o que revela a adoção de uma concepção liberal de Direito, bem adequada à formação jurídica da época. Entretanto, mesmo sendo essa a orientação político-jurídica naquele momento histórico, do modelo penal em vigência não se pode afirmar que é liberal puro. É mais liberal que o anterior, mas encerra uma proteção a bens e interesses não-individuais, especialmente estatais. Essa mesma concepção e estrutura ideológica penal se repete na Consolidação das Leis Penais de 1932.

O Código de 1940, com vigência em 1941, elaborado sob a égide do governo Vargas, com uma orientação política e ideológica nacionalista, encerra, de igual forma, uma série de dispositivos que não o distanciam de um modelo normativo penal liberal puro. Ao prever crimes contra a incolumidade pública, contra a paz pública, contra a fé pública, contra a administração pública e contra a organização do trabalho, estes últimos bem identificados com a valorização das relações trabalhistas realizada por Getúlio Vargas, o Código de 40 também não pode ser qualificado como representante de um política criminal liberal estrita.

Assim, a tradição penal brasileira, ainda que privilegiadora de bens individuais, especialmente se for considerado o aspecto sancionatório do tratamento jurídico-penal dispensado a eles pelo Estado, não pode ser considerada como arraigada a concepções liberais-individualistas puras. Sempre houve uma mitigação não-individualista. A partir disso, pode-se concluir que o modelo penal brasileiro, no que toca ao substrato filosófico-político que lhe subjaz, historicamente, é constituído por uma simbiose entre a tradição individualista e não-individualista, com uma preponderância da primeira, ainda mais se for tomado em conta o ângulo quantitativo das sanções cominadas, pois os crimes que violam bens individuais sempre tiveram penas mais rigorosas associadas abstratamente, e, na perspectiva concreta, sempre foram o alvo preferencial das ações dos poderes públicos, tanto em relação à aplicação, quanto com referência à execução da lei penal.

Esse caráter interno paradoxal e conflitivo do sistema normativo penal brasileiro acentuou-se, particularmente após todas as agregações que a ele se realizaram, com o bloco de legislação com conteúdo criminal. Tais aderâncias, ocorridas por força de indicações presentes na Carta Constitucional de 1988, que ampliaram significativamente a tutela penal de caráter não-individualista.

Dos dados acima analisados, pode-se concluir, tendo como referência as vertentes que compõem as tradições individualista e coletivista, que o modelo penal brasileiro mais se aproxima de um Liberalismo igualitário, de inspiração rawlsiana, do que propriamente de um comunitarismo que se manifeste como uma retomada do pensamento organicista aristotélico. Essa conclusão se torna possível em função de que, inobstante ter havido uma majoritária previsão típica de tutela a bens não-individuais na legislação penal editada pós-Constituição de 1988, à qual se deve agregar toda uma tradição nacional de proteção penal a bens não-individuais, existente desde o Código Criminal do Império, no aspecto sancionatório, que se constitui na manifestação efetiva do poder penal estatal, há uma priorização das liberdades individuais, seja pelo aspecto quantitativo das penas – em sua maioria bastante baixas –, seja pelas possibilidades de prevalência da liberdade individual, pela concessão de benefícios alternativos às penas de prisão, sobre as possibilidades de aplicação efetiva da lei penal pelo Estado.

Disso se pode concluir e, aí sim, concordar com Lima de Carvalho, que o direito penal brasileiro não está adequado ao paradigma constitucional, pois a sua dimensão comunitária, segundo as palavras de Cittadino,

> Revela-se seja quando adota uma concepção de Constituição enquanto "ordem concreta de valores", seja quando estabelece um conjunto de instrumentos processuais adequados ao exercício da autonomia pública dos cidadãos, seja, enfim, quando atribui um papel preponderantemente política ao Supremo Tribunal Federal, que deve recorrer a ""*procedimentos interpretativos de legitimação de aspirações sociais*" e orientar a interpretação constitucional pelos valores éticos compartilhados. De outra parte, todos estes compromissos, em função da ativa participação dos constitucionalistas "comunitários" ao longo do processo constituinte, foram incorporados à Constituição Federal.[12]

Sob outro aspecto, há, concretamente, uma transição efetiva na escala e na configuração dos fenômenos criminais contemporâneos, e a construção de novos modelos institucionais de combate à criminalidade precisa levar em consideração não somente as indicações valorativas constitucionalizadas, mas também os recentes desenhos da pluralidade e das contradições que estão encerradas nos processos de acontecimento social do crime. Isto significa que as ações político-criminais, tanto no plano legislativo quanto judicial, a serem desenvolvidas, para não determinarem o velamento do ser da Constituição, devem propiciar o acontecimento de um direito penal que substancialize tais indícios axiológicos, a partir das manifestações concretas das demandas sociais oriundas da sociedade e da criminalidade mesma que lhe é historicamente imanente num determinado lapso temporal histórico. E neste sentido, parece que a orientação liberal igualitarista não seja a mais adequada, pelo menos no momento histórico vivenciado pela sociedade brasileira, para fundamentar o ajustamento do sistema sancionatório penal ao modelo de Estado Democrático de Direito positivado em 1988. O desvelamento do ser da Constituição, por via do direito penal, na medida em que isto é possível, parece estar mais próximo se a situação hermenêutica privilegiar componentes comunitaristas em um grau muito maior do que até hoje aconteceu. Isto não significa desprezar os elementos pré-conceituais individuais, mas sim, priorizar um pouco mais os não-individuais.

Se não poucas são as dúvidas e hesitações já existentes em relação ao papel que possa a legislação penal cumprir nesse processo histórico de enfrentamento da criminalidade, no contexto de um país como o Brasil, diverso na composição da equação "sistema abstrato normativo e problemas

---

[12] Cfe. CITTADINO, Gisele, *Pluralismo, Direito e Justiça Distributiva*. Elementos da Filosofia Constitucional Contemporânea, Rio de Janeiro: Lúmen Júris, 1999, p. 10.

da criminalidade concreta" em relação aos países que possuem legislações constitucionais e penais tão humanizadas quanto a brasileira, também inúmeras são as dificuldades de definição acerca do caminho a ser tomado pelas políticas legislativas e judiciais na atual conjuntura, considerando-se que ocupam um lugar de destaque em todos os debates que envolvem o fenômeno contemporâneo de combate à criminalidade.

Desse quadro conflitivo presente, tanto na Constituição quanto no sistema normativo penal, é possível concluir-se, já num primeiro momento, sem qualquer dúvida, que a matriz liberal-iluminista, com uma orientação epistemológica privilegiadora de uma lógica de apreensão e subsunção da realidade em abstrações redutoras, encontra-se em dificuldades para legitimar o saber produzido a partir de suas bases filosóficas frente à nova complexidade criada pelas manifestações delinqüenciais hodiernas. Essa situação coloca em questionamento a hegemonia liberal de justificação dos modelos penais,[13] o que tem gerado uma resistência contundente por parte dos setores da dogmática mais tradicional, que ferozmente tem sustentado a necessidade de manutenção do paradigma penal do Esclarecimento.[14]

Tal pugna se baseia em esquemas conceituais fundamentais, fixados atemporalmente, pela referência a textos com padrões de autoridade que fornecem exemplos paradigmáticos usados na instrução de neófitos sobre o modo de entender e estender conceitos, de como utilizar as expressões estabelecidas e de como transitar através de uma multiplicidade de usos possíveis. Essa postura teórica não tem ficado restrita aos círculos acadêmicos, mas muito adiante disso, tem influenciado significativamente as posturas práticas adotadas por grande parte dos operadores jurídicos.

Sob outro aspecto, a encruzilhada paradigmática na qual se encontra o modelo normativo penal brasileiro, em função da pluralidade qualitativa dos bens protegidos, especialmente pelo movimento legislativo penal realizado pós-Constituição de 1988, pode ser analisada sob o enfoque das demandas que têm sido dadas reiteradamente pela realidade. Estas,

---

[13] Sobre a influência do Iluminismo jurídico-penal lusitano na formação da cultura penal brasileira, ver a respeito NEDER, Gizlene. *Iluminismo jurídico-penal luso-brasileiro. Obediência e submissão.* Rio de Janeiro: Freitas Bastos, 2000.

[14] Gisele Cittadino entende que "o pensamento jurídico brasileiro é marcadamente positivista e comprometido com a defesa de um sistema de direitos voltado para a garantia da autonomia privada dos cidadãos. Uma cultura jurídica positivista e privatista atravessa não apenas os trabalhos de autores vinculados à área do direito privado, mas também caracteriza a produção teórica de muitos dos nossos publicistas. Em todos estes autores a defesa do sistema de direitos se associa prioritariamente aos direitos civis e políticos e menos à implementação dos direitos econômicos e sociais, inclusive pelo fato de que defendem uma concepção menos participativa do que representativa da democracia. Em outras palavras, a cultura jurídica brasileira está majoritariamente comprometida com um Liberalismo do *modus vivendi*. Se tivéssemos que associá-la a uma determinada matriz política, certamente falaríamos mais de Hayek e Nozick do que de Rawls e Dworkin, muito embora as fontes talvez sejam outras". Ver a respeito CITTADINO, Gisele. *Pluralismo, Direito e Justiça Distributiva*. Elementos da Filosofia Constitucional Contemporânea., p. 14.

consideradas a partir dos conflitos que caracterizam a sociedade contemporânea, tipificam-se como significativamente diferenciadas das demandas associadas aos conflitos de algumas décadas atrás, deslocando-se e/ou mitigando-se a predominância de conflitos no plano individual para o da coletividade. Isso conduz ao fato, em termos de direito penal, de que seja cada vez mais reclamada uma intervenção do Estado, não somente para garantir o exercício de direitos individuais, cuja titularidade é de cada cidadão atomizado, mas, noutro sentido, exigindo-se a presença efetiva dos poderes públicos para limitar atuações individuais que afetam, impedem e danificam direitos e interesses de grupos ou comunidades.

Essas demandas, decorrentes de uma nova complexidade social, encontram abrigo nas múltiplas alternativas axiológicas engendradas no projeto constitucional positivado. Forma-se, assim, um conjunto entre o acontecimento social do crime, as demandas da comunidade para o seu combate, as necessidades de transformação social e a Constituição, a qual revela, pelas possibilidades e imposições de mudança que enclaustra, uma tendência de redirecionamento do modelo penal, confirmada pela atual configuração normativa penal, como visto anteriormente.

Esse modelo penal, endogenamente conflitivo, encerra, em sua estrutura axiológico-normativa, um claro embate político-filosófico entre opções que privilegiam a tutela aos direitos e interesses individuais, ou dão primazia à proteção da coletividade, corroborando a influência que tal debate exerceu na constituição evolutiva do Estado de Direito, em suas diferentes fases, bem como nas construções jurídicas que lhe serviram e lhe servem de sustentação. Nesse sentido, é perfeitamente possível concluir-se que o direito penal brasileiro, em seu estágio atual, acompanha uma evolução constituída pelo enfrentamento entre tradições de pensamento e de pesquisa ocidentais, estruturadas sobre esses pilares temáticos fundamentais da filosofia política que alimentaram as diferentes gerações de direitos fundamentais e, por conseqüência, os diversos projetos constitucionalizados de sociedade, Estado e Direito no hemisfério ocidental.

Bilbiografia

ALMEIDA MELLO, Leonel Itaussu. John Locke e o individualismo liberal. In: WEFFORT, Francisco C. (org.). *Os Clássicos da Política*. São Paulo: Ática, 1989. v. 01.

BARILE, Paolo. Garanzie costituzionali e diritti fondamentali: un'introduzione. In: MIRANDA, Jorge (org.). *Perspectivas Constitucionais nos 20 anos da Constituição de 1976*. Coimbra: Coimbra, 1997. v. II.

BERCOVICI, Gilberto. A Constituição Dirigente e a Crise da Teoria da Constituição. In: *Teoria da Constituição*. Rio de Janeiro: Lumen Juris, 2002.

CANOTILHO, José Joaquim Gomes. *Constituição Dirigente e Vinculação do Legislador*. Coimbra: Coimbra, 1994.

CARVALHO, Márcia Dometila Lima de. *Fundamentação Constitucional do Direito Penal*. Porto Alegre: SAFe, 1985.

CITTADINO, Gisele, *Pluralismo, Direito e Justiça Distributiva*. Elementos da Filosofia Constitucional Contemporânea, Rio de Janeiro: Lúmen Júris, 1999.

FERRAJOLI, Luigi. Stato Sociale e Stato de Dirittto. In: *Política del Diritto*. Roma, 1982. v. 1

MORAIS, Jose Luis Bolzan. *Do Direito Social aos Interesses Transindividuais*. Porto Alegre: Livraria do Advogado, 1996

———; STRECK, Lenio Luiz. *Ciência Política e Teoria Geral do Estado*. Porto Alegre: Livraria do Advogado, 2000.

RAWLS, John. *Liberalismo político*. 2. ed. Traduzido por Dinah de Abreu Azevedo. São Paulo: Ática, 2000.

———. *Uma Teoria da Justiça*. Traduzido por Vamireh Chacon. Brasília: UnB, 1981.

RAZ, Joseph. *The Morality of Freedom*. Oxford: Oxford University Press, 1986.

REALE, Miguel. *O Estado Democrático de Direito e o Conflito de Ideologias*. São Paulo: Saraiva, 1998.

SABINE, George H. *A History of Political Theory*. 3. ed. Londres: Cambridge, 1985.

SANDEL, Michael. *Liberalism and the Limits of Justice*. Cambridge: Cambridge University Press, 1982.

STRAUSS, Leo; CROPSEY, Joseph. *Historia de la Filosofia Política*. México: Fondo de Cultura Económica, 1996.

STRECK, Lenio Luiz. Da proibição de excesso (*Übermassverbot*) à proibição de proteção deficiente (*Untermassverbot*): de como não há blindagem contra normas penais inconstitucionais. In: *Revista do Instituto de Hermenêutica*, Porto Alegre: IHJ, 2003.

———. *Hermenêutica Jurídica e(m) Crise*. Uma exploração hermenêutica da construção do Direito. 5. ed. Porto Alegre: Livraria do Advogado, 2004.

———. *Jurisdição Constitucional e Hermenêutica*. Porto Alegre: Livraria do Advogado, 2002.

TAYLOR, Charles. *Argumentos Filosóficos*. São Paulo: Loyola, 2000.

— XII —

Perspectivas epistemológicas do Direito no século XXI

VICENTE DE PAULO BARRETTO[1]

Resumo: O limiar do século XXI trouxe questionamentos sobre conceitos e categorias clássicas da ciência do direito, surgidas no contexto da sociedade democrática, pluralista e multicultural da contemporaneidade. A primeira aporia com que se defronta o jurista ao analisar criticamente esses questionamentos tem a ver com a tensão que ocorre na sociedade democrática de direito. Essa tensão explicita-se no conflito entre a cultura jurídica positivista e a fundamentação metapositiva do sistema jurídico do estado democrático de direito. Trata-se de analisar em que medida a solução dos problemas sociais, econômicos, políticos e culturais da sociedade democrática pressupõem a aplicação do direito entendido de um ângulo epistemológico e metodológico diferentes daqueles usualmente utilizados pela ciência jurídica clássica.

Abstract: The threshold of the 21st century brought about some issues concerning classic concepts and categories of the science of law, which arose within the framework of the contemporary democratic, pluralistic and multicultural society. The first "aporia" that the jurist must address, upon a critical analysis of these issues, regards the tension which occurs in a democracys rule of law. This issue becomes more explicit in the conflict between the positive juridical culture and the metapositive groundwork (or basis) of the juridical system of democratic rule of law. It is a matter of determining to what extent the resolution of social, economic, political and cultural problems of the democratic society presuppose the application of law, herein understood from epistemological and methodological standpoints, which differ from the views utilized as a rule by classic juridical science.

Sumário: 1. A crise de um modelo teórico; 2. A afirmação da consciência jurídica; 3. Raízes da ordem jurídica metapositiva; 4. Direitos subjetivos primordiais e direitos humanos; 5. Direitos humanos e moralidade jurídica contemporânea; 6. Estado democrático de direito, direitos humanos e direitos fundamentais; Bibliografia.

1. A crise de um modelo teórico

O limiar do século XXI trouxe consigo alguns questionamentos sobre conceitos e categorias clássicas da ciência do direito, indagações essas que

---
[1] Livre-docente em Filosofia (PUCRJ) e professor titular do PPGDireito da Unisinos.

surgiram no contexto da sociedade democrática, pluralista e multicultural da contemporaneidade. A primeira aporia com que se defronta o jurista ao analisar criticamente esses questionamentos tem a ver com a tensão que ocorre na sociedade democrática de direito. Essa tensão explicita-se no conflito entre a cultura jurídica positivista e a fundamentação metapositiva do sistema jurídico do estado democrático de direito. Trata-se de analisar em que medida a solução dos problemas sociais, econômicos, políticos e culturais da sociedade democrática pressupõem a aplicação do direito entendido de um ângulo epistemológico e metodológico diferentes daqueles usualmente utilizados pela ciência jurídica clássica.

Neste contexto, ganha relevância o que Streck (2004:197) chama de uma "nova crítica do direito", ao enfatizar a necessidade de um reposicionamento do intérprete face ao sistema de leis. Essa nova posição não é exclusivamente metodológica e sim de natureza epistemológica, situando-se no processo hermenêutico, onde é a condição-de-ser-no-mundo que vai determinar o sentido último do texto analisado. Trata-se de uma ruptura proposta no corpo da hermenêutica jurídica e, portanto, não se poderá realizá-la através de mecanismos de análise exclusivamente subjetivos. A leitura hermenêutica irá contemplar o sistema de normas jurídicas levando em conta a multiplicidade de uma sociedade globalizada, onde subsiste um Estado, ainda que seja mínimo. Essa leitura, entretanto, deve estar atenta para o fato de que o mensageiro não somente deve vir com a mensagem, mas, também, já deve ter ido em direção a ela, como escreve Streck, numa linguagem heideggeriana (2004:201). Por essa razão, a "nova crítica do direito" irá trabalhar com uma ordem jurídica inserida no âmago do processo de globalização e do multiculturalismo do século XXI e, para tanto, deverá pressupor como categoria hermenêutica relevante, aquelas elaboradas pela ética filosófica.

A aplicação do direito, através da leitura pura e simples do direito positivo, tem-se mostrado insuficiente no quadro de alta complexidade da sociedade do novo milênio. O problema nodal do pensamento jurídico contemporâneo deslocou-se, assim, para a investigação dos valores e critérios argumentativos, que possam servir de parâmetros referenciais em função dos quais a sociedade contemporânea irá construir e aplicar o sistema de normas jurídicas. Essa investigação aponta para uma reflexão propriamente ético-filosófica, por tratar-se da análise dos mecanismos sociais de uma sociedade constituída por seres livres e autônomos, portanto, moralmente e juridicamente responsáveis por seus atos. Em virtude dessa natureza moral da ordem jurídica democrática, a própria categoria e objetivo básico do direito – a definição e atribuição de responsabilidades – passa a exigir uma leitura metapositiva dos dispositivos legais.

Poderá parecer estranho que se trate da questão do Direito sob o ponto de vista filosófico, quando na contemporaneidade a temática da teoria jurídica privilegia a análise dos novos regimes políticos – o estado democrático de direito – e dos novos sistemas sociais – a sociedade hipercomplexa e globalizada da atualidade. Não será, então, o desafio central para a reflexão jurídica simplesmente o de analisar o sistema político-institucional do estado democrático de direito e os mecanismos de transmissão social, do que propriamente realizar uma investigação sobre valores, categorias e princípios? Dentro de uma cultura jurídica marcadamente positivista, prisioneira teórica de uma leitura estritamente tecnicista do sistema de normas jurídicas, é mesmo natural que surja uma indagação preliminar sobre a utilidade da Filosofia do Direito e qual a contribuição que este ramo do conhecimento poderá trazer para o quotidiano dos advogados, juizes, promotores, defensores públicos ou para o bacharel em Direito. Em outras palavras, qual será a utilidade prática da Filosofia do Direito, que lida com valores morais, conceitos e princípios, tendo em vista os códigos, as leis e as práticas judiciais? Em que medida a vinculação entre a ética e o direito, indagação própria da filosofia do direito contemporânea, contribuirá para o entendimento do sistema jurídico do estado democrático de direito? Como a temática da filosofia do direito poderá servir para a análise crítica dos mecanismos sociais?

Essas perguntas disfarçam, muitas vezes, uma desconfiança e representam no fundo uma resistência dos meios jurídicos a ter que lidar com valores morais e políticos, que, até o advento do estado democrático de direito, eram desconhecidos e desconsiderados pela prática judiciária. É uma resistência que entra em conflito direto com o próprio projeto político do estado democrático de direito, pois significa adotar um modelo de interpretação liberal do sistema jurídico, o que termina por inviabilizar a superação dessa ordem jurídica, como pretende a Constituição de 1988.

Em conseqüência, a implementação da ordem constitucional, estabelecida na Constituição de 1988, torna-se prejudicada, pois o estado democrático de direito supõe para o seu pleno funcionamento, precisamente, o emprego desses valores morais, conceitos filosóficos e princípios para a compreensão do espírito e do texto da Constituição e das leis. Essa resistência encontra-se espalhada nos meios profissionais, nas faculdades de direito, nos órgãos legislativos, e expressa-se, principalmente, na crença de que a Filosofia do Direito trata de ideais e valores, que não têm qualquer repercussão e importância na realidade do mundo jurídico. O Direito, objeto da ciência do direito, seria única e exclusivamente um sistema de normas, estabelecido e garantido pelo poder público.

A forte influência do pensamento de Hans Kelsen, na ciência do direito do século XX, fez com que ocorresse uma leitura específica sobre as relações da moral e do direito e, em conseqüência, sobre a natureza do ideal central do direito, a idéia de justiça. Kelsen (1979: 6) sustenta que "os sistemas de valores, especialmente, o moral e a sua idéia central de justiça, são fenômenos coletivos, produtos sociais e, por conseguinte, diferem em cada caso de acordo com a natureza da sociedade no seio da qual surgem"; e, mais adiante, argumenta que "...a justiça é um ideal irracional. Por indispensável que seja, desde o ponto de vista das soluções e dos atos humanos, não é acessível ao conhecimento" (Kelsen,1979: 15). Kelsen situa o ideal de justiça no terreno das volições humanas, preocupando-se mais, portanto, com a dimensão psicológica do indivíduo do que com sua natureza social. O paradigma kelseniano explica o ideal da justiça como um ideal impulsionador das ações humanas, que tem efeitos na ordem política e jurídica, mas não pode constituir-se em objeto da análise da teoria do direito. E, assim, Kelsen reserva um lugar ínfimo para o ideal da justiça na construção e materialização do estado de direito.

A análise das relações do direito com a moral, entretanto, ainda que possa não parecer, constitui na obra kelseniana uma indagação que de nenhum modo pode ser considerada como secundária. Kelsen (1970: 62) adverte que a teoria pura do direito, para manter a sua "pureza metódica", pressupõe uma solução preliminar, que considere o Direito como uma ordem coativa, isto é, um sistema normativo que procure regular a conduta humana de forma específica, para isto lançando mão da coercibilidade, "enquanto que a moral é um ordenamento social que não estatui sanções desse tipo, suas sanções reduzem-se à aprovação da conduta de acordo com a norma e a desaprovação da conduta contrária à norma, sem que de nenhum modo considere-se o uso da força física". O uso da força coativa, própria do direito, seria excludente da avaliação da ação humana e da manifestação da vontade de seres racionais, livres e autônomos, características dos agentes morais.

A questão que se encontra subjacente ao modelo kelseniano tem a ver com a indagação central, encontrada na cultura cívica da contemporaneidade, qual seja, conciliar o estado democrático de direito, a sua prática política e jurídica com a nítida separação entre moral e direito. A tese kelseniana afirma que, em caso de conflito entre uma norma moral e uma norma jurídica, quando se considera a norma moral como determinante do comportamento humano, o sistema jurídico estaria excluído da solução do caso, restando somente a solução dada pelo sistema moral; ou, então, caso privilegie-se o critério jurídico, acaba-se por ignorar, em última análise, a solução moral.

De qualquer forma, ocorre um conflito não solucionável entre essas duas dimensões normativas, o que para alguns críticos do modelo kelseniano, demonstra a insuficiência do mesmo. Isto porque seria negar ao jurista

(Fernandez,1991:54), a competência para considerar o Direito como fenômeno dotado de três dimensões – fato, valor e norma (Reale, 1998:497 e segs.) – onde, simultaneamente, possam ocorrer dois deveres de conteúdo contraditório. É, precisamente, nesses casos de conflito, nessa tensão entre valores e normas positivadas, que se evidencia a conexão necessária entre o Direito e a Moral.

Não caberia, portanto, na perspectiva kelseniana, referência a ideais e valores, retirando-se, desse modo, do âmbito da ciência do direito, o exame crítico dos objetivos últimos da ordem jurídica, a saber, a segurança jurídica, o bem comum e a justiça (Radbruch,1974: 417) Essa posição radicalmente contrária à consideração, na aplicação das normas estabelecidas pela constituição, de critérios valorativos que legitimem e justifiquem o sistema jurídico, é conhecida pela denominação geral de positivismo jurídico. A ciência do direito para o positivismo jurídico deve ater-se à análise estrita do texto da lei e de sua interpretação pelos tribunais, não cabendo considerações de natureza moral, social ou política, que se encontrem presentes na vida social, mas ausentes da previsão legal. A reflexão jurídica, a ciência jurídica, teria o objeto do seu estudo limitado ao sistema de normas, que se organiza no direito positivo de cada Estado. Quando muito, o jurista poderia fazer uma reflexão teórica sobre o direito positivo e suas categorias, devendo sempre estar atento para os riscos de permitir que considerações de ordem moral e política, que não seriam científicas, no entendimento do positivismo, interfiram nas suas análises.

Esse entendimento sobre a natureza do Direito, que marcou profundamente a cultura jurídica brasileira, encontra-se, a meu ver, ultrapassado, tendo em vista, precisamente, ideais e valores – como a liberdade, a igualdade, a justiça e a solidariedade – consagrados no texto constitucional de 1988 e que constituem a espinha dorsal do estado democrático de direito, vigente no Brasil. Esses valores, antes de serem consagrados no texto constitucional, serviram como alicerces morais da sociedade democrática e, em função dos quais, o sistema político e jurídico dessa sociedade refletirão a natureza moral das relações sociais. A aplicação prática das normas jurídicas do estado democrático de direito, pressupõe, portanto, uma análise crítica e filosófica dos valores fundantes da ordem constitucional vigente.

2. A afirmação da consciência jurídica

Outro aspecto, que vem marcar o Direito em nosso tempo, é aquele relativo a um fenômeno do interesse de todos nós, juristas e cidadãos: trata-se da demanda crescente por direitos, exigida por indivíduos e grupos sociais. Esse é um fenômeno verificado em todas as sociedades democráticas da atualidade e que se manifesta através do crescente movimento de conscientização do valor da ordem jurídica e da necessidade da obediência à lei, como forma para a solução dos conflitos sociais. Esse recurso ao Direito, repercute, na época contemporânea, os versos de Ésquilo, o grande poeta da Grécia clássica: "Quem, homem ou cidade, se não encontra no mundo nada que faça tremer o seu coração, irá respeitar por muito tempo a justiça?" (*Les Eumenides*, 515). Nesse verso vamos encontrar, de forma sintética, a dupla face do Direito contemporâneo. De um lado, a necessidade de uma força coletiva, que contenha os impulsos maléficos encontrados no coração de todos os homens; de outro lado, Ésquilo estabelece a ligação necessária entre esse poder limitador das vontades individuais e a justiça, valor moral, acima da vontade estatal e que servirá de fonte legitimadora do exercício desse poder.

O exemplo da história recente do Brasil é ilustrativo de como o estabelecimento, através da Constituição de 1988, de um estado democrático de direito, provocou uma crescente participação da sociedade na afirmação dos seus direitos. O mesmo fenômeno de jurisdicização da vida política e social, observado em outras democracias, também, pode ser constatado e comprovado no Brasil, através do número ascendente de demandas judiciais, ajuizadas em nossos tribunais. Essas mudanças surgiram no bojo do esvaziamento do modelo autoritário do regime militar, que culminou com a convocação da Assembléia Constituinte e a elaboração da Constituição de 1988. Tanto a Assembléia Constituinte, como a constituição por ela promulgada, representaram a vitória e a cristalização jurídica do valor e da dignidade do Direito, que foram negados durante os vinte e um anos de regime militar.

Quando falamos em democracia, como regime qualitativamente superior às diferentes formas de regimes autoritários, afirmamos, com isto, que o Direito positivo do estado democrático de direito diferencia-se do direito positivo dos regimes autoritários. Na verdade, o direito na democracia e no autoritarismo somente na forma – sistema de normas, estabelecidas e garantidas pelo Estado – são semelhantes. Encontramo-nos diante de dois tipos de Direito: o direito no regime autoritário é um conjunto de normas e decisões que se justifica através do exercício da força e, por essa razão, somente na forma pode ser chamado de direito; o direito do estado democrático, por sua vez, tem algumas características que se originam na sua própria fonte, que é a vontade livre dos cidadãos, expressa através da representação política. Por existir esse tipo de direito nas democracias, é que podemos dizer que esta última é um regime político que tem como núcleo programático e institucional a referência jurídica.

O estado democrático de direito deita suas origens no processo de superação do estado liberal, vigente até o golpe de 1964, e do regime autoritário. Para que pudesse ocorrer essa transformação do direito vigente no regime autoritário para o direito da sociedade democrática do século XXI, foi necessária também a superação da tradição do estado liberal-individualista, sistema político e jurídico vigente no Brasil desde o século XIX. A Assembléia Constituinte defrontou-se com o duplo desafio de fazer uma nova constituição que garantisse direitos e liberdades, negadas durante os vinte e um anos de regime militar e, por outro lado, pudesse ultrapassar o estado liberal, através da consagração de novos direitos, principalmente direitos sociais, sem o sacrifício dos direitos e liberdades individuais, próprios do estado liberal. A Constituição de 1988 e as leis posteriormente estabelecidas – como é o caso do Código de Defesa do Consumidor e o Novo Código Civil – vieram consagrar essa ruptura com um Direito, que privilegiava o indivíduo, cujos interesses deveriam prevalecer sobre os interesses da coletividade.

Estabeleceu-se, assim, um regime político comprometido com o coletivo, mas que preserva as liberdades e direitos individuais no contexto da sociedade como um todo. Por essa razão, o direito no século XXI terá características diferenciadas, pois será um sistema de normas, legitimadas por valores morais e políticos, que terá por objetivo, ao estabelecer limites ao exercício da autonomia individual, integrar o indivíduo à sociedade como cidadão. Ao mesmo tempo, essa nova forma de democracia vem preencher o vazio deixado pelos projetos totalitários, mas não se reduz a simples garantidora de direitos e liberdades individuais. Na verdade, o desafio historicamente mais significativo para esse tipo de regime político consiste na superação do paradigma "individualístico-libertário" analisado por alguns autores (Dagostino,1995: 536).

O paradigma individualístico-libertário baseia-se na tese de que na sociedade complexa não existe espaço para um pluralismo ético absoluto e, em conseqüência, o direito não deve ser o veículo de qualquer função educativa e promocional. Encontramos nesse paradigma o paradoxo inerente ao individualismo na sociedade democrática. De um lado, a afirmação dos direitos individuais face ao modelo autoritário da tradição ou aos regimes totalitários do século XX, onde o indivíduo emancipa-se e exerce a mais plena liberdade. Mas, por outro lado, nessa sociedade complexa, onde o indivíduo procura o espaço de sua plena e livre realização, ocorre, paralelamente, o fenômeno do esgarçamento do tecido social, exaurido na teia dos conflitos entre interesses privados.

As repercussões éticas e jurídicas dos avanços das ciências biológicas e suas aplicações tecnológicas evidenciam um caso exemplar da necessária superação do paradigma individualista-liberal. Os cientistas, os médicos e os indivíduos em virtude do avanço significativo nas ciências biológicas, aumentaram as possibilidades de intervenções genéticas, que alteram o equilíbrio da natureza e permitem a aplicação de terapias médicas poucas vezes imaginadas pela ficção científica de cinqüenta anos atrás. A nova ciência biológica e as tecnologias médicas dela resultante permitem intervenções, que projetam um tempo em que quase tudo será possível, desde a cura de doenças, consideradas incuráveis, até o prolongamento da vida humana. Diante desse mundo aberto pela genética, o Direito é chamado a exercer o papel de sistema de normas, que estabeleçam limites para além dos quais as experiências científicas e as tecnologias médicas tornam-se manipulações que violam a autonomia individual.

É claro que o estabelecimento de limites não pode ser resultado da vontade e da consciência individual, pois a própria dinâmica da sociedade democrática faz com que o indivíduo seja enriquecido pelos valores da coletividade. No caso, por exemplo, das experiências e aplicações da ciência biológica contemporânea, a decisão sobre intervenções vitais não pode ficar restrita ao indivíduo (cientista, médico), mas necessita ser transferida para órgãos da coletividade (como, por exemplo, comitês de ética de hospitais e de universidades) e órgãos legislativos. O direito estabelecerá, assim, um padrão de referência dentro do qual os órgãos da coletividade irão aplicar ao caso concreto normas jurídicas, que serão aplicadas sob a ótica da moralidade. O direito, portanto, na sociedade democrática contemporânea tem essa primeira característica: é um instrumento de limitação ao individualismo, de uma limitação imposta sob a forma da lei, para o exercício de liberdades individuais compatíveis com liberdades idênticas dos demais indivíduos.

3. Raízes da ordem jurídica metapositiva

O primeiro passo, para que se compreenda a natureza do Direito na sociedade democrática, pressupõe uma reflexão sobre valores, que se encontram para além do texto escrito da lei. Investiga-se a possibilidade do estabelecimento de parâmetros valorativos, que sirvam como referência metapositiva para o legislador e o aplicador da lei. O problema central dessa investigação reside em determinar-se como essa referencia pode assumir a forma de uma categoria jurídica, isto é, um valor que possa receber a forma de um direito.

Para que se defina essa categoria moral e jurídica, que caracteriza o estado democrático de direito, é necessário considerar qual a função do Direito situada acima de simples regulador dos conflitos sociais. Essa função, que se torna cada vez mais explícita na prática democrática, é a função crítica. O Direito, hoje, como ontem, situa-se tendo em vista um fato e, a maioria das vezes, contra o próprio fato. Assim, contra a injustiça contida no fato social do autoritarismo, luta-se pela necessidade de uma ordem jurídica; contra os abusos do uso da liberdade, o Direito é chamado a determinar os limites a serem respeitados. O que é necessário, então, para que o Direito possa, efetivamente, atender à sua vocação crítica?

Essa função crítica foi negada nos últimos cem anos pelo positivismo jurídico, que procurou reduzir a análise do Direito à simples interpretação das normas do sistema jurídico, considerado como um sistema fechado, organizado em torno de uma hierarquia legislativa e que tinha na função do intérprete a exclusiva adequação do fato à previsão legal. A Ciência do Direito ficou reduzida à análise da estrutura interna do sistema do direito positivo. Por essa razão, sob o ângulo do positivismo jurídico não podemos, por exemplo, diferenciar qualitativamente o despotismo da democracia, porque para essa corrente do pensamento, o Direito não poderia expressar idéias e valores, que transcendam ao próprio direito, mas consagrar, exclusivamente, a vontade do legislador estatal.

O desafio diante do qual se encontra o Direito no limiar do século XXI reside em adequá-lo a uma sociedade plural e democrática. Essa constatação significa que o sistema jurídico deve expressar um patamar normativo, que se constitua nos alicerces de uma sociedade diversificada, onde valores e interesses por serem diferentes e contraditórios não terminem por inviabilizar a existência do grupo social. Trata-se, portanto, da investigação no campo jurídico de valores comuns a todos os grupos de uma mesma sociedade e que sirvam como fundamento dos mecanismos da crescente demanda pelo direito, característica da sociedade contemporânea.

Para encontrar esse fundamento comum das relações sociais no sistema jurídico, é necessário que se faça referência a uma dimensão universal, situada fora do direito positivo e do jogo dos interesses particulares. Tome-se o caso paradigmático do conflito entre os ideais de justiça e o direito positivo, ou seja, o debate sobre a obediência às leis injustas. A superação dessa situação somente pode ocorrer em nome de outros princípios de direito, que não aqueles encontrados no direito positivo, mas que expressem uma outra idéia de direito.

A idéia de um direito universal, que sirva de fundamento para toda a ordem jurídica positiva, foi expressa de forma sistematizada pela tradição jusnaturalista – a idéia de que existem direitos independentes da vontade do Estado – e que recebeu forma jurídica nas declarações de direitos do homem do final do século XVIII (Declaração da Independência dos Estados Unidos, de 1776, e Declaração dos Direitos do Homem e do Cidadão da Revolução Francesa, de 1789) e na Declaração Universal dos Direitos Humanos das Nações Unidas, 1948. Observe-se que esses documentos, básicos na história das liberdades e dos direitos humanos, chamaram-se "Declarações", e não "leis", não tendo sido, portanto, "instituídas" pelos estados; isto significa que as declarações não são estabelecidas ou instituídas como as leis, mas sim que declaram e proclamam direitos (chamados naturais) da pessoa humana enquanto tal, que serão reconhecidos ou não pelo estado, mas nunca por ele criados.

Essa idéia de que existem direitos que se encontram fora do âmbito da positivação do Estado significa que o direito positivo somente poderá ser avaliado e criticado em função desses direitos pré-estatais. Por essa razão, é lógico que os movimentos antitotalitários e pela democracia, no Brasil e nos demais países, que lutaram nos últimos quarenta anos, por um regime democrático e pelo estado de direito, alimentaram-se dessa fonte política e jurídica universal. Podemos, então, afirmar que a valorização do direito nos dias atuais reside, em última palavra, no reconhecimento da função da categoria dos direitos humanos (naturais), como referencial valorativo para a análise crítica do direito positivo.

Essa reabilitação do humanismo jurídico (Renaut/Sossoe,1991:33), vinculando os direitos positivos à necessidade de assegurar valores e direitos relativos à pessoa humana, necessita ser devidamente dimensionada. Na sociedade contemporânea, ao mesmo tempo em que indivíduos e grupos sociais exigem mais direitos e liberdades, essa demanda para que possa ser garantida pelo poder público, necessita do estabelecimento de limites, que permita a convivência entre grupos e interesses divergentes e conflitantes. Toda a problemática envolvendo a questão dos limites das liberdades e direitos, que se encontra no centro do debate jurídico contemporâneo, requer o reconhecimento de princípios que irão estabelecer as condições de coexistência das liberdades individuais, que seja compatível com o respeito à dignidade da pessoa humana. Rompe-se, assim, o sistema que erigia de forma hegemônica a vontade individual como centro da vida social e política. Permanece, entretanto, a pergunta que divide as correntes doutrinárias da teoria do direito contemporânea: é possível conceber-se o direito de outra forma daquela, até então, pensada pela tradição jurídica ocidental?

Alguns autores, refletindo no âmbito do pensamento jurídico, a filosofia moral que considera a alteridade como categoria moral fundante da sociedade (Levinas,1993), perguntam se esse novo modo de pensar o Direito não deitaria as suas raízes em considerar o "outro" como constituindo a minha própria liberdade, deixando, assim, de representar o limite para a mesma. Como escreve Bertolis (2000: 464), talvez a realização do indivíduo irá ocorrer através do outro, ou, de forma mais simples, será o outro, não somente uma fonte de problemas, mas ainda uma via para a solução dos meus problemas.

Reside nesta descoberta do outro, o momento originário do estado democrático de direito, pois consiste no processo da incorporação ao sistema jurídico de critérios valorativos, que estabelecem no "outro" o referencial da ação individual. Rompe-se a cadeia do individualismo burguês, erigindo-se em seu lugar um sistema em que as leis positivas (Bertolis, 2000: 467) transformam-se em canais transmissores, nos quais correm as exigências da "natural" sociabilidade da pessoa humana.

4. Direitos subjetivos primordiais e direitos humanos

Essa sociabilidade natural remete-nos ao que se pode denominar de "direito subjetivo primordial" (Renaut/Sosoe, 1991:34), isto é, um direito sem o qual o ser humano não se afirmaria como sujeito de direito na sociedade, capaz de ser fonte de seus atos, mas seria simplesmente uma coisa. Essa natureza toda especial do direito, como dimensão essencial do ser humano, é que aponta para a emergência de direitos metapositivos, com forte componente moral, pois expressão do exercício da liberdade individual no contexto da alteridade, condição mesma de existência da sociedade democrática.

Deve-se considerar que se torna necessária uma explicitação do que se pode entender por esse tipo de direitos subjetivos, que não se identifica com os direitos do indivíduo, mas situa-se no âmbito da moralidade, sendo, dotado, assim, de pretensões de universalidade. Essa categoria de direitos não se confunde com os "direitos naturais" da tradição jusnaturalista e iluminista, mas tem uma natureza epistemológica específica, determinada em função de três pressupostos lógico-conceituais:

a) pressupõe a valorização da pessoa humana em suas múltiplas dimensões, como sendo o valor supremo da modernidade. A idéia central do humanismo expressa, antes de tudo, um valor superior, qual seja o de que a pessoa humana tem uma finalidade em si mesma e não pode nunca ser usada como um meio (Kant, 1988: 68);

b) o humanismo jurídico, por sua vez, é o reflexo no direito dessa idéia da supremacia do ser humano, e expressa-se na categoria dos direitos humanos, que representa o ser humano como ser consciente e responsável, como sujeito dos seus pensamentos e atos. Assim, por exemplo, as declarações dos direitos humanos proclamam a liberdade de expressar a opinião, como um direito humano na medida em que a negação desse direito impediria a pessoa humana de ser autora dos seus pensamentos; da mesma forma, o reconhecimento, nessas declarações, da liberdade como consistindo em "fazer-se tudo aquilo que não prejudique o outro" estabelece limites que equilibram as relações entre seres livres;

c) para que os direitos humanos assegurem valores comuns aos diversos grupos de uma mesma sociedade ou de diversas sociedades e que possam fundamentar, para além das rupturas e dos jogos de interesses particulares, uma base jurídica comum, é necessário que aquilo que se encontra definido nas declarações, como "direitos humanos" possa, transcender o contexto histórico de sua emergência.

É claro que as declarações apareceram em momentos históricos determinados, para atender a interesses socialmente situados. Essa constatação tem sido utilizada, por alguns filósofos e juristas, como o grande argumento contrário à universalidade dos direitos humanos. No entanto, a história dos últimos dois séculos comprova que esses valores, garantidos pelos direitos humanos, foram utilizados como argumentos contrários ao estado, como fonte legitimadora da transformação de sistemas jurídicos que consagravam, através de suas leis, situações políticas e socialmente injustas. A abrangência dos direitos humanos não se reduz, portanto, ao seu momento histórico, cristalizado no direito positivo de cada nação, mas tem uma dimensão universal. Essa dimensão é facilmente constatável, quando se verifica a natureza mutável do direito positivo, dependente das circunstâncias políticas, econômicas, sociais e culturais, e que, por essa razão, não poderá ser julgado e avaliado pelos seus próprios critérios, pois os mecanismos de correção das eventuais injustiças da lei positiva encontram-se previstos e integrados no próprio ordenamento legal, que está sendo avaliado e julgado. Para que possamos afirmar que uma lei ou decisão é injusta, necessitamos, assim, de recorrer a categorias, que sem perderem suas raízes históricas (pois as categorias de valor expressadas pelos direito humanos surgiram no curso da história, especificamente, no curso da história do estado moderno europeu), possuem um sentido metahistórico, para além das experiências políticas e sociais nas quais nasceram. Dessa forma, o questionamento de leis e políticas públicas injustas, quando não se baseiam em valores universais, estaria condenado a um relativismo pouco compatível com as exigências de uma crítica radical e consistente da injustiça.

Os direitos humanos permitem a formulação jurídica da dignidade humana, estabelecendo uma norma fundamental moral do sistema jurídico. A idéia de dignidade humana encontra-se, assim, subjacente à teoria dos direitos humanos e expressa o reconhecimento de que a pessoa humana tem direitos pelo fato mesmo de ser pessoa. A dignidade da pessoa humana significa que o indivíduo tem uma esfera existencial e política, que lhe é próprio, constituída de direitos e obrigações, que o tornam um sujeito de direitos. A idéia de direito e de obrigação moral faz com que sejam correlacionadas, pois ambas deitam as suas raízes sobre a liberdade própria dos agentes espirituais. Essa liberdade, entretanto, somente poderá ser plenamente realizada na medida em que estiver garantido o acesso a bens materiais, que permitam a realização do indivíduo como pessoa humana. A liberdade não se encontra separada dos bens necessários à realização da pessoa. Como escreveu Maritain (1943:68), "se o homem encontra-se moralmente obrigado às coisas necessárias para que possa cumprir o seu destino, ele, homem, tem direito às coisas necessárias para que possa atingir às suas finalidades últimas".

Os direitos humanos, entretanto, têm sido questionados e negados na atualidade, através de dois argumentos bastante encontrados nos meios jurídicos brasileiros. O primeiro desses argumentos consiste em pensar o direito sem os direitos humanos, retirando-se o direito da tradição humanista em que se encontrava inserido. O segundo argumento, procura separar os direitos humanos de seus pressupostos filosóficos considerados na atualidade problemáticos, notadamente a referência à idéia de subjetividade – os direitos humanos como direitos subjetivos primordiais – e do universalismo, ou seja, pensar o direito sem o sujeito e sem o universal. Esse segundo argumento contrário aos direitos humanos permite que eles sejam reduzidos a simples manifestações históricas e culturais, em outras palavras, direitos humanos seriam aqueles direitos reconhecidos como tais pelas diferentes legislações positivas. Seria, portanto, uma categoria de direito relativa, que não expressaria nenhum valor universal, definidor da pessoa humana, mas somente a vontade do legislador, que hoje seria uma, amanhã outra, com valores e critérios variantes.

Dentro desse contexto é importante que se verifique como os direitos humanos podem ser conceituados e sistematizados em função de sua dupla dimensão, a de expressão jurídica da subjetividade individual e a do seu caráter universal. Para que possamos demonstrar como os direitos humanos representam um papel essencial nos regimes democráticos, deve-se considerar o fato de que essa categoria de direitos afirma-se, historicamente, através do discurso e da prática democráticas. É necessário que se verifique até que ponto a sociedade contemporânea pode passar sem os valores da autonomia e da responsabilidade, fundamentos do humanismo jurídico; e, ao mesmo tempo, devemos enfrentar o dilema suscitado pela existência da heterogeneidade das culturas, através do qual termina-se por sustentar a impossibilidade de conceber-se um estatuto jurídico ou moral que tenha uma dimensão universal.

Essa tensão entre direitos humanos com pretensões universais e o reconhecimento multiculturalismo representa um dos temas privilegiados da filosofia do direito contemporânea. Trata-se de buscar na sociedade contemporânea, um novo entendimento da situação do indivíduo e da necessidade da idéia de um valor e de um direito universal. Em primeiro lugar, não se pode negar as características do indivíduo na sociedade contemporânea, que exigem que sejam repensadas o que se entende por autonomia e responsabilidade no contexto da realidade social, política, econômica e cultural da atualidade. Essa primeira tarefa do pensamento jurídico irá afetar diretamente a função essencial de todo e qualquer ordenamento jurídico, qual seja, estabelecer os limites da autonomia individual e determinar responsabilidades. Em segundo lugar, a coexistência no planeta e dentro dos estados nacionais de uma multiplicidade étnica e cultural, ocasionando um grande intercâmbio de valores morais e tradições, faz com que se torne necessário, antes de tudo, a busca de uma nova definição de universalidade. A universalidade dos direitos humanos não seria decorrente, então, de características pretensamente universais dos seres humanos, características essas proclamadas em função da simples elaboração racional e intelectual, mas sim de valores comuns que permeiam objetivamente as diferentes culturas.

Para que se possa definir com precisão essas características universais dos direitos humanos, é necessário que situemos o contexto histórico e social em que pode ocorrer esse fenômeno. Constata-se que ocorre em número crescente de estados a afirmação de valores democráticos no seio de sociedades pluralistas, que herdaram um sistema jurídico herdado da sociedade liberal-individualista. A crise da sociedade liberal provocou no seu vácuo o surgimento da maré montante de movimentos reivindicatórios de direitos políticos e sociais, dentro de novos modelos de sociedade democrática, por parte de indivíduos e grupos sociais. Esses direitos, principalmente os direitos sociais, constituíram-se, ao lado dos direitos individuais, no eixo central do estado democrático de direito. Essa forma de organização política, por sua vez, deitou os seus fundamentos, e passou a assegurar nos textos constitucionais, direitos que antecedem ao próprio Estado. Assim, no Preâmbulo da Constituição de 1988, proclamam-se os valores supremos, que informam a aplicação de suas normas: uma sociedade fraterna, pluralista e sem preconceitos, definida pela garantia dos direitos sociais e individuais, da liberdade, da segurança, do bem-estar, do desenvolvimento, da igualdade e da justiça. No corpo da Constituição, vamos encontrar os direitos fundamentais, que se diferenciam dos direitos humanos em virtude de serem direitos instituídos pelo Estado, mas considerados como patamar jurídico do sistema jurídico nacional. Muitos desses direitos, como os direitos à vida, à expressão e etc. são direitos humanos aceitos pelo constituinte nacional. Neles, entretanto, não se esgotam os direitos humanos, pois muitos deles, como, por exemplo, aqueles relativos ao genoma humano (proclamados na Declaração Universal sobre o Genoma Humano e os Direitos Humanos das Nações Unidas, 1988), não se encontram consagrados explicitamente no texto constitucional brasileiro e, nem por isto, deixam de ser direitos humanos.

5. Direitos Humanos e moralidade jurídica contemporânea

Podemos, então, situar as perspectivas epistemológicas do direito no século XXI em função do papel relevante e central que os direitos humanos irão exercer no quadro institucional do estado democrático de direito. Mas, antes, devemos chamar a atenção para o fato de que os direitos humanos no estado democrático de direito podem ser tratados sob dois aspectos: em primeiro lugar, no plano das dificuldades encontradas para a sua implementação, onde defrontamo-nos com os problemas relativos a sua eficácia e vigência; ao mesmo tempo, essas dificuldades somente poderão ser superadas, caso enfatizemos a análise dos seus fundamentos, o que nos remete ao problema da moralidade jurídica. A leitura metapositiva dos direitos humanos, que corresponda à real vocação dessa categoria de direitos na sociedade do século XXI, insere-se, necessariamente, no quadro da prática democrática, pois esta prática materializa-se através do debate público entre seres racionais e autônomos, portanto, indivíduos que são entes morais, antes de serem cidadãos de um estado.

A dificuldade na implementação dos direito humanos – isto é, a questão da sua eficácia e vigência – tem sido utilizada, por autores ilustres (Bobbio,1992:25) como a principal evidência, de que a questão dos direitos humanos não se encontra na sua fundamentação e conceituação, mas sim no terreno da sua aplicação. Esses autores sustentam que a prática dos direitos humanos choca-se, frontalmente, com a sua teoria e que, por essa razão, não adianta discutirmos a natureza e os fundamentos dos direitos humanos, quando no quotidiano os governos desrespeitam aquilo que se encontra estabelecido nas declarações, por eles assinadas.

A meu ver, entretanto, essa não é a questão, ou melhor, partindo da constatação do desrespeito sistemático desses direitos por governos e grupos sociais, podemos sustentar a tese de que a eficácia dos direitos humanos encontra-se subordinada e será conseqüência do debate permanente sobre os seus fundamentos filosóficos, a sua natureza política e as suas características jurídicas. Parodiando Kant, antes de responder à questão "o que está de acordo com o direito", necessitamos responder à pergunta que logicamente lhe antecede: "o que é o direito" (Kant, 1971:104). Esse debate irá despertar e alimentar nos estados democráticos de direito, a consciência cívica e jurídica, esta sim a mais eficiente guardiã da eficácia dos direitos humanos.

O segundo aspecto da problemática dos direitos humanos na atualidade é aquele que o situa como eixo central, junto com a democracia, do que podemos chamar de moralidade jurídica contemporânea. A pergunta que pede uma resposta é aquela que trata do próprio entendimento de moralidade jurídica, essa nova categoria do pensamento social e jurídico.

Quando falamos em moral podemos estar falando em *sentido positivo* para significar os usos e costumes de um grupo social ou, em *sentido crítico*, o conjunto de obrigações sociais, que não são relativas, em outras palavras, obrigações que todos os grupos sociais, independentemente de suas culturas, consideram como essenciais para a sobrevivência da sociedade. A moralidade jurídica será parte da moral crítica, cujas normas as pessoas aceitam reciprocamente, e serve como fonte legitimadora dos códigos legais.

A idéia de moralidade jurídica é recente na ciência do direito e, por essa razão, necessita ser conceituada. O substantivo "moral" na expressão "moralidade jurídica" aponta para o fato de que não estamos fazendo referência ao sistema de normas que compreende o direito positivo de cada Estado. O adjetivo "jurídico" mostra que se trata de uma forma específica de moralidade, cujo reconhecimento não será somente esperado ou desejado, mas sobretudo exigido (Höffe, 2000:53). Existe, portanto, um direito subjetivo ao seu reconhecimento, que torna essa norma moral exigível, pois se integra ao direito positivo vigente e utiliza todas as suas sanções.

Essa moralidade, entretanto, somente poderá ser exigida através do Direito. Estabelece-se um nexo lógico entre moral e Direito, pois sendo o sistema jurídico uma forma reguladora e necessária para a convivência social, tem, por essa razão, um caráter moral, que o legitima como instância constituinte e legitimadora da própria sociedade. Logo, o fato da existência de normas jurídicas, que se destinam a organizar a vida social no âmbito de estruturas jurídicas, isto é, no lugar de opiniões e poderes privados, explicita o caráter moral das instituições jurídicas. A primeira manifestação da moralidade do ser humano encontra-se na formulação de normas, e no estabelecimento de instituições reguladoras, da dimensão moral do indivíduo, que se expressa através do exercício da liberdade no corpo da coletividade. Nesse sentido, é que Aristóteles (1990, III) analisa a responsabilidade como sendo o espaço moral e jurídico dentro do qual são implementados os parâmetros da vida social. Cabe ao Direito a tarefa primordial de estabelecer a normatização do processo de definição de responsabilidades, que antes de serem jurídicas, estabelecidas na lei positiva, são morais e, por essa razão, obrigam juridicamente.

O julgamento crítico do direito vigente poderá realizar-se através de um conjunto de valores morais jurídicos, como, por exemplo, o princípio da boa-fé, ou o respeito à integridade do corpo humano. O importante a assinalar é que essa avaliação crítica do direito vigente é realizada não sob o ângulo da legalidade (conformidade com o direito positivo), mas sob o ângulo da validez moral que lhe legitima. Desde os primórdios da filosofia, a idéia de que a moral tinha duas faces, já tinha sido explicitada pelos pensadores clássicos. Assim, Aristóteles (1990, V 6, 1131 a, 14s; 1106 a, 31s.) distinguia dois tipos de moral, a moral individual – *meson pros hêmas* – constituída por um núcleo de deveres para nós mesmos; e a moral jurídica ou política, cuja virtude é a justiça – *meson pragmatos* – constituída por um núcleo de deveres independente do sujeito individual e que o obriga em relação aos outros. Essa moralidade jurídica terá, assim, dois sentidos, pois expressa, ao mesmo tempo, valores morais cujo reconhecimento são exigidos pela sociedade e, também, um direito subjetivo ao reconhecimento desses valores morais, um direito a exigi-los.

A moralidade jurídica submete, portanto, todo o ordenamento jurídico positivo a uma exigência de moralidade. Essa exigência apresenta-se em três níveis:

a) o primeiro nível é o da moral constituinte e legitimadora do direito, que exige a conformação da vida social à estruturas jurídicas, de modo que no lugar de opiniões e poderes individuais, apareçam normas comuns possibilitando o império da lei;

b) no segundo nível, a moral jurídica estabelece que seja observado o processo legal; todo caso previsto na norma e, por igual, toda ação pessoal prevista na norma, deverá ser tratada de acordo com a norma da igualdade. Essa moral realizadora do direito expressa-se no princípio da isonomia, da igualdade de todos perante a lei e, em suas versões negativas, na proibição de arbitrariedade e de parcialidade. Esse segundo nível da moralidade jurídica expressa-se em algumas regras de procedimento judicial, como, por exemplo, ninguém pode ser juiz de si mesmo; a parte contrária tem o direito de ser ouvida; aquele que divide não deve ser aquele que escolhe; em direito penal, a presunção de inocência do acusado e nenhuma pena deve ser aplicada quando não tiver sido prevista em lei anterior ao ato. Esses dois primeiros níveis da moralidade jurídica são aceitos praticamente por todas as culturas, constituindo parte integrante da herança comum da idéia de justiça da humanidade. No terceiro nível, a moral jurídica é constituída pela democracia e pelos direitos humanos, critério normativo que no essencial encontra-se aceito pela maioria das culturas.

Enquanto os dois primeiros níveis, o que estabelece a primeira manifestação moral na necessária forma jurídica da convivência e o princípio da igualdade diante da lei, como critério moral e lógico para a aplicação da lei, expressam somente um mínimo de moralidade jurídica, o terceiro nível dependerá da ação do poder público. Neste nível, a moralidade jurídica encontrará a sua expressão na consagração, através da ação do poder público, de uma esfera coletiva de direitos supraindividuais. A moralidade jurídica não pode, evidentemente, ficar reduzida a simples formulações de ideais de justiça abstratos, mas implica na materialização de valores morais substantivos. Esse valor substantivo do núcleo central da moralidade jurídica contemporânea é constituído pelos Direitos Humanos e pela idéia de Democracia. Em outras palavras, a moralidade jurídica, expressa-se através dos direitos humanos e da democracia.

Observe-se, no entanto, que o respeito aos valores dos direitos humanos e da democracia não aparecem, necessariamente, ao mesmo tempo. Assim, por exemplo, na Atenas clássica, a escravidão era admitida e a mulher tinha um *status* jurídico e social inferior ao do homem, o que representava uma violação dos direitos humanos, mas, entretanto, a democracia, como forma de Estado e de governo era praticada de forma mais persistente do que na Idade Moderna. Também existem Estados que proíbem a escravidão, asseguram à mulher igualdade de direitos e reconhecem alguns direitos de liberdade, mas que não têm uma constituição democrática. Atualmente, existem democracias que asseguram, dentre os direitos humanos, somente os direitos relativos à liberdade, mas não reconhecem os direitos humanos sociais.

O terceiro nível da moralidade jurídica é constituído, por sua vez, de três níveis parciais, que podem ou não ser garantidos pelos Estados:

1) Direitos Humanos como direitos de liberdade

2) Direitos Humanos como democracia, materializada através dos direitos de cogestão e participação por ela definidos e estabelecidos no texto constitucional .

3) Direitos Humanos de caráter político-social

Na ordem política e jurídica justa realiza-se, portanto, os três níveis da moralidade jurídica e, principalmente, integra nas leis e na prática política as três faces dos direitos humanos (liberdade, participação democrática na elaboração e aplicação das leis e direitos sociais). Neste sentido é que alguns autores fazem referência à justiça política (Höffe, 1985), própria de um regime político comprometido com os valores da liberdade individual e, principalmente, com a realização da justiça social. Quando se fala no quadro da democracia, em direitos humanos, estamos falando, necessariamente, de direitos sociais, sem os quais os direitos básicos do estado liberal – liberdade, igualdade, propriedade e segurança – perdem o seu significado político e jurídico.

6. Estado democrático de direito, direitos humanos e direitos fundamentais

É necessário, por outro lado, que se faça uma importante distinção, para que se possa realizar plenamente o regime do estado democrático de direito, pretendido pela Constituição de 1988. Trata-se de distinguir entre os chamados direitos fundamentais e os direitos humanos, tema a que fizemos referência anteriormente. Os Direitos Humanos são parte dessa moralidade jurídica universal que resguarda e garante o corpo, a vida, as condições materiais de vida, a língua e a razão e as propriedades humanas universais, como, a capacidade social geral, a capacidade política específica – *zôon politikon* – a capacidade jurídica e a capacidade comunitária (Höffe, 2000: 77). Os direitos humanos, portanto, referem-se ao indivíduo como pessoa, com valores e finalidades em si mesmas, que encontram no princípio da dignidade humana a sua formulação moral e jurídica.

Os direitos fundamentais, por sua vez, referem-se ao indivíduo como membro de um Estado e são definidos e consagrados nos textos legais, principalmente, nas constituições. Na Constituição brasileira de 1988, por exemplo, esses direitos fundamentais são estabelecidos no art. 5°, onde são incorporados alguns direitos humanos. Os direitos fundamentais, portanto, poderão ou não consagrar direitos humanos, pois sempre expressam a vontade do legislador em determinado momento histórico e contexto cultural.

Ambas as categorias de direitos não se distinguem, como direito e moral, mas sim como direito pré-estatal e direito estatal (Höffe, 2000: 168). O direito pré-estatal, que se sistematiza na categoria dos direito humanos, é fruto da razão jurídica ou do direito moral, entendido como a moral do que as pessoas se devem umas às outras. Os direitos humanos são, portanto, direitos jurídicos, porque e quando consagrados nos textos legais, mas, ao mesmo tempo, e, principalmente, são direitos metapositivos e morais.

Quem reduz os direitos humanos aos direitos fundamentais, não somente ignora o seu estatuto jurídico-moral, mas também esvazia o seu potencial crítico, exercido na história dos últimos dois séculos, como idéia-força determinante na luta contra o absolutismo, o autoritarismo e o totalitarismo. Os direitos humanos são assim formulados por indivíduos que se reconhecem como sujeitos jurídicos com igualdade de direitos e, por essa razão, somente de modo subsidiário é que os direitos humanos irão servir como legitimadores da organização estatal através do direito positivo.

A organização político-estatal no estado democrático de direito fundamenta-se nesses direitos, que são pressupostos da estrutura e do mecanismo da sociedade, pois sem eles dissolve-se o próprio tecido social. Neste sentido, é que se pode compreender como a democracia é o regime natural do ser humano, pois é precisamente o regime que se estrutura tendo em vista as características fundamentais da pessoa humana: autonomia, liberdade, igualdade e solidariedade.

O regime político do século XXI será o da democracia deliberativa, sistema político destinado a implementar o republicanismo cívico, onde a pessoa humana é chamada como cidadã, a participar ativamente na elaboração das leis, no governo e na solução dos conflitos sociais. Supera-se, então, a democracia política, caracterizada apenas pelo estado representativo, onde todo o poder emana do povo através de eleições; supera-se, também, a democracia liberal, onde todo o poder emana de classes sociais, como a burguesia, e em nome delas é exercido. A democracia deliberativa pretende assegurar as conquistas da democracia política e da democracia liberal e acrescentar a elas direitos humanos políticos, como o da participação, e direitos humanos sociais, que irão marcar e definir o republicanismo cívico do século atual.

O direito neste milênio tem, assim, uma nova face, que expressa valores morais consagrados juridicamente na categoria dos direitos humanos. O característico da modernidade não é a instituição dos direitos humanos, mas o seu reconhecimento como agente legitimador e, necessariamente, partícipe e integrante da ordem jurídica democrática. O fato de os direitos humanos terem sido historicamente formulados no continente europeu, não desvaloriza a sua idéia central – a igualdade de todos os seres humanos –, pois a mesma perpassa todas as culturas, ainda quando não é implementada.

A modernidade da idéia dos direitos humanos reside no fato de que, antes não acarretavam conseqüências jurídicas, mas hoje isso ocorre porque a natureza do estado democrático de direito pressupõe a igualdade moral de todos perante a lei, primeira exigência na construção de uma sociedade, que tem no direito a sua espinha dorsal. A contribuição da modernidade para a adequada formulação dos direitos humanos, residiu não na concordância sobre uma possível concepção universal do ser humano, que se revelou teórica e abstrata, mas no fato de considerá-lo, nas relações sociais objetivas como, igualmente, sujeito de direito e obrigações. Os direitos humanos, ao contrário do que ocorreu na tradição liberal, representam na democracia contemporânea um valor político mais radical. Isto porque, além de consagrar os direitos relativos à pessoa humana, considera essa categoria de direito numa perspectiva mais ampla e abrangente, que se materializa na prioridade dada aos direitos sociais, como necessária para a própria preservação dos direitos individuais na sociedade democrática.

Bibliografia

Aristóteles. *Ethique a Nicomaque*. Paris: Librairie Philosophique J. Vrin, 1990.
Bertolis, S. J. Ottavio de. "Una Possible Evoluzione Del Diritto", in *Civiltà Cattolica*, 151 (2000), q. 3599.
Bobbio, Norberto. *A Era dos Direitos*, trad.bras. Rio de Janeiro: Campus, 1992.
D'Agostino, Francesco. "Fondamento Giuridico della Bioetica", in Russo, G. (acura di), *Bioética Fondamentale e Generale*. Torino: Società Editrice Internazionale, 1995.
Ésquilo. "Les Eumenides", in *Eschile/Sophocle*. Paris: Galimard, Bibliothèque de la Plêiade, 1967.
Fernandez, Eusébio. *Teoria de la Justicia y Derechos Humanos*. Madrid: Editorial Debate, 1991.
Höffe, Otfried. *Justiça Política*. Trad. bras. Petropólis: Editora Vozes, 1985.
———. *Derecho Intercultural*. Barcelona: Gedisa Editorial, 2000.
Kant, Emmanuel. *Fundamentação da Metafísica dos Costumes*. Lisboa: Edições 70, 1988
———. *Métaphysique des Moeurs, Première Partie, Doctrine du Droit*. Paris: Librairie Philosophique J. Vrin, 1971
Kelsen, Hans. *Teoria General del Derecho y del Estado*. México: Universidad Autônoma de México, 1979.
———. *The Pure Theory of Law*. Berkeley: University of California Press, 1970.
Levinas, Emmanuel. *Entre nós – Ensaios sobre a Alteridade*. Trad. bras. Petrópolis: Editora Vozes, 1993.
Maritain, Jacques. *Les Droits de l'Homme et la Loi Naturelle*. Paris: Paul Hartmann Éditeur, 1943.
Radbruch, Gustav. *Filosofia do Direito*. Coimbra: Armênio Amado, 1974.
Reale, Miguel, *Filosofia do Direito*. 18ª ed., São Paulo: Saraiva, 1998.
Renaut, Alain/ Sossoe. Lukas, *Philosophie du Droit*. Paris: PUF, 1991.
Streck, Lenio Luiz. *Jurisdição Constitucional e Hermnêutica*. 2ª ed. Rio de Janeiro: Forense, 2004.

— XIII —

Verdade e significado

OVÍDIO A. BAPTISTA DA SILVA

1. A sumarização de uma determinada demanda pressupõe que o juiz esteja autorizado a fundamentar o julgamento, em certa medida, num juízo de *verossimilhança*, numa verdade possível naquele momento processual, tendo em conta que a supressão de certas provas, como ocorre com o *mandado de segurança*, ou a eliminação de certas áreas do conflito, como nas *possessórias* – de modo que a lide não se apresente com as dimensões que poderia ter, não fora essas limitações –, fará com que o julgador não disponha de todos os elementos, de fato ou de direito, para formar o convencimento com a "plenitude" que seria desejável, caso as partes pudessem utilizar, na sustentação de suas alegações, todos os fatos e todas as alegações possíveis de direito, que os amparassem.

Encontramo-nos, portanto, ante uma questão importante, ligada à natureza, ou aos limites da cognição judicial em geral, bem como ante um problema crucial, relativo à própria da função jurisdicional. Em última análise, dispomos de uma perspectiva privilegiada para o exame de um dos pressupostos mais caros à doutrina processual, qual seja o entendimento de que o juiz, ao proferir a sentença, esteja a revelar a "vontade da lei".

Partindo da premissa de que o juiz seria aquele ser inanimado imaginado por Montesquieu, incumbido de relevar a "vontade da lei", chegaremos à conclusão de que o magistrado não poderá prestar jurisdição valendo-se de um juízo de *verossimilhança*, porquanto, ao sustentar-se, não na "vontade da lei", mas na simples possibilidade de que essa seja sua verdadeira vontade, estaria outorgando à parte uma proteção que provavelmente não correspondesse à expressão daquela "vontade".

Em última análise, estaria a proteger alguém não tutelado pela norma, porquanto – imagina-se – o julgador ainda não obtivera a "certeza" de ser essa a "vontade da lei", como insistia em dizer Chiovenda, ao referir-se à natureza da função jurisdicional, pressuposto, de resto, básico para a doutrina da "separação de poderes", segundo a qual o direito é inteiramente produzido pelo Poder Legislativo, cabendo à jurisdição apenas revelá-lo (declará-lo). Revelar a "vontade da lei", não a vontade "provável" da lei; vontade naturalmente constante, como as fontes romanas conceituavam a justiça (*Instituições de Justiniano*, Liv. I, 1: *Justitia est constans et perpetua voluntas ius suum quique tribuere* ("A justiça é a vontade constante e perpétua que atribui a cada um o seu direito"), de que Alessandro Pekelis valeu-se para dar título a sua conhecida obra de filosofia do direito (*Il diritto come volontà costante*, 1931, CEDAM, Pádua). Não será necessário recordar que essa prescrição fora editado por um tirano.

Embora a "constância" dessa imaginada "vontade da lei" nunca venha explicitada, é certo que ela é uma qualidade pressuposta. Como seria possível afirmar que a lei tem uma vontade, a ser descoberta pelo intérprete, se essa vontade se modificasse periodicamente? Não seria correto supor que a lei tivesse uma "vontade" quando as constantes modificações jurisprudenciais dão ao mesmo texto compreensões diferentes, aplicando-o muitas vezes em sentido diametralmente oposto ao proclamado pouco antes pelo mesmo tribunal.

Aqueles que têm experiência prática, que convivem com a atividade forense, sabem que essa inefável "vontade da lei" não passa de uma doce miragem. A verdades dos fatos interessa ao intérprete, especialmente ao juiz, porém como o estágio inicial da formação de juízo.

2. Antes de preocupar-se com a imaginada "vontade da lei", ou apenas com a verdade dos fatos, o que interessa ao processo, será sempre o seu "significado" ou, como diz Gadamer, referindo-se a Vico, a busca do "sentido", um saber pelas causas, "que permite encontrar o evidente (*verisimile*)" (*Verdad y método*, Salamanca, 1988, p. 50-51). Gadamer complementa seu pensamento com esta asserção: "Pues bien, el concepto de la evidencia pertenece a la tradición. Lo 'verisimile', lo vero-simil, lo evidente forma una serie que puede defender sus razones frente a la verdad y a la certeza de lo demostrado y sabido" (p. 579).

Mostrara antes o filósofo a importância da retórica, enquanto arte de convencer, cuja utilização impõe-se, segundo ele, por uma inevitável contingência a que se submetem os saberes que dependem da linguagem, afinal para as ciências da compreensão. Seu pensamento está resumido nesta esclarecedora proposição: " Y allí donde el hablar es arte lo es también comprensión. Todo hablar y todo texto están pues referidos fundamentalmente a la arte del comprender, a la hermenéutica, y es así como se explica la comunidad de la retórica (que es parte de la estética) y la hermenéutica" (p. 242).

Em obras posteriores, como em seus fundamentais ensaios sobre a "arte de compreender", Gadamer volta a insistir na importância da *retórica* clássica, como um complemento das ciências hermenêuticas (*L'art de comprendre – Herméneutique et tradition philosofique*, tradução de 1982, Éditions Aubier Montaigne, Paris, p. 128).

Estas palavras de Luís Ricasens Siches mostram não ser tarefa do legislador determinar o modo como a lei deverá ser interpretada, que no fundo, é o que se pretende, por exemplo, com as súmulas vinculantes, constituídas em normas que, ao fixarem o sentido da lei, acabam engessando a jurisprudência: "O legislador poderá ordenar, através de suas normas gerais, a conduta que considere justa, conveniente e oportuna. Até aí pode estender-se seu poder. Entretanto, essencial e necessariamente está fora do poder do legislador decidir e regular aquilo que jamais se poderá incluir no conceito de legislação: regular o método de interpretação das normas gerais que ele produz. Às vezes, porém, os legisladores, embriagados de petulância, sonham com o impossível" (*Introducción al estudio del derecho*, Editorial Porrúa, México, 1981, p. 240).

Paul Ricoeur, escrevendo a respeito da *querelle* entre Dworkin e o positivismo de Hart, mostra que os "fatos", não apenas quando valorados, mas até mesmo quando descritos, são objeto de multíplices controvérsia jurídicas, porque, como diz Dworkin, o processo não trata de fatos em estado puro mas, ao contrário, de fatos que carecem de interpretação que lhes atribua significado (*Interpretazione e/o argumentazione*, Annuario di ermeneutica giuridica, CEDAM, 1996, p. 90).

O filósofo insiste na necessidade de superar a polaridade entre interpretação e argumentação, de modo a dar-lhes sentido dialético e, portanto, complementariedade (p. 78), porque, afirma Ricouer, " . . . ho creduto di potermi basare sulle insufficienze di ciascuna posizione considerata per sostenere la tesi secondo la quale una ermeneutica giuridica, incentrata sulla tematica del dibattimento, richieda una concezione dialettica dei rapporti tra interpetazione ed argomentazione. Sono stato incoraggiato in questa impresa dall'analogia che mi è sembrato esistere, sul piano epistemologico, tra la coppia interpretare-argomentare sul piano giuridico, e la coppia comprendere-spiegare, dalla quale ho tempo fa mostrato la struttura dialettica, nell'ambito della teoria des testo, della teoria dell'azione o della teoria della storia" (p. 78).

3. Nem somente interpretação, nem, ao contrário, apenas "decisionismo". A argumentação exerce, no processo judicial, uma função complementar da interpretação. Tanto mais se argumenta, melhor hermeneuticamente se compreende. Remata Ricouer: "Spiegare di più per capire meglio" (p. 92). Esta é a explicação para um fenômeno conhecido de quantos exercem a docência, particularmente nas ciências humanas, que determina que o professor apreende mais que o aluno.

Referindo-se ao desprezo pela *retórica*, no alto Renascimento, mostra Renato Barili que "no fundo, é o velho divórcio, sempre temido pelos mais acérrimos defensores da retórica, entre palavras e coisas, entre *docere e movere*, sentidos e intelecto, conhecimento e vontade. Cada um destes momentos, no limiar da idade moderna, está a caminho de se constituir num plano de autonomia, de excluir uniões com outros: por um lado, uma procura do verdadeiro cada vez mais rigorosa e entregue a técnicas próprias; por outro, um fortalecimento das ciências morais baseadas na prudência. Quase um prenúncio da razão pura e da razão prática kantiana, incomunicantes entre si, unânimes só se se tratar de rejeitar os bons ofícios das artes do discurso" (*Retórica*, Istituto Editoriale Internazionale, 1979, Lisboa, 1985, p. 95).

Barili confirma o horror do racionalismo com relação à retórica. A questão é conhecida, como o indicou Quentin Skinner, ao mostrar a ingente luta de Thomas Hobbes contra os argumentos retóricos, aos quais, aliás, seguidamente sucumbiu, sem contudo superar, apesar disso, o seu desprezo pela arte da argumentação (*Razão e retórica na filosofia de Hobbes*, Cambrigde University, 1996, versão brasileira de 1999, Editora da UNESP, São Paulo, p. 457).

Para os racionalista, as verdades são tão evidentes e claras que não há necessidade de perder tempo com argumentos, destinados a convencer o interlocutor de "nossas" verdades, especialmente o juiz. (Somente o advogado moderno, militante, tem condições privilegiadas para ver a enormidade dessa ilusão).

Esta é uma circunstância curiosa e que releva o profundo sentido dos *paradigmas* científicos. As pessoas, muitas vezes, rejeitam, como ultrapassadas certas percepções dos fenômenos, especialmente nas ciências do espírito, mas dissimulada e, mais ou menos, inconscientemente, as sustentam. O próprio campeão do racionalismo, que foi René Descartes, era um retórico. Sobre este ponto escreve Gadamer: "Descartes même, qui a soutenu avec grandeur et passion la cause de la méthode et de la certitude, est, en toutes ses oeuvres, un écrivain qui, comme la surtout démontré Henri Gouhier, use magnifiquement des moyens de la rhetorique" (*L'art de comprendre -Herméneutique et tradition philosofique*, cit., p. 128).

A suposição de que a lei tenha uma "vontade" suprime a Hermenêutica, no pressuposto de que a missão do julgador seja apenas a descoberta dessa "vontade", para proclamá-la na sentença, como se a norma tivesse sempre o "sentido" que lhe atribuíra o legislador, mesmo que as circunstâncias históricas e os padrões de moralidade sejam outros, inteiramente diversos daqueles existentes ao tempo da edição da lei.

Obscurece-se, em última análise, a distinção entre a faculdade de "pensar" e a faculdade de "conhecer" (Kant), entre "verdade" e "significado" (Hanna Arendt. *A vida do espírito*, tradução de 1991, Editora da Universidade Federal do Rio de Janeiro, p. 45), esquecendo-se igualmente de que, para o Direito, o que realmente interessa não é a "verdade", mas o "significado".

A suposição de que a função do intérprete fique limitada à descoberta da "vontade" da lei – pressuposta invariável, sejam quais forem as circunstâncias históricas de quem deva aplicá-la –, ignora as ambigüidades inerentes à linguagem humana. Como observa Richard Palmer, "o sentido e a significação são, portanto, contextuais, são parte da situação" (*Hermenêutica*, original inglês de 1969, Northwestern University Press, tradução portuguesa, 1986, Edições 70, Lisboa, p. 124).

Escrevendo sobre o que o autor indica como "estilo italiano", no que respeita à interpretação, mostra Merryman que o dogma da plenitude do ordenamento jurídico, associado a busca da certeza, cria o pressuposto de que a *letra* da lei mantenha seu *significado* invariável, ao escrever o seguinte: "Benchè la lettera delle leggi rimanga invariata, il suo significato nell'applicazione spesso cambia di fronte alle nuove istanze sociali. L'ideale della certeza del diritto diviene un'ilusione di fronte alla incertezza che esiste nella realtà, dove per determinare il diritto delle parti spesso si deve attendere il risultato della lite. Tutto ciò è di lampante evidenza. Il giudice italiano non è, in pratica, soccorso da una chiara, completa, coerente e preveggente legislazione, che lo sollevi della necessità di interpretare e applicare le norme legislative. Come i suoi colleghi di *common law* egli è implicato in un processo vitale complesso e difficile. Egli deve individuare i problemi e sogliere e applicare ad essi norme di legge che assai raramente, o meglio mai, sono chiare nel contesto del caso per quanto chiare possono sembrare in astratto" (John H. Merryman, Lo "stilo italiano": La interpretazione, *Rivista Trimmestrale di diritto e procedura civile*, 1968, p. 384).

Antes dissera Hanna Arendt: "Visto da perspectiva do mundo 'real', o laboratório é a antecipação de um ambiente alterado e os processos cognitivos que usam as habilidades humanas de *pensar* e *fabricar* como meios para seus fins são os modos mais refinados do raciocínio comum. A atividade de conhecer não está menos relacionada ao *nosso sentido de realidade* (os itálicos são nossos), e é tanto uma atividade de construção do mundo quanto a edificação de uma casa" (ob. e loc. citados).

O problema do processualista é dar sentido aos fatos. Não basta estabelecer sua veracidade. Esta é a tarefa do historiador, não do magistrado. O direito nasce do fato, mas com ele não se confunde. As proposições mais simples e que poderiam parecer óbvias, dependendo do respectivo contexto poderão ter "significados" diversos e até antagônicos.

De resto, como advertiu Gadamer, "não nos esqueçamos de que, inclusive nas ciências, o 'fato' não se define como o simplesmente presente, fixado através da mensuração, da ponderação ou da contagem: 'fato' é antes um conceito hermenêutico, ou seja, algo sempre referido a um contexto de suposições ou expectativas, a um contexto de compreensão inquiridora de tipo complicado. Não tão complicado, mas igualmente difícil de levar a cabo é ver, na práxis vital de cada um, aquilo que existe, e não o que gostaríamos que existisse" ((Hans-Georg Gademer, *Elogio da teoria*, original alemão de 1983, Edições 70, Lisboa, 2001, p. 36).

O que para nós é mito poderia ter sido "fato" para as civilizações que nos precederam. De resto, é freqüente criamos nossos mitos modernos, para depois abandoná-los e regressar a certas "verdades" antigas. Dois pensadores contemporâneos, sem qualquer vínculo que os ligue, entre si, a determinada escola ou corrente filosófica, podem testemunhar essa óbvia constatação. Referimo-nos ao sociólogo francês Alfred Sauvy (*Los mitos de nuestro tiempo*, tradução de 1969, Editorial Labor, Barcelona); e John Kenneth Galbraith, o conhecido economista americano (*A economia das fraudes inocentes*, original inglês de 2004, Companhia das Letras, São Paulo).

Devemos ter presente que nossos "fatos" poderão tornar-se também mitos num período histórico de longa duração. Na profunda percepção de Heidegger, as "coisas", em suas aparentes evidências, não são "naturais". Quando indagamos a respeito das coisas, já temos uma idéia prévia acerca de sua essência; "fala já a história". "As respostas que damos já foram dadas há muito tempo" (*Que é uma coisa – Doutrina de Kant dos princípios transcendentais*, aula proferida no Curso de inverno de 1935/36, na Universidade de Freiburg, tradução de 2002, Edições 70, Lisboa, p. 49).

Quando temos de enfrentar os chamados conceitos indeterminados, a ambigüidade semântica fica clara. Pense-se no que seja uma "falta grave" ou uma "injúria". Enfim que "significa" a locução "valores sociais do trabalho", inscrito no art. 1º da Constituição Federal, como um dos fundamentos da organização política brasileira? Uma "falta grave" não é um fato encontrado na natureza, que se possa tocar como uma coisa. Quando o juiz declara provada a "falta grave", certamente ele não está a dizer que, depois de investigá-la, como o cientista costuma medir as "coisas", está em condições de "demonstrar" cientificamente a existência do "fato" conhecido como "falta grave". Porém, na experiência judiciária, diz-se, com simplicidade, que a "falta grave", assim como outro qualquer conceito jurídico –, enquanto "fatos" – resultaram provados.

Os conceitos jurídicos são, basicamente, hermenêuticos. A função hermenêutica, de que o direito processual nunca poderá prescindir, joga-nos na permanente antinomia, a que se refere Karl Engisch, entre a "abstração" jurídica inerente à norma, e a "totalidade concreta do caso" (*La idea de concreción en el derecho y en la ciencia jurídica actual*, 2ª edição alemã de 1958, Ediciones Universitarias de Navarra, Pamplona, 1968, p. 259). O sentido não está, univocamente, no texto. O sentido será dado, necessariamente, pelo intérprete. Não há um sentido *a priori*, independente do respectivo contexto em que ele se insere. Depois de estabelecer a "verdade" dos fatos, o que já constitui uma tarefa laboriosa e sempre discutível (Karl-Otto Apel *Teoría de la verdad y ética del discurso*, tradução de 1987, Ediciones Paidós, Barcelona, p. 77), quem tenha a tarefa de interpretar (aplicar) o direito, terá de encontrar o "significado" do "fato".

4. Houve tempo em que as jovens que se exibissem com maiôs de duas peças nas praias brasileiras, corriam o risco de responder a processo criminal por atentado violento ao pudor. O Código Penal não mudou. Mudou o "fato", não obstante conservar-se o mesmo. Sua "significação" transfigurou-se, no curso do tempo.

Pensar o Direito, como observou Hanna Arendt (ob. e loc. citados), qual o cientista que, encerrado em seu laboratório, vê com desprezo a tecnologia aplicada, como se a teoria pudesse prescindir da prática, é uma das tantas calamidades que nos tem conduzido ao mundo "administrado", de que somos servis instrumentos. É o que está pressuposto quando se imagina que a lei seja portadora da "vontade" do legislador, eliminada a função criadora do ato de sua aplicação. Ela já viria pronta do "laboratório" legislativo.

É uma graça divina, como pensou ouvir José Saramago, o grande escritor português, no diálogo mantido entre Deus e Jesus, que a lei não tenha uma vontade, mas inúmeras vontades, ou inúmeros "sentidos" que essa "vontade" poderá assumir, a serem revelados pelo intérprete, segundo suas circunstâncias históricas e as exigências políticas e sociais de seu tempo, de modo a harmonizar o texto – imperfeita expressão gráfica da norma – com as expectativas humanas contemporâneas ao julgador que a deva aplicar. Deus teria revelado, nesse diálogo, que nós, homens, somos induzidos a "acreditar somente no que vemos", embora se saiba que "vemos as mesmas coisa de maneira diferente", o que, diz o escritor, "tem-se mostrado excelente para a sobrevivência e relativa sanidade mental da espécie" (*O evangelho segundo Jesus Cristo*, Companhia das Letras, 1991, São Paulo, p. 378).

5. Seria, na verdade, impossível conceber o mundo se todos os homens vissem as mesmas coisas sempre de maneira idêntica. Só o tirano, pela força, poderá sonhar com um mundo desta espécie. Realmente, a sobrevivência e "relativa" sanidade mental da espécie humana alimentam-se das *diferenças* não das *identidades*, fabricadas pela lógica, contra a natureza, onde não existem identidades. Daí dizer Arthur Kaufmann, o "direito é

originariamente analógico" (*Analogía y natrurelaza de la cosa*, original alemão de 1965, Editorial Jurídica de Chile, 1976, p. 58).

A lei que, porventura, tivesse uma única vontade – historicamente inalterável – que foi o sonho acalentado pelo Iluminismo europeu, é a lei do tirano, que imagina ter produzido o milagre de uma texto divinamente perfeito, dado ao julgador como a expressão de "sua" vontade.

Por outro lado, a convicção formada a respeito dos fatos, num determinado processo judicial, na maior parte dos casos não afasta a possibilidade de que o contrário possa ter ocorrido; a verdade dos fatos judiciais não passa de simples verossimilhança (Wach, *Conferencias sobre la ordenanza procesal civil alemana*, Buenos Aires, 1958, p. 241; Calamandrei, Verità e verosimiglianza, cit., p. 616). E mesmo quando a singeleza do fato e a superior consistência da prova possam conduzir-nos a uma juízo de certeza, são será esta verdade que terá relevância para o processo, mas o seu "significado", apreendido pelo intérprete, desde suas perspectivas históricas, através do que Richard Palmer indica como "confrontação do texto com um outro horizonte humano" (*Hermenêutica*, cit., p. 77), que não se confunde com o do legislador.

O processo não cuida de fatos tratados em sua pura materialidade, e sim de "fatos jurídicos", ou fatos juridicizados. Em última análise, o que se busca no processo é o "significado" a ser atribuído aos fatos. O juiz não labora com a simples descrição empírica dos fatos. Ele deve interpretar tanto a norma legal quanto atribuir aos fatos "significados" que haverão de ser qualificados como jurídicos (Paul Ricoeur, *Annuario di ermeneutica giuridica – Ars interpretandi,* Cedam, 1996, Pádua, p. 90).

Jerome Frank, o conhecido expoentes do chamado realismo jurídico americano, observava que "um martelo não é a mesma coisa para um carpinteiro, um pintor, um poeta, um físico ou um assassino" (*Direito e incerteza*, original inglês de 1951, *New York University Law* Review, tradução de 1988, Buenos Aires, p. 70) . Certamente essa "coisa" chamada martelo, tem "significados" diferentes para cada um desses personagens.

Esta lição de Jerome Frank descreve, com fidelidade, a experiência dos advogados forenses. Referindo-se à possibilidade de que os tribunais anulem, desfigurem ou destorçam, deliberada ou inadvertidamente, os fatos, escreve ele: "Basta observar que a natureza intrinsecamente desconsertante da busca dos fatos e da falta de certeza que daí resulta, são responsáveis, em sua maior parte, pela insegurança jurídica, ou seja, pela incapacidade de os juristas predizerem o resultado dos julgamentos mais específicos, particularmente antes de o processo iniciar-se. A predição sobre uma sentença implica, em geral, uma profecia sobre as futuras reações subjetivas do juiz incumbido de investigar a prova, ou de um júri, relativamente às declarações contraditórias de determinadas pessoas que poderiam ser testemunhas. Presumivelmente pela incapacidade de predizer, em muitos casos, os "fatos", o juiz Learned Hand, contando com uma considerável experiência como juiz de prova, declarou, em 1921: '*Devo dizer que eu, como litigante, temeria um pleito mais que qualquer coisa, exceto a enfermidade e a morte*'" (*Palabras y música – Algunas observaciones sobre la interpretación de las leyes*, original de 1947, Columbia Law Review, inserido na coleção intitulada "El actual pensamiento jurídico norteamericano", Editorial Losada, 1951, Buenos Aires, p. 198).

6. Não é nem mesmo a *verdade*, mas a *verossimilhança* – a verdade contextual e possível – que preside a atividade processual, tanto do juiz quanto, especialmente, dos litigantes que, como advertiu James Goldschmidt, não podem contar, enquanto figurantes da relação processual, senão com *expectativas* a respeito de seus pretensos direitos (*Princípios generales del proceso*, 2ª edição da obra intitulada *Teoria general del derecho*, publicada em 1936, EJEA, 1961, Buenos Aires, § 24 e sgts.). Este é o fenômeno que ainda resistimos a assimilar, para compreender que os direitos que se tornam litigiosos enfraquecem-se e perdem a tranqüila solidez que os protege, enquanto direitos materiais, pacificamente aceitos e observados no convívio social.

Os que pressupõem que a lei tenha sentido *unívoco* sustentam-se na idéia de que a "sua" leitura do texto seja a "única" "correta", sendo todas as demais arbitrárias, ou ideológicas, ou "alternativas" criações do intérprete. Esta seria realmente a justiça absoluta, incompatível com um regime político que se diz democrático, que Agnes Heller indica como a justiça do tirano (*Más alla de la justicia*, original inglês de 1987, Barcelona, Editorial Crítica, 1990, especialmente Cap. 5).

Luís Recasens Siches, para mostrar a ligação entre o movimento em favor da codificação no século XIX e os regimes políticos absolutos, recorda que também Justiniano, proibira que seus códigos fossem interpretados, exigência expressa em algumas de suas Constituições, que declaravam que a obra legislativa desse imperador era perfeita, razão pela qual a função do julgador haveria de ficar limitada a simplesmente revelar a "norma" contida no "texto", em atividade praticamente mecânica (*Nueva filosofia de la interpretación del derecho*, 1980, Editorial Porrúa, México, p. 190).

Para a democracia verdadeiramente universal e participativa, que estamos empenhados em construir, a tolerância é um pressuposto básico; a tolerância concebida inicialmente como forma de superar as lutas religiosas, depois generalizada como tolerância política, racial e até mesmo ética, pilar sobre o qual foi construído do mundo moderno. É o princípio de tolerância com o "outro", com suas convicções políticas, éticas e religiosas, que anula a pretensão, de resto ingênua, de que a lei possa ter sentido *uní-*

voco. Se considerarmos a distinção entre "verdade" e "significado", veremos que a própria natureza da linguagem determina uma essencial "plurivocidade" de sentido (Paul Ricoeur, *Annuario di ermeneutica giuridica*, cit. p. 91)

Escreve Arthur Kaufmann: "El intolerante lo inquieta las opiniones de los demás. El no puede elaborar la complejidad, porque no está abiertamente a favor de la pluralidad de la sociedad. El no posee la *ambigüedad de la tolerancia* (original sem os itálicos) para soportar la pluridiversidad de cosas y valores, la oscuridad de situaciones de decisión, los riesgos de la vida en el mundo moderno. Su formación de opinión no es un mero anticipo provisional, no es un antejuicio, sino un prejuicio, pues no está dispuesto a experimentar, complementar, rectificar, en el comportamiento de los demás. El rechaza nuevas informaciones, en la medida en que no puede clasificarlas en su anquilosado sistema. No aprende básicamente nada fuera de eso. En medio del gran mundo abierto eleva un pequeño mundo cerrado (*Filosofía del derecho*, 2ª edição alemã, Universidad Externado de Colombia, 1997 p 576).

Estando, como estamos, submetidos ao pensamento do "certo" e do "errado", fiéis ao raciocínio matemático, com a neutralidade axiológica que o sistema pressupõe que seja possível na experiência jurisprudencial, devemos oscilar entre o "branco", quando – a "nosso" juízo –, o julgador reproduzira a "vontade da lei"; ou, ao contrário, cairemos na zona "preta", sempre que a sentença, parecendo "branca" a nosso adversário, para "nós" será ofensiva da lei, conseqüentemente "preta", posto que errada.

As colorações, os incontáveis matizes que nos permitiriam encontrar a justiça nos casos individuais – por isso que infensos a regras – são recusados, por princípio. Em última análise, a penosa passagem do pensamento lógico para o analógico deve ter como pressuposto uma concepção do Direito que o faça comprometido com valores, que o conceba como um direito permeado pela eticidade (sobre este ponto, amparados em Kaufmann, consultar o que escrevemos na obra "Processo e Ideologia", Forense, 2004, Cap. XI).

Se a separação entre verdade e aparência é um fenômeno natural em todas as ciências, especialmente nas ciências sociais, não é menos verdade que nossa civilização urbana de massa haja tornado ainda mais profunda a distância entre a verdade e as simples aparências.

A *verossimilhança* domina literalmente a ação judicial. É com base nela que o juiz profere a decisão de recebimento da petição inicial, dando curso à ação civil, assim como, igualmente baseado em critério de simples verossimilhança, emite todas as decisões interlocutórias e, eventualmente – nos casos em que nosso direito o permite –, profere sentenças liminares, provendo provisoriamente sobre o *meritum causae*, como nos interditos possessórios, no mandado de segurança e, agora, nas antecipações de tutela dos arts. 273 e 461, os quais tornaram genérica a tutela de tipo interdital que, como se sabe, era outorgada pelo *praetor* romano com base em *summaria cognitio*, tal como hoje os nossos magistrados outorgam as tutelas antecipadas (Arnaldo Biscardi, *La protezione interdittale nel processo romano*, Cedam, Pádua, 1937, pp. 37 e sgts.).

Mas nem só os provimentos judiciais anteriores à sentença são emitidos com base em verossimilhança, também o é a sentença de mérito. Se não o fosse, se o juiz – depois do mortificante procedimento ordinário – houvesse afinal encontrado a "vontade da lei", não haveria como justificar a cadeia recursal que nos inferniza. Porventura, a última decisão de última instância seria capaz de possuir o divino segredo recusado às instâncias inferiores? Somente esse julgamento será capaz de revelar a "vontade da lei"? Certamente não, porquanto também contra ele cabem revisões judiciais; cabem ações rescisórias. E rescisórias de rescisórias!

7. São estas considerações que revelam a diferença entre "verdade" e "significado", fazendo-nos compreender que a suposta "vontade da lei" transforma-se na medida em que se transformam as circunstâncias históricas vividas pelo intérprete, a fim de que o "significado" da lei harmonize-se com as novas realidades sociais.

Encontramo-nos, realmente, no ponto de rotura entre o ideal do Iluminismo, com sua pretensão de domar o azar inerente à vida humana, obtendo a máxima segurança através do Direito, e as novas realidades sociais e políticas que nos obrigam, com a força das potências históricas que as produziram, a abandonar essa perigosa ilusão.

Teremos de regressar ao ponto em que o Direito, longe de ter a sonhada virtude de expressar-se através de uma linguagem *unívoca*, como pretenderam as filosofias liberais do século XVII, era aceito como essencialmente *problemático*, incapaz de admitir o raciocínio dedutivo, próprio da matemática. Pouco importa que gostemos ou não desta nova contingência. A superação do *dogmatismo*, que é a expressão mais visível de nosso *paradigma*, é uma imposição das novas realidades históricas.

A essencial *problematicidade* do Direito, que o aproxima inexoravelmente do "caso", dando azo à sua criação jurisprudencial, aparece hoje com uma tal evidência que nos faz duvidar de que, dois séculos antes, filósofos da grandeza de um Leibniz e jurista da competência e erudição de um Savigny, pudessem concebê-lo sob a forma de uma proposição algébrica, radicalmente *dogmática*.

O abandono da ilusão de que o raciocínio jurídico alcance a *univocidade* do pensamento matemático, não nos fará reféns das arbitrariedades, temidas pelo pensamento conservador, porquanto não se deve confundir *discricionariedade* com *arbitrariedade*. O juiz terá – na verdade sempre teve e continuará tendo, queiramos ou não –, uma margem de discrição dentro de cujos limites, porém, permanecerá sujeito aos princípios da *razoabilidade*, sem que o campo da juridicidade seja ultrapassado.

Lenio Luiz Streck mostra a artificialidade da idéia de que a lei tenha univocidade de sentido, ao dizer que "no texto legal há sempre um contexto", conseqüentemente "quando o juiz aplica a lei estará aplicando *não o texto-em-si*, mas o sentido que esse texto adquiriu na tradição" (*Jurisdição constitucional e hermenêutica*, Livraria do Advogado, Porto Alegre, 2002, p. 462).

Basta distinguir – o que nem sempre se faz – racionalidade de racionalismo, que foi a grande ideologia constitutiva do mundo moderno.

A respeito da suposição da doutrina moderna de que a norma deva ter uma "única resposta correta", considera Robert Alexy que isto, além de pressupor que o conhecimento humano, seja capaz de superar "um Hércules dworkiano", ainda exigiria mais cinco condições: a) um tempo ilimitado; b) informação ilimitada; c) claridade lingüística ilimitada; d) capacidade ilimitada às mudanças de papéis do sujeito; e) ausência de precompreensões igualmente ilimitada (*Derecho y razón práctica*, 2ª edição, 2002, Biblioteca da Ética, Filosofia del Derecho y Política, México, p. 20-23).

Alexy acrescenta outro pressuposto, ignorado pela doutrina processual, que é básica distinção entre o raciocínio dos juristas, quando laboram no domínio do direito material e a condição que lhes é imposta pela compreensão das categorias e instituições processuais. Como temos insistido (consultar, especialmente nosso ensaio intitulado "Direito material e processo", *in Revista Jurídica*, Editora NOTADEZ, nº 321, julho de 2004), no processo não existem o *ser* e o *não ser*. Tudo gira em torno do "em sendo", no domínio das simples possibilidades de vir a ser. Daí dizer Alexy: "En todo caso, está claro que en la realidad no existe ningún procedimiento que permita, con una seguridad intersubjetivamente necesaria, llegar en cada caso a una única respuesta correcta. Esto último no obliga sin embargo a renunciar a la idea de la única respuesta correcta, sino que únicamente da ocasión para determinar en *status* con más precisión. El punto decisivo aquí es que los respectivos participantes en un discurso jurídico, si sus afirmaciones y fundamentaciones han de tener un pleno de sentido, deben, independientemente de sí existe o no una única respuesta correcta, elevar la pretensión de que su respuesta es la única correcta. Esto significa presuponer la única respuesta correcta como idea regulativa. La idea regulativa de la única respuesta correcta no presupone que exista para cada caso una única respuesta correcta. Sólo presupone que en algunos casos se puede dar una única respuesta correcta y que no se sabe en qué casos es así, de manera que vale la pena procurar encontrar en cada caso la única respuesta correcta" (ob. cit. p. 24).

Os figurantes que assumem, na relação processual, a condição de parte ou terceiros juridicamente interessados, devem supor, como "idéia regulativa", que as respectivas pretensões contenham uma única resposta correta. O autor não dirá, ao formular a petição inicial, que não acredita da existência de seu direito; ou que, embora esteja convencido de ter direito, é perfeitamente admissível que o juiz não o reconheça. Daí por que – como simples idéia regulativa – ele deve pressupor uma "única resposta correta". O mesmo fará seu contendor, ao sustentar a resposta contrária. Como disse Alexy, não existe *"una seguridad intersubjetivamente necesaria"*, que possa conduzir a uma única resposta correta.

8. Rudolf Jhering, em sua célebre obra sobre o "espírito" do Direito Romano, refere-se ao direito material como o "direito abstrato" que, no processo, deve ser aplicado aos "casos concretos" (*L'esprit du droit romain*, tradução francesa de 1886-1888, vol. III, p. 21). A idéia do direito material, como um direito abstrato, é sugestiva, para mostrar a distinção entre essa condição do direito, tal como ele é praticado quotidianamente na vida social, e o direito submetido à jurisdição. A. Castanheira Neves referindo-se à H. M. Pawlowski escreve: "O processo é necessário para fixar o que *hoje* – o que *neste caso* – concretamente é *o direito*. Ele não serve portanto apenas para impor e realizar um direito 'material subjetivo' previamente fixado; é antes necessário para que *o direito* – o direito subjetivo e o direito objetivo – seja determinado ou fixado; o direito que sem o processo e a sentença permaneceria indeterminado e só subjetivamente (e por diverso modo) conhecido . . . O processo é necessário uma vez que o direito, que está sempre em mutação, tem de ser fixado para um certo momento temporal" (*A natureza dos "assentos" e a função jurídica dos Supremos Tribunais*, Coimbra, 1983, p. 126).

Talvez, como observa Karl Engisch (ob. cit. p. 260), muitos mal-entendidos pudessem desfazer-se se esta essencial diversidade entre o direito material e o processo fosse preservada, com o abandono da pretensão de eliminar o dualismo existente entre a ordem jurídica material e o processo. Esta distinção é que introduz, no processo, um espaço retórico de argumentação.

Esta é a contingência imposta pela dinamicidade da condição processual, ao contrário da posição estática, do "ser" ou "não ser" do direito material, de que falou James Goldschmidt, quando propôs que se compreendesse o processo como uma "situação jurídica", ao dizer que "el modo de ver o considerar el derecho, que convierte todas las relaciones jurídicas en expectativas o perspectivas de un fallo judicial de contenido determinado, puede llamarse una consideración *dinámica* del derecho en contraste con la consideración corriente, que es *estática*, porque enfoca todas las relaciones jurídicas como consecuencias jurídicamente necesarias de hechos presupuestos como realizados" (*Principios generales del processo*, cit., p. 64).

9. A verdade, incessantemente buscada através dos juízo de certeza, e a irrelevância dos "significados", como se a lei tivesse uma vontade invariável ("vontade constante"), foi o preço exigido pelo positivismo jurídico, enquanto fiador do Estado Industrial.

Para o direito material, cujas categorias são empregadas descuidadamente pelos juristas que lidam com o processo, os direitos (pretensões) controvertidos na causa "são pressupostos como realizados" antes mesmo da sentença. Como mostrou Goldschmidt, sou acionista, sou proprietário, sou credor, sou possuidor; ou, no pólo passivo, o réu é devedor, o réu é inquilino, etc., enquanto a relação processual se desenvolve. As categorias estáticas do direito material subjugam o pensamento e a ação dos juristas dedicados ao processo, seja nas obras de doutrina, seja na prática forense. O desafio de Goldschmidt ainda não teve ressonância.

Entretanto, embora a doutrina processual se valha dessas categorias, o processo ignora as figuras de um proprietário, de um credor, de um acionista, transformando-as em *"aquele que se diz"* acionista, credor, locador ou proprietário; ou naquele *"a quem se atribui a condição de"* devedor, do direito das obrigações, ou injusto possuidor, ou devedor de alimentos", etc.

Temos de ter presente que a lógica é um artifício humano, através do qual as coisas apenas análogas em sua essência, são tratadas como idênticas para formação das "regras". A lógica é uma construção humana, que tenta eliminar a "diferença" que existe no mundo. Mas o processualista que lida com um pedaço da história humana, conhecida como "lide", não deve perder de vista esta contingência.

10. No direito que se pratica na instância judiciária, os advogados que lidam com a "racionalidade forense", a que Gadamer se refere, invocando Chaïm Perelman (*Verdad y metodo*, cit., vol. II, Salamanca, 1992, Ediciones Sígueme, p. 113), utilizam-se essencialmente da *retórica*, pela natureza da "relação vital do intérprete com o texto". Como disse o filósofo é necessário aceitar a "ambigüidade retórica" como um ideal positivo para compreensão das ciências do espírito (Gadamer, *Verdad y método*, 4ª edição alemã, 1975, Salamanca, Ediciones Sígueme, 1988, 403). A "aceitabilidade racional", expressa pelo *verossímil* do pensamento clássico, deve tomar o lugar da racionalidade linear da epistemologia das ciências empíricas.

A decisiva importância dada por Gadamer à retórica, como instrumento complementar da hermenêutica, pode ser avaliada pelo que disse o filósofo neste parágrafo: "Hay que insistir hoy en que la racionalidad de la argumentación retórica, que trata de utilizar los 'afectos', pero que reivindica fundamentalmente los argumentos y trabaja con probabilidades, es y seguirá siendo un factor definitorio de la sociedad mucho más poderoso que la certeza de la ciencia. Por eso en *Verdad y método* I hice una referencia especialmente a los trabajos de Ch. Perelman, que toma la praxis jurídica como punto de partida" (*Verdad y método*, vol. II, cit. p. 394).

Escreve Aulis Aarnio: "La aceptabilidad racional, en tanto principio regulativo de la dogmática jurídica, juega el mismo *papel* que la verdad en las ciencias empíricas. Así como las investigaciones empíricas tratan de aproximarse a la verdad, el objetivo de la dogmática jurídica es maximizar la aceptabilidad racional ... Esto no significa la aceptación de algún tipo de 'teoría electoral de la verdad'... Primero, la teoría de la aceptabilidad racional no se refiere en absoluto a la dicotomía verdadero/falso. Por el contrario, las posiciones normativas no pertenecen al ámbito de la verdad. Puede haber más de una posición normativa 'verdadera' en la sociedad, según el punto de partida que se adopte. Justamente en esta concepción reside el núcleo de la crítica con respecto a las teorías de la única respuesta correcta. El rechazo de una única respuesta correcta es una consecuencia directa de la tesis del relativismo axiológico ... Desde el punto de vista del manejo sensato de nuestros asuntos comunes es necesario, pero también suficiente, lograr un consenso representativo sobre el sistema de valores que se encuentran en la base del orden jurídico. Este es el núcleo de la concepción occidental de democracia. Ciertamente la democracia no significa tratar de lograr resultados verdaderos. El objetivo es la creación de una base aceptable de acción desde el punto de vista da la comunidad. Por ello, el relativismo moderado no es más que una parte de la exigencia de la democracia. Expresa un ideal del manejo de los asuntos sociales; su objetivo es producir resultados apoyados por aquellas personas razonables que representan los valores adoptados e aceptados en general por la sociedad" (*Lo racional como razonable*, original inglês de 1987, tradução de 1991, Centro de Estudios Constitucionales, Madrid, pp. 286-287).

Este modo de pensar o Direito Processual, este padrão epistemológico, e a necessidade que a civilização moderna tornou inevitável de tratar os litígios judiciais com base na *aparência*, admitindo a *razoabilidade* como critério de decisão; enfim, a distinção entre "verdade" e "significado", como critério de justiça para o caso concreto, é o grande responsável pela decadência do procedimento ordinário, com sua pretensiosa aspiração a alcançar a verdade, tendo no juiz a figura de um operador neutro, impassível parente as injustiças, e, conseqüentemente, irresponsável (Mauro Cappelletti, *Juí-

zes irresponsáveis? original de 1988, Giuffrè, Milão, tradução brasileira, Sérgio Antônio Fabris Editor, Porto Alegre, 1989, p. 30 e sgts.).

Mesmo porque a busca da verdade dos fatos será sempre uma tarefa indispensável, porém preliminar, não conclusiva. A partir desse ponto, é que o julgador haverá de atribuir-lhes "sentido", não um suposto significado constante, dado previamente pelo legislador, como se as contingência, expectativas e valores estivessem petrificados na História. Ao contrário, como disse Gadamer, "o que é 'justo' é totalmente relativo à situação ética em que nos encontramos. Não se pode afirmar de um modo geral e abstrato quais ações são justas e quais não o são: não existem ações justas 'em si', independentemente da situação que as reclame" (*O problema da consciência histórica*, conferência pronunciada em francês na Universidade de Louvain, em 1958, 2ª ed. brasileira, Fundação Getúlio Vargas, Rio de Janeiro, 2003, p. 52).

Fatores de variadas procedências, especialmente políticos, porém basicamente culturais, fruto da própria modernidade, encarregaram-se de produzir o irremediável anacronismo dos sistemas processuais que ainda se encontram ancorados na esperança iluminista de construir uma ordem jurídica isenta de valores, na qual o magistrado seria uma entidade neutra e passiva, cuja missão haveria de ser apenas a de esclarecer (declarar) a suposta "vontade da lei".

Uma autêntica democracia, pela primeira vez experimentada no curso da história humana, com o pluralismo que lhe é inerente e com a tolerância com as aspirações, expectativas e valores do "outro", que haverão de ser respeitados e admitidos como igualmente válidos; a tentativa de publicização do processo civil, pela via de sua constitucionalização, em que predominam os "princípios"; o perfil coletivo dos novos conflitos; e a hemorrágica, confusa e contraditória produção de leis politicamente engajadas, que não têm a menor semelhança com o conceito de lei proposto por Montesquieu, são alguns dos fatores responsáveis pela obsolescência do *procedimento ordinário*, que é o núcleo duro do sistema, na verdade, a estrutura elementar do chamado Processo de Conhecimento.

11. Uma das conseqüências mais visíveis desse processo cultural, como notou Nicola Picardi (La vocazione del nostro tempo per la giurisdizione, *in Rivista trimmestrale de diritto e procedura civile*, 2004, I, p. 41 e sgts.), foi retornarmos ao direito formado jurisprudencialmente, ao contrário do século XIX, o qual, segundo Savigny, tinha vocação para a legislação. Enquanto o século XIX supunha que o direito deveria estar inteiramente contido na lei, nossa época perdeu essa ingênua ilusão, para admitir que a lei, enquanto texto, é apenas uma pálida e tosca expressão da norma que o juiz tem de aplicar no caso concreto. Neste ponto, regressamos à sabedoria dos clássicos, para aceitar a imanente *plurivocidade* dos textos legais.

Este é o surpreendente resultado da "orgia legislativa". Seria de supor que a cipoal legislativo em que se encontra enredado o Estado contemporâneo fosse capaz de, afinal, dispensar a criação jurisprudencial do direito. Aconteceu, como observou Cappelletti, justamente o contrário: tanto mais leis são editadas, mais necessitamos da intervenção judicial na formação do direito (*Juízes legisladores?*, original de 1984, tradução brasileira, 1993, Sérgio Fabris Editor, Porto Alegre, p. 18).

Outro conhecido jurista italiano, tratando do velho tema das cortes de cassação, que nossas circunstâncias tornaram atual, dissera: "Appartiene alla relatività storica il modo d'essere del raportto (intellettuale, culturale, epistemologico) fra il giudice e la legge, e per molti aspetti il modo stesso di essere della legge. Non solo per la frammentazione dei testi, per la sovrabbondanza e la cattiva tecnica redazionale delle leggi, per il fenomeno della 'decodificazione', per le non rare ipotesi di sviamento di potere legislativo, per gli inediti problemi di gerarchia fra fonti del diritto, ma anche, e di più, perchè la legge non è frutto di una società omogenea e quindi rimanda al giudiziario incertezze non composte in sede parlamentare, e, ancora, perchè la legge stessa è sempre, potenzialmente, in discussione, non punto di arrivo ma doveroso punto di partenza di un dubbio, ogni qual volta essa possa apparire in contrasto con la Costituzione" (Giuseppe Borrè, La Corte di cassazione oggi, *in Diritto giurisprudenziale*, coletânea, organizada por Mario Bessone, Giappichelli Editore, Turim, 1996, p. 161). Não a lei "ponto de chegada", com que sonharam os filósofos do oitocentos europeu, o porto seguro contra nossas incertezas e aflições, o escudo de nossa liberdade, mas um mero ponto de partida para as dúvidas, frustrações e inseguranças.

Não se pode esquecer que nosso sistema processual conserva-se fiel aos padrões culturais do Iluminismo europeu, preservando intocado, e até exacerbado, o princípio da "separação de poderes". A alegação de que, comparado com os sistemas europeus do século XIX, o processo civil brasileiro apresenta uma extraordinária modernização, de que seria testemunha a criação jurisprudencial do direito, deve ser recebida com reservas. Como se teria produzido esse milagre, se as instituições conservaram-se inalteradas? Qual a origem dessa transformação, se a lei ainda é compreendida como portadora de "uma" vontade, naturalmente pressuposta como invariável, a impedir sua compreensão hermenêutica? Como, se consideramos natural "congelar" essa vontade através de súmulas vinculantes, que perenizam o sentido do texto? Como se a jurisdição apenas "declaratória" – pressupondo o monopólio do poder legislativo na criação do Direito – conserva-se nos Códigos, na Universidade e nos livros? Partindo dessa dura realidade, como legitimar a criação jurisprudencial do direito?

— XIV —
Notas introdutórias à concepção sistemista de contrato[1]

LEONEL SEVERO ROCHA[2]
JEFERSON LUIZ DELLAVALLE DUTRA[3]

Resumo: O contrato é uma das principais categorias do Direito moderno. O contrato surge no momento em que se configura a diferenciação funcional da sociedade. A observação do contrato a partir da Matriz pragmático-sistêmica permite ver a sua importância para a estrutura e evolução da sociedade. Do ponto de vista sistêmico ele é portanto uma forma de comunicação privilegiada.

Abstract: The present contract is one of the main categories of the Modern Law. The contract appears at the moment that one configurates the functional differentiantion of the society. The observation of the contract from the pragmatic-systemic Die allows to permit to perceive its importance for the society's structure and evolution. So, from the systemic point of view it is though a way of privileged comunication.

Sumário: 1. Metodologia Sistemistas; 2. A Teoria Geral dos Sistemas; 3. Niklas Luhmann; 4. O Direito como sistema parcial autopoiético; 5. O Contrato como acoplamento estrutural entre os Sistemas do Direito e da Economia; 6. A diferenciação funcional do contrato; 7. Diferenciação e paradoxo; 8. A comunicação; 8.1. A comunicação jurídica; 8.2 A improbabilidade da comunicação; 9. As implicações contratuais; 9.1. O contrato e o Direito; 9.2. O contrato e a Economia; 9.3. O contrato e a Sociedade; Considerações finais; Referências bibliográficas.

1. Metodologia Sistemista

Este texto propõe a observação diferenciada do contrato sob o ponto de vista sistêmico, *sistemista*, não apenas como instituição ou como norma

---
[1] Esta pesquisa integra o projeto de pesquisa "Teoria dos Sistemas Sociais e Decisão Jurídica" financiado pelo CNPq, assim como as pesquisas desenvolvidas na Unisinos no grupo Teoria do Direito. Também faz parte da Linha de pesquisa 2 do PPGD-Unisinos, "Sociedade, Novos Direitos e Transnacionalização". Foi igualmente utilizado, em parte, como fonte, a dissertação de mestrado de Jeferson Dutra, orientada por Leonel Severo Rocha, intitulada "O contrato como comunicação sistêmica".
[2] Coordenador do PPGD-Unisinos. Doutor pela EHESS-Paris. Pesquisador I do CNPq.
[3] Mestre em Direito pela Unisinos. Membro do grupo de pesquisa em Teoria do Direito, inscrito no CNPq, da Unisinos.

jurídica. O reconhecimento de uma dimensão comunicacional é o resultado de uma observação sofisticada que leva em conta a complexidade e a contingência da sociedade atual. A intrincada rede de operações econômicas e obrigações jurídicas de um mundo globalizado e a formação de novas fontes de ordem social para muito além dos limites territoriais dos Estados-nação exigem uma observação mais atenta da comunicação contratual, que pode ser obtida por meio das implicações práticas de uma teoria tão complexa quanto os fenômenos que ela busca descrever. É importante ressaltar que o contrato moderno surge no momento em que se configura a divisão funcional da sociedade, sendo uma condição de existência para a evolução da sociedade.

Para tanto, optou-se pela metodologia sistemista, notadamente, a partir dos conceitos da Teoria dos Sistemas Sociais Autopoiéticos de Niklas Luhmann, tendo em vista uma observação diferenciada do contrato. Neste ensaio será privilegiada a análise de como interagem por meio da comunicação contratual: os subsistemas do Direito e da Economia. Com essa finalidade procura-se encarar o fenômeno contratual sob um ângulo novo como fazendo parte de um sistema social autopoiético. Partindo-se de uma breve regressão às bases teóricas, entre elas a Teoria Geral dos Sistemas e a obra de Talcott Parsons, percebe-se tanto o Direito quanto a Economia como sistemas parciais auto-referentes que se reproduzem e se diferenciam historicamente, na modernidade, por meio de operações comunicacionais específicas. Nesta lógica, o contrato surge como um acoplamento entre as estruturas desses dois sistemas sociais, ao mesmo tempo, que permite uma auto-irritação mútua abrindo-os cognitivamente, e os mantendo operativamente fechados no círculo autopoiético de suas próprias operações.

A complexidade e a constante evolução dos contratos refletem-se diretamente no Direito Contratual, que busca na teoria dos sistemas sociais a garantia de uma perspectiva holística. A impossibilidade da comunicação remete ao paradoxo enfrentado pelo contrato: suas facetas privada e pública. O choque entre expectativas individuais e coletivas trava o sistema jurídico. Fugindo da paralisia, num processo de desparadoxização, pode-se perceber a concepção sistêmica do contrato como numa observação de segunda ordem sobre o mesmo, possibilitando distinguir sua função imprescindível na co-evolução dos sistemas parciais da sociedade, e enfim, no processo de evolução da própria sociedade.

2. A Teoria Geral dos Sistemas

Ao longo dos anos 50 foi aprofundada por Ludwig Von Bertalanffy, partindo da idéia de que a maior parte dos objetos da física, astronomia, biologia, sociologia formam sistemas. O sistema seria um conjunto de partes diversas que constituem um todo organizado com propriedades diferentes daquelas encontradas na simples soma de partes que o compõem. A idéia de Bertalanffy de uma "ciência geral da totalidade" baseava-se na sua observação de conceitos e princípios sistêmicos que podem ser aplicados em muitas áreas diferentes de estudo. Tendo em vista que os sistemas vivos abarcam uma faixa tão ampla de fenômenos, envolvendo organismos individuais e suas partes, sistemas sociais e ecossistemas, acreditava-se que uma teoria geral dos sistemas ofereceria um arcabouço conceitual geral para unificar várias disciplinas científicas que se tornaram isoladas e fragmentadas. Tal teoria geral foi arquitetada baseando-se num conjunto coerente de conceitos gerais, tais como sistema, rede, não-linearidade, estabilidade, entropia e auto-organização. Tais avanços, aliados à idéia de sistema, trazem alterações surpreendentes ao paradigma epistemológico e à própria concepção de ciência: "O que torna possível converter a abordagem sistêmica numa ciência é a descoberta de que há conhecimento aproximado. Essa introvisão é de importância decisiva para toda a ciência moderna. O velho paradigma baseia-se na crença cartesiana na certeza do conhecimento científico. No novo paradigma, é reconhecido que todas as concepções e todas as teorias científicas são limitadas e aproximadas. A ciência nunca pode fornecer uma compreensão completa e definitiva".[4]

A teoria geral dos sistemas desenvolveu-se conjuntamente com o desenvolvimento de três estudos fundamentais: a teoria dos jogos de Von Neumann e Morgenstern (1947), a teoria cibernética de Wiener (1948) e a teoria da informação de Shannon e Weaver (1949).[5] O fato de tais estudos aparecerem aproximadamente no mesmo momento conduziu a Teoria Geral dos Sistemas a um novo patamar, deixando as áreas restritas da matemática e da biologia para aliar-se às chamadas ciências da nova tecnologia.

Com o intuito de elaborar um arcabouço conceitual próprio para o estudo e a observação das relações sociais, Talcott Parsons foi precursor ao trabalhar os primeiros elementos de uma linguagem conceitual geral para as ciências sociais. Relacionando a objetividade do quadro normativo da sociedade de Durkheim[6] à contingência da ação subjetiva de Weber,[7] localiza sua teoria geral num grau de abstração bastante elevado. A partir de

---

[4] CAPRA, Fritjof. *A teia da vida:* uma nova compreensão científica dos sistemas vivos. Traduzido por Newton Roberval Eichemberg. 5. ed. São Paulo: Cultrix, 2001, p. 49.

[5] BERTALANFFY, Ludwig von. *Teoria geral dos sistemas,* p. 126 e ss.

[6] DURKHEIM, Émile. *Da divisão do trabalho social.* Traduzido por Eduardo Brandão. 2. ed. São Paulo: Martins Fontes, 1999.

[7] Weber desenvolve em *Economia e sociedade* a base teórica de sua sociologia compreensiva. Para ele a "sociologia é a ciência que pretende compreender a ação social, interpretando-a, com o fim de explicá-la casualmente em seu desenvolvimento e seus efeitos". WEBER, Max. *Economía y sociedad:* esbozo de sociología comprensiva. Traduzido por José Medina Echavarría. 2. ed. Bogotá: Fondo de Cultura Económica, 1977, p. 5.

obras como *O sistema social* (1951) e *Em direção a uma teoria geral da ação* (1951), Parsons acaba lançando as bases do que viria a ser sua Teoria Geral da Ação. Nesta linha de investigação Parsons guiará todo seu estudo da ação social pelo conceito de sistema. Considerado um conceito vital para qualquer ciência, a fim de transpor dados empíricos em proposições gerais ou teóricas que tenham a propriedade de estar logicamente ligadas e interdependentes, o sistema social encontra sua unidade-ato na noção de ação. A ação humana apresenta os caracteres de um sistema, pode ser considerada como uma totalidade de unidades-atos e como um elemento de uma unidade mais ampla. Dessa forma, toda e qualquer integração duradoura que ocorra na sociedade pressupõe normas, constituindo, assim, um sistema.[8] Parsons influenciou com sua teoria sociológica muitos pensadores importantes, entre eles Jürgen Habermas e Niklas Luhmann, cujas teorias alcançaram um grau de complexidade e sofistificação imenso.

3. Niklas Luhmann

A sociedade do ponto de vista conceitual tem sido descrita de várias formas: "sociedade pós-industrial" (Bauman),[9] "sociedade pós-moderna" (Lyotard),[10] "sociedade do risco" (Beck);[11] como se um aspecto isolado da sociedade fosse capaz de representar o todo complexo que ela abarca, suprimindo a necessidade de se observar o sistema social como um todo. Nem o descrédito do fordismo como meio de produção, nem a multiplicação dos contextos de risco que permeiam toda ação social e atingem indistintamente seus atores, e muito menos o desencanto das meta-narrativas, podem, isoladamente, descrever de forma suficiente as características da sociedade contemporânea. A necessidade de uma observação integral do fenômeno, mas sem esquecer das idiossincrasias referidas além de outras, desafiou Luhmann a construir uma teoria da sociedade como sistema social.

Luhmann pretende construir uma teoria com pretensão de universalidade, que pode ser aplicada a toda a esfera social, tanto nas interações,

---

[8] SCHWARTZENBERG, Roger-Gérard. *Sociologia Política:* elementos de ciência política. Rio de Janeiro: Difel, 1979, p. 121 e ss.

[9] BAUMAN, Zygmunt. *Modernidade líquida.* Traduzido por Plínio Dentzein. Rio de Janeiro: Jorge Zahar, 2001.

[10] Para Lyotard a pós-modernidade representava o surgimento de uma sociedade na qual o conhecimento tornara-se uma força econômica de produção e a ciência virara apenas um jogo de linguagem dentre outros, onde o saber é produzido para ser vendido e é consumido para ser usado numa nova produção. LYOTARD, Jean-François. *A condição pós-moderna.* Traduzido por Ricardo Corrêa Barbosa. 7. ed. Rio de Janeiro: José Olympio, 2002, p. 5. Além da leitura do saber como o novo capital – caminho que nem mesmo Marx sonhou ser possível trilhar – o livro apresenta como grande característica da pós-modernidade a perda de legitimidade das grandes meta-narrativas modernas.

[11] BECK, Ulrich. *La sociedad del riesgo:* hacia una nueva modernidad. Traduzido por Jorge Navarro, Daniel Jiménez, Maria Rosa Borrás. Barcelona: Paidós, 1998.

organizações, assim como na sociedade como um todo.¹² Incluindo elementos de outras áreas do conhecimento, tais como a cibernética, a biologia, a física e a matemática, seu estudo permitiu observar o fenômeno social de uma perspectiva totalmente diferenciada. Encara a sociedade como um sistema composto de inúmeros subsistemas, notadamente, como a Economia, a Política, o Direito, vistos como sistemas parciais, ao mesmo tempo operativamente fechados e cognitivamente ligados. E isso é possível graças ao elemento que constitui o sistema social e seus subsistemas: a comunicação, presente em toda relação social.

Luhmann para elaborar o seu projeto teórico entendeu que deveria inicialmente enfrentar alguns *obstáculos epistemológicos*¹³ que ao seu ver (de)limitam as teorias sociais até então existentes, inclusive a de Talcott Parsons.¹⁴ Partindo de uma racionalidade diferenciada, Luhmann aproxima-se de uma visão construtivista onde o conhecimento não se baseia no descobrimento de uma realidade pré-posta, mas na construção fundada em uma observação do que lhe parece ser a realidade. Assim, procura vencer a dicotomia clássica sujeito/objeto que suporta a epistemologia tradicional. A sociedade deixa de ser um mero objeto de pesquisa, passando a condição de possibilidade para a própria cognição social, incluindo aí o próprio Direito.

Para Luhmann, a unidade da sociedade não pode mais ser descrita a partir da centralidade do conceito de pessoa, que deve ser substituído pelo de comunicação. Para ele, a rejeição de um conceito humanístico-antropo-

---

¹² Note-se que, ao contrário do que lhe tem sido imputado, a teoria dos sistemas sociais de Luhmann e a pretensão de universalidade que a acompanha, não podem ser entendidas com a intenção de excluir outras possíveis interpretações teóricas para os mesmos fenômenos sociais ali descritos.

¹³ Acredita-se poder usar o termo *obstáculos epistemológicos* exatamente no sentido que Gaston Bachelard atribui a este conceito: "Quando se procuram as condições psicológicas do progresso da ciência, logo se chega à convicção de que *é em termos de obstáculos que o problema do conhecimento científico deve ser colocado*. E não se trata de considerar obstáculos externos, como a complexidade e a fugacidade dos fenômenos, nem incriminar a fragilidade dos sentidos e do espírito humano: é no âmago do próprio ato de conhecer que aparecem, por uma espécie de imperativo funcional, lentidões e conflitos. É aí que mostraremos causas de estagnação e até de regressão, detectaremos causas de inércia às quais daremos o nome de obstáculos epistemológicos". BACHELARD, Gaston. *A formação do espírito científico*: contribuição para uma psicanálise do conhecimento. Traduzido por Estela dos Santos Abreu. Rio de Janeiro: Contraponto, 1999, p. 17.

¹⁴ A demonstração desses verdadeiros obstáculos epistemológicos assim como a tentativa de superá-los no campo da sociologia se deve a Niklas Luhmann e a sua Teoria dos Sistemas Sociais. Segundo seus trabalhos, o conhecimento produzido pela sociologia até então remitia a obstáculos que derivam da tradição, impedindo uma adequada análise científica e provocando expectativas que não podem ser satisfeitas. Tais impedimentos podem ser identificados no preconceito humanista, na separação sujeito-objeto e na territorialidade que marcam a construção teórica da sociologia contemporânea. Nesse sentido LUHMANN, Niklas; DE GIORGI, Raffaele. *Teoría de la sociedad*. Traduzido por Miguel Romero Pérez; Carlos Villalobos. Guadalajara: Iberoamericana, 1993, p. 31-3. Ainda LUHMANN, Niklas. "O conceito de sociedade". In: NEVES, Clarissa Eckert Baeta; SAMIOS, Eva Machado Barbosa (org.) *Niklas Luhmann*: a nova teoria dos sistemas. Porto Alegre: UFRGS, Goethe-Institut/ICBA, 1997. p. 76.

cêntrico e suas limitações é a única possibilidade de fundamentar cientificamente e não metafisicamente a noção de sujeito.[15] Cabe aqui acertada consideração de Jean Clam[16] de que na teoria dos sistemas sociais o homem não está sociologicamente excluído, apenas metodologicamente. É um afastamento metodológico, por motivos de impossibilidade epistemológica. Mesmo que a pessoa não ocupe lugar no sistema social, ela forma o ambiente desse sistema e sem o qual ele não existiria. É na unidade da diferença entre sistema e ambiente que o homem encontra seu espaço na teoria luhmanniana, e que tem lugar através de um re-envio do ambiente no sistema. É no ambiente formado pelo conjunto de individualidades que se reflete toda a complexa rede de comunicações também chamada sociedade. A sociedade vista como grupo de pessoas ou territórios cria a ilusão de que a mesma se constitui num objeto que pode ser observada de fora. Mas a sociedade é um objeto que se auto-descreve.[17] Assim a sociedade passa a descrever a rede auto-referencial e auto-produzida de comunicações, em nível global.

Luhmann considera a complexidade e a contingência como duas das principais características da sociedade contemporânea. O mundo se apresenta ao homem como uma multiplicidade de possíveis experiências e ações. Toda esta variedade, contudo, está em contraposição ao limitado potencial humano em termos de percepção, assimilação de informação, e ação atual e consciente. Cada experiência concreta apresenta um conteúdo que remete a outras possibilidades que são ao mesmo tempo complexas e contingentes. *Com complexidade queremos dizer que sempre existem mais possibilidades do que se pode realizar. Por contingência entendemos o fato de que as possibilidades apontadas para as demais experiências poderiam ser diferentes das esperadas.*[18]

Em outras palavras, é a complexidade que permite o estabelecimento de uma relação de sentido, pois algo é somente se poderia não ser. A totalidade das possibilidades de experiências ou ações (complexidade) é que fornece sentido a cada uma dessas possibilidades. A complexidade obriga sempre uma seleção forçada entre essas várias possibilidades, pois sempre existem mais do que se pode realizar. E é justamente a necessidade desta seleção que vai causar a contingência, no sentido de que as possibilidades

---

[15] MORIN, Edgar. "La noción de sujeito". In: SCHNITMAN, Dora Fried (comp.). *Nuevos paradigmas, cultura y subjetividad.* Traduzido por Leonor Spilzinger, Leandro Wolfson. Buenos Aires: Paidós, 1994. p. 67-85.

[16] ROCHA, Leonel Severo; SCHWARTZ, Germano; CLAM, Jean. *Introdução à teoria do sistema autopoiético do direito.* Porto Alegre: Livraria do Advogado, 2005, p. 150.

[17] Segundo Luhmann a técnica de se trabalhar com questões reflexivas dissolve ou desconstrói a distinção entre sujeito e objeto. LUHMANN, Niklas. "Operational closure and structural coupling: the differentiation of the legal system". In: *Cardoso law review.* v. 13, n.º 5, p. 1419-441, 1992, p. 1420.

[18] LUHMANN, Niklas. *Sociologia do direito I.* Traduzido por Gustavo Bayer. 2. ed. Rio de Janeiro: Tempo Brasileiro, 1983. p. 45.

apontadas ou verificadas podem ser diferentes das esperadas. Isso gera um perigo de desapontamento e a necessidade de se assumir riscos. Contingente é aquilo que não é nem necessário nem impossível, quer dizer, aquilo que pode ser como é (foi, será) ou pode ser diferente. Contingente é aquilo que pode ser de outra maneira.[19] A modernidade contingente é uma modernidade que sempre pode ser diferente, onde há sempre outra possibilidade. Tratar a modernidade de forma contingente implica trabalhar com conceitos como decisão, risco e complexidade.

A evolução da sociedade implica na passagem de uma sociedade estratificada para uma sociedade funcionalmente diferenciada, base evolucionista possibilitada pela diferenciação funcional, que conduz à constituição de uma sociedade complexa, que a medida que desenvolve estruturas capazes de desenvolver processos auto-referenciais entra num nível hiper-complexo.[20] Para Von Neumann a complexidade suscita um problema de caráter lógico, que é o ponto de partida e fundamento da existência de qualquer sistema. Luhmann resolve essa questão recorrendo à lógica da diferença de Spencer Brown, em contraposição direta a lógica da unidade aristotélica.[21] Numa obra intitulada *Laws of form* o matemático americano George Spencer Brown inaugura a lógica da diferença a partir do conceito de *forma*. A forma é a forma de uma distinção,[22] portanto de uma separação, de uma diferença. Para que se possa ter uma forma faz-se necessário um primeiro ato: fazer uma distinção: *Draw a distinction*.[23] Assim, *o ato de designar qualquer ente, objeto, coisa ou unidade, está ligado à realização de um ato de distinção que separa o designado e o distingue de um fundo*.[24]

Um dos primeiros a esboçar o conceito de forma foi Ferdinand Saussure,[25] um lingüista. Ele demonstra que toda produção de sentido, do sig-

---

[19] LUHMANN, Niklas. *Sistemas sociales:* lineamentos para una teoría general. Traduzido por Javier Torres Nafarrete. 2. ed. Barcelona: Anthropos, 1998, p. 115-6.

[20] Por hiper-complexidade em sistemas sociais entende-se a capacidade dos sistemas de usar uma variedade de distinções muito diferentes para indicar a unidade de suas complexidades. Nas palavras de Luhmann, "Hence, such self-referential systems are hypercomplex systems because they may use a variety of very different distinctions to indicate the unity of their complexity". LUHMANN, Niklas. "Why does society describes itself as postmodern" In: RASCH, William; WOLFE, Cary. *Observing complexity*: systems theory and postmodernity. Minneapolis: University of Minnesota, 2000, p. 37.

[21] A lógica aristotélica corresponde à identidade estática imediata das "coisas", objetos materialmente determinados como pedras ou rochas, isolados no tempo e no espaço. O princípio do terceiro excluído e o princípio da identidade pressupõem unidades isoladas, sem auto ou hetero-referência, e que também não levam em consideração o segundo princípio da termodinâmica, ou seja, são princípios adequados a um mundo observado de forma simples.

[22] Nas palavras de Spencer Brown, "distinction is perfect continence." BROWN, G. Spencer. *Laws of form*. New York: Bantam Books, 1973, p. 1-4.

[23] BROWN, G. Spencer. *Laws of form*, p. 3.

[24] MATURANA ROMESÍN, Humberto. *A árvore do conhecimento*: as bases biológicas da compreensão humana. Traduzido por Humberto Mariotti e Lia Diskin. 2. ed. São Paulo: Palas Athena, 2002, p. 47.

[25] SAUSSURE, Ferdinand de. *Curso de lingüística geral*. 24. ed. Traduzido por Antonio Chelini, José Paulo Paes e Izidoro Blikstein. São Paulo: Cultrix, 2002.

nificado, é uma relação de valor. E o valor é temporalizado na forma. Para tanto, Saussure elabora uma teoria semiológica dos signos a partir da oposição língua/fala. Essa forma sempre tem dois lados. A partir daí a dicotomia língua/fala produz o sentido: a língua seria o sistema, e a fala a seleção atual. Essa relação (forma) língua/fala é uma relação temporal, porque só podemos entendê-la desde uma outra a relação entre diacronia/sincronia, que é uma outra relação com o presente e a história. Isto quer dizer que a produção de sentido é uma produção temporal. Não existe comunicação sem Tempo, ou seja, Saussure amplia as possibilidades de sentido neo-Kantianas. Como exemplo, num dos momentos mais brilhantes do *Curso de Lingüística Geral*, se explica, do ponto de vista estrutural e neo-Kantiano, como se produz a comunicação num certo momento e num certo Tempo, por meio das relações sintagmáticas e associativas da comunicação. As relações sintagmáticas mostram que os sons, os fonemas, para terem sentido, precisam de um tempo de articulação, de estruturação, para serem formados. Ou seja, a relação sintagmática/associativa, do ponto de vista Temporal, diz associativamente muito mais que o sentido literal. E é por isso que sempre um texto diz muito mais do que se pretende e menos do que se pensa. Assim um texto possui uma forma.

Toda forma e todo sistema trazem na sua diferenciação um espaço indeterminado. O conceito de sistema surge apenas a partir desta diferença. Dessa forma existe um mínimo de incerteza e indeterminação nas medidas, nos padrões, e só são medidas ou padrões em função também desta parcela de imprecisão. Assim a Teoria dos Sistemas Sociais incorpora o famoso princípio da incerteza de Heisenberg.[26] A incerteza não concerne apenas medidas e padrões. Compreende, também, os conceitos aptos a trabalhar com fenômenos complexos. Assim, a forma possui dois lados: um determinado e outro não determinado. Para Luhmann, o lado determinado, de complexidade organizada, representa o sistema; enquanto o lado indeterminado, demarca o ambiente, o *unmarked state*. Quando se efetua uma distinção, se indica uma parte da forma, mas com ela se dá, ao mesmo tempo, a outra parte. Um sistema é, pois, a forma de uma diferenciação, possuindo dois lados: o sistema (lado interno da forma) e o ambiente (lado externo da forma). Apenas ambos os lados constituem a diferenciação, a forma, o con-

---

[26] O princípio da incerteza foi desenvolvido pelo físico alemão Werner Heisenberg em meados da década de 20, e implica na afirmação de que quanto mais exatamente se tenta medir a posição de uma partícula, menos exatamente se consegue medir a sua velocidade, e vice-versa. Ver HAWKING, Stephen. *O universo numa casca de noz*, p. 42. A partir de sua afirmação, a relatividade que já havia sido comprovada em relação ao tempo (Einstein) passava a se estender também sobre o espaço, colocando em cheque os dois *a priori* kantianos e todo o conhecimento científico da modernidade clássica baseado numa *razão pura*.

ceito de sistema. Então, um sistema é a unidade da diferença entre sistema e ambiente.[27]

Somente aliando a concepção de *estruturas dissipativas* e a de *flecha do tempo* aos avanços da cibernética de segunda ordem, a Teoria dos Sistemas pode falar em termos de auto-organização a partir das operações próprias do sistema. A obra *Observing systems* de Heinz von Foerster foi decisiva neste sentido. Foerster afirma o princípio da *order from noise,*[28] considerando o ambiente como fonte de ruído não especificado (carente de sentido) do qual o sistema poderia encontrar um sentido através da conexão de suas próprias operações, podendo organizar-se por si mesmo e criar sua própria ordem. A ordem auto-organizada só pode crescer em complexidade a partir da desordem, ou seja, a partir de uma quantidade cada vez maior de ruído informacional. É a complexidade que cria a complexidade num processo de *observação de segunda ordem*. O observador é de segunda ordem quando suspende a relação comum "sujeito-objeto" e, em seu lugar, observa a si mesmo, enquanto observante, observando os instrumentos científicos que utiliza, assim como a comunidade científica e cultural a que pertence. E, principalmente, leva tudo isto em consideração na tentativa de descrever o seu objeto. Nesta linha de raciocínio é que a Teoria dos Sistemas Sociais Autopoiéticos vai inscrever-se junto a epistemologia construtivista radical. O sistema para Luhmann, assim como para Morin ou Le Moigne, só existe no processo contínuo de auto-produção de suas próprias operações. Em Edgar Morin[29] o construtivismo corresponde ao postulado do *pensamento complexo*, buscado numa reforma, se não que numa revolução, do procedimento de conhecimento que quer, a partir de então, manter juntas perspectivas tradicionalmente antagônicas (universalidade e singularidade).

Luhmann desenvolve sua Teoria dos Sistemas Sociais Autopoiéticos[30] reunindo logicamente o resultado desta série de novas teorias científicas

---

[27] LUHMANN, Niklas. "O conceito de sociedade". In: NEVES, Clarissa Eckert Baeta; SAMIOS, Eva Machado Barbosa (org.) *Niklas Luhmann:* a nova teoria dos sistemas, p. 78. Da mesma forma LUHMANN, Niklas; DE GIORGI, Raffaele. *Teoría de la sociedad*, p. 35.

[28] Nas palavras de Heinz von Foerster, "il principio che ho chamato 'ordine dal rumore' in quanto al sistema nom è stato fornito ordine alcuno, ma solo dell'energia a basso costo, senza una direzione precisa; tuttovia, grazie ai demonietti nella scatola, a lungo andare sono state selezionate solo quelle componenti del rumore che contribuivano all'aumento di ordine del sistema". FOERSTER, Heinz von. *Sistemi che obsservano*. Traduzido por Bernardo Draghi. Roma: Astrolabo, 1987, p. 66.

[29] MORIN, Edgar. *O método II*: a vida da vida.

[30] A produção de Luhmann é extremamente vasta, compondo-se de algumas dezenas de obras e centenas de artigos, dos quais apenas uma pequena parcela encontra-se publicada no Brasil. Para efeitos epistemológicos, a obra sociológica de Luhmann pode ser dividida em duas fases: a primeira, na qual Luhmann aperfeiçoa o estrutural-funcionalismo de Parsons, com quem estudou em Harvard, já se dirigindo num funcional-estruturalismo, sendo neste período o desenvolvimento de conceitos essenciais a sua teoria como os de complexidade, contingência e risco; e uma segunda fase também chamada autopoiética (ou autopoietológica) que traz consigo além das compreensões biológicas da Escola de Santiago também as incorporações cibernéticas de von Foerster. Tal analítica do pensamento do autor aparece brilhantemente tratada em ROCHA, Leonel Severo; SCHWARTZ, Germano; CLAM, Jean. *Introdução à teoria do sistema autopoiético do direito*.

em áreas do conhecimento aparentemente desconexas. Nesta teoria o sistema social é observado como um sistema composto de comunicações, que se reproduzem numa rede recursiva e auto-referente. Dessa forma, a sociedade deixa de ser a simples soma das interações ou ações presentes para ser vista como uma ordem maior, determinada pela diferença entre sistema e ambiente. Pensar em sistemas sociais implica que não se perquira mais sobre objetos, mas em diferenças e que estas diferenças não são concebidas como fatos reais, são diferenças de *sentido*. A partir desta diferenciação primeira (sistema-ambiente), o sistema social se diferencia funcionalmente formando sistemas. Para Luhmann, diferenciação funcional[31] e formação de sistema são as características básicas da sociedade contemporânea. Isso é colocado de tal maneira que a Teoria dos Sistemas e a Teoria da Sociedade tornam-se mutuamente dependentes. O sistema social estruturado a partir da diferenciação funcional forma sistemas funcionais, ou sistemas parciais, em relação aos quais o que importa não é a posição que cada um ocupa no sistema social, mas sim a função que cada um desempenha na sociedade. Assim, cada um dos diversos subsistemas funcionais (o sistema político, o econômico, o jurídico, etc.) desempenha uma função específica e o faz através de uma estrutura que se baseia num código binário que lhe é próprio e exclusivo. Diante disso, cada sistema funcional somente poderá observar a sociedade a partir de sua função, o que obsta qualquer possibilidade de um sistema específico postular prerrogativas de qualquer ordem sobre os demais. Nenhum subsistema pode pretender ter uma posição privilegiada em relação aos outros, nem mesmo a Economia como descrevem alguns. É por essa razão que a sociedade contemporânea é descrita como fragmentada em diversos sistemas funcionais, acêntrica ou, utilizando o termo que Luhmann toma emprestado de Gotthard Günther, policontextual.[32] O Direito vai ser encontrado nessa policontextualidade da sociedade, não mais visto somente como um conjunto de regras ou normas jurídicas, mas como um complexo sistema parcial funcionalmente diferenciado.

4. O Direito como sistema parcial autopoiético

Observando a sociedade como um sistema social autopoiético, composto exclusivamente por comunicações, Luhmann passa a considerar o

---

[31] Além da diferenciação funcional, que caracteriza a sociedade moderna, Luhmann indica a existência de outras três formas de diferenciação numa teoria evolucionista em que cada uma delas caracterizou a forma de organização social de um determinado período histórico. A saber: a diferenciação segmentária, que se caracteriza pela igualdade de vários segmentos da sociedade; a diferenciação centro/periferia, caracterizada pela desigualdade entre um centro e a periferia; a diferenciação estratificada ou hierárquica, que se caracteriza por uma desigualdade entre estamentos nos quais a sociedade se organiza. LUHMANN, Niklas; DE GIORGI, Raffaele. *Teoría de la sociedad*, p. 255 e ss.
[32] Idem, p. 131.

Direito como um sistema funcionalmente diferenciado.[33] Apta a trabalhar com conceitos como paradoxo, risco e complexidade, características próprias da sociedade contemporânea, a matriz sistêmica de Niklas Luhmann tem sua visão do sistema jurídico marcada pela sua concepção de sistema, ou seja, grafada a partir da auto-referência e da *autopoiesis*. Nesse sentido, o Direito como um sistema autopoiético não é um sistema aberto, nem um sistema fechado, tampouco é a mescla dos dois como quer a sistemática, mas é antes um sistema aberto "e" fechado.

O sistema do Direito possui uma função e um código binário que estão diretamente ligados a um processo de diferenciação funcional (que conforme demonstrado é caro à lógica da diferença). Segundo este processo, a medida em que um sistema evolui, vai se diferenciando dos demais sistemas que compõe a sociedade como a Economia, a Política, a Ciência etc., através da eleição de uma função específica e de um código binário capaz de operacionalizar tal função. No caso do sistema jurídico, esta função passa a ser a redução da complexidade social através da eleição de expectativas normativas contra-fáticas, ou seja, de estabilizar a expectativa da norma.[34] Em outros termos, a pergunta sobre qual a função do Direito nada mais é do que a pergunta sobre qual é o problema ou quais são os problemas que a sociedade resolve mediante o processo de diferenciação de normas especificamente jurídicas e, por conseguinte, de um sistema jurídico determinado.[35] No caso do sistema jurídico essa função diz respeito à eleição de expectativas geradas nos processos auto-referentes de comunicação. Para que possa haver um mínimo de ordem social, de neguentropia, faz-se necessário a criação de expectativas confiáveis sob as quais se possam erigir estruturas que gozem de uma estabilidade seletiva, caso contrário o sistema social seria marcado pelo caos e a desordem total, como processo irreversível de dissipação de energia (entropia). Para a realização desta função, o sistema jurídico desenvolveu um código próprio, através do qual diferencia o que é direito do que não é. Assim, o sistema, em cada operação aplica o código binário direito(*Recht*)/não-direito(*Unrecht*) e, dessa forma, ao mesmo tempo em que se diferencia do ambiente (demais sistemas funcionais) também se (re)produz continuamente.

Dessa forma, graças ao código binário, existe um valor positivo (direito) e um valor negativo (não-direito). O valor positivo se aplica quando uma comunicação coincide com as normas do sistema, já o valor negativo

---

[33] LUHMANN, Niklas. *La differenziazione del diritto*: contribui alla sociologia e alla teoria del diritto. Traduzido por Raffaele De Giorgi, Michele Silbernagl. Bologna: Società editrice il Mulino, 1990.
[34] LUHMANN, Niklas. *El derecho de la sociedad*, p. 194-6. Parte-se de que o Direito, nos moldes de Luhmann, desempenha apenas uma função no sistema social, que, por óbvio pode-se dividir em inúmeros problemas subseqüentes chamados prestações. Contudo, se encontra com freqüência a suposição contrária de que o Direito cumpre com uma grande quantidade de funções.
[35] Idem, p. 181.

se aplica quando a comunicação infringe suas normas. Contudo, o que se define por positivo ou negativo em nada tem a ver com uma finalidade do sistema, ou seja, o sistema jurídico não tem por objetivo aplicar necessariamente o valor positivo (direito). Pouco importa ao sistema que se tenha como resultado de suas operações um valor ou o outro. Para o sistema, e somente para ele, direito não é melhor que não-direito. Identificados, função, código binário e programações (normas) específicas do sistema jurídico, tornam necessárias operações específicas que os utilizem, tais operações também são de tipos especiais, específicas. Essas operações, por se desenrolarem num âmbito necessariamente social podem ser chamadas de *comunicações jurídicas*, diferenciando-se do conjunto de operações que formam o sistema social como um todo. Assim, tem-se uma visão sistêmica a partir da qual o Direito é visto através de numa rede recursiva de comunicações normativas com complexas relações inter-sistêmicas e com a capacidade de operar de maneira autônoma em relação a outros sistemas parciais da sociedade, como a Política e a Economia.

A observação de um sistema a partir de uma rede de comunicações normativas autorreferentes coloca-o num fechamento operacional onde apenas o sistema jurídico pode dizer o que é ou não direito, o que faz ou não parte de seu sistema. Por fechamento ou clausura operacional compreende-se a *rede fechada de mudanças de relações de atividade entre seus componentes*.[36] O fechamento operacional do sistema jurídico autopoiético, parte do pressuposto de que com ele ocorre o mesmo. O Direito se constrói a partir de sua recursividade, sua *re-entry*, e apenas sua estrutura interna pode definir quais perturbações do meio, sejam elas políticas, morais, religiosas, científicas ou econômicas repercutem no sistema e quais as alterações nele provocadas. E nesse contexto as decisões jurídicas, como comunicações especializadas, tem papel primordial tendo em vista que somente uma decisão jurídica pode aplicar o código direito/não-direito, e somente ela pode definir o que deve ser levado em conta nesta definição. Quando se percebe que as decisões jurídicas (normas, contratos, decisões judiciais) são tomadas dentro da estrutura do sistema jurídico – principalmente sobre a forma de organização judiciária – ou sobre condições formais por ele impostas, percebe-se que o sistema jurídico opera, neste processo de auto-produção necessariamente fechado. Se isto for pensado levando-se em conta a estrutura hierárquica em nível de organização jurídica, observa-se que os tribunais superiores desempenham papel decisivo neste processo, assim como descreve Luhmann colocando a decisão dos tribunais numa posição central em todo o sistema.[37]

---

[36] MATURANA ROMESÍN, Humberto. *A árvore do conhecimento:* as bases biológicas da compreensão humana, p. 183.
[37] LUHMANN, Niklas. *El derecho de la sociedad*, p. 369.

5. O Contrato como acoplamento estrutural entre os Sistemas do Direito e da Economia

Estando Economia e Direito colocados como sistemas operacionalmente fechados, trabalhando exclusivamente dentro de suas próprias fronteiras, cada um com seu código e seus programas, cumprindo distintas funções, como esperar que haja qualquer tipo de influência entre ambos? Como esperar que alterações produzidas num sistema tenham repercussões no outro?

Tais questões podem ser enfrentadas mediante o conceito de acoplamento estrutural. Este conceito pressupõe que todo sistema autopoiético opere como sistema determinado pela estrutura, quer dizer, como um sistema que pode determinar as próprias operações somente por meio das próprias estruturas. O que acoplamentos estruturais significam para a construção do sistema pode ser descrito com o conceito de irritação (Maturana diz 'perturbação'). Irritação também é uma questão completamente interna ao sistema. Não há nenhuma transferência de irritações do ambiente para o sistema, pois irritações se dão sempre e inicialmente a partir de diferenciações e comparações com estruturas (expectativas) internas ao sistema sendo, portanto, – do mesmo modo que informação – necessariamente produto do próprio sistema.[38]

O acoplamento estrutural possui uma parte que é interna ao sistema, essa parte pode ser indicada como irritação (ou perturbação) a qual não se desenvolve a partir de nenhum correlato no ambiente. *El concepto de irritación no contradice la tesis de la clausura autopoiética y la determinación estructural del sistema: más bien, la supone.*[39] Os sistemas parciais da sociedade só percebem alterações em seu meio interno – representado pelos demais sistemas sociais parciais – se pré-condicionados a tanto. Somente mediante a criação de expectativas internas que estejam aptas a "serem irritadas". Dessa forma, as irritações também são construções internas como resultado do confronto entre eventos externos e estruturas próprias do sistema, estando completamente dependente da reação dessas estruturas e não do evento externo. Assim, não existem irritações externas ao sistema, ou seja, não existem irritações no ambiente, elas são sempre auto-irritações.

A capacidade de intensificar a "sensibilidade" do sistema às alterações do ambiente, aliada ao condão de que tais irritações sejam produzidas apenas como resultado das suas próprias estruturas são fatores decisivos que possibilitam a produção de informação a partir de relações inter-sistêmicas,

---

[38] LUHMANN, Niklas. "Sobre os fundamentos teórico-sistêmicos da teoria da sociedade" In: NEVES, Clarissa Eckert Baeta; SAMIOS, Eva Machado Barbosa (org.) *Niklas Luhmann: a nova teoria dos sistemas*, p. 68.
[39] Idem. *El derecho de la sociedad*, p. 510.

mas sem abandonar sua autonomia de partida. O que aparece como um elemento essencialmente teórico ou como fruto de uma capacidade de abstração elevada num primeiro momento, passa a ser identificado numa série de elementos materiais e que, dependendo dos sistemas funcionais envolvidos, aparecem com maior ou menor freqüência.

Como exemplos de acoplamentos estruturais com conexão ao sistema jurídico, Luhmann, refere-se, em primeiro lugar, a Constituição como vinculação ao sistema político. Através dela, faz-se possível que o direito positivo se converta em um meio de conformação política, assim como que o direito constitucional se transforme em instrumento jurídico para a implantação de uma disciplina política. Essa forma de acoplamento através de um Estado constitucional torna possível, tanto num sistema quanto no outro, *la realización de grados de libertad superiores, así como una notable aceleración de la dinámica propia de cada uno de esos sistemas.*[40] Por outro lado, já relacionando o sistema jurídico com o econômico, destaca-se o papel decisivo de duas instituições: a propriedade e o contrato. Para Luhmann, tanto uma quanto outra desempenham papel decisivo na autonomia desses sistemas, mantendo contudo uma certa inter-relação que acaba por refletir-se na estrutura de uma sociedade que *podía combinar la desigualdad de la propriedad y la igualdad de los contratantes.*[41]

Essa distinção é própria de um processo de diferenciação crescente da sociedade e, no caso em pauta, da diferenciação e definição de prestações específicas entre o sistema jurídico e o sistema econômico. E é na dobra desta diferença que o contrato assume posição na Teoria dos Sistemas Sociais. O contrato passa então a ser visto como um acoplamento entre estruturas do Direito e da Economia, um evento capaz de irritar e desencadear alterações determinadas pelas estruturas independentes de ambos.

Um contrato pode, enquanto acoplamento, constituir um elemento do sistema jurídico e do sistema econômico, não pertencendo de forma isolada a nenhum deles e não podendo ser resumido a nenhuma das duas perspectivas se visto a partir do sistema social amplo (como comunicação). Representa assim, expectativas normativas e econômicas, não havendo coincidência necessária entre ambas, ou seja, no sistema jurídico indica a obrigatoriedade jurídica do cumprimento de uma obrigação, no sistema econômico uma operação de pagamento. O evento contratual é, ao mesmo tempo, uma operação jurídica e econômica, mas tem conseqüências diferentes não apenas nesses sistemas, mas em qualquer sistema parcial que se tome como ponto de observação, ou seja, possui um sentido também moral, político ou religioso.

---

[40] LUHMANN, Niklas. *El derecho de la sociedad*, p. 540.
[41] Idem, p. 518.

O contrato visto dessa forma[42] é completamente compatível com a clausura autopoiética tanto do sistema jurídico quanto do sistema econômico, ao mesmo tempo em que marca uma coordenação recíproca entre as estruturas de ambos. Através dele se alcança, então, devido à limitação das zonas de contato entre o Direito e a Economia um grande incremento de irritabilidade recíproca – maiores possibilidades por parte do sistema jurídico de registrar decisões econômicas em forma e com efeitos jurídicos e, também, maiores possibilidades por parte da economia de servir-se do Direito para alcançar seus objetivos, tornando garantido tanto o crédito quanto o cumprimento dos pagamentos.

6. A diferenciação funcional do contrato

Se confrontarmos as prestações assumidas pelo contrato na Antigüidade ou na Idade Média, no âmbito de sistemas econômicos arcaicos, ou de um modo geral pouco evoluídos, baseados no trabalho escravo e pelo modo de produção feudal e, portanto, por um baixo volume de trocas, com as prestações que o contrato exerce numa formação econômico-social capitalista, marcada por um alto grau de desenvolvimento das forças produtivas, e pela extraordinária dinâmica da circulação de riquezas, constatamos profundas diferenças de crescimento quanto à dimensão, alcance e mesmo difusão da sua utilização, confirmando a evolução e adaptação constante do instituto tanto ao sistema jurídico quanto ao sistema econômico em voga.

Dessa maneira a formação do Estado Moderno ocorreu no mesmo momento em que se separavam operacionalmente os sistemas econômico e jurídico e, em certo sentido, foi decisiva para isso,[43] pois *con la institucionalización de la libertad contractual el acoplamiento estructural de la economia y el derecho adquire su forma moderna, para no decir perfecta.*[44]

Da mesma forma, percebe-se como Direito, Economia e Política se diferenciaram mutuamente, tendo sempre o contrato como ponto de mútua referência. Assim, fazendo o uso de rituais e formalismos, posteriormente da noção de *conventio* ou mais contemporaneamente da construção abstrata da obrigação, o Direito evoluiu de forma paralela ao sistema econômico, acompanhando-o mediante equivalentes funcionais.

---

[42] A posição do contrato como acoplamento estrutural fica clara ao se perceber que "A payment can be at the same time (but *only* at the same time) the fulfillment of a contractual obligation in the legal system and part of an economic transaction which transfers the capacity to make further payments in the economic system". LUHMANN, Niklas. "Operational closure and structural coupling: the differentiation of the legal system". In: *Cardoso law review*, p. 1437.

[43] Nesse sentido se refere Niklas Luhmann: "No es sino con transición hacia la diferenciación funcional que se producen las condiciones para un acoplamiento estructural entre los diferentes sistemas funcionales". LUHMANN, Niklas. *El derecho de la sociedad*, p. 515-6.

[44] LUHMANN, Niklas. *El derecho de la sociedad*, p. 533.

Isto que se percebe é apenas a probabilidade de se observar tal diferença a partir de sua unidade. Essa diferença é própria de um processo de diferenciação crescente da sociedade e, no caso em pauta, da diferenciação e definição de funções específicas entre os sistemas parciais da sociedade. O contrato funciona como um acoplamento estrutural entre o Direito e a Economia e, ao mesmo tempo que possibilita irritações mútuas trabalhando cognitivamente em ambas as esferas, marca linha divisória entre eles, mantendo separado o que é instituto jurídico do que é operação econômica. Essa lógica da diferença foi absorvida pela obra sociológica de Niklas Luhmann e transpassada para áreas do conhecimento tradicionalmente humanas, como a Economia, a Política e o Direito.

7. Diferenciação e paradoxo

A diferenciação funcional do Direto e da Economia conduz a Teoria Sistêmica a discutir as questões paradoxais envolvidas nos processos de inter-relação e de troca de informações entre os sistemas parciais autopoiéticos da sociedade. É através da concepção de paradoxo[45] e suas implicações que se mantém uma diferenciação a partir de uma complexidade estruturada, não mais caótica e, portanto, operacionalizável e que reflete diretamente sobre a noção de contrato.

O paradoxo nada mais é do que um bloqueio na auto-observação do sistema jurídico quando pensado de forma tradicional, analítica. Sendo o contrato pensado exclusivamente como norma, o mesmo assume uma posição auto-referencial dos lados da unidade normativa – autonomia e heteronomia – acarretando tautologias que bloqueiam a observação. Qual o contrato que determina o que é contrato ou não contrato? Esse paradoxo transfere-se para a base do sistema jurídico causando uma impossibilidade no reconhecimento de seu fundamento, um entrave para a auto-observação do sistema. O surgimento de uma questão paradoxal parece trazer confusão ao raciocínio, obscuridade ao pensamento claro, indeterminação na razão segura. Em outras palavras, causa paralisia, pânico, horror. A normatividade, e por óbvio a obrigatoriedade do contrato depende de se aprofundar nesse paradoxo.

A solução para esta tautologia, ou seja, para este bloqueio de operacionalização encontra-se numa observação de segunda ordem, ou seja, uma observação que inclua em si o sistema de observações que está observando. Heinz von Forester resumiu esta operação com uma fórmula habilidosa:

---

[45] O interesse pelos paradoxos destaca-se também nos textos de François Ost e Michel van de Kerchove. Estes associando-o a uma perspectiva lúdica do Direito, visto através das regras de um jogo. KERCHOVE, Michel van de; OST, François. *Le droit ou les paradoxes du jeu*. Paris: Presses Universitaires de France, 1992.

observing systems.⁴⁶ Esta teoria leva a perceber que, em toda observação existe um ponto cego (*blinden fleck*), que ao mesmo tempo em que a possibilita, limita-a. Uma segunda observação permite revelar o ponto cego desta primeira observação, contudo, assumindo um outro ponto como referência cega, que poderá ser revelada por uma terceira observação e assim sucessivamente. Com observações de segunda ordem pode-se criar assimetrizações⁴⁷ que rompem com a tautologia, sem esconder o paradoxo que lhe dá origem. Em última análise levam a uma teoria de observações recursivas que assume a inexistência de uma posição absoluta, de pontos de vista tidos como únicos aceitáveis, leva também a rejeição de certezas transcendentais, mas que possibilita a observação e a descrição daquilo que para outros sistemas é impensável a partir de seus próprios pontos de observação.

Quando o pensamento linear, a observação simples, é jogada numa contradição que não pode ser superada, paralisa o sistema. A observação de segunda ordem aceita a contradição, possibilitando o prosseguimento de suas operações. Mas, e ao contrário da dialética, não pressupõe a superação (*Aufhebung*) dessa contradição, mas o reconhecimento de que a partir dela se pode entrar numa nova dimensão do real, desenvolvendo novas possibilidades ao sistema. A tendência recente de muitas disciplinas (cibernética, teoria da comunicação, lógica, etc.) é buscar os paradoxos em lugar de evitá-los. Buscando sempre uma visão de segunda ordem que alimenta o sistema através de novas formas de estruturação de suas próprias operações.

8. A comunicação

É preciso conceber a diferença também a partir da unidade, uma unidade agora múltipla, uma *unitas multiplex*. Ou como coloca paradoxalmente Edgar Morin, *devemos conceber uma unidade que garanta e favoreça a diversidade, uma diversidade inscrita na unidade. A unidade complexa: unidade na diversidade, diversidade na unidade, unidade produtora de diversidade, diversidade produtora de unidade.*⁴⁸

Observando a sociedade como constituída necessariamente por comunicações, percebe-se que o paradoxo da unidade/pluralidade, transcrito pela noção de *unitas multiplex*, se identifica com o paradoxo do privado/público, pois este ocorre no meio da comunicação. Essa visão é necessária para que

---

[46] FOERSTER, Heinz von. *Sistemi che obsservano*.
[47] "El concepto de asimetrización, que nos sirve de base, significa que para posibilitar sus operaciones, un sistema selecciona puntos de referencia que, en estas operaciones, dejan de ser cuestionados, se aceptan como prestabelecidos.(...)La asimetría se concibe no como momento de la autopoiesis sino como alopoiéticamente prefijada". LUHMANN, Niklas. *Sistemas sociales:* lineamentos para una teoría general, p. 414.
[48] MORIN, Edgar. *O método V*: a humanidade da humanidade. Traduzido por Juremir Machado da Silva. 2. ed. Porto Alegre: Sulina, 2003, p. 66.

se possa compreender o contrato como comunicação jurídica, e por isso exige que se pergunte como essa relação se dá e qual o papel ocupado pela linguagem.

O caminho dessa relação com a comunicação parte da unidade do sistema psíquico, ou seja, da organização comum do cérebro humano. Sejam quais forem as diferenças individuais, de raça ou de etnia, o cérebro pressupõe um sistema de operações únicas, que são comuns a todos os seres humanos. Contudo, e justamente em razão desta unidade comum, possibilita-se uma diversidade infinita de performances e de aplicações a tais operações, de maneira que existam bilhões de sistemas psíquicos operando necessariamente de forma individual.[49]

8.1. A comunicação jurídica

Da mesma forma, e não podendo se furtar a isso em virtude de seu caráter indiscutivelmente social, o sistema jurídico também se desenvolve a partir de comunicações, mas comunicações especiais, com propriedades que lhe são inerentes, e que recebem o nome de comunicações jurídicas. *O Sistema do Direito é um sistema social parcial que, a fim de reduzir a complexidade apresentada por seu ambiente, aplica uma distinção específica (codificação binária: Direito/Não-Direito) através da formação de uma comunicação peculiar (comunicação jurídica).*

A mesma razão que leva a crer numa comunicação jurídica encaminha a algo como uma comunicação contratual que opera entre conceito jurídico e operação econômica, entre fato e comunicação social, entre privado e público. Cláusulas, minutas, expressões de vontade, decisões jurídicas, registros comerciais, normas jurídicas, *lex mercatoria*, enfim, toda comunicação de caráter normativo que se refere à contratação compõem o ciclo auto-reprodutivo e auto-referente da comunicação contratual. A comunicação contratual ganha, assim, a forma da unidade da diferença entre a autodeterminação e a determinação externa, entre a regulamentação e a regulação. Só assim o contrato se mostra por completo, só assim se utiliza seu paradoxo como condição de possibilidade para uma nova observação.

Essa generalização aliada ao princípio evolutivo da sociedade moderna que é o da diferenciação funcional assegura ao contrato uma espécie de comunicação especializada. A *comunicação contratual* surge da criação de expectativas que reúnem estruturas jurídicas e econômicas, cumprindo prestações em ambos os sistemas e auxiliando cada qual a exercer sua fun-

---

[49] Na Teoria dos Sistemas Autopoiéticos existem pontos de referência para abordar o problema da individualidade dos sistemas psíquicos, os quais não são objetos do estudo proposto, tendo em vista que este se desenrola no nível do sistema social. Para maior contribuição sobre essa questão ver LUHMANN, Niklas. *Sistemas sociales:* lineamentos para una teoría general, p. 236-54.

ção na sociedade. Sempre que nos referimos a uma questão contratual fazemos uso dessa espécie de comunicação. Uma operação de comunicação de caráter contratual se refere sempre à possibilidade ou não de um pagamento através do cumprimento ou não de uma obrigação jurídica. É dessa forma que a comunicação contratual se diferencia das demais espécies de comunicação, mas sem deixar de fazer parte da rede de comunicações que compõe o sistema social como um todo. Combinando os códigos da Economia e do Direito, o contrato opera num jogo constante entre estes sistemas sem, contudo, desenvolver um código próprio, o que o fecharia operacionalmente constituindo-se num novo sistema parcial.

8.2. A improbabilidade da comunicação

As concepções tanto de comunicação jurídica, quanto de comunicação contratual ora observados partem de um rompimento com a noção clássica que via na comunicação um fenômeno simples resultante do raciocínio linear e descrito como um processo pelo qual uma mensagem vai de um emissor a um receptor. Na Teoria da Comunicação de Gregory Bateson, trabalhando a partir de conceitos traçados por Norbert Wienner (1942) a mensagem vai construir o receptor e no seu retorno vai reconstruir o emissor. A visão da mensagem construindo ambos permite colocar a comunicação como elemento primordial de qualquer operação epistemológica que necessariamente ocorre na sociedade. A comunicação social é, sem dúvida, algo complexo e que deve ser observado no âmbito do próprio processo comuncacional, ou seja, no âmbito do sistema social. Isto é o que fazem pensadores como Luhmann.

Niklas Luhmann percebe como ninguém a necessidade de que o estudo sobre a comunicação humana parta do sistema social, inscrevendo seu conceito de comunicação a partir de uma diferença primordial entre ato de comunicar, ato de compreender e a informação propriamente dita. A comunicação só se torna possível se uma informação é emitida, configurando um ato de comunicar (*Mitteilung*). Essa questão também é abordada pela *Teoria da Ação Comunicativa* de Jürgen Habermas.[50] Porém, mesmo se emitindo uma informação a comunicação não está completa, o círculo só se fecha quando esta informação é compreendida, configurando um ato de compreensão (*Verstehen*). Contudo, é no conceito de informação que o pensamento de Luhmann se destaca. A informação, ao contrário do que se poderia pensar, é uma medida de incerteza, de insegurança, pois reflete sempre uma situação desconhecida. Assim, quanto mais informação contiver um sistema, mais imprevisível sua reação, elevando seu grau de complexidade in-

---

[50] HABERMAS, Jürgen. *Teoría de la acción comunicativa I*: racionalidad de la acción y racionalización social. Madrid: Taurus, 1999; e *Teoría de la acción comunicativa II*: crítica de la razón funcionalista.

terna. A informação é o elemento novo que a comunicação é capaz de produzir. Para Luhmann, sem informação não há comunicação. Há apenas operações de redundância, de repetição.

Emissão, informação e compreensão podem ser separadas por uma observação da comunicação, mas na comunicação mesma elas constituem uma unidade inseparável. A comunicação se leva a cabo quando em cada operação se consegue fazer a distinção entre informação, ato de comunicar e ato de compreender. Logo, a comunicação é uma operação no sentido preciso em que uma diferenciação é feita.

A razão da comunicação é criar diferenças que possam depois ser agregadas a outras comunicações, num processo autopoietológico de formação e estabilização das fronteiras do sistema social. A comunicação, assim, é a operação específica dos sistemas sociais: não existindo sistema social que não tenha como operação própria a comunicação assim como não há comunicações fora desses sistemas. As comunicações individuais – como eventos que podem ser individualizados não como algo proveniente de um indivíduo – são produzidas a partir de uma rede recursiva de comunicações. Essa rede define a unidade do sistema social que se reproduz justamente pela *autopoiesis* das operações comunicativas.

Tendo em vista que a comunicação é uma operação exclusiva dos sistemas sociais, entre eles e seus respectivos ambientes não há comunicação, só há ruído. O ambiente se torna estímulo (ruído) e não fonte real de informação. Surge então a noção de ruído como *aquilo que interrompe a comunicação ou é impossível de ser comunicado*.[51] O ruído pode ser descrito como qualquer tipo de alteração anômala no processo de comunicação, normalmente uma interferência que dificulta ou distorce a compreensão da informação transmitida.

Porém, mais do que simples empecilho à comunicação, o ruído também é condição de sua possibilidade, pois não há comunicação sem ruído assim como não há sistema sem ambiente. Mesmo o que é considerado uma informação para um sistema funcional pode ser compreendido, e normalmente o é, como ruído em outro sistema. O fato de determinada operação ser tida como jurídica pode não representar nada em efeitos econômicos. Toda informação, toda diferença, é a princípio um ruído para o sistema, pois *o ruído não é distinguível de modo intrínseco de qualquer outra forma de variedade*.[52] O ruído é assim puramente relativo a um dado receptor, que deve dizer qual a informação que deseja ignorar. São as próprias estruturas do Direito como receptor de determinada comunicação que vai determinar se a variedade por ela produzida será entendida como informação ou como

---

[51] FOERSTER, Heinz Von. *Sistemi che obssetvano*.
[52] ASHBY, W. Ross. *Introdução à cibernética*. Traduzido por Gita K. Guinsburg. São Paulo: Perspectiva, 1970, p. 219.

ruído. *El entorno era comprendido como fuente de un rumo no específico (carente de sentido), del cual, sin embargo, el sistema podía encontrar un sentido a través de la conexión de las propias operaciones.*[53]

Assim é colocado o paradoxo da comunicação. Para que haja comunicação é preciso informação, mas para que esta aconteça é necessário que seja vista como ruído por outros sistemas sociais. Para haver comunicação é indispensável uma diferença (informação). Mas é preciso um mínimo de redundância (neguentropia) para fazê-la circular, pois o excesso de informação de acordo com Morin produz ruído ao processo de compreensão, confundindo a mensagem.[54] A comunicação gera complexidade informativa e tem, em seguida, de neutralizá-la através de processos de generalização simbólica. A falta de informação sabota o processo de comunicação, mas seu excesso causa-lhe perplexidade, paralisia.

A maioria dos conceitos de comunicação partem do pressuposto inicial de que a comunicação é sempre possível, que o acordo é alcançável. A importância da visão luhmanniana está no fato de vê-la justamente por outro lado: partindo da suposição de que esta é altamente improvável. Luhmann vai se questionar sobre as condições que tornam possível a comunicação humana, as razões que tornam uma ordem social possível em meio ao caos e a indeterminação totais.[55]

Tendo a comunicação como algo altamente improvável, Luhmann consegue identificar três problemas ou dificuldades que a mesma deve superar para poder produzir-se. Primeiramente, é improvável que a comunicação se produza e, portanto, se realize tendo em vista o isolamento e a individualização com que operam as consciências individuais. Depois, é improvável que a emissão da comunicação chegue até o interlocutor por motivos temporais e espaciais. E, em terceiro lugar, caso se consiga emitir uma informação e esta consiga vencer as limitações temporais e espaciais entre emissor e interlocutor, é improvável que se atinja o objetivo esperado, fazendo com que esta comunicação seja aceita. Para cada um desses problemas, ou seja, para o isolamento e individualização da consciência; para a superação da expansão espacial e temporal; e para a obtenção do resultado esperado; desenvolveu-se uma solução. As soluções encontradas são, respectivamente: a linguagem, os meios de difusão, e os meios de comunicação simbolicamente generalizados.[56]

---

[53] LUHMANN, Niklas; DE GIORGI, Raffaele. *Teoría de la sociedad*, p. 39.
[54] MORIN, Edgar. *Introdução ao pensamento complexo*.
[55] "Uma teoria da comunicação como a que aqui se pretende esboçar implica pois, antes de mais, que a comunicação é improvável. É-o, apesar de diariamente a experimentarmos e praticarmos e de não podermos viver sem ela." LUHMANN, Niklas. *A improbabilidade da comunicação*. Traduzido por Anabela Carvalho. 3. ed. Lisboa: Vega, 2001, p. 41.
[56] LUHMANN, Niklas. *A improbabilidade da comunicação*, p. 42 e ss.

Contudo, as soluções encontradas pelo processo de evolução sociocultural não podem ser vistas de forma separada, como se não fossem inter-relacionadas. Elas se encontram colocadas de maneira inversamente proporcional, de forma que *a solução de um problema isolado equivale a dificultar na mesma medida a dos outros. Quando uma comunicação foi corretamente entendida dispõe-se de maior número de motivos para a rejeitar.*[57] O enunciado segundo o qual as improbabilidades se reforçam mutuamente e a solução de um problema não passa de uma possibilidade a mais de solução para outro implica na afirmação de que não se pode identificar nenhum meio que tomado por si facilite a busca por um entendimento constante entre os homens.

9. As implicações contratuais

Partindo de tanta complexidade, que inviabilizaria qualquer operação contratual, os sistemas de comunicação introduzem mecanismos de redundância, buscando uma simplificação e melhor compreensão que facilitariam a contratação: as cláusulas gerais. Tais estruturas atuam material, temporal e socialmente, reduzindo sobremaneira a complexidade através da introdução de uma complexidade organizada no sistema jurídico privatista. O aumento de possibilidades de negociação daí advindo determina a eficiência da operação contratual. O uso da boa-fé, da função social ou do equilíbrio econômico se transforma num mecanismo reflexivo do próprio sistema jurídico que lhe permite o desdobramento auto-reflexivo, de forma a poder satisfazer as necessidades de plasticidade e estabilidade das suas estruturas num contexto altamente complexo. Configuram-se verdadeiras estruturas reflexivas que permitem ao sistema efetuar o que Spencer Brown define como *re-entry* e a cibernética chama de realimentação (*feedback*).

Como visto, os conceitos trazidos pela teoria da informação, aliados à teoria dos sistemas sociais, podem ser efetivos no sentido de retratar a busca de um melhor entendimento do fenômeno contratual. Os aportes trazidos podem ser de grande valia, demonstrando quão improvável é contratar, mesmo que isso ocorra intermitentemente. Acreditar que a disposição para negociar alcança a todos os contratantes, que os recursos cognitivos que permitem as partes ter um entendimento sobre pelo menos os elementos básicos do contrato estão ao alcance geral seria como considerar um estado de natureza ao contrário, onde todos seriam bons, confiáveis, esclarecidos e responsáveis. Se se toma como ponto de partida a improbabilidade de contratar, acede-se a questões mais profundas e que não se limitam a considerar um tema de investigação restrita da comunicação jurídica, compondo-se antes em tema capital de toda a teoria social.

---

[57] Idem, p. 44.

Para que o contrato fosse efetivo era necessário afirmar seu cumprimento como obrigatório. Sem essa condição, várias vezes afirmada pelo *pacta sunt servanda*, não se poderiam formar grandes cadeias comunicacionais em matéria de contratos. Se não houvesse a necessidade de se fazer cumprir uma obrigação, as expectativas criadas em razão dela não poderiam servir de elemento auto-reprodutor, gerando novas obrigações e, por conseguinte, novos contratos. Assim, torna-se compreensível a visão do contrato como a promessa que obriga e que também descortina uma razão de Estado. *O Estado de direito encontra aqui a sua base, que faz voto de estabilidade e segurança: os pactos privados serão garantidos e o próprio poder público compromete-se a respeitar as leis que estabeleceu.*[58]

Quando a eficiência da comunicação contratual torna-se interesse social geral, não apenas por ordem do sistema jurídico, mas também e principalmente pelo econômico, sua obrigatoriedade passa a representar uma preocupação eminentemente política.

A pergunta sobre a obrigatoriedade do contrato encontra respostas nas expectativas que baseiam a comunicação social e que surgem a partir dela. Uma comunicação contratual gera uma obrigação jurídica porque protege contrafactualmente expectativas que dão sustentação ao pacto. Mas não só isso, também protege expectativas que venham a se formar em razão dele. A frustração de expectativas não pode afetar diretamente a formação de uma cadeia contratual. Abalada, a confiança nas expectativas normativas não pode ser retomada tão facilmente. Então, a obrigatoriedade do contratado está baseada na capacidade do sistema de neutralizar os efeitos fáticos da frustração gerada pelo descumprimento. É nesse sentido que o sistema jurídico é capaz de desenvolver uma série de estruturas que, quando utilizadas, trabalham no sentido de minimizar tais efeitos, mantendo ao máximo as expectativas normativas formadas. Tais estruturas aparecem, normalmente, depois de longo período de produção jurisprudencial e doutrinária e em alguns casos acabam sendo incorporadas pela legislação. É o caso da chamada teoria da imprevisão ou do instituto da lesão nos contratos.

9.1. *O contrato e o Direito*

Tendo com foco primeiramente o Direito, percebe-se que a prestação do contrato condiz com o cumprimento ou não de obrigações jurídicas. Mediante uma operação de observação que parte do sistema jurídico conclui-se que a comunicação contratual opera institucionalizando expectativas normativas. A forma processual de sua operacionalização age selecionando expectativas e protegendo-as contra desapontamentos. Contratar algo significa antes de tudo marcar uma certa indiferença entre o

---

[58] OST, François. *O tempo do direito*, p. 44.

contratado e as demais possibilidades (não-contratado). A garantia dessa indiferença é que pode garantir o cumprimento da obrigação e, por conseguinte, tornar confiável a formação de novas expectativas e novos contratos numa cadeia auto-referencial e autopoiética.

9.2. O contrato e a economia

Em relação à Economia, a prestação do contrato está ligada a efetivar ou não operações de pagamento. Por meio de uma operação de observação que parte do sistema econômico constata-se que a comunicação contratual age diretamente na circulação de dinheiro e de crédito. A proteção de expectativas normativas e a certa confiança concedidas pela prestação jurídica do contrato garantem que uma operação de pagamento seja motivo de outra operação. Esta auto-produção referente permite a criação de grandes cadeias de operações econômicas, na qual uma serve de motivo para a outra, permitindo a *autopoiesis* do sistema econômico através da circulação sempre crescente de dinheiro.

9.3. O contrato e a sociedade

Vista como observação que parte do sistema social, a função do contrato junto ao sistema social parece representar a co-evolução dos sistemas parciais do Direito e da Economia. Agindo a comunicação contratual como acoplamento estrutural entre ambos, pode coordenar os ganhos evolutivos dos sistemas funcionais mantendo entre eles certa sincronia temporal e coordenação operacional.

Essa função co-evolutiva concede maior elasticidade e capacidade de adaptação das expectativas normativas a uma sociedade cada vez mais complexa. Ainda possibilita uma maior diferenciação de expectativas, que abarca desde um nível geral da sociedade, passando por um nível organizacional até chegar ao nível de interações. Isso permite trabalhar com a contingência quase que de forma individualizada e, ao mesmo tempo em que se percebe uma abstração maior, também se verifica um estágio de superior concreção.

O decisivo é que a realização dos sistemas funcionais autopoiéticos como o Direito e a Economia e o reconhecimento do contrato como acoplamento estrutural entre estes sistemas possibilite uma maior irritação mútua. O aumento de sensibilidade a alterações recíprocas pode garantir sua evolução conjunta, o que Maturana e Varela chamariam de *structural drift*, ou seja, desenvolvimentos estruturais coordenados. Isso poderia garantir a manutenção de uma compatibilidade satisfatória entre ambos.

Considerações finais

O contrato surge no momento em que se configura a diferenciação funcional da sociedade. O contrato é uma condição de existência e de evolução da sociedade. O contrato é uma instituição fundamental para o Direito. O contrato tem duração Temporal e autonomia de vontades. Do ponto de vista político, o contrato social é a fonte da lei, da Constituição, e mesmo, do Novo Código Civil, e com a crise do controle temporal entram em defasagem decisional. Isto porque as grandes maneiras de Temporalização que o Direito dispõe: a Constituição, a legislação e o contrato; essas grandes formas de criar o Tempo, de dar duração à sociedade, precisam de uma continuidade que não é mais possível. A sociedade está mudando numa velocidade muito grande, forçando que o jurista tenha consciência de que nós só seremos sujeitos da construção do Tempo histórico, se nós tivermos a velocidade, a capacidade de decidir, a partir de teorias que levem em conta essa complexidade: os paradoxos e os riscos que começam a surgir a partir daí.

Desde a diferenciação funcional o contrato pode colocar-se como acoplamento estrutural entre sistemas de racionalidades díspares como a Economia e o Direito. Trabalhando como estrutura intermediária entre tais sistemas sociais, a comunicação contratual desempenha papel fundamental na necessária coordenação entre eles. Marcando o tempo de seus enlaces e desenlaces, fixando-lhes limites e permitindo uma co-evolução de suas respectivas estruturas.

É baseado nessa visão diferenciada que se pode mostrar que o Direito Contratual também pode suportar uma discussão teórica tão interessante quanto a que se é aceita, com maior facilidade no âmbito do Direito Público. E que o contrato possa demonstrar, com maior facilidade, sua importância social e suas conseqüências políticas e econômicas. Na medida em que a abstração e a diferenciação aumentam, crescem as chances de reflexividade do contrato.

É através de estruturas contratuais como a função social, o equilíbrio econômico do contrato e a boa-fé objetiva que operam a auto-referência e a reflexividade do sistema jurídico. Contudo, a auto-referência não se trata apenas de redundância. Ao contrário, implica sempre buscar novas possibilidades a partir daquelas que já se vislumbra. Isso pode trazer um mínimo de segurança e coerência interna ao Direito, sem descuidar de sua necessária evolução e adaptação ao ambiente social. Eis uma possibilidade de se reconhecer novos direitos sem descuidar daqueles já adquiridos.

O Tempo que é o Tempo do Direito na Teoria de Ost e de Luhmann, talvez amanhã não seja o Tempo do Direito. O Tempo está escapando de nossas mãos. Para vencer esse desafio, é preciso que se tenha mecanismos efetivos de tomada de decisões para se poder produzir futuro. O grande problema quando não se controla o Tempo é que os riscos de ampliação da complexidade se intensificam, ou seja, que as decisões jurídicas não poderão resolver os problemas que nós pretendemos enfrentar. Assim sendo, o contrato é uma destas formas de comunicação que mesmo perdendo parcialmente o controle destes processos de estruturação social, que geram a desinstitucionalização do mundo, deve e pode contribuir para a reinstitucionalização da sociedade.

Referências bibliográficas

ASHBY, W. Ross. *Introdução à cibernética*. Traduzido por Gita K. Guinsburg. São Paulo: Perspectiva, 1970.

BACHELARD, Gaston. *A formação do espírito científico*: contribuição para uma psicanálise do conhecimento. Traduzido por Estela dos Santos Abreu. Rio de Janeiro: Contraponto, 1999. BECK, Ulrich. *La sociedad del riesgo:* hacia una nueva modernidad. Traduzido por Jorge Navarro, Daniel Jiménez, Maria Rosa Borrás. Barcelona: Paidós, 1998.

BERTALANFFY, Ludwig von. *Teoria geral dos sistemas*. Traduzido por Francisco M. Guimarães. Petrópolis: Vozes, 1973.

BROWN, G. Spencer. *Laws of form*. New York: Bantam Books, 1973.

CLAM, Jean. "A autopoiese no direito". In: ROCHA, Leonel Severo; SCHWARTZ, Germano; CLAM, Jean. *Introdução à teoria do sistema autopoiético do direito*. Porto Alegre: Livraria do Advogado, 2005.

FOERSTER, Heinz von. *Sistemi che obsservano*. Traduzido por Bernardo Draghi. Roma: Astrolabo, 1987.

HABERMAS, Jürgen. *Teoría de la acción comunicativa I*: racionalidad de la acción y racionalización social. Madrid: Taurus, 1999.

——. *Teoría de la acción comunicativa II*: crítica de la razón funcionalista. Madrid: Taurus, 1999.

HART, L. A. Herbert. *O conceito de direito*. Traduzido por A. Ribeiro Mendes. 3 ed. Lisboa: Fundação Calouste Gulbenkian, 2001.

HAWKING, Stephen. *O universo numa casca de noz*. Traduzido por Ivo Korytowski. 5. ed. São Paulo: ARX, 2002.

KELSEN, Hans. *Teoria pura do direito*. 6. ed. Traduzido por João Baptista Machado. São Paulo: Martins Fontes, 1998.

KERCHOVE, Michel van de; OST, François. *Le droit ou les paradoxes du jeu*. Paris: Presses Universitaires de France, 1992.

LUHMANN, Niklas. "O conceito de sociedade". In: NEVES, Clarissa Eckert Baeta; SAMIOS, Eva Machado Barbosa (org.) *Niklas Luhmann:* a nova teoria dos sistemas. Porto Alegre: UFRGS, Goethe-Institut/ICBA, 1997.

——. "Operational closure and structural coupling: the differentiation of the legal system". In: *Cardoso law review*. v. 13, n.º 5, p. 1419-441, 1992.

——. "Why does society describes itself as postmodern?" In: RASCH, William; WOLFE, Cary. *Observing complexity*: systems theory and postmodernity. Minneapolis: University of Minnesota, 2000

——. *A improbabilidade da comunicação*. Traduzido por Anabela Carvalho. 3. ed. Lisboa: Vega, 2001.

———. *El derecho de la sociedad*. Traduzido por Javier Torres Nafarrate. México: Iberoamericana, 2002.

———. *La differenziazione del diritto*: contribui alla sociologia e alla teoria del diritto. Traduzido por Raffaele De Giorgi, Michele Silbernagl. Bologna: Società editrice il Mulino, 1990.

———. *Sistemas sociales:* lineamentos para una teoría general. Traduzido por Javier Torres Nafarrete. 2. ed. Barcelona: Anthropos, 1998.

———. *Sociologia do direito I*. Traduzido por Gustavo Bayer. 2. ed. Rio de Janeiro: Tempo Brasileiro, 1983.

———. *Sociologia do direito II*. Traduzido por Gustavo Bayer. 2. ed. Rio de Janeiro: Tempo Brasileiro, 1983.

———; DE GIORGI, Raffaele. *Teoría de la sociedad*. Traduzido por Miguel Romero Pérez; Carlos Villalobos. Guadalajara: Iberoamericana, 1993.

MATURANA ROMESÍN, Humberto. *A árvore do conhecimento:* as bases biológicas da compreensão humana. Traduzido por Humberto Mariotti e Lia Diskin. 2. ed. São Paulo: Palas Athena, 2002.

MORIN, Edgar (org.). *A religação dos saberes*: o desafio para o século XXI. Traduzido por Flávia Nascimento. 3. ed. Rio de Janeiro: Bertrand Brasil, 2002.

———. *Introdução ao pensamento complexo*. Traduzido por Dulce Matos. 4. ed. Lisboa: Piaget, 2003.

———. *O método II*: a vida da vida. Traduzido por Marina Lobo. 2. ed. Porto Alegre: Sulina, 2002.

———. *O método V*: a humanidade da humanidade. Traduzido por Juremir Machado da Silva. 2. ed. Porto Alegre: Sulina, 2003.

NEVES, Clarissa Eckert Baeta; SAMIOS, Eva Machado Barbosa (org.) *Niklas Luhmann:* a nova teoria dos sistemas. Porto Alegre: UFRGS, Goethe-Institut/ICBA, 1997.

OST, François. *O tempo do direito*. Traduzido por Maria Fernanda Oliveira. Lisboa: Instituto Piaget, 1999.

PARSONS, Talcott. *O sistema das sociedades modernas*. Traduzido por Dante Moreira Leite. São Paulo: Pioneira, 1974.

RASCH, William; WOLFE, Cary. *Observing complexity*: systems theory and postmodernity. Minneapolis: University of Minnesota, 2000.

ROCHA, Leonel Severo. "Três matrizes da teoria jurídica". In: *Epistemologia jurídica e democracia*. 2. ed. São Leopoldo: Unisinos, 2003.

———. *Epistemologia jurídica e democracia*. 2. ed. São Leopoldo: Unisinos, 2003.

———; SCHWARTZ, Germano; CLAM, Jean. *Introdução à teoria do sistema autopoiético do direito*. Porto Alegre: Livraria do Advogado, 2005.

ROCHER, Guy. *Sociologia geral*. Traduzido por Ana Ravara. 2. ed. Lisboa: Editorial Presença, 1971.

SAUSSURE, Ferdinand de. *Curso de lingüística geral*. 24. ed. Traduzido por Antonio Chelini, José Paulo Paes e Izidoro Blikstein. São Paulo: Cultrix, 2002.

TEUBNER, Gunther. *Diritto policontesturale:* prospettive giuridiche della pluralizzazione dei mondi sociali. Traduzido por Beatrice Bodmer, Enrica Mazza-Teubner. Napoli: La città del sole, 1999.

———. *O direito como sistema autopoiético*. Traduzido por José Engraciá Antunes. Lisboa: Fundação Calouste Gulbenkian, 1993.

WEBER, Max. *Economía y sociedad:* esbozo de sociología comprensiva. Traduzido por José Medina Echavarría. 2. ed. Bogotá: Fondo de Cultura Económica, 1977.

Impressão:
Editora Evangraf
Rua Waldomiro Schapke, 77 - P. Alegre, RS
Fone: (51) 3336.2466 - Fax: (51) 3336.0422
E-mail: evangraf@terra.com.br